全国高校安全工程专业本科规划教材

风险管理与保险

教育部高等学校安全工程学科教学指导委员会组织编写

主编：佟瑞鹏
主审：丁　辉

中国劳动社会保障出版社

图书在版编目(CIP)数据

风险管理与保险/佟瑞鹏主编. —北京：中国劳动社会保障出版社，2014
ISBN 978-7-5167-1136-1

Ⅰ.①风… Ⅱ.①佟… Ⅲ.①保险-风险管理-高等学校-教材 Ⅳ.①F840.32

中国版本图书馆 CIP 数据核字(2014)第 131793 号

中国劳动社会保障出版社出版发行

（北京市惠新东街 1 号　邮政编码：100029）

*

三河市华骏印务包装有限公司印刷装订　新华书店经销

787 毫米×960 毫米　16 开本　25.5 印张　443 千字

2014 年 6 月第 1 版　　2014 年 6 月第 1 次印刷

定价：48.00 元

读者服务部电话：（010）64929211/64921644/84643933

发行部电话：（010）64961894

出版社网址：http://www.class.com.cn

教育部高等学校安全工程学科教学指导委员会

主任委员　孙华山

副主任委员　黄玉治　范维澄　谢和平　冯长根　张来斌　宋守信

委　　员　张平远　何学秋　吴宗之　伊　烈　李永红　张　驎　王继仁　钮英建　林柏泉　刘泽功　蔡嗣经　傅　贵　吴　超　吴　穹　许开立　程卫民　张殿业　景国勋　蒋军成　赵云胜　姜德义　黄卫星　刘玉存　李树刚　王述洋　陈国华　张　力　刘义伦

秘 书 长　杨书宏

编审人员

主　　编　佟瑞鹏

主　　审　丁　辉

编写人员　刘　欣　高　平　刘亚飞　王海欣　翟亚兵　许素睿　万海燕　熊红琴　张肖丽　詹安东　李春旭　郑毛景　王文军　王　斌

内 容 简 介

本书首先介绍了风险基础知识及风险管理导论，然后按照风险管理的基本程序系统地介绍了风险评估、风险管理决策，以及风险管理措施等内容。重点阐述了保险及工程项目风险管理的相关理论知识，并对我国重点行业的风险管理现状进行了阐述。

本书是为了适应当前高校安全工程专业的教学和实践需要而编写的，是全国高校安全工程专业本科规划教材。本书除可作为高等院校安全工程及相关专业的教学用书外，还可供各类行业和工业企业的各级风险管理人员阅读使用。

序　言

党的十六届五中全会确立了“安全发展”的指导原则，极大地促进了我国安全科学事业的发展，同时为安全工程学科提供了良好的发展机遇。据初步统计，到目前为止，全国开设安全工程专业的高校已达百余所，安全工程专业已成为我国高等教育中重要的新兴专业之一。

加强教材建设，是促进我国安全工程专业健康发展的重要基础工作。教育部高等学校安全工程学科教学指导委员会（2004—2008 年）在充分吸收和借鉴上届教指委安全工程专业教材成功编写经验的基础上，于 2006 年启动了“全国高校安全工程专业本科规划教材”的组织编写和出版工作。第一批 15 种安全工程专业本科规划教材已基本完成。在此基础上，教育部高等学校安全工程学科教学指导委员会（2008—2010 年）组织开发了第二批规划教材共 14 种，包括《安全评价》《安全法学》《安全工程专业英语》《安全监察》《消防工程概论》《安全工程概论》《安全检测与监控》《防灾减灾工程》《矿山安全工程》《交通运输安全技术》《建筑施工安全技术》《计算机在安全领域中的应用》《安全科技概论》《安全工程专业毕业设计与论文指南》。

本套规划教材的编写力求满足安全工程专业课程体系和课程教学的新发展，立足现实，反映前沿，力求创新，既包括已经成熟并被公认的理论与学术思想，又反映安全工程学科领域具有前瞻性与代表性的最新理论、技术和方法，并借鉴吸收世界上发达国家的先进理论、理念与方法。

在本套教材开发过程中，全国数十所高等学校、科研院所的近百名专家和学者积极参与了教材的编写和审订工作，教指委秘书处、教材开发分委会和中国劳动社会保障出版社做了大量的组织工作，在此向他们表示衷心的感谢！

本套教材的编写和出版，是我国安全工程学科在教材建设方面又迈出的重要一步。虽然我们尽了最大努力，但仍有不足，恳请安全工程领域的专家学者和广大师生提出宝贵意见。

教育部高等学校安全工程学科教学指导委员会

2010年8月

前　言

随着文明的进步、生产水平的提高和科学技术的发展，人类面临的自然风险、技术风险、经济风险、社会风险等也愈加严峻而复杂，风险管理理论在各个领域的应用和推广也将成为一种必然趋势。风险管理是一门科学，也是一门艺术，只有掌握了风险管理的理论和方法，我们才有可能以最低的成本获得最佳的风险管理效果。风险管理不但是安全工程专业的核心理论，也是贯穿于众多安全工程专业课程的基本思想，如何在各行各业系统地应用风险管理理论，为企业提供识别和衡量损失风险的知识及对付风险的方法是安全工程专业亟待解决的问题。

本书共分为九个章节。首先，对风险以及风险管理理论进行系统的归纳和介绍，使读者清楚地了解和学习风险管理基础知识；然后，按照风险管理的基本程序依次重点介绍了风险评估的三个步骤即风险识别、风险分析和风险评价的主要内容，风险管理决策的方法以及风险管理的具体应对措施，并重点讲述了风险主要应对措施——保险的相关知识，并对企业风险与保险进行重点介绍；最后，详细论述了风险管理理论在工程项目中的应用，简述我国电力、石油、矿山、钢铁等重点行业的风险管理现状及对策。

本书由佟瑞鹏担任主编并统稿。全书共分九章，第一章由佟瑞鹏编写，第二章由高平编写，第三章由刘欣编写，第四章由王海欣编写，第五章由刘亚飞编写，第六章由佟瑞鹏、翟亚兵编写，第七章由刘欣编写，第八章由刘亚飞、万海燕编写，第九章由许素睿编写。本书附录部分由万海燕负责编译和整理。北京市科学技术研究院丁辉研究员担任本书的主审。

本书旨在为高等院校安全工程及相关专业师生提供适应性较强的教学用书，同时也可作为工业企业各级风险管理人员的参考用书。

在本书编写过程中，熊红琴、张肖丽、詹安东、李春旭、郑毛景、王文军、王斌等给予了很大帮助，提出了许多建设性意见，在此谨向他们表示最诚挚的谢意。

由于编者水平和经验有限，书中难免有不当和遗漏之处，恳请广大读者批评指正。

编　者

2013 年 11 月

目　　录

第一章　风险基础知识

本章学习目标

1. 了解风险的基本定义、特性、要素、成本及相关理论等基础知识。
2. 掌握风险的分类及度量方法。

风险是与不确定性密不可分的一个概念，最早出现在17世纪西班牙的航海术语中。随着社会的进步和发展，"风险"这一概念的含义也在不断地丰富、拓展。由于事物总是表现出各种不确定的变化形式，所以在日常生活和企业的生产经营过程中，人们总是面临种种风险并承担着由此产生的各种后果。

第一节　风险概述

风险是伴随人类的产生、发展而产生的，人类社会的历史就是一部对抗风险、管理风险的历史。风险涉及的领域非常广阔，各领域对于风险的侧重点也各有不同，但风险的本质是一样的。只有抓住了风险的本质，才能正确理解风险并做出正确的风险管理决策，进而在未来的竞争中稳步前行。

一、风险的定义

风险（risk）的基本含义是事件发生和遭受损失的不确定性。但是，到目前为止，对于风险的定义，国内外学术界众说纷纭，尚未形成一个适用于各个领域的、一致公认的定义。以下为一些研究者根据各自研究总结的具有代表性的风险定义。

较早提出风险的概念，并加以分类与描述的是美国学者海恩斯（Haynes）。他认为："风险一词在经济学和其他学术领域中，并无任何技术上的内容，它意味着损害或损失的可能性。"最早对风险着力展开系统研究的是美国哥伦比亚大学学者威雷特博士（Allan H. Willett），他对风险的定义是："所谓风险就是关于不愿发生的事件发生的不确定性之客观体现。"它包含两层含义：一是风险客观存在的现象；二是风险的本质与核心具有不确定性。

20 世纪 60 年代以来，随着时代的发展，学者们对风险的认识也在不断地深化，从而出现了具有一定代表性的风险定义。美国著名的风险管理学家威廉姆斯（C. A. Williams）将风险定义为："风险是关于在某种给定的状态下发生的结果的客观疑问。"20 世纪 80 年代，日本学者武并勋在吸收前人研究成果的基础之上，认为风险是特定环境中和特定期间内自然存在导致经济损失的变化。该定义包括风险与不确定性有差异、风险是客观存在的、风险可以被测量三要素。20 世纪 90 年代以来，许多学者赋予了风险新的含义。道弗曼认为：风险可定义为随机事件可能结果的差异，或指有关损失的不确定性。风险程度是指预期随机事件发生的精确度。此外，斯凯博认为：风险为预期结果与实际结果间的相对变化。还有观点指出：风险是指损失的不确定性，不确定性包括损失发生的不确定性和损失程度的不确定性。国际标准化组织关于风险的定义为：风险是衡量危险性的指标，是某一有害事故发生的可能性与事故后果的组合。

根据以上关于风险的定义可以看出，对于风险的含义主要可从以下两个方面进行理解，即事件发生的不确定性和事件遭受损失的机会。

因此，本书对风险的定义是：风险是一种客观存在的、损失的发生具有不确定性的状态。

二、风险的特性

虽然人们对风险的说法并不统一，但都有其共同的特性，可以归纳总结为客观性、损失性、偶然性、可测定性和可变性。

1. 客观性

自然界的运动是由运动规律决定的，而这种规律是独立于人的主观意识而存在的。风险是由客观存在的自然现象和社会现象引起的，地震、洪水、雷电、暴风雨等是自然界运动的表现形式，甚至可能是自然界自我平衡的必要条件。自然界的运动给人类造成生命和财产损失，便形成自然灾害，从而对人类构成风险。虽然人们可以通过认识和掌握自然界的运动规律，预防意外事故，减少损失，但终究不能完全消除风险。因此，不论人们是否能意识到风险的存在或是估测出风险的大小，风险就是一种客观存在，而不是人们头脑中的主观想象。人们只能在一定范围内改变风险形成和发展的条件，降低风险事故发生的概率，减少损失，而不能彻底消除风险。风险的大小 R，可以用不幸事件发生的概率 P 和事件后果的严重程度 h 这两个客观量来评价，即 $R=f(P, h)$。

2. 损失性

风险是一个与损失相关联的概念，只要存在风险，就意味着有发生损失的可能性。如果风险发生后并不会产生损失，那么就没有必要研究风险了。但并不是未来的任何不确定性都是有损失的，只有当未来可能发生损失时，才可以称之为风险。风险的存在，不仅会造成人员伤亡，而且会造成生产力的破坏、社会财富的损失、经济价值的减少，以及不同程度的环境破坏等。因此，个体或企业应积极寻求应对风险的方法。

3. 偶然性

从全社会看，风险事故的发生是必然的。然而，对特定的个体而言，遭遇风险事故则是偶然的，这就是风险的偶然性。风险的偶然性是由风险事故的随机性决定的。其一，风险事故发生与否不确定。例如，就全社会而言，火灾未能消除，这使得所有经济单位都面临火灾的风险，但具体到某一家庭或企业，火灾是否发生，就未必了。其二，风险事故何时发生不确定。大家都知道，人总是要死的，但对每一个人而言，什么时候死亡，是无法预知的。其三，风险事故将会怎样发生，将导致多大损失，也是不确定的。例如水灾，我国几乎每年都有，但就特定的年份而言，水灾发生在哪一地区、财产损失多少、人身伤亡如何，都是不确定的。

4. 可测定性

个体风险事故的偶然性与不确定性和总体风险事故的必然性和确定性是对立统一的。就风险总体而言，从一个较大的范围观察，风险是一种随机现象。根据数理统计原理，随机现象一定要服从于某种概率分布。也就是说，对一定时期内特定风险发生的频率和损失率，是可以依据概率论加以正确测定的。虽然死亡对于个体来说是偶然事件，但是通过对某一地区人的各年龄段死亡率的长期观察统计，却可以准确地得出该地区各年龄段稳定的死亡率。

5. 可变性

又称不确定性。世间万物都处于运动、变化之中，风险更是如此。风险的变化有量的增减，也有质的改变，还有旧风险的消亡与新风险的产生。风险的变化主要是由风险因素的变化引起的，这种变化主要来自科技的进步、经济体制与结构的转变，以及政治与社会结构的改变。

三、相关术语

1. 安全

安全（safety）泛指没有危险、不出事故的状态。安全是在人类生产过程中，将系统的运行状态对人类的生命、财产及所处环境可能产生的损失控制在人类能接受水平以下的状态。系统工程中的安全概念，认为世界上没有绝对安全的事物，任何事物中都包含不安全因素，具有一定的危险性。安全是一个相对的概念，危险性是对安全性的隶属度；当危险性低于某种程度时，人们就认为是安全的。

2. 危险

根据系统安全工程的观点，危险（danger）是指系统中存在导致发生不期望后果的可能性超过了人们的承受程度。从危险的概念可以看出，危险是人们对事物的具体认识，必须指明具体对象，如危险环境、危险条件、危险状态、危险物质、危险场所、危险人员、危险因素等。危险与安全的关系如图 1—1 所示。

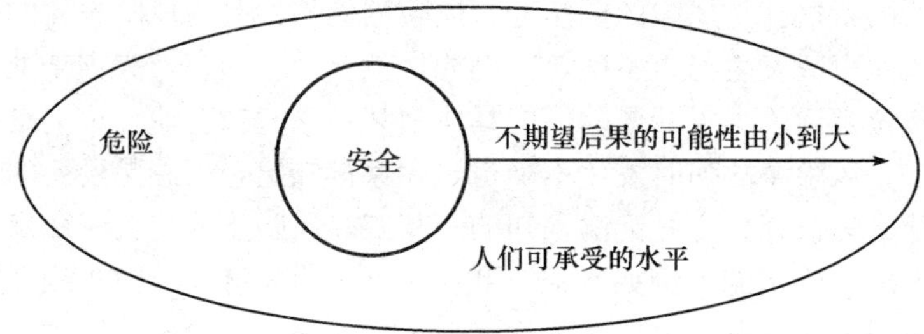

图 1—1　危险与安全关系示意图

3. 事故

海因里希在《事故预防》中给出了事故（accident）的定义：事故是一种可能造成人员伤害和财产损失的意外事件。《现代汉语词典》对“事故”的解释是：多指生产、工作上发生的意外损失或灾祸。《生产安全事故报告和调查处理条例》（国务院第 493 号令）将“生产安全事故”定义为：生产经营活动中发生的造成人身伤亡或者直接经济损失的事件。

4. 危险有害因素

危险因素是指能对人造成伤亡或对物造成突发性损害的因素，强调突发性和瞬间作用。有害因素是指能够影响人的身体健康、导致疾病或对物造成慢性损害的因素，强调在一定时间范围内的积累作用。通常情况下，二者并不加以区分而统称为危险有害因素（dangerous and harmful factors）。

5. 隐患

隐患（hidden hazard）是指可能导致事故发生的人的不安全行为、物的不安全状态和管理上的缺陷。国家安全生产监督管理总局颁布的第 16 号令《安全生产事故隐患排查治理暂行规定》将“安全生产事故隐患”定义为：“生产经营单位违反安全生产法律、法规、规章、标准、规程和安全生产管理制度的规定，或者因其他因素在生产经营活动中存在可能导致事故发生的物的危险状态、人的不安全行为和管理上的缺陷。”

6. 危险源

危险源（hazard）是指可能造成人员伤亡、疾病、财产损失、作业环境破坏的根源或状态。危险源和事故隐患是不尽相同的，危险源决定事故后果的严重性，而事故隐患则决定事故发生的可能性，是引发事故发生的直接因素。也就是说，危险源不一定是事故隐患，而事故隐患则都是危险源。危险源与隐患、事故之间的关系如图 1—2 所示。

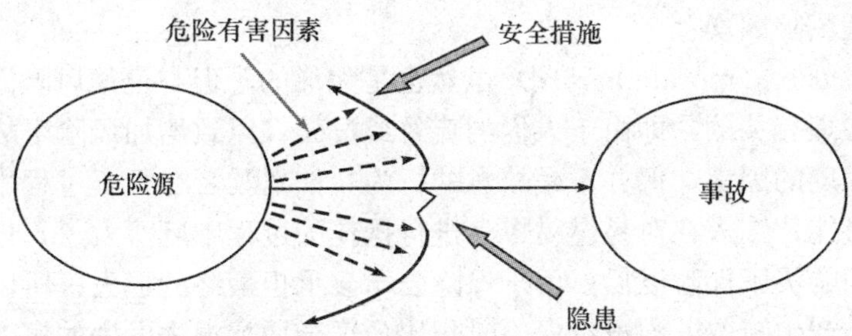

图 1—2　危险源与隐患、事故之间的关系

四、风险的要素

风险包括三个要素，分别是风险因素、风险事故及风险损失，它们之间关系密切，并且共同影响着风险的产生、存在和发展。要准确理解风险的本质，就必须弄清这三个概念及其相互关系。

1. 风险因素

风险因素（hazard）是指促使和增加损失发生的频率或严重程度的条件，它是事故发生的潜在原因，是造成损失的内在或间接原因。例如，房屋内存放的易燃易爆物品、有关人员的疏忽大意、灭火设施不灵、房屋结构不合理等都是增加火灾损失频率和损失幅度的条件，是火灾的风险因素。构成风险因素的条件越多，损失发生的概率或损失幅度就可能越大，有些情况下还可能对这二者都有影响。

(1) 物质风险因素

物质风险因素（physical hazard）是指直接影响事物物理功能的实质性风险因素，又称有形风险。例如，建筑物的结构及灭火设施的分布等对于火灾来说就属于有形风险因素。假设有两幢房屋，一幢是木质结构，另一幢是水泥结构，如果其他条件都相同，木质结构的房子发生火灾的可能性显然比水泥结构的房子要大。

(2) 道德风险因素

道德风险因素（moral hazard）是与人的品德修养有关的，相对于物质因素的无形的因素，指人们以不诚实或不良企图或欺诈行为故意促使风险事故发生，或扩大已发生的风险事故所造成的损失的原因或条件，如欺诈、盗窃、抢劫、贪污等。对于在路上驾驶汽车的司机来说，故意违规就属于道德风险因素；对于一个投保了某种财产保险的投保人来说，虚报保险财产价值、对没有保险利益的标的进行投保、制造虚假赔案、故意纵火或者夸大损失等也属于道德风险因素。

(3) 心理风险因素

心理风险因素（morale hazard）虽然也是无形的，但与道德风险因素不同的是它是与人的心理有关的，即由于人们的疏忽或过失，以致增加风险事故发生的机会或扩大损失程度的因素，但并不是故意的行为。如驾驶者在行车过程中走神，就会增加车祸的可能；工人在对易燃易爆品进行操作的过程中麻痹大意，也会增加爆炸的可能；人们购买了保险以后，由于保险公司会承担最终的损失，所以被保险人容易对防损工作产生疏忽，与没有保险时相比，这会增加损失发生的概率。

道德风险因素和心理风险因素均与人的行为有关，所以也常将二者合并称为人为风险因素。由于无形风险因素看不见、摸不着，具有很大的隐蔽性，往往可以隐藏很长时间，所以在许多情况下，等到人们发觉的时候，已经造成了巨大的损失。

2. 风险事故

风险事故（peril）是造成生命财产损失的偶发事件，又称风险事件。风险事故是造成损失的直接或外在的原因，是使风险造成损失的可能性转化为现实性的媒介，是风险因素到风险损失的中间环节。风险只有通过风险事故的发生，才有可能导致损失。例如，汽车刹车失灵造成车祸与人员损伤，其中刹车失灵是风险因素，车祸是风险事故。如果仅有刹车失灵而未发生车祸，就不会导致人员伤亡。

有时风险因素与风险事故很难区分，某一事件在一定条件下是风险因素，在另一条件下则为风险事故。如：下冰雹使得路滑而发生车祸，造成人员伤亡，这时冰雹是风险因素，车祸是风险事故；若冰雹直接击伤行人，则它就是风险事故。因此，应以导致损失的直接性与间接性来区分，导致损失的直接原因是风险事故，间接原因则为风险因素。

3. 风险损失

风险损失（loss）作为风险管理与保险的一个重要概念，是指非故意的、非预期的和非计划的经济价值的减少或消失。显然，它包含两方面的含义：

一方面，损失是经济损失，即必须能以货币来衡量。当然，很多损失是无法用货币来衡量的。例如，亲人死亡，谁也无法计算出其家人在精神上所遭受的打击和痛苦是多少人民币。尽管如此，在衡量人身伤亡时，还是从由此引起的对本人及家庭产生的经济损失或其对社会所创造经济价值的能力减少的角度来给出一个货币衡量的评价。另一方面，损失是非故意、非预期和非计划的。

上述两方面缺一不可。如折旧，虽然是经济价值的减少，但它是固定资产自然而有计划的经济价值的减少，不符合第二个条件，不在这里所讨论的损失之列。损失可以分为直接损失和间接损失两种，前者指直接的、实质的损失，强调风险事故对于标的本身所造成的破坏，是风险事故导致的初次效应；后者强调由于直接损失所引起的破坏，即风险事故的后续效应，包括额外费用损失和收入损失等。

4. 要素间的相互关系

风险在本质上就是由风险因素、风险事故和风险损失三者构成的统一体，它们之间存在着一种因果关系，如图 1—3 所示：风险因素增加或产生风险事故，风险事故引起风险损失。换句话说，风险事故是风险损失发生的直接与外在原因，风险因素为风险损失发生的间接与内在原因。三者的串联构成了风险形成的全过程，对风险形成机制的分析，以及风险管理措施的安排都以此为基础。

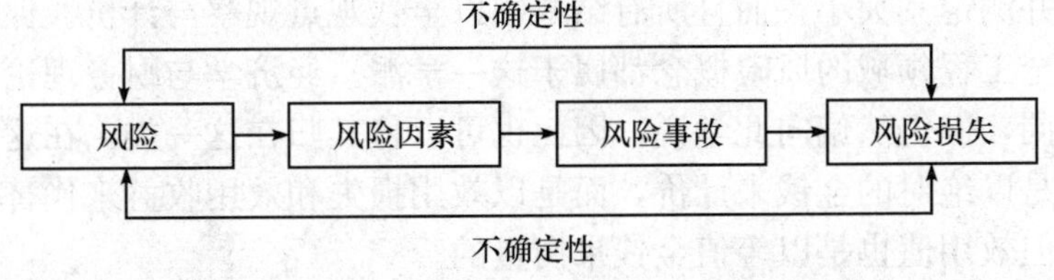

图 1—3　风险、风险因素、风险事故与风险损失的关系

五、风险的度量

在现实生活中经常能听到这样的说法：这个事情风险很大，或风险很小，这里

所说的风险很大或很小是什么意思呢？实际上，它所谈论的是风险的度量问题。风险是一个客观的概念并具有可测定性，这就意味着它是可以被客观度量的。系统在客观上的风险可以用损失概率和损失程度表示。具体地，风险的大小主要取决于损失概率、损失幅度、方差或标准差及变异系数这些指标的情况。

将损失概率和损失幅度这两个指标绘制在一张图上，如图1—4所示，这样就可以比较形象地比较风险的大小。从图中可以看出，损失概率和损失幅度均较低的为低风险；但对于损失概率较低而损失幅度较大的风险，则对于不同的具体情况有不同的解释。

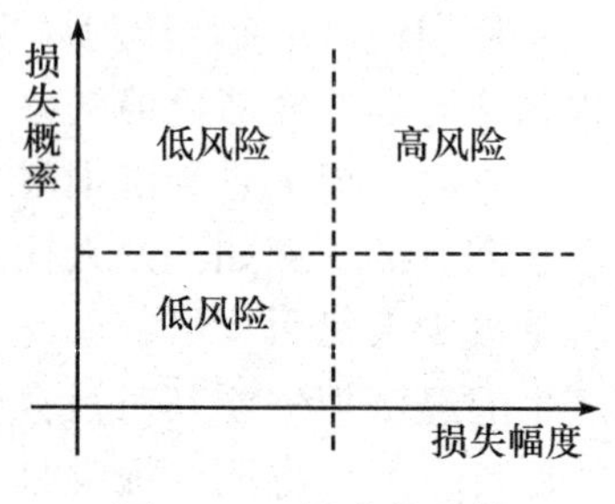

图1—4　风险的比较

尽管损失概率和损失幅度是评价风险程度的两个主要指标，但最能代表风险的数学符号是风险结果的概率分布，它囊括了风险大小方面的全部信息，在很多领域，评价风险大小的指标也是从这个概率分布中提取出来的。例如，平均指标和差异系数等，在本书第三章会详细介绍相关内容。

六、风险理论

1. 客观实体派的风险理论

持风险客观说的学者认为，风险是客观的不确定（objective uncertainty），是客观存在的实体，并正因为风险的客观存在，所以风险是可以预测的。这些看法也是现实论或者实证论者的主张，所以称之为客观实体派。此派主要是在对风险事故进行观察的基础上，用统计方法以客观概率（objective probability）对这种不确定性加以定义并测定其大小，而且所有结果都以金钱观点观察与计价。保险精算、流行病学和安全工程领域的风险概念都属于这一学派。经济学与财务理论的风险概念与此稍有不同，但仍然偏向此学说，因此也可以将其归在这一类。在这一领域，许多结果并不是以绝对的金钱来计价，而是以效用损失和效用收益来代替实际损失或实际收益，但效用值也是以等值金钱来衡量的。

2. 主观建构派的风险理论

从20世纪80年代开始，人文学者就对风险客观说提出异议。他们指出了客观说存在的两个主要问题：首先，有些方面的客观是相对的，其中的主观判断成分难以避免；其次，人们在进行风险评估时势必要加入自身的价值观与偏好，例如，同一种损失，对于不同财富的人来说感觉可能不同。这样，在风险评估这一阶段就不存在绝对的客观。

风险主观建构派主要来自于心理学、社会学、文化人类学与哲学等领域的学者。其中，心理学仍保留实证论者的思维，认为风险可用个人主观信念的强度来测定；而社会学、文化人类学和哲学则采用后实证论者和相对论者的思维，认为风险不是测定的问题，而是形成过程的问题。后者依据不同的学说，在主张风险是由社会与文化所建构的程度上有所不同。其中，心理学的风险观点主要是对个人的分析，而社会学、文化人类学和哲学则偏重于对社会团体的分析。

风险主观说并不否认风险的不确定性，但认为个人对未来的不确定性的认识与分析会同个人的知识、经验、精神和心理状态有关，不同的人面对相同的事物会有不同的判断。因此，他们认为所谓风险的不确定性其实是来自于主观的。

3. 风险因素结合理论

该理论学说着眼于风险产生的原因与结果，认为人类的行为是风险事故发生的重要原因之一。此外，正是由于人类及其财产的存在，风险事故才会造成损失，才能称为风险。因此，“风险是每个人和风险因素的结合体”，灾害的发生及其后果与人为因素有着极为复杂的互动关系。事实上，该学说并不强调风险的客观性或主观性，因为既有学者认为风险是客观存在的，也有持风险主观说的学者，所以严格来说，这一学说和前面两个理论学说并不是并列的，而是交叉在一起的。

第二节　风险的分类

为了深入和具体研究风险管理，需要根据风险的不同类别采取不同的措施加以应对和处置，因此需要用多种方式对风险加以分类。基本分类主要有如下几种：

一、按风险的环境分类

按照环境不同，风险可分为静态风险和动态风险两大类。

1. 静态风险

静态风险（static risk）是在社会经济正常情况下存在的一种风险，指由于自然力的不规则作用，或者人们的失当行为而形成的风险。例如，洪灾、火灾或海难，人的残废或疾病，以及盗窃、欺诈或破产等。

2. 动态风险

动态风险（dynamic risk）是指以社会经济的变动为直接原因的风险，通常由人们欲望的变化、生产方式或生产技术及产业组织的变化等引起。例如，消费者爱好转移、市场结构调整；资本扩大、技术改进、人口增长、利率变动或环境改变等。

静态风险与动态风险的主要区别在于：第一，静态风险对社会而言一般可能导致实实在在的损失，而动态风险对社会而言并不一定导致损失，即它可能对部分社会个体（经济单位）有益，而对另一部分个体造成实际的损失；第二，从影响的范围来看，静态风险一般只对少数社会成员（个体）产生影响，而动态风险的影响则较为广泛；第三，静态风险对个体而言，风险事故的发生是偶然的、不规则的，但就社会整体而言，其具有一定的规律性，相反，动态风险很难找到规律性。

二、按风险的性质分类

按照性质不同，风险可以分为纯粹风险和投机风险两大类。

1. 纯粹风险

纯粹风险（pure risk）是指那些只有损失可能而无获利机会的风险。当纯粹风险发生时，对当事人而言，只有遭受损失与否的结果。例如，火灾、沉船或车祸等事故的发生，将导致受害者的财产损失和人身伤亡，但不会获得任何其他利益。

2. 投机风险

投机风险（speculative risk）是指那些既有损失可能性也有盈利可能性的风险。例如，人们进行股票投资之后，就面临着股票市值波动的风险。如果股票价格上升，投资者就可以因此而获利；如果股票价格下跌，投资者就要承担损失。

除赌博以外，大多数投机风险都属于动态风险，大多数纯粹风险属于静态风险。一般而言，纯粹风险具有可保性，而投机风险是不可保的。

三、按风险对象分类

按照对象的不同，风险可以分为财产风险、人身风险、责任风险和信用风险。

1. 财产风险

财产风险（property loss exposure）是指导致财产损毁、丢失或贬值的风险。例如，建筑物遭受地震、洪水、火灾的风险，飞机坠毁的风险，汽车碰撞的风险，船舶沉没的风险，财产价值由于经济因素而贬值的风险等。

2. 人身风险

人身风险（personal loss exposure）是指导致人的死亡、残废、疾病、衰老及劳动能力丧失或降低等风险。人会因生、老、病、死等生理规律和自然、政治、军事或社会等原因而早逝、伤残、工作能力丧失或年老无依靠等。人身风险通常又可为分为生命风险、意外伤害风险和健康风险三类。

3. 责任风险

责任风险（liability loss exposure）是指由于个人或团体的疏忽或过失行为，造成他人财产损失或人身伤亡，依照法律或契约应承担民事法律责任的风险。与财产风险和人身风险相比，责任风险是一种更为复杂而又比较难以控制的风险，尤以专业技术人员如医师、律师、会计师和理发师等职业的责任风险为甚。

4. 信用风险

信用风险（credit risk）是指在经济交往中，权利人与义务人之间由于一方违约或违法致使对方遭受经济损失的风险。常见的信用风险有两类：一类是债务人不能或不愿意履行债务而给债权人造成损失的风险；另一类是交易一方不履行义务而给交易对方造成经济损失的风险。

四、按风险形成的原因分类

按照形成的原因不同，风险可以分为自然风险、社会风险、经济风险和政治风险。

1. 自然风险

自然风险（natural risk）是指由于自然现象、物理现象和其他物质风险因素所形成的风险。例如，地震、海啸、暴风雨、洪水或火灾等。

2. 社会风险

社会风险（society risk）是指由于个人或团体的作为（包括过失行为、不当行为及故意行为）或不作为使社会生产及人们生活遭受损失的风险。如盗窃、抢劫、玩忽职守及故意破坏等行为可能对他人财产造成损失或人身造成伤害等。

3. 经济风险

经济风险（economic risk）是指在生产和销售等经营活动中，由于受各种市场供求关系、经济贸易条件等因素变化的影响或经营者决策失误、对前景预期出现偏差等导致经营失败的风险。例如，企业生产规模的增减、价格的涨落和经营的盈亏等。

4. 政治风险

政治风险（political risk）是指在对外投资和贸易过程中，因政治原因或订约双方所不能控制的原因，使债权人可能遭受损失的风险。如因进口国发生战争、内乱而中止货物进口；因进口国实施进口或外汇管制，对输入货物加以限制或禁止输入；因本国变更外贸法令，使出口货物无法送达进口国，造成合同无法履行等。

需要注意的是，自然风险、社会风险、经济风险和政治风险是相互联系、相互影响的，有时很难明确区分。例如，由于人的行为引起的而以某种自然现象表现出来的风险，则本身属于自然风险，但由于它是由于人们行为的反常所致，所以又属于社会风险。又如，由于价格变动引起产品销售不畅，利润减少，这本身是一种经济风险，但价格变动导致某些部门、行业生产不景气，造成社会不安定，这又是一种社会风险。还有，社会问题积累可能演变成政治问题。因此，社会风险也酝酿着政治风险。

五、按承担风险的主体分类

按承担风险的经济主体不同，风险可以分为个人与家庭风险、团体风险和政府风险。

1. 个人与家庭风险

个人与家庭风险主要是指以个人与家庭作为承担风险主体的风险。个人与家庭面临的风险主要有人身风险、财产风险、信用风险和责任风险。

2. 团体风险

团体风险主要是指企业或社会团体作为承担风险的主体风险。企业或社会团体面临的风险有企业或社会团体的员工人身风险、财产风险、信用风险和责任风险。

3. 政府风险

政府风险主要是指以政府作为承担风险的主体的风险。

第三节　风险的成本

风险成本又称风险代价（cost of risk)，是指由于风险的存在或者风险事故的发生而引起的有形或无形的损失。一般可分为主动风险成本和被动风险成本，如图1—5 所示。

一、主动风险成本

1. 直接主动风险成本

为预防和控制风险损失，必须采取各种措施，从而造成费用支出，这就是直接主动风险成本。预防和控制风险的费用包括：购置用于预防和减少风险的设备及其维护费、咨询费、安全人员费、训练计划费、施救费、实验费、为预防和阻止或消灭战争而进行宣传所支付的费用，以及为防止环境污染所支付的宣传费用、研究费

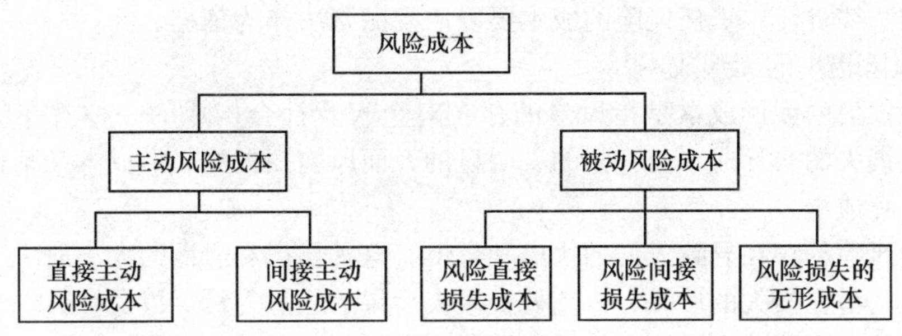

图 1—5 风险成本的构成

用等。

2. 间接主动风险成本

间接主动风险成本是不包含在直接主动风险成本在内的其他预防、控制风险的费用，主要包括：为认识、评估风险而开展的风险信息收集和整理费用，分析、测试、研讨、评估风险而发生的各种费用；为预防和控制风险需要有相应管理人员和工作人员，他们为此耗费了时间又不能同时从事其他管理活动，这种机会成本也是预防和处理风险损失的成本。尽管被动风险成本与主动风险成本都是经济费用的支出，但由于增加主动风险成本不但可以降低被动风险成本，降低风险损失频率和损失幅度，而且可以在避免经济损失的同时，获得社会效益。因此，在总风险成本确定的条件下，应尽量扩大主动风险成本的支出。

二、被动风险成本

1. 风险直接损失成本

风险直接损失成本是指风险事故造成人身伤亡及善后处理所支出的费用，以及被毁坏的财产的价值，是有形的和实质的损失。

2. 风险间接损失成本

风险间接损失成本是指某一风险损失的发生而导致的该财产本身以外的损失成本，以及与此相关的其他物品和责任等的损失成本。包括：

（1）营运收入损失成本，即营业中断损失、连带营业中断损失、成品利润损失、应收账款减少的损失和租金收入的损失；

（2）风险造成的额外费用增加损失，即租赁价值损失的成本、额外费用损失成本和租权利益损失成本；

（3）责任风险的成本，即指因侵权、违反契约等行为而导致他人或财产的损失所应负的法律责任。责任风险的成本要以法院的判决作为依据。

3. 风险损失的无形成本

风险损失的无形成本是指风险的存在对个人及社会构成的一种潜在的不利影响。风险损失的实际成本是直接的、明显的，而风险损失的无形成本在某种程度上更甚于实际成本。

（1）风险的存在导致人们的忧虑和恐惧。这种忧虑和恐惧的大小取决于不确定性的程度、潜在损失的后果、人们处置损失后果的经济力量，以及社会中个人与群体对风险的态度等诸多因素。就地震风险而言，地震发生的一瞬间不仅将导致惨重的财产损失和人员伤亡，而且目前对地震的预测能力有限，使人们对地震风险的存在具有非常严重的忧虑和恐惧感。在某些特殊情况下，由忧虑和恐惧造成的间接经济损失甚至可以超过地震本身造成的直接经济损失。

（2）风险的存在影响社会资源的最佳配置。从宏观上考察，风险的存在某种程度上限制或阻碍着社会资源（如土地、自然资源、劳动资源、资金、技术和知识等）的最佳配置。因为风险的存在和风险的发生可能产生的损失后果，使人们乐意将许多社会资源投入风险较低的部门和行业，而不愿意投向风险较大且集中的部门和行业，从而引起社会资源分配上的不平衡。一些部门供过于求，使社会资源未能合理分配和充分利用，造成社会资源使用中的浪费和损失。在某些经济领域，由于风险的高度集中，投资者望而生畏，但这些经济活动，如核能利用、煤矿开采等，对社会的作用又非常大，所以政府不得不采取相关法律和经济方面的措施加以扶持和提供保障，促使其发展。例如，美国为鼓励对核能的利用和开发，政府通过《普瑞斯·安德森法》将核能开发中可能导致的最大损失责任规定为不超过 5.6 亿美元，规定最高损失额的作用在于促使风险降低到可接受的水平。这一法案的实施，无疑促进了对核能的开发和利用的投资。这一例证从反面说明了风险的存在有碍于社会货源的合理分配和使用。从微观上讲，风险的这种不确定性的存在，可能使企业或家庭放弃有关计划或限制某些活动。

（3）风险的存在会影响新资本的形成，从而影响社会再生产活动；资金的运动同再生产一样，也是一个不断追加、扩大的过程。只有在不断的运动中，资金才能充分实现其增值性。对于投资者来说，风险和收益是一对孪生兄弟。风险越大，投资收益也就越大；风险越小，投资收益也就越小。再生产活动中的风险越小，则资金运动的渠道就越畅通，越有利于资金的积累，为下一个再生产活动提供物资保障。相反，如果再生产活动中的风险因素多且影响广，那么资金的积累会受阻碍，导致生产建设资金不足，从而影响整个社会再生产活动，甚至影响一定的投资愿望。

本章小结

关于风险的定义有很多，本书的定义为：风险是一种客观存在的、损失的发生，具有不确定性的状态。风险具有客观性、损失性、偶然性、可测定性和可变性。风险的三个要素分别为：风险因素、风险事故及风险损失，三要素之间关系密切，共同影响着风险的产生、存在和发展。根据风险存在的环境、风险的性质等可以将风险分为不同的种类，我们需要根据风险的不同类别采取不同的措施加以应对和处置。

复习思考题

1. 风险的定义是什么？风险有哪些特性？风险的要素有哪些？
2. 试述隐患、危险源、事故之间的关系。
4. 风险的分类标准有哪些？如何分类？
5. 何谓风险成本，它的构成有哪些？

第二章　风险管理导论

本章学习目标

1. 了解风险管理的起源和发展，认识风险管理与其他学科的区别与联系。

2. 学习并理解风险管理的首要目标和具体目标。

3. 了解风险管理组织的概念及其组织机构的内部结构和职责。

4. 掌握风险管理的程序。

第一节　风险管理的起源和发展

风险管理（risk management）起源于美国。20 世纪中叶，风险管理作为一门系统的管理科学被提出，随后形成近乎全球性的风险管理运动。20 世纪 70 年代，风险管理的概念、原理和实践传播到世界各地，这是社会生产力和科学技术发展到一定阶段的必然产物，风险管理的发展也积极地推动着人类文明的演变和进化。

一、风险管理的起源

风险管理起源的根本原因是 19 世纪 30 年代美国经济的不景气、社会政治的变动，以及科技的进步。直接原因则是 1948 年美国钢铁业大罢工与 1953 年通用汽车公司自动变速装置火灾事件，这两个事件成为风险管理发展史上的标志性事件，促使风险管理蓬勃发展起来。随着工业革命的出现，社会生产力得到了空前发展，生产规模不断扩大，社会财富不断涌现，随之而来的新风险也在不断增加，同时也增强了人们的风险管理意识。主要背景如下：

1. 巨额损失机会增加

随着工业化程度的不断提高和科学技术的快速发展，企业生产规模逐渐扩大，社会财富越来越集中，生产中任何的疏忽大意都可能产生不可估量的损失。

2. 损害范围扩大

一方面，社会化生产程度的逐步提高，使得企业之间的联系变得更加紧密；另一方面，随着市场的不断扩大，一些企业的营销范围由地区扩展到全国，由国内扩展到国外，这使得风险事故虽在某一局部范围内发生，但其影响波及的范围无论在空间上还是在时间上都可能是很大的。如一个大型钢铁厂被毁损，可能会波及千里之外的矿石供应商和钢材使用商，导致成千上万人的失业。又如 20 世纪 30 年代出现的世界性经济危机，使整个世界经济遭到了灾难性的破坏。另外，高科技的运用也给人类带来了前所未有的风险损害，如环境污染、臭氧层的破坏等，不仅给人类经济造成巨大损失，也极大地威胁人类的生存。

3. 社会福利意识增加

随着生产力的不断发展，人们在创造物质文明的同时，也要求提高社会福利水平，如社会救济、失业救济和养老保险、医疗保险等。然而，风险的存在会造成人们的忧虑与恐惧，从而降低人们的满意程度。风险损害也会造成对生产的破坏和对生存的威胁。这两种情况都会造成社会福利水平的下降。因此，为了提高社会福利水平，人们不得不采取种种措施，来预防和消除风险造成的损害。

4. 利润最大化冲动

一个企业能否取得预期利润，是企业能否生存的根本标志。在商品经济条件下，企业经营的直接冲动在于获得最大利润。然而只有高风险的行业才能获得超额利润，如新技术、新工艺、新材料的运用，新产品的开发和试制都可能产生巨额利润，也可能导致巨额损失。这就迫使人们采取各种可能的措施，尽量避免可能出现的不利结果。

5. 社会矛盾尖锐化

第二次世界大战后，国际局势总体上进入和平和发展时期，但局部战争连续不断，种族争端日趋激烈，劳资对立愈演愈烈，贫富差距不断加大，这些因素使得社会矛盾越来越尖锐。因此，由社会原因和政治原因导致的风险越来越多，损失也越来越大。

二、风险管理的发展历程

风险管理是社会生产力发展到一定阶段的必然产物，纵观其起源与发展，风险管理的思维和范围的演变过程可以分为三个阶段。

1.20 世纪 30 年代，风险管理意识早期萌芽阶段

1929 年，美国陷入了严重的经济危机。面对经济衰退、工厂倒闭、工人失业、社会财富遭到巨大损失的情况，人们开始思索能否采取措施来减少或消除风险给人们带来的种种灾难性后果，能否采取科学的方法，对风险实施有效的控制和处理。基于这些原因，20 世纪 30 年代，风险管理的基本构思在美国应运而生。

1930 年，在美国管理协会（AMA）发起的第一次关于保险问题的会议上，美国宾夕法尼亚大学所罗门・许伽纳博士指出“防患于未然就是最大的保险”，这表现了现代风险管理的一个重要思想。1931 年，美国管理协会大会上明确了风险管理的重大意义，并设立保险部门作为该协会的独立机构。于是，风险管理逐步普及，并开始采用风险处理的一些手段。

2.20 世纪 50 年代，风险管理理论初步形成

风险管理的名词最早出现在 1950 年拉塞尔・格拉尔（Gallagher. R. B.）的调查报告《成本控制的新时期——风险管理》中。在这一时期，人们对风险的分析发生了质的飞跃，他们开始运用概率论和数理统计的方法对风险进行处理分析，为完整的风险管理理论体系的建立做了充分的准备工作。

20 世纪 60 年代，很多学者开始系统研究风险管理。1962 年，美国管理协会出版了第一本关于风险管理的专著《风险管理之崛起》，进一步推动了风险管理的发展。与同一时期出版的两本大学教科书（一本是 1963 年伊利诺伊大学的教材《企业风险管理》，另一本是 1964 年沃顿商学院出版的教材《风险管理》）一起，使得风险管理的价值更加深入人心。风险管理的研究逐步系统化、专门化，并成为管理学科中一门独立的学科。

3.20 世纪 70 年代以来，风险管理高速发展阶段

20 世纪 70 年代以后，出现了风险管理历史上一个革命性的转变，即从传统的以保险为核心的风险管理中脱离出来，逐步形成现代的、全方位的风险管理。美国大多数工商管理学院及保险系把风险管理教育贯穿于各门经济管理课程中，并且把保险系更名为风险管理与保险系，70 年代初期开始出现的风险管理咨询公司开始提供风险管理服务，都在无形中进一步推动了风险管理的普及。

20 世纪 80 年代以来，风险管理得到了飞速发展，风险管理理念和思维框架在

不断提升，风险控制、转移等具体方法与技术也在不断创新。1983 年，在美国风险和保险管理协会的年会上，世界各国风险管理专家共同签署了《101 条风险管理准则》，这标志着风险管理的发展进入了新水平。1986 年，欧洲 11 个国家共同成立了“欧洲风险研究会”，进一步将风险研究扩大到国家范围。

我国企业界对风险管理的实质性研究，始于 20 世纪 80 年代后期，主要是引进和介绍风险管理和安全系统工程等理论，少数企业使用国外的先进经验去识别、分析、评价和控制风险，取得了较好的效果。目前我国大部分企事业单位对风险管理缺乏足够的认识，企业的风险管理机构一直都没有建立，也没有配备专门的风险管理人员。许多企业将保险作为企业控制风险的主要手段，但保险项目较少，企业投保的积极性不高，保险防灾、防损的作用没有得到充分发挥。因此，从整体上看，我国在风险管理领域仍落后于西方发达国家。

三、风险管理的定义

风险管理是一门研究风险发生规律和风险控制技术的新兴学科，组织在活动中存在风险，与风险有关的问题也会很多，就需要对这些问题实施必要的措施，以实现组织的目标即预期结果。由于风险管理的应用极为广泛，在各个领域中的管理目标也不尽相同，所以对风险管理的定义如同对风险的界定，有很多不同的理解。ISO3100 对风险管理定义如下：指导和控制某一组织与风险相关问题的协调活动。指导是指明和引导，控制是指对事物起因、发展及结果的全过程的一种把握，是能预测和了解并解决事物的结果，协调是为了实现一致性并使之得到配合。

本书对风险管理的定义为：风险管理单位通过风险评估、风险处理、风险承受、风险沟通和风险管理决策等方式，达到管理风险的目的。

对于这个概念我们可以从以下几个方面进行理解。

1. 风险管理的主体

风险管理的主体是风险管理单位，其可以是个人、家庭和企业，也可以是政府、事业单位和社会团体，还可以是跨国集团和国际联合组织等。本书为了说明问题，将风险管理的主体统称为风险管理单位。不论风险管理单位的所有制性质、组织结构有何不同，风险管理所依据的管理理念、管理技术和管理方法等却是相同的，都是寻求以最小的成本来获得最佳的风险事故处理方案。但是，不容忽视的是，风险管理的主体不同，其侧重点也会有所不同。个人、家庭的风险管理是对人身风险、家庭财产风险和责任风险的管理；企业的风险管理是对企业生产风险、销售风险、财务风险、技术风险、信用风险和人事风险的管理，企业的风险管理不同于企业的经营管理；政府的风险管理是以维护政府机构业务活动和人民生活安定为出发点，是对整个社会生命、财产和责任风险的管理。风险管理单位进行风险管理有利于减少社会资源的浪费，有利于社会资源的优化配置。

2. 风险管理的核心

风险管理的核心是降低损失，即在风险事故发生前防患于未然，预见将来可能发生的损失或者在风险事故发生后采取一些消除事故隐患和减少损失的办法。从风险管理流程看，风险管理的每个环节都是为了减少损失。评估风险是为了预测风险事故可能造成的损失，预先做好减少损失的安排；控制风险是为了降低已经发生的风险事故所造成的损失。

3. 风险管理的对象

风险管理的对象可以是纯粹风险，也可以是投机风险。传统的风险管理理论认为，风险管理的对象是纯粹风险，而不包括投机风险，即投机风险不在风险管理的范畴之内。纯粹风险是指具有损失机会而不可能获得利益的风险。投机风险是指既有可能获利，也有可能损失的风险。目前，美国一些专家认为，风险管理不仅应该包括纯粹风险，而且还应该包括投机风险。这是因为，尽管纯粹风险和投机风险具有不同的特征，但是没有适当的标准将纯粹风险和投机风险区分开来。

4. 风险管理的过程与目的

风险管理的过程是决策的过程。风险识别、风险分析和风险评价是为了认识、评价风险管理单位的风险状况，解决风险管理中的各种问题，制定管理风险的决策方案。从这一角度来看，风险管理的过程实际上是一个管理决策的过程。

四、风险管理理论与学科的关系

风险管理的研究对象是风险，但风险管理理论到底属于哪一学科是学术界尚未确定的问题。目前，我国一些高校将风险管理划入数学、统计学管理专业，一些高校将风险管理划入金融学管理专业，还有一些高校将风险管理划入会计学管理专业等。然而，风险管理与金融、保险、投资、数学、财务管理等学科既有区别又有联系，风险管理具有其独特的理论和思维方式，不能等同于上述任何一门学科，下面将逐一介绍风险管理理论同其他学科的关系。

1. 风险管理与保险学

保险是风险管理的特殊形式，主要是应付具有可保利益的纯粹风险。可保利益是指投保人或被保险人对保险标的所拥有的某种合法的经济利害关系。风险管理理论则不同，其管理的范围是广泛的，不仅包括可保风险，而且还包括不可保风险；

不仅包括纯粹风险，而且还包括投机风险。可见，不能将风险管理理论狭义地理解为保险购买行为，而是附属于保险学的，保险只是风险管理的一种方式而已。传统保险学研究的重点是具有可保利益的纯粹风险，保险是被作为一种风险筹资工具来加以研究的。但是，随着保险业的迅猛发展，保险已经不仅仅是风险筹资工具，而且逐步扩展为风险的重要管理方式，并表现出独特的特点。例如，保险具有的补偿职能、融资职能、储蓄职能、投资职能等，都显现出保险学的发展和创新。随着保险学的发展，保险学越来越离不开风险管理的方法和风险控制手段的支持，保险学的发展需要风险管理的技术支持，特别是风险识别和风险分析方法的支持。由此可见，保险学不能等同于风险管理理论，风险管理理论也不能概括保险学的全貌。

2. 风险管理与投资管理学

风险管理理论是对风险因素、风险事故和损失三要素的管理，是一门新兴的管理科学。投资是具有风险的，投资管理学是在研究投资风险的基础上，进行投资优化组合的管理，并寻求获得最大化投资收益的理论。投资管理学的研究需要风险管理理论的指导，如果没有风险管理理论和相关的技术支持，为获得投资收益而进行的投资就是盲目的投资，是难以预测结果的投资，这很可能导致投资的失败。同样，风险管理的过程是进行成本、收益选择和决策的过程，风险管理的过程需要投资管理学的支持，如果没有投资管理理论的支持，风险管理就无法进行风险分析和风险评价等。尽管如此，风险管理并不是单纯的投资，风险管理理论和投资管理学研究的侧重点不同。风险管理侧重于损失的成本，而投资管理学则侧重于资金获利的成本。由此可见，不能简单地将风险管理理解为投资管理学的分支，也不能将投资管理学理解为风险管理理论，二者是既有区别又有联系的两门学科。

3. 风险管理与数学

在风险管理中，风险度与损失程度的预测、损失的评估等，需要运用数学方法进行推测。概率论和数理统计的运用，使得人们对风险事故造成损失的推测更加准确、科学，也使人们对风险的衡量、分析发生了质的变化。自从数学被引入风险分析以来，风险管理才成为一门科学。但是，这并不是说，风险管理理论就是属于数学的范畴。数学是运用一系列前提假设，逻辑地推出普遍原理的过程，是逻辑严谨的科学，而风险管理理论是揭示风险存在的状态、因素和可能造成损失的管理科学。风险管理理论中没有普遍适用的规律，只有一些一般性的风险管理方法。在风险管理实践中，大量的风险管理实务表明，风险管理是运用各种操作规范和规程进行管理的，对于管理学科来说，数学的原理是不适用的，数学只是预测和估计风险时借助的工具而已。

4. 风险管理与财务管理学

风险管理理论同财务管理学既有区别又有联系。风险管理理论的损失成本的预测分析，离不开财务管理学的支持。财务管理学研究的是经济活动单位各项收支和经营成果的综合表现，财务管理以价值的形式反映风险管理单位业务经营过程中的资金运行、劳动耗费、财务成果及其收入分配等活动，是风险管理单位规范化管理资金的反映。运用财务管理方法有助于防范和化解风险管理单位面临的各种财务风险，它是风险管理的重要方法之一。但是，财务管理学不能等同于风险管理理论，财务管理理论只能识别、衡量资金的损失风险，不能识别、衡量大量实物资产的损失风险，也不能对已经发现的风险采取措施，因此财务管理学不能等同于风险管理理论。

第二节　风险管理的目标

一、风险管理的首要目标

无论企业的目标是什么，只有当企业继续存在时才有可能实现这些目标。如果企业不再存在，则任何目标都是无法实现的。由此可见，风险管理的首要目标是保证企业在经济社会中作为一个经营实体继续存在。风险管理的首要目标不是直接贡献于企业的其他目标，而是保证这些目标不会因为纯粹风险引起的损失而无法实现。这意味着风险管理的首要目标不是使成本最小化，不是为企业的盈利直接做出贡献，也不是法律要求的所应该履行的责任。风险管理可以而且确实考虑了这些问题，但它们不是风险管理存在的根本目标。风险管理的目标其实是确保企业经营的有效性，对大多数组织来说，这个目标可以理解为“避免企业破产”。

二、风险管理的具体目标

除了风险管理的首要目标，风险管理还有一些其他目标。按照损失发生前后，风险管理的目标分为两部分：损前目标和损后目标。二者的有效结合，构成了完整而系统的风险管理目标，见表 2—1。

1. 损前目标

损前目标是风险事故发生之前风险管理应达到的目标，以避免和减少风险事故形成的机会。损前目标具体包括经济合理目标、安全系数目标、社会责任目标。

(1) 经济合理目标。任何风险管理单位（政府、企业或个人）在确定风险管理

表 2—1　　损前目标和损后目标

损前目标	损后目标
经济合理目标	企业生存目标　持续经营目标
安全系数目标	收益稳定目标　发展目标
社会责任目标	社会责任目标

目标时，所遵循的原则都是风险管理成本的最小化和安全保障收益的最大化，因此要以最经济的方法预防潜在的损失。这要求风险管理单位对安全计划、保险，以及防损技术的费用进行财务分析，选取最经济合理的风险管理方案，从而使风险事故对企业可能造成的损失成本最小，达到最大安全保障的目标。

(2) 安全系数目标，即减轻企业和个人对潜在损失的忧虑和烦恼。风险因素的存在对于人们的正常生产和生活造成了各种心理的和精神的压力，通过制定切实可行的损失发生前的管理目标，便可减轻和消除这种压力，从而有利于社会和家庭的稳定。

(3) 社会责任目标，即遵守和履行外界赋予企业的责任。社会化大生产使单个企业与外界各种经济组织、个人之间建立了广泛的联系。因此，当企业遭受损失时，受损的不只是企业本身，还有企业的股东、债权人、客户、消费者或劳动者，以及一切与之相关的人员和经济组织，损失严重时，甚至会使国家和社会蒙受损害。为了避免风险带来的巨大损失，政府法规可以要求企业安装各种安全设备或防护设备设施以免发生工伤。同样，一个企业的债权人可以要求贷款的抵押品必须被保险。

2. 损后目标

损后目标是在风险事故发生后，消除、改变引发事故的风险因素，减少造成损失，以努力使企业恢复到损失前的状态。损后目标具体包括企业生存目标、持续经营目标、收益稳定目标、发展目标和社会责任目标。

(1) 企业生存目标。在损失发生后，企业要经过一段合理的时间才能恢复生产或经营。损失发生后，企业风险管理工作的最低目标即维持生存。企业风险管理计划应充分考虑风险事故对企业生存的影响程度，确保在损失发生后能够继续维持受灾企业的生存，减少损失对企业造成的影响，并且尽早恢复生产。

(2) 持续经营目标。虽然生产经营活动中断并不一定会导致企业破产，但是企业的竞争者却可能利用这段空当时间抢走企业原有的市场份额，影响其市场地位。因此，企业风险管理者应尽可能在损失发生后保证生产经营的连续性，而且这对公共事业尤为重要，这些单位有义务提供不间断的服务。

(3) 收益稳定目标。收益的稳定性是企业稳定发展的必要条件，不但可以帮助企业树立正常发展的良好形象，增强投资者信心，而且有益于保持企业生产经营的稳步发展。

(4) 发展目标。企业必须不断地发展，以求获得长期生存。因此，必须建立高质量的风险管理计划，及时、有效地处理各种损失结果，使企业在损失发生后能迅速地取得补偿，为企业继续发展创造良好的条件。

(5) 社会责任目标。即尽可能减轻企业受损对其他人和整个社会的不利影响，因为企业遭受一次严重的损失会影响到雇员、顾客、供货人、债权人、税务部门以至整个社会的利益。企业作为社会的一部分，其本身的损失可能还涉及企业员工的家属、企业的债权人和企业所在社会的直接利益，从而使企业面临严重的社会压力。因此，企业在制定风险管理目标时不仅要考虑企业本身的需要，还要考虑企业所负担的社会责任。

损前目标和损后目标有效结合，构成了完整而系统的风险管理目标。为了实现上述目标，风险管理人员必须有效地识别风险、评估风险并选择应对损失风险的适当方法。

第三节 风险管理的组织

风险管理组织是实施风险管理的机构，是通过一定组织结构的组织关系，使企业各部门成员协调工作，保证风险管理目标实现的特殊的管理组织。明确风险管理组织机构、职责，以及风险管理组织机构同其他部门的关系，可以科学、有序地进行风险管理活动。否则，就会影响风险管理措施的实施。

一、风险管理组织的概念

风险管理组织的概念有广义和狭义之分。从广义角度来看，风险管理组织是指风险管理单位为实现风险管理目标而设置的内部管理层次和管理机构，主要包括风险管理组织的结构和组织活动相关的规章制度。风险管理组织活动则是指风险管理专职机构制定和执行风险管理计划的全过程，主要包括：制定风险管理目标；为实施风险管理目标而进行的风险识别、风险分析、风险评价、风险决策、采取风险管理措施和风险管理效果评价等活动。风险管理的规章制度是指体现风险管理的指导思想、政策纲领、方针政策、操作规程，以及有关监察的规定等。从狭义的角度来看，风险管理组织则是指实现风险管理目标的组织结构，具体包括组织机构、管理体制和领导机构。在小型企业里，从事风险管理的人员也许只有一个人，但大型企业则要设立专职的风险管理部门。

二、风险管理组织机构的职责

由于经营活动、采用技术、所在地区和风险事故发生情况等方面的不同，风险管理单位在机构设置、规模、技术专长和人员素质等方面也有所不同。尽管如此，风险管理组织机构的组织架构是大致相同的。

1. 风险管理单位的经营活动

（1）生产经营活动，主要包括生产、制造、组装、技术更新和改造等。

（2）商业活动，主要包括购买原材料、机械设备、商品批发和零售等。

（3）财务活动，主要包括资本投入、运营、收益，以及制订投资决策方案等。

（4）安全活动，主要包括财产、人员安全保护等方面的活动。

（5）会计活动，主要包括编制财务报表、成本核算和统计资料上报等活动。

（6）管理活动，主要包括计划、组织、指挥、协调和控制等方面的活动。

在风险管理单位的六类活动中，安全活动是比较重要的，因为没有安全活动，风险管理单位的其他活动就无法进行，安全活动是其他活动正常进行的保障。因此，一些规模较大的单位，往往设置专职的风险管理部门。

2. 风险管理部门的主要职责

（1）清楚风险管理单位所面临的风险，预防风险事故的发生。例如，开展风险事故隐患调查，进行防灾、防损的安全培训。

（2）评估风险、汇总风险管理信息、更新和维护风险信息库。

（3）确保本单位具有完善的风险内控机制，明确风险管理岗位职责，使风险管理单位的活动得到有效控制。例如，进行风险转移的规划，并建立重大风险事故向上级和有关部门报告的制度。

（4）根据风险事故的状况，决策风险管理方案，监督风险管理措施的实施。

（5）确保风险融资及时到位，防止损失的扩大。

（6）评价风险管理效果，调整、修正风险管理方案。

三、风险管理组织的内部结构

在一些小型企业中，风险管理的任务可能是由个人来承担的，即该企业的厂长或经理。随着企业规模的扩大，风险管理人员也在相应的增加。一般企业会设置一个专职的风险管理机构来进行风险管理。

一般来说，风险管理单位从事生产经营活动的风险高低与风险管理机构的设置密切相关。如果风险管理单位面临的风险比较高，其主要负责人就会比较重视风险管理的作用，相应地就会设置风险管理机构；反之，则不重视风险管理的作用。例如，某企业在生产过程中，职工需要接触有毒有害物质，职工容易发生中毒事件，容易产生职业病，这样的企业就比较重视风险管理，就能够在预防中毒、职业病等方面采取积极、有效的措施。又如，某企业从事易燃易爆物品的生产，其生产管理就比较重视风险事故的预防和规避，就会设置专门的风险管理机构。

在大型风险管理机构中，风险经理是主要负责人，其内部结构如图 2—1 所示。风险经理无须过多注意具体的处理细节，他们主要负责处理人员的组织协调、风险计划的组建和预算，以及与其他各部门经理之间的协作。大型风险管理机构所面临的风险往往较大而且较为复杂，风险经理下面应设置更多的专业经理来帮助其完成各类具体的任务。

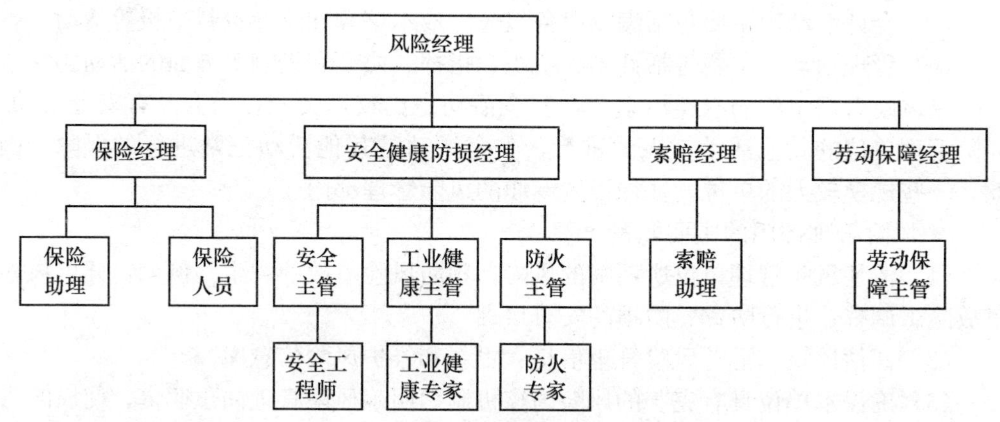

图 2—1　大型风险管理组织内部结构

第四节　风险管理的程序

风险管理过程是组织管理的有机组成部分，嵌入在组织文化和实践当中，贯穿于组织的经营过程。风险管理过程的基本程序由图 2—2 所描述的活动组成，即沟通和协调、明确环境信息、风险评估、风险应对、监测和评审。其中，风险评估包括风险识别、风险分析和风险评价；风险应对主要包括风险管理决策和风险管理措

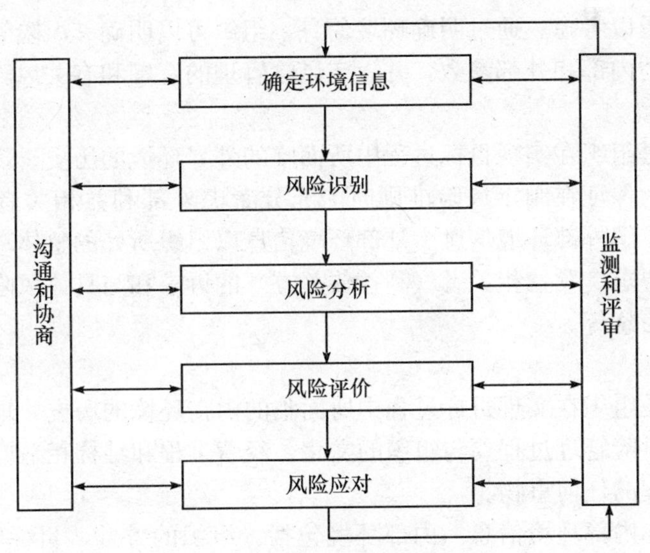

图 2—2　风险管理的基本程序

施；监测和评审主要包括记录风险管理过程和风险管理绩效评价两个方面内容。

一、沟通和协商

沟通和协商是指组织针对风险管理，提供、共享或获取信息，并与利益相关方进行对话的持续、反复的过程。沟通和协商计划应该在早期制定，内容应该涉及风险本身、风险成因、风险后果以及处理风险措施等相关的问题。

在风险管理过程所有阶段都应进行与内、外部利益相关方的沟通和协商。组织在风险管理过程的每一个阶段都应与内部利益相关者进行有效的沟通与协商，以保证实施风险的责任人和利益相关者能够理解组织风险管理的决策依据，以及需要采取某些行动的原因。由于利益相关者的价值观、诉求、假设、认知和关注点不同，其风险偏好也不同，组织在决策过程中应当与利益相关者进行充分沟通，识别并记录利益相关者的风险偏好。沟通和协商应提供真实的、相关的、准确的、便于理解的交流信息，同时宜考虑到保密和个人诚实因素。

二、风险管理环境信息

1. 风险管理环境

明确环境即界定外部和内部参数，以便在管理风险和设置风险管理方针的范围及风险准则时予以考虑。通过明确环境信息，组织可以明确其风险管理的目标，确定与组织相关的内部和外部参数，并设定风险管理的范围和有关风险准则。

2. 外部环境

外部环境是组织在实现目标过程中所面临的外界环境的历史、现在和未来的各种相关信息。为保证在制定风险准则时能充分考虑外部利益相关者的目标和关注点，组织需要了解外部环境信息。外部环境信息以组织所处的整体环境为基础，包括法律和监管要求、利益相关者（利益攸关方）的诉求和与具体风险管理过程相关的其他方面的信息等。

3. 内部环境

内部环境是组织在实现目标过程中所面临的内在环境的历史、现在和未来的各种相关信息。风险管理过程要与组织的文化、经营过程和结构相适应，包括组织内影响其风险管理的任何事物。

组织需明确内部环境信息。内部环境包括：组织的方针、目标以及经营战略；资源和知识方面的能力（如资金、时间、人力、过程、系统和技术）；信息系统、信息流和决策过程（包括正式的和非正式的）；内部利益相关者及其诉求、价值观、风险承受度；采用的标准和模型；组织结构（包括治理结构、任务和责任等），管理过程和措施；与风险管理实施过程有关的环境信息等。

风险管理实施过程中还应该充分考虑需求因素，包括：所开展的风险管理工作的范围和目标，以及所需要的资源；风险管理过程的职责；应执行的风险管理活动的深度和广度；风险管理活动与组织其他活动之间的关系；风险评估的方法和使用的数据；风险管理绩效的评价方法；需要制定的决策；风险准则等。

4. 确定风险准则

组织应该定义风险准则，以便用于风险评估。风险准则时评价风险严重性（度）的依据。风险准则需体现组织的风险承受程度，反映组织的价值观、目标和资源。有些风险准则直接或间接反映了法律和法规要求或其他需要组织遵循的要求。风险准则应当与组织的风险管理方针一致。具体的风险准则应尽可能在风险管理过程开始时制定，并持续不断地检查和完善。

确定风险准则时要考虑以下因素：可能发生的后果的性质、类型以及后果的度量；可能性的度量；可能性和后果的时限；风险的度量方法；风险等级的确定；利益相关者可接受的风险或可容许的风险等级；多种风险的组合影响等。

三、风险评估

风险评估是在风险管理过程中展开的。在风险管理过程中，风险评估并非一项独立的活动，必须整合到风险管理过程的其他组成部分中。进行风险评估时尤其应该清楚以下事项：组织的环境信息和目标；组织可容忍风险的范围及类型，以及对于不可接受风险的处理方式；风险评估的方法和技术，及其对风险管理过程的促进作用；组织内部各部门和人员对于风险评估活动的义务、责任及权利；开展风险评估的报告及检查；风险评估活动如何整合到组织日常运行中。

风险评估活动适用于组织的各个层级、评估范围可涵盖项目、单个活动或具体事项等。但是在不同情境中，所使用的评估技术可能会有差异。

风险评估有助于决策者对风险及其原因、后果和可能性有更充分的理解。可以为以下决策提供信息：是否应该开展某些活动；如何充分利用时机；是否需要应对风险；选择不同风险的应对策略；确定风险应对策略的优先次序；选择最合适的风险应对策略，将风险的不利影响控制在可以接受的水平等。

风险评估主要包括风险识别、风险分析和风险评价三个步骤。

1. 风险识别

风险识别（risk identification）指发现、列举和描述风险要素的过程。它是风险管理的首要阶段，要求风险管理人员运用有关知识和方法，系统、全面和连续发现列举和描述风险，其中包括风险源、影响范围、事件及其原因和潜在的后果等。识别风险不仅要考虑有关事件可能带来的损失，也要考虑其中蕴含的机会。

进行风险识别时要掌握相关的和最新的信息，必要时，需包括适用的背景信息。除了识别可能发生的风险事件外，还要考虑其可能的原因和可能导致的后果，包括所有重要的原因和后果。不论风险事件的风险源是否在组织的控制之下或其原因是否已知，都应对其进行识别。此外，还要关注已经发生的风险事件，特别是新近发生的风险事件。

识别风险需要所有相关人员的参与。组织所采用的风险识别工具和技术应当适用于其目标、能力及其所处的环境。

风险识别的工作主要有：

（1）全面分析经济单位的人员构成、资产分布以及业务活动；

（2）分析人、物和业务活动中存在的风险因素，判断发生损失的可能性；

（3）分析组织所面临的风险可能造成的损失及其形态，如人身伤亡、财产损失。财务危机、营业中断和民事责任等。此外，需要鉴定风险的性质，以便采取合理有效的风险处理措施。

由于风险的可变性，风险识别需要持续地、系统地进行，要密切注意原有风险的变化，同时需及时发现新的风险。

2. 风险分析

风险分析（risk analysis）是根据风险的类型、获得的信息和风险评估结果的使用目的，对识别出的风险进行定性和定量的分析，为风险评价和风险应对提供支持。风险分析要考虑导致风险的原因和风险源、风险事件的正面和负面后果及其发生的可能性、影响后果和可能性的因素、不同风险及其风险源的相互关系以及风险的其他特性，还要考虑现有的管理措施及其效果和效率。

在风险分析的过程中，应考虑组织的风险承受度及其对前提和假设的敏感性，并适时与决策者和其他利益相关者进行有效沟通。另外，还要考虑可能存在的专家观点中的分歧及数据和模型的局限性。

根据风险分析的目的、获得的信息数据和资源的不同，风险分析可以是定性的、半定量的、定量的或以上方法的组合。一般情况下，首先采用定性分析，初步了解风险等级并揭示主要风险。适当时，应进一步进行更具体和定量的分析方法。

后果和可能性可通过专家意见确定，或通过对事件或事件组合的结果建模确定，也可以通过实验研究或可获得的推导确定。对后果的描述可表达为有形或无形的影响。在某些情况下，可能需要多个指标确切描述不同时间、地点、类别或情形的后果。

3. 风险评价

风险评价（risk evaluation）是指将风险分析的结果与组织的风险准则比较，或者在各种风险的分析结果之间进行比较，来确定风险等级，以便做出适合的风险应对决策。如果该风险是新识别的风险，则应当制定相应的风险准则，以便评价该风险。

风险评价的结果应满足风险应对的需要，否则应做进一步分析。有时，根据已经制定的风险准则，风险评价会使组织做出维持现有风险应对措施，不采取其他新的措施的决定。

四、风险应对

风险应对是修正风险的过程。风险应对即在完成风险评估的基础之上，选择并执行一种或多种措施来改变风险（包括改变风险事件发生的可能性或后果）。风险应对主要包括进行风险管理决策和实施风险管理措施两方面，本书分别将在第四章和第五章进行详细阐述。

1. 风险管理决策

风险管理决策（risk management decision）是根据风险管理的目标，在风险评估的基础上，对各种风险管理方法进行合理的选择和组合，并制定出风险管理的总体方案。风险管理决策应当考虑各种环境信息，包括内部和外部利益相关者的风险承受度，以及法律、法规和其他方面的要求等。决策是整个管理活动的核心和指南，它的意义不容忽视。风险管理决策是整个风险管理过程中的重要环节，是贯穿于各个程序的一条主线。没有科学的风险管理决策，就无法实现风险管理的目标。

2. 风险管理措施

风险管理措施（risk management measure）的制订和评估是一个递进的过程。对于风险管理措施，应评估其剩余风险是否可以承受。如果剩余风险不可承受，应调整或制定新的风险管理措施，并评估新的风险管理措施的效果，直到剩余风险可以承受。执行风险管理措施会引起组织风险的改变，需要跟踪、监测风险应对的效果和组织的有关环境信息，并对变化的风险进行评估，必要时应重新制订风险管理措施。风险管理措施可以分为三大类：风险控制型措施、风险融资型措施和内部风险抑制。

1. 风险控制型措施

风险控制型措施（risk control）是指在风险识别和风险估计的基础上，针对经济单位所存在的风险因素，积极采取控制措施，以消除、减少风险因素或减少风险因素的危险性的风险处理方法。运用风险控制型措施时，在风险事故发生前，可以降低事故的发生概率；在事故发生时和发生后，可以将损失降低到最低限度，从而降低预期损失。因此，风险控制型措施的要点是降低损失概率或减少损失程度。常用的风险控制型措施有风险规避、损失控制、风险隔离等。

2. 风险融资型措施

风险融资型措施并不能消除风险，损失总是会发生的。为了应对未来的损失，人们应该采取一些融资措施，使得损失一旦发生，受损的经济单位便能迅速地获取所需的资金，为恢复其正常经济活动提供财务基础。风险融资型措施（risk financing）是指通过事先的财务计划或合同安排来筹措资金，以便对风险事故造成的经济损失进行补偿的风险处理方法。与风险控制型措施所关注的事前防范不同，风险融资型措施的着眼点是在事前安排好事后的资金融通。

3. 内部风险抑制

评价风险的大小主要有两个因素，一个是损失期望值，另一个是损失方差。控制型措施和融资型措施都是从降低期望损失的角度来改变风险的，而内部风险抑制的作用在于降低未来结果的变动，即降低方差，这使得风险管理者对未来的判断更有把握。

综上所述，风险应对措施可包括下列各项：决定停止或退出可能导致风险的活动以规避风险；增加风险或承担新的风险以寻求机会；消除具有负面影响的风险源；改变风险事件发生的可能性的大小及其分布的性质；改变风险事件的后果；转移风险；分担风险；保留风险等。

五、监测和评审

在风险管理方案付诸实施后，风险管理单位需要对风险管理的执行情况及绩效进行监测和评审。

在风险管理过程及整体过程中，监测提供了方法和工具改进的基础。组织应明确界定监测的责任。关于监测的建立应当考虑的因素有：监测事件，分析其趋势变化并从中吸取教训；发现内部和外部环境信息的变化，包括风险本身的变化、可能导致风险应对措施及其实施优先次序的改变；监测并记录风险管理措施实施后的剩余风险，以便在适当时做进一步的处理；使用时，对照风险应对计划，检查工作进度与计划的偏差，保证风险应对措施的设计和执行有效；报告有关风险、风险应对计划的进度和风险管理方针的遵循情况；实施风险管理绩效评价。同时，风险管理绩效评价应被纳入到组织的绩效管理以及组织对内、对外的报告体系之中。

风险管理单位进行风险管理绩效评价的理由主要有以下三个方面：

1. 风险管理的过程是动态的

风险是不断变化的，新的风险随时可能产生，而原有的风险可能渐渐消失或降低，这时原来制定的风险管理方案就会发生偏差，不适用于企业当前的风险管理。因此需要定期进行风险管理绩效评价，这样便可以及时发现新的风险，以调整企业的风险管理方案。

2. 风险决策管理的正误，需要通过检查和评价来确定

通过检查和评价风险管理效果，可以及时发现现阶段风险管理中存在的问题并加以纠正，这也是提高风险管理绩效的重要环节和手段。

3. 风险管理评价标准可能会不适应风险管理的需要

风险管理评价标准是根据以往风险管理的经验制定的，风险评价标准为风险管理提供了重要的参考。但是，这些标准也有不适合新风险、新状况发展要求的情况，需要结合风险管理的实践不断地修改风险评价标准。风险管理绩效评价可以提

高风险管理工作的效率，提高风险管理资金使用效率，确保风险管理单位财产和人员的安全。

风险管理工作绩效的评价主要有两种标准。一是效果标准，如意外事故损失的频率和程度下降，责任事故损失降低，风险管理部门经营管理费用减少，责任保险费率降低，因提高企业自担风险水平而提高财产保险费用，这些都是效果标准。二是作业标准，它注重对风险管理部门工作的质量和数量的考核。如规定设备保养人员每年检查的次数和维修的台数。单纯使用效果标准来评价风险管理会有不足之处，因为意外事故损失发生具有随机性。而单纯使用作业标准来评价风险管理也有缺陷，因为它没有把风险管理对企业的经济影响表现出来。所以对风险管理的评价需综合使用这两种标准。

风险管理评价工作的效益比值如下式所示：

$$\text{效益比值}=\frac{\text{因采取该项风险处理方案而减少的风险损失}}{\text{因采取该项风险处理方案而支付的各种费用}+\text{机会成本}}$$

若效益比值小于1，则该项风险处理方案不可取；若效益比值大于1，则该项风险处理方案可取。能使得效益比值达到最大的风险处理方案为最佳方案。

第五节　风险管理标准体系

一、基本概念

1. 标准

标准是对重复性事物和概念所做的统一规定，它以科学、技术和实践经验的综合成果为基础，经有关方面协商一致，由主管机构批准，以特定形式发布，作为共同遵守的准则和依据。

2. 标准化

标准化是为在一定的范围内获得最佳秩序，对实际的或潜在的问题制定共同的和重复使用的规则的活动，它包括制定、发布及实施标准的过程。标准化是现代城市管理区别于传统城市管理、现代服务业区别于传统服务业、现代管理区别于传统管理的重要特征。

3. 制定标准

制定标准是指标准制定部门对需要制定标准的项目，编制计划，组织草拟、审批、编号、发布的活动。它是标准化工作任务之一，也是标准化活动的起点。

4. 标准备案

标准备案是指一项标准在其发布后，负责制定标准的部门或单位，将该项标准文本及有关材料，送往标准化行政主管部门及有关行政主管部门存案以备查考的活动。

5. 标准复审

标准复审是指对使用一定时期后的标准，由其制定部门根据我国科学技术的发展和经济建设的需要，对标准的技术内容和指标水平所进行的重新审核，以确认标准有效性的活动。

6. 标准的实施

标准的实施是指有组织、有计划、有措施地贯彻执行标准的活动，是标准制定部门、使用部门或企业将标准规定的内容贯彻到生产、流通、使用等领域中去的过程。它是标准化工作的任务之一，也是标准化工作的目的。

7. 标准实施监督

标准实施监督是指国家行政机关对标准贯彻执行情况进行督促、检查、处理的活动。它是政府标准化行政主管部门和其他有关行政主管部门领导和管理标准化活动的重要手段，也是标准化工作任务之一，其目的是促进标准的贯彻，监督标准贯彻执行的效果，考核标准的先进性和合理性，通过标准实施的监督，随时发现标准中存在的问题，为进一步修订标准提供依据。

8. 标准的体系

标准的体系是与实现某一特定的标准化目的有关的标准，按其内在联系，根据一些要求所形成的科学的有机整体。它是有关标准分级和标准属性的总体，反映了标准之间相互连接、相互依存、相互制约的内在联系。

二、标准的分类和分级

1. 标准的分类

按照标准化对象，通常把标准分为技术标准、管理标准和工作标准三大类。

(1) 技术标准

对标准化领域中需要协调统一的技术事项所制定的标准。包括基础标准、产品标准、工艺标准、检测试验方法标准，及安全、卫生、环保标准等。

(2) 管理标准

对标准化领域中需要协调统一的管理事项所制定的标准。

(3) 工作标准

对工作的责任、权利、范围、质量要求、程序、效果、检查方法、考核办法所制定的标准。

2. 标准的分级

按照标准的适用范围，我国的标准分为国家标准、行业标准、地方标准和企业标准四个级别。

（1）国家标准

由国务院标准化行政主管部门国家质量技术监督总局与国家标准化管理委员会（属于国家质量技术监督检验检疫总局管理）制定（编制计划、组织起草、统一审批、编号、发布）。国家标准在全国范围内适用，其他各级别标准不得与国家标准相抵触。

（2）行业标准

由国务院有关行政主管部门制定。如化工行业标准（代号为 HG）、石油化工行业标准（代号为 SH）由国家石油和化学工业局制定，建材行业标准（代号为 JC）由国家建筑材料工业局制定。行业标准在全国某个行业范围内适用。

（3）地方标准

由省、自治区、直辖市标准化行政主管部门制定。在地方辖区范围内适用。

（4）企业标准

没有国家标准、行业标准和地方标准的产品，企业应当制定相应的企业标准，企业标准应报当地政府标准化行政主管部门和有关行政主管部门备案。企业标准在该企业内部适用。

三、风险管理标准体系

1. 构建风险管理标准体系的必要性

第一，在长期的生产实践中，人们为了规避风险或减少损失，已经积累了一定的经验，也取得了大量的科学技术成果，这些成果和经验如果以标准的形式来表达，对于组织在实施风险管理中提高效率具有重要意义。

第二，风险管理标准能够提供合理的、系统的方法，使组织更加有效地进行风险管理。在风险管理标准的指导下，组织的风险管理工作可以更规范、更高效，标准化、系统化的方法可以帮助组织识别、分析、评价所面临的各种风险，并给出适当的处理措施，从而进一步提高组织管理水平，增强竞争力，实现组织的持续、健康、稳定发展。

第三，不同的组织对风险管理可能有着不同的理解，关注的焦点也各有不同。

这就造成了不便于实现风险管理的各个相关方之间的相互配合与促进、难于开展对整体风险管理效果的客观评价等问题。因此需要制定风险管理标准体系来对风险管理行为进行规范。风险管理标准提供了一种共同的语言或公式，有了统一的标准，实施风险管理的相关各方就可以使用相同的风险管理过程，有了相同的决策、处理基础，就有可能对风险管理持有共同的认识。所以说，风险管理标准化有利于规范风险管理活动。

第四，风险管理标准是研究分析各种管理体系所共有的结构、原则及要素后的产物，当根据标准实施和执行风险管理时，能促进组织实现：鼓励前瞻性管理而不是反应式管理；使整个组织具有需要识别和处理风险的意识；提高对机会和威胁的判断能力；遵守相关法律和法规及国际规范的要求等。

2. 风险管理标准的范围及分类

在风险管理领域内，涉及的标准很多。就目前国际上已有的风险管理标准来分析，大致涉及机械安全、交通、医药、信息技术、能源和环境等行业和领域。作为指导具体领域风险管理的标准而言，在具有本领域特色的同时，在风险管理基本理论和流程方面都是相通的。如果这些共性的工作在每个标准的制定中都重新做一遍的话，势必造成极大的浪费。因此，需要以“风险管理”为主线，合理组织相关标准的制定，使资源得到最大限度的共享，同时也使制定出的标准具有系统性和科学性。

针对目前存在的风险管理国际标准进行归类分析，按照风险管理标准的性质，可大致分为基本类、术语类、指南类和工具类四大类。

3. 风险管理标准体系构建的原则

在风险管理标准体系的构建过程中，应充分按照GB/T13016—2009《标准体系编制原则和要求》中的有关规定，不仅要注重总体的全面成套、分类合理、层次适当、结构科学，也要充分考虑风险管理理论和实践的不断发展对风险管理标准提出的不断更新和拓展的要求。为了达到这些要求，应遵循以下具体的原则：

（1）科学性

科学性是标准化的基本原则，是采用标准的有关应用系统和技术系统安全、可靠、稳定运行的根本保障。

（2）全面性

充分地将风险管理所需要的各项标准分门别类地纳入相应的体系表中，并使这些标准协调一致，互相配套，构成一个完整、全面的体系。

（3）系统性

系统性是标准体系中各个标准之间内部联系和区别的体现。在构建风险管理标准体系的过程中，在内容和层次上要充分体现系统性，恰当地将涉及风险管理的各类标准安排在相应的分体系中，做到层次合理、分明，标准之间体现出互相依赖、衔接的配套关系。另外，还要保证标准体系框架横向分体系的分类合理和每一纵向分体系中标准构成的完整性和科学性，避免相互间的交叉。

（4）先进性

风险管理标准体系表所列标准，应充分体现等同或等效采用国家标准、国际标准和国外先进标准的精神，保持风险管理的相关标准与国际标准的一致性或兼容性，时机成熟时，考虑主导提出国际标准提案。

（5）预见性

在编制风险管理标准体系表时，既要考虑到目前应有的技术水平，也要对未来风险管理理论与实践的发展有所预见，使风险管理标准体系能适应风险管理理论与实践的发展。

（6）可扩充性

风险管理标准体系并非一成不变，它将随着风险管理领域的发展不断发展和完善而进行充实和更新。

四、国际风险管理标准体系

风险管理及其标准化已经引起国际社会的广泛关注，许多国家和国际组织正在试图通过规范化、标准化的风险管理手段来提升风险管理的绩效。

1. 国际组织风险管理标准的制定

国际风险管理标准的制定者主要有国际标准化组织（ISO）、国际电工委员会（IEC）、美国电气和电子工程师协会（IEEE）等，各种组织根据其不同的特点制定不同领域的风险管理标准，各种组织之间也可能共同发布某项风险管理标准。表2—2为对针几个主要的国际标准化组织所制定的风险管理标准进行的统计。

（1）ISO风险管理标准

国际标准化组织于1998年成立了ISO /TMB风险管理术语工作组，历时四年制定了《风险管理—术语—标准用词使用指南》，旨在促进风险管理术语的规范使用，为风险管理行为的实施提供指导，并加深ISO和IEC成员国之间在风险管理问题上的互相交流和沟通理解。2005年7月，国际标准化组织/技术管理局（ISO/IEC）成立了专门的风险管理工作组，进行风险管理国际标准（ISO31000）的制定。此国际标准试图为任何规模、任何类型的组织进行风险管理提供一个最高层次

表 2—2　　　　　　国际风险管理标准统计

序号	组织	标准号	标题
1	ISO	ISO 31000	风险管理　原则与指南
2		ISO Guide 73	风险管理　术语
3		ISO/IEC Guide 51	安全方面　标准中涉及安全条款的指南
4		ISO 14971—2007	医疗装置　医疗装置风险管理的应用
5		ISO 17666—2003	航天系统　风险管理
6		ISO/IEC 16085—2004	信息技术　软件生命周期过程 风险管理
7		ISO/IEC 27005—2008	信息技术　安全技术　信息安全风险管理
8		ISO/IEC 17799—2005	信息技术　安全技术　信息安全管理实施规范
9		ISO/IEC 15408	信息技术　安全技术　IT 安全的评价标准
10		ISO 14121—1—2007	机械安全　风险评估　第 1 部分：原则
11		ISO/TR 14121—2—2007	机械安全　风险评估　第 2 部分：实施指南和评估方法实例
12		ISO 12100—1	机械安全　基本概念和设计通则　第 1 部分：基本术语、方法学
13		ISO 12100—2	机械安全　基本概念和设计通则　第 2 部分：技术原理
14		ISO/TS 16732—2005	防火安全工程　火灾危险评估指南
15		ISO/TS 20993—2006	医用设备的生物评价　风险管理处理导则
16		ISO 17776—2000	石油和天然气工业　海上开采装置　危险识别和风险评估方法和技术指南
17	IEC	IEC 62198—2001	项目风险管理应用指南
18		IEC 61508	电气/电子/可编程电子安全系统的功能安全性
19		IEC 62305—2—2006	雷电防护　第 2 部分：风险管理
20	IEEE	IEEE 1540—2001	软件生命周期过程　风险管理
21		IEEE 16085—2006	软件和软件工程　寿命周期过程　风险管理
22	EN	EN 1050	机械的安全性　风险评估原理
23		EN 12442—1—2001	用于医疗装置生产中的动物组织及其有道生产物　第 1 部分：分析和风险管理

注：本统计表中，采用双标号的国际标准如（ISO/IEC）均未重复统计。

的文件，从而为现存的处理具体风险的标准提供支撑。这些标准规范了组织进行风险管理的流程与体系框架，明确了风险管理向整体化发展的方向。

除了这两项风险管理标准以外，国际标准化组织的风险管理标准还涉及机械安全，交通、医药、信息技术、能源和环境等许多方面。其中，许多风险管理相关标准是与IEC共同发布的。

（2）IEC风险管理标准

国际电工委员会（IEC）的宗旨是促进电工、电子领域中标准化及有关方面问题的国际合作，增进相互了解。IEC的工作领域包括电力电子、电信和原子能方面的电工技术。因此，IEC的风险管理标准主要集中在安全、可靠性、项目管理、信息技术、电子、雷电防护等方面。

（3）IEEE风险管理标准

美国电气和电子工程师协会（IEEE）总部在纽约市，在150多个国家拥有300多个地方分会。学会成立的目的在于为电气电子方面的科学家、工程师、制造商提供国际联络交流的平台，为他们提供信息，并提供专业教育和提高专业能力的服务。IEEE针对风险管理的风险管理标准主要集中在软件工程方面。

（4）欧盟风险管理标准

按照2003年4月拟定的合作指导方针，欧盟的标准化由欧洲标准化委员会、欧洲电工标准化委员会和欧洲电信标准协会，以及欧盟委员会和欧洲自由贸易组织共同负责，旨在消除欧盟成员国之间的贸易技术壁垒，支持欧盟范围内的标准和技术法规的协调，创建单一欧洲市场。从而实现欧洲标准在支持国际市场以及新方法立法方面的作用，促进可持续发展，支持国际标准化。

2. 国外风险管理标准体系发展情况

迄今为止，国际上影响较大的风险管理标准是澳大利亚和新西兰合作制定的澳大利亚—新西兰风险管理标准（AS/NZS4360），这项标准已经被澳大利亚政府和许多上市公司所采用。日本于2001年成立了风险管理标准化技术委员会，制定了风险管理体系标准（JISQ2001）。2004年美国的全国虚假财务报告委员会下属的发起人委员会（COSO）制定了全面风险管理框架标准。另外，德国、法国、加拿大等国家的风险管理研究和标准起步较早，也各有特点，拥有许多成功的经验，表2—3列出了各国制定的风险管理相关标准。

3. 国际风险管理标准化趋势

在国际风险管理标准化工作过程中，了解到许多国家并不满足于目前存在的风险管理标准，而是继续在一些重要领域制定其风险管理标准。例如，澳大利亚将要制定的风险管理标准包括风险沟通标准、公司治理标准、项目风险管理标准、风险分析技术与风险识别标准、内部控制标准、重大事件管理标准、地方政府风险管理标准、主要事件风险管理标准等。另外，许多国家都对风险管理国际标准的制定表示了高度的关注，纷纷表示将把ISO31000采纳为其国家标准，并据此修订其他的风险管理相关标准。

表2—3　　各国风险管理标准统计

国家	组织	标准号	标题
澳大利亚	AS	AS/NZS4360：2004	风险管理
		AS HB254：2005	控制保证与风险管理指南
		AS HB203：2006	环境风险管理　原则和过程
		AS HB205：2004	职业与健康安全风险管理指南
		AS HB221：2004	业务持续管理
		AS HB240：2004	外购中应用AS/NZS 4360过程管理风险指南
		AS HB141：2004	风险融资指南
		AS HB231：2004	信息安全风险管理导则
英国	BST	BIP 2024—2003	项目风险管理　过程、技术和领会　第2版
		BIP 2060—2002	风险管理　专业人员指南
		BIP 2091—2005	风险企业　信誉风险管理的最佳措施
		BIP 3021—2002	风险管理　专业人员指南光盘
		BIP 3033—2005	如何引导OH&S风险管理Video和CD
		BS 8444—3—1996	风险管理　技术系统风险分析指南
		BS 6079—3—2000	项目管理　与项目风险有关的经营管理指南
		BS 7799—3—2006	信息安全管理系统：信息安全性风险管理指南
		BS 31100—2008	风险管理　实施规程
德国	DIN	DIN V VDE V 0185—2	雷电防护　第2部分：风险管理　建筑物风险评估
		DIN V ENV 14459—2003	燃气炉和燃气燃烧设备控制系统使用电子设备的风险分析方法和推荐标准
		DIN CEN/TS 15260—2006	医药卫生信息　健康信息产品防范风险分类
加拿大	CSA	CSAQ 850—1997	决策者风险管理指南
		CSA Z763—96—1996	环境风险评估研究导论　第1版　通用指令　第1号
奥地利	ON	ONR 49000	组织与系统风险管理　术语与原则
		ONR 49001	组织与系统风险管理　风险管理系统要素
		ONR 49002—1	组织与系统风险管理　第1部分　风险管理指南

续表

国家	组织	标准号	标题
奥地利	ON	ONR 49002—2	组织与系统风险管理 第2部分 风险管理与一般管理体系集成指南
		ONR 49003	组织与系统风险管理—风险管理资格师
法国		FD X50—252	风险管理—风险评估指南
		NF E09—020—1—2007	机械安全 风险评估 第1部分：原则
		NF L90—401—2003	航天系统 风险管理
		NF S99—211—2007	医疗装置 医疗装置风险管理的应用
日本	JISC	JIS Q2001—2001	风险管理系统的开发与实施导则
		JIS B9702—2000	机械安全性 风险评定的原理
美国	ANSI	ANSI/NFPA 1250—2004	应急服务机构风险管理的推荐实施规程
		ANSI/ANS 58.21—2007	外部事件概率风险评估（PRA）方法学
	SAE	SAE ARP 9134—2004	供应链风险管理指南
	AIA	AIA 1.15—1988	风险管理

五、我国风险管理标准体系

目前，我国的风险管理理论和实践的基础薄弱，导致组织风险意识不强，运作过程中没有科学的风险管理标准可依，更没有形成完善的风险管理标准体系，这是造成我国众多企业经营不善，许多行业事故频发，甚至政府某些决策不利的重要原因。因此，风险管理标准体系的构建对我国而言更是意义重大。

1. 我国风险管理标准体系发展现状

（1）总体看来，我国风险管理研究基础相对薄弱，风险管理标准缺乏，不能满足需要。对我国风险管理方面的国家标准的统计情况如下（见表2—4）。

由表2—4可知，我国风险管理方面的标准还很欠缺，存在着数量少、种类少、版本陈旧等问题。而且，我国目前还没有风险管理指南类标准。据了解，在实际应用领域，由于我国没有自己的风险管理指南标准，许多组织则自己翻译国外的标准，效果不甚理想。可见，我国风险管理及其标准化现状已经远远无法满足方方面面对风险管理标准的需求，存在很大缺口。

（2）风险管理及其标准化开始引起国内相关部门的重视。从2003年开始，国资委组织进行了“中央企业全面风险管理指南”课题的研究，并于2006年6月颁

表 2—4　　我国风险管理国家标准统计表

序号	标准号	标题
1	GB/T 16856—1997	机械安全　风险评价原则
2	GB/T 18569.1—2001	机械安全　减小由机械排放的危害性物质对健康的风险　第 1 部分：用于机械制造的原则和规范
3	GB/T 18569.2—2001	机械安全　减小由机械排放的危害性物质对健康的风险　第 2 部分：产生验证程序的方法学
4	GB/T 20032—2005	项目风险管理应用指南
5	GB/T 24353—2009	风险管理　原则与实施指南
6	GB/T 23694—2009	风险管理　术语
7	GB/T 27921—2011	风险管理　风险评估技术

布了《中央企业全面风险管理指引》；国信办于 2003 年 8 月成立了"信息安全风险评估"课题组，进行信息安全风险管理的研究；国家标准委也特别重视风险管理及风险管理标准化工作，从 2005 年 ISO/TMB 风险管理工作组成立至今，一直派专家积极参与风险管理国际标准的制定工作，在《风险管理——风险管理原则与实施指南》的制定过程中发挥着重要的作用。

(3) 全国风险管理标准化技术委员会成立，为我国风险管理标准化工作构筑了交流平台。经国家标准委批准，2007 年 11 月全国风险管理标准化技术委员会(SAC/TC310) 正式成立，这标志着我国风险管理标准化工作已经全面启动。

2. 我国风险管理标准体系发展趋势

(1) 充分发挥技术委员会的平台作用，整合国内资源，形成合力

目前许多政府部门和行业都开始重视风险管理，但是风险管理标准化领域却一直没有一个部门来牵头。全国风险管理标准化技术委员会成立以后，将充分发挥其平台作用，联合国内众多政府机构、科研院所、高等院校、中介机构尤其是广大企业，共同参与到我国风险管理标准化理论与实践工作中，发挥各自的优势，形成合力，共同推动我国风险管理水平的提高。

(2) 进一步完善风险管理标准体系，系统推进我国风险管理标准化工作

虽然目前我国风险管理标准存在很大缺口，急需制定很多风险管理方面的标准，但是风险管理标准的制定不能"头痛医头，脚痛医脚"，应该有计划、有步骤、有目的地进行。也就是要建立并且不断完善我国的风险管理标准体系，从而系统地

指导和推进我国风险管理标准化工作。

（3）鼓励企业积极参与风险管理标准研制，形成良性循环

目前国内许多企业已经认识到，风险管理势必成为企业管理的核心内容。但他们对风险管理标准化的认识和理解还远远不够。实际上，企业在积极参与风险管理标准制定的过程中，可以将自己的需求和经验反映在标准中，一方面取得了自身在使用标准中的主动权，另一方面一也提高了风险管理标准的适用性。这样，企业就能更有效地利用风险管理标准，从而提高其风险管理活动的效率。同时，这种结果又会促使企业更积极地参与风险管理标准化活动，这就形成了一个良性的循环过程。

（4）提高能力和水平，寻求国际突破

虽然我国的风险管理事业起步较晚，风险管理的系统实施尚不普及，但我国在风险管理国际标准制定的起始阶段便积极介入并参与其中，在风险管理标准制定方面与先进国家站在同一起跑线上。尤其是全国风险管理标准化技术委员会成立以后，有了一个良好的信息交流和资源共享平台。因此，我国有必要、有条件使我们的风险管理标准化研究和实践与世界先进水平保持同步，不断提高自身的能力和水平，并在时机成熟时，将我们的研究成果反映到国际标准中，甚至提出新的国际标准提案，在风险管理标准化方面寻求国际突破。

本章小结

本章阐述了风险管理的起源和发展历程，并给出了风险管理的定义，即风险管理组织通过确定环境信息来进行风险识别、风险分析、风险评价、风险决策等管理方式，对风险实施有效控制和妥善处理损失的过程。并介绍了风险管理的组织、基本程序以及风险管理标准体系等相关内容。风险管理的实施并不是自发的，它需要风险管理组织去实施风险管理工作，风险管理组织通过对组织结构的管理，使各部门成员协调工作，保证风险管理目标。

复习思考题

1. 谈谈风险管理的形成与发展过程。你认为其他的学科可以替代风险管理吗？
2. 风险管理的研究目标是什么？有什么特点？
3. 风险管理学与投资管理学有什么不同？

4. 风险管理组织内部结构和职责包括哪些方面？你认为什么样的企业应设置专门的风险管理组织机构，并举例说明。

5. 风险管理程序有哪些？你认为哪个环节最重要，如何以最小投入获得最大收益？

6. 试述我国风险管理标准体系的发展情况。

第三章 风险评估

本章学习目标

1. 了解和学习风险评估的概念、意义和原则。
2. 了解进行风险评估所应遵循的原则和风险评估有关数理基础。
3. 掌握风险识别、风险分析和风险评价的方法和过程。

要做好风险管理工作，风险评估是首要阶段，也是风险管理中最基础的工作。风险评估主要回答了“需要考虑哪些风险?”“可能发生哪些风险损失事故?”“为什么会发生风险事故?”“风险产生的后果严重性和发生的可能性大小是多少?”“降低风险的措施有哪些?”等问题。还需要进一步回答“风险产生的后果是什么?”“风险发生的概率是多少?”“造成了多大损失?”“是否存在可以减轻风险后果或降低风险可能性的方法?”等问题，这些都是风险评估的内容。风险评估在风险管理中占有重要位置，是风险管理的核心部分，但也是风险管理中难度最大的部分。风险评估主要包括风险识别、风险分析和风险评价三个环节。

第一节 风险评估概述

一、风险评估的概念

风险评估（risk assessment）是风险管理的一个重要过程。风险管理国际标准ISO31000定义风险评估的过程为：风险评估是风险识别、风险分析及风险评价的全过程。风险评估是在风险管理过程中展开的，通过识别某个组织的风险，对其风险的性质、发生的可能性以及发生后可能造成多大程度的损失进行估算、测量，并对风险的状况进行综合评价。在风险管理过程中，风险评估并非一项独立的活动，必须整合到风险管理过程的其他组成部分中。进行风险评估时尤其应该清楚以下事项：组织的环境信息和目标；组织可容忍风险的范围及类型，以及对于不可接受风险的处理方式；风险评估的方法和技术，及其对风险管理过程的促进作用；组织内部各部门和人员对于风险评估活动的义务、责任及权利；风险评估活动如何整合到组织的日常运行中。

风险评估活动适用于组织的各个层级、评估范围可涵盖项目、单个活动或具体事项等。但是在不同情境中，所使用的评估技术可能会有差异。风险评估有助于决策者对风险及其原因、后果和可能性有更充分的理解，可以为以下决策提供信息：是否应该开展某些活动；如何充分利用时机；是否需要应对风险；选择不同风险的应对策略；确定风险应对策略的优先次序；选择最合适的风险应对策略，将风险的不利影响控制在可以接受的水平。

二、风险评估的数理基础

在客观世界中，风险发生的时间、空间以及损失严重程度均具有不确定性，属于随机现象，但是通过对大量事件的观察和研究可以发现，风险事件的发生从总体上呈现出某种规律性。因此，凭借概率论和数理统计方法，可以推出这种随机现象发生可能性的规律，达到定量评估风险的目的。以下介绍与风险评估相关的几组数理概念。

1. 损失概率

(1) 损失概率的空间说。在一定的时间内，观察分布在不同空间上的 N 个风险单位，其中处于不同空间的 m 个单位遭受损失，它的重点是在特定时期内遭受损失的风险单位的个数。如民航失事率，不仅要考虑一个国家民航失事经验数据，更重要的应考虑全球民航飞机失事数据经验，保险的费率依据之一就是全球民航失事率。

(2) 损失概率的时间说。在一特定的空间，某一风险单位，在一段时期内所观察到的遭受损失的次数，取其平均结果。例如，假设某个仓库遭受火灾损失的概率为 1/10，风险管理人员如以“月”为单位的话，那么这个仓库遭受火灾的概率为 1/10 个月，或就长期而言，这个仓库遭受火灾损失的机会为每 10 个月有一次损失。如果风险管理人员以“年”为单位，则上述的概率亦可说成为这个仓库遭火灾损失的概率为每 10 年一次。

利用损失概率的时间说并根据经验数据资料去计算损失概率时，必须注意观察时间不能太短，否则将有可能出现损失概率等于零的情况。

2. 损失幅度

(1) 一般衡量。损失幅度是指一旦发生致损事故，其可能造成的最大损失值。根据经济单位的自身特点，用不同的方法衡量损失幅度，最基本的是衡量单一风险单位在每一事件发生下的最大可能损失和最大预期损失。

1) 最大可能损失。是指某一风险单位在其整个生存期间，由单一事故引起的可能最坏情况下的损失。如果某栋建筑物价值500万元，其最大可能发生的损失即为500万元。因为在整个企业的生存期间，最坏的情况是在某次事故中该建筑物全损。

2) 最大预期损失。是指某一风险单位，在一定时期内，由单一事故所引起的可能遭受的最大损失。它的数值小于或等于最大可能损失。对于同一风险单位，其数值会随风险管理人员主观衡量的不同而不同。

3) 年度最大可能损失和年度最大预期损失。年度最大可能损失与年度最大预期损失均可来源于单一风险，或者来源于多种风险，它们可包括各种风险事故所致众多风险单位所有类型损失。年度最大预期损失是面临风险的单个单位或单位群体在一年内可能遭受的最大总损失。与最大预期损失一样，这种损失依风险管理人员选择的概率水平而定，但与最大预期损失不同的是，这种量度并不仅仅是指一次事件的严重性，相反是依据事件的个数以及它们的严重性而定。

另外，所谓的“事件”与“意外事故”概念有所不同。“意外事故”仅指事故的发生是不可预料的，而“事件”包含的范围则比较大，不仅包括意外事故，而且意料中的也属之。例如，某人每日回家将车倒入车库，常不慎撞及围篱，久而久之终使围篱倾倒，此种倾倒属于事件而不是意外事故。

(2) 阿兰·弗雷德兰德（Alan Fhedlander）衡量法。该方法认为每一栋建筑物发生一次火灾，其直接财产损失可根据建筑物防护设施情况，将其损失幅度分为四种。

1) 正常损失预期值。是指建筑物在最佳防护系统下，一次火灾发生的最大损失。最佳防护系统是指当火灾发生时，建筑物本身和外部的消防系统及消防设施都能正常运作，且都能发挥预期功能。

2) 可能最大损失。是指建筑物自身和外部环境虽然都有良好的消防系统和消防设施，但当发生火灾时，自身或外部的防护设备有部分因供水不足，或其他原因所致，而无法发挥其预期功能。这种情况下所造成的最大损失，称为可能最大损失。

3) 最大可预期损失。是指当火灾发生时，建筑物本身的消防设施无法发挥其预期功能，致使火势蔓延，直烧至防火墙才隔绝了火势，或将所有可燃物燃尽，或者直至公共消防队赶至现场进行灭火，把火熄灭为止，其所造成的最大损失，称为最大可预期损失。

4）最大可能潜在损失。是指建筑物自身和外部的公共消防设施和防护系统，在火灾发生时均无法正常运作，从而失去了其预防功能的情况下的最大损失。

一般来说，这四种损失在概率上依次递减，但在损失金额上却逐渐递增。

3. 平均指标

平均指标是从个别标志值加以抽象概括计算出来的，它是由个别标志值组成的变量数列的代表。对大多数风险事故来说，其变量数列中的标志值接近平均值的多，远离平均值的少，形成以平均值为中心、左右分布大体相等的分布形式。这就反映了总体上的集中趋势。

在风险分析中，事故损失的平均指标能提供很多有用的信息。

（1）利用损失平均指标与同类型企业进行比较，可以了解本企业在风险管理方面的水平，找出差距，决定对策。

（2）与国家或部门颁布的有关标准进行比较，为风险评估提供依据。

（3）风险管理者可利用本单位不同时期的损失平均指标的变化，来分析损失的发展趋势并通过发展趋势归纳出损失发生的规律。

（4）利用平均指标还可以分析与事故发生的有关因素的影响程度。如对汽车致损事故，可以计算出喝酒后开车人均事故次数与不喝酒开车人均事故次数，然后进行对比分析，显然，前者远远高于后者。同样，可以计算出女司机人均事故次数与男司机人均事故次数，其数据差异不大。由此可以得出这样的结论：酒后开车是发生车祸的主要原因之一，而车祸与司机的性别关系不大。

算术平均值计算的方法，一般可由下列公式求出。

设有 n 个观察值 X_1，X_2，…，X_n，其算术平均值为：

$$\overline{X}=\frac{X_1+X_2+\cdots+X_n}{n}=\frac{1}{n}\sum_{i=1}^{n}X_i \tag{1}$$

4. 变异指标

在风险分析中，必须讨论另类指标，即变异指标。只有把平均指标和变异指标综合起来分析，才能得到全面的风险信息。

变异指标反映总体各单位标志值的变异程度，亦即反映变量数列中各标志值的变动范围或离散程度。平均指标只能综合反映整体中各单位或某一数量标志的共性，而不能反映它们之间的差异性。因此，平均指标仅能从一个侧面去描述总体标志值的分布特征。变异指标则从另一个侧面，即标志值的差异来描述总体的特征。平均指标说明变量数列中变量的集中趋势，而变异指标则表达了变量的离散趋势。在风险分析中通常运用的变异指标有方差和标准差以及差异系数。

(1) 方差和标准差

对于随机变量 X，如果 X_1，X_2，…，X_n 是随机变量的 n 个观测值，$\overline{X}$ 是随机变量的算数平均数，称 $(x_1-\overline{x})^2$，$(x_2-\overline{x})^2$，…，$(x_i-\overline{x})^2$ 的算数平均数 σ^2 为这组数据的平均平方偏差，简称方差，其计算公式为：

$$\sigma^2=\frac{\sum_{i=1}^{\mathrm{k}}(X_i-\overline{X})^2}{n} \tag{2}$$

方差的算数平方根是标准差或根方差 σ。式 (3) 为标准差公式：

$$\sigma=\sqrt{\frac{1}{n}\sum_{i=1}^{n}(X_i-\overline{X})^2} \tag{3}$$

标准差是衡量测量值与平均值离散程度的尺度，标准差越大，数据就越分散，损失波动的幅度就越大，较大损失出现的可能性就越大。

(2) 差异系数

差异系数 v 通常用标准差来计算，因此，差异系数也被称为标准差系数，其计算公式为：

$$v=\frac{\sigma}{\overline{X}} \tag{4}$$

差异系数越大，代表其数据的离散程度越大，其平均数的代表性就越差，反之亦然。

只有把平均指标与变异指标综合起来进行分析，才有可能定量确定风险的大小。对于风险管理者来说，如果过去每次损失的次数都一样，则能用平均损失精确预测下一年度的损失，就可以通过周密考虑将这些损失作为一种经营费用来处理，并可认为企业无风险。最使风险管理者不安的是，标准差或差异系数很大：即过去的损失资料表明，每年的损失值相差很大。因此，风险管理者不可能精确地预测下一年度的损失。这时，企业面临的风险很大。在实际情况中，有以下几种特殊情况：

1) 平均损失大、标准差或差异系数很小，自己承担。

2) 平均损失很小、标准差或差异系数大，该情况要作具体分析，才能做出明确判断。

3) 平均损失很小、标准差或差异系数亦小，企业面临的风险小，无须转移。

上面介绍的情况比较特殊，实际情况往往介于这些特殊情况之间。另外，所谓损失大或损失小，其“大”“小”的划分取决于企业的财务状况。如同一损失值，对大企业来说，可能认为是小损失，而对小企业来说，则可能认为是大损失。

5. 大数法则

大数法则是指只要被观察的风险单位数量足够多，就可以对损失发生的概率、损失的严重程度评估出一定的数值来，而且，被观察的单位数越多，评估值就越精确。大数法则为风险评估奠定了理论基础。

当观察同类风险单位的数目较多时，这种致损事故就会呈现出一定的规律性，显现出某种必然的特征。例如，就一个城市而言，其每年发生火灾的频度、每件火灾事故的平均损失、年度火灾的总损失额及造成火灾的原因等，都有其规律可循。实践证明，被观察的同类单位数目越多，这种规律性就越明显。

三、风险评估技术的选择

选择合适的风险评估技术和方法，有助于组织及时高效地获取准确的风险评估结果。在实践中，风险评估活动的复杂及详细程度千差万别。风险评估的形式及结果应与组织的自身情况适合，并在明确环境信息时确定。

1. 最佳风险评估技术的特征

一般来说，合适的风险评估技术应具备以下特征：适应相关的情况或组织；得出的结果应加深人们对风险性质及风险应对策略的认识；应能按可追溯、可重复及可验证的方式使用；应从相关性及适用性角度说明选择技术的原因；在综合不同研究的结果时，所采用的技术及结果应具有可比性。

2. 选择风险评估技术时需考虑的因素

组织一旦决定进行风险评估，并确定了风险评估的目标和范围，那么，就应根据如下适用的因素来选择一种或多种评估技术。

（1）主要考虑的因素

1）研究目标：风险评估的目标对于使用的方法有直接影响。

2）决策者的需要：某些情况下做出有效的决策需要充分的细节，而某些情况下可能只需要对总体进行大致了解。

3）所分析风险的类型及范围。

4）结果的潜在严重程度。

5）修改/更新风险评估的必要性：一些评估结果可能在将来需要修改或更新。在这方面，某些方法比其他方法更易于调整。

6）法律法规及合同要求等。

只要满足评估的目标和范围，简单方法应优于复杂方法被采用。此外，其他几类因素对风险评估技术选择的影响更为值得关注，例如组织的现有资源及能力、不确定性因素的性质与程度，以及风险的复杂性与潜在后果。

（2）可用资源

可能影响风险评估技术选择的因素包括：风险评估团队的技能、经验、规模及能力；信息及数据的可获得性；时间以及组织内其他资源的限制；需要外部资源的可用预算等。

（3）不确定性的性质和程度

不确定性可能是组织内外部环境中必然存在的情况。不确定性可能产生于数据的质量或数量。现有的数据未必能为风险评估未来提供可靠的依据。某些风险可能缺少历史数据，或是不同利益相关者会对现有数据做出不同的解释。进行风险评估的人员应理解不确定性的类型及性质，同时认识到风险评估结果可靠性的重大意义，并向决策者说明这些情况。

（4）复杂性

复杂性是风险评估中应考虑的另一个重要特征。例如，在复杂的系统中，在进行风险评估时，不仅要对系统中的每个部分进行评估，更要注意系统各部分之间的相互关系。应注意风险可能产生的间接影响。在某些情况下，处理单个风险可能会对其他活动产生影响。理解组织中单个或多个风险的复杂性对于选择合适的风险评估方法至关重要。

3. 常用风险评估技术

《风险管理 风险评估技术》标准给出了对于风险评估的每一步，各类技术的适用性被描述为非常适用、适用或者不适用三种不同类型。表 3—1 列举了几种常见的风险评估技术。

表 3—1　　常用风险评估技术

常用工具技术	风险评估过程				
	风险识别	风险分析			风险评价
		后果	可能性	风险等级	
头脑风暴	SA	A	A	A	A
结构化/半结构化访谈	SA	A	A	A	A
德尔菲法	SA	A	A	A	A

续表

常用工具技术	风险评估过程				
	风险识别	风险分析			风险评价
		后果	可能性	风险等级	
情景分析	SA	A	A	A	A
风险矩阵	SA	SA	SA	SA	A
FMEA	SA	SA	SA	SA	SA
HAZOP	SA	SA	A	A	A
事件树分析	A	NA	SA	A	A
…	…	…	…	…	…

表中：SA 代表非常适用；A 代表适用；NA 代表不适用

第二节 风险识别

一、风险识别基础

1. 风险识别的概念

风险识别是发现、认可并记录风险的过程。风险管理人员运用有关的知识和方法，系统、全面、连续地识别财产、责任和人身损失风险，即找出影响预期目标实现的主要风险。

风险识别不能局限在某个部门、某个环节中，而是要研究风险管理单位这样一个完整系统所具有的全部风险，通常包括财产风险、责任风险、人身损失风险等。一般地，风险管理单位的活动及其所处的环境随时都在不停地变化，因而风险的质和量也在变，如果不能进行连续性的风险识别工作，则很难发现单位当前所面临的各种潜在的不可知风险。

2. 风险识别的内容

风险识别工作要从风险产生的原因入手，通过使用各种识别工具和方法来发现客观存在的不确定性，然后建立风险清单并分析风险。通过调查和了解，找出客观存在的各种风险及其存在的领域。风险识别是认识风险的来源与所在。不论产业特质如何，进行风险识别不仅要辨认所发现或推测的不利因素是否存在不确定性，而且要确认此种不确定性是否是客观存在的。只有符合这两种情况才可视为风险。

3. 风险识别的原则

（1）任何一个建设项目，可能遇到各种不同性质的风险。因此，采用唯一的识别方法是不可取的，必须把几种方法结合起来，相互补充。

（2）对于特定活动和事件，采用某种识别方法比其他方法更有效。例如，对于混凝土的浇筑质量问题，采用因果分析法就比较适当。

（3）项目的风险管理人员应尽量向有关业务部门的专业人士征求意见以求得对项目风险的全面了解。例如，其他熟悉项目风险的单位以及专家等。

（4）风险因素随着项目的进展会不断发生变化，一次大规模的风险识别工作完成后，经过一段时间又会产生新的风险。因此，必须制定一个连续的风险识别计划。

（5）风险识别的方法必须考虑其相应的成本，讲究经济上的合理，对于影响项目系统目标比较明显的风险，需要花较大的精力、用多种方法进行识别，以期做到最大限度地掌握情况，但对于影响小的风险因素如果花费较大的费用来进行识别就失去经济意义。

（6）资料的不断积累是开展风险管理的重要基础，而在风险识别时产生的记录则是主要的风险资料之一，因此，在识别风险的同时要做好准确记录。这就要求识别工作开始前应准备好将要用到的记录表格，完成识别工作后，将所获取的相关资料整理保存。

二、风险识别的过程

1. 风险识别过程的含义

风险识别的过程，实际上就是收集有关风险事故、风险因素、损失暴露和危害等方面信息的过程。风险识别既表现了人们对风险要素感觉和知晓能力，也反映了人们驾驭和处置风险的信心。风险识别过程的研究是风险管理决策等工作顺利进行的保证。

2. 风险识别的过程

风险识别过程也是人们的主观认识和客观风险实际相结合的过程。客观存在的风险源，外在表现为不同类型的风险因素，可能造成不同的风险事故和风险损失等风险要素。人们在主观认知风险时，受状态因素和心理因素的影响，以不同的深度和广度感受和知觉这些客观风险，最后确定所识别出的风险。风险识别的过程如图3—1所示。

（1）客观风险

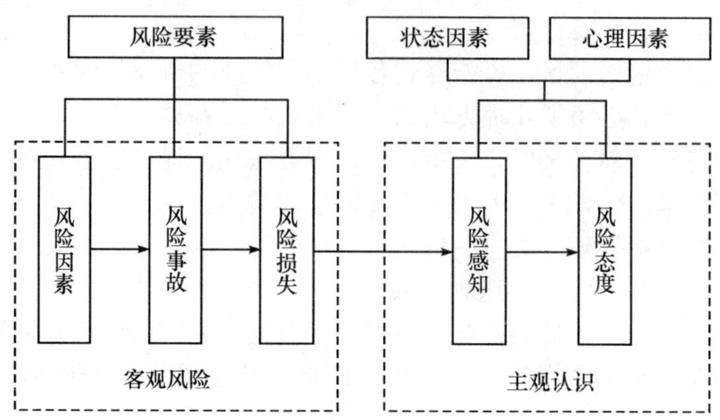

图 3—1　风险识别的过程

为了准确地识别风险，要详细准确的认识客观风险的根源，也应该通过对风险因素、可能的风险事故及风险损失的分析确定可能存在的各种风险。风险是由风险因素、风险事故和损失三者构成的统一体，它们之间存在一种因果关系，这种关系可归纳为：风险因素引发风险事故，风险事故导致损失。

1）风险因素

风险识别过程中，最重要和最困难的工作是了解可能导致损失的风险因素。如果风险管理人员不能全面地识别风险管理单位所面临的潜在风险因素，风险因素聚集或者增加，就会导致风险事故的发生。因此，在风险事故发生以前，发现引发风险事故的风险因素是风险识别的核心。

风险源通常表现为不同的风险类型和风险因素，这些风险因素会威胁到企业的经营和生产：

①企业经营活动的风险因素

可能威胁企业经营的风险因素见表 3—2。

表 3—2　　企业经营的风险因素

风险类型	风险因素
自然风险	不可预测的地质条件、雷电、火灾、水灾、地震等
经济风险	税制、汇率变化、物价上涨、融资失败等
政治和社会风险	意识形态的变化、宗教、战争、恐怖活动等
决策风险	久拖不决、决策失误等

续表

风险类型	风险因素
环境风险	环境污染
技术风险	新技术、新材料和新工艺的应用
生产风险	标准变化、原材料供应、设备变化等
市场风险	产品销路、库存数量、货物运输等
人员风险	人事制度缺失、人才流失等
财产风险	厂房、设备、资金等固定和流动资金遭受火灾等

②企业生产活动的风险因素

根据有关规定将生产过程中的风险因素分为 6 类，见表 3—3。

表 3—3　企业生产活动的风险因素

风险类型	风险因素
物理性危险和有害因素	设备和设施缺陷（强度不够、刚度不够、密封不良等）
	防护缺陷（无防护、防护不当、支撑不当等）
	电危害（带电部位裸露、漏电、雷电、电火花等）
	噪声（机械性噪声、电磁性噪声、流体动力性噪声等）
	振动危害
	电磁辐射
	运动物危害（抛射物、飞溅物、坠落物等）
	火灾、能造成伤害的高温物体、低温物体
	粉尘和气溶胶
	信号缺陷（无信号设施、信号选用不当、信号位置不当等）
	标志缺陷（无标志、标志不清晰、不规范等）
	其他物理性危险和有害因素
化学性危险和有害物质	易燃易爆物质
	自燃性物质
	有毒物质
	腐蚀性物质
	其他化学危险和有害物质

续表

风险类型	风险因素
生物性危险和有害物质	致病微生物
	传染病媒介物
	致害动物、植物
	其他生物性危险和有害因素
心理、生理性危险和有害因素	负荷超载（如体力、听力、视力等）
	健康状况异常
	从事禁忌作业
	心理异常（如情绪异常、冒险心理、过度紧张等）
	辨识能力缺陷（如感知延迟、辨识错误等）
	其他心理生理性危险和有害因素
行为性危险和有害因素	指挥错误（如指挥失误、违章操作等）
	操作失误
	监护失误

2）风险事故

风险事故又称风险事件，是指风险可能成为现实，以致造成人身伤亡或财产损害的偶发事件，是造成损害的直接原因。只有通过风险事故的发生，才能导致损失。风险事故意味着风险的可能性转化成了现实性。

在我国对企业经营事故目前尚没有统一的划分，而生产安全事故按事故造成的后果可以分为人身伤亡事故和非人身伤亡事故；按事故发生的原因可以分为责任事故和非责任事故。

3）风险损失

风险损失是指由于一个或多个意外事件的发生，在某一特定条件和特定企业内外产生的多种损失的综合。产生于企业内部的损失，称企业风险损失；其余称企业外部风险损失。

①风险损失的分类

通常将损失分为直接损失和间接损失。直接损失是指风险事故直接造成的有形损失，即实质损失；间接损失是由直接损失进一步引发或带来的无形损失，包括额外财产损失、人力资源损失和责任损失。

②风险损失的特点

第一，可预见性。即风险通常是可以预测的。从某种意义上说，任何意外事件的发生都有先兆，只要人们能及时采集这些先兆性信息，综合分析处理，总会发现事物变化的规律，并对意外事件的发生做出准确及时的预测预报，这对于企业防止风险损失是有特殊意义的。但目前由于人们的能力所限和工作失误，尚不能及时预测预报全部意外事件。

第二，可预防性。既然意外事件通常可以预见，当然也就可以预防对应的风险损失了。对于未知意外事件可能引起的损失，企业一方面可采取得力措施，防止有害意外事件的发生；另一方面，企业也可预先做好应变准备，不幸事件虽然发生也可化险为夷。当然，所谓可预防不是绝对的。

第三，可分配性。即风险损失可以依据风险共担原则，在企业内外和企业内部各单位之间合理分配。这也为防止企业风险损失提供一条有效途径。

第四，突发性。即风险损失往往瞬间出现，给人以突然袭击，猝不及防。这就要求企业临危不乱，沉着应变，化不利为有利。

第五，并存性。即指风险损失与风险收益是相互依存，相互矛盾的两个侧面，它们共处于一个统一体中，伴随风险的增大，风险收益和风险损失会同步增大。如果企业敢于承担风险，既可望获得风险收益，也可能蒙受风险损失，企业必须做好两手准备。

第六，竞争性。就是说企业风险源之一来自竞争对手，企业风险损失大小通常与企业竞争成败有关。因而，企业必须认真研究对手的竞争策略，及时采取有效措施，以保证企业始终处于不败之地。

第七，多样性。即风险损失的存在形式是复杂多样的，企业对此必须深刻理解。

第八，系统性。即风险损失是一种覆盖面很广的多种社会损失的综合，各类损失是相关的整体。这就要求企业必须用系统工程的原理和方法，分析整个风险系统，统筹兼顾全方位、全过程，发挥系统优势，采取综合调控措施，既要抓住重点，又不能顾此失彼、因小失大，才能确保企业立于不败之地。

(2) 主观认识

在风险识别的过程中，个人的状态因素和心理因素严重影响着人们对风险的识别结果。认识这些状态变量和心理变量有助于全面、客观地识别风险，正确、合理的处理风险。

1) 状态因素

①认知因素

认知因素是指由于人们对所观察事物性质了解程度的不同而对事物产生的不同的认识。在风险识别的过程中，为了准确的感知风险，人们应该加深对客观事物的了解，掌握其特点和规律性。

②视角因素

视角因素是指由于人们观察角度的不同而对事物存在的风险有不同的认识。例如，古代烈日炎炎、久旱无雨，对高官贵族可能只是炎热不适的感觉，而对于农民确是一场大灾难。所以在风险识别的过程中，人们也应该及时调整自己观察事物的视角。

③控制因素

控制因素是指因个人对风险控制力不同而产生的不同的风险认知。“艺高人胆大”就是说明人们控制风险本领越高，承受风险的能力越大，表现出的风险敏感性就越低。风险识别的目的就是“化险为夷”，因此，人们应该采取有效的管理技术，提高控制风险的能力。

2）心理因素

心理因素对风险识别的影响是十分显著的。人的内心活动极其复杂多变，在风险识别的过程中，正确把握心理的活动，对提高风险识别的准确度是十分有意义的。几乎一切与人类有关的科学都离不开心理学，在风险识别的过程中更要注重心理因素对风险识别的影响。

三、风险识别的方法

风险识别是运用各种分析、判断、归纳等方法对现实的和潜在的风险性质进行鉴别的过程。风险识别集中体现了人们对客观风险的认知能力和主观因素的调控能力。在风险的识别过程中，一般都需要借助于一些工具和方法，这样不仅使得风险识别过程的效率提高，同时也能使整个风险分析过程提高效率，减少差错，获得较为准确的结果。目前，风险识别的方法越来越完善、科学和合理，本章主要介绍一些常用的方法，在实际使用时通常需要根据项目的不同情况和特定需要而采用不同的风险识别方法。表 3—4 中对部分常见的风险识别方法进行了列举并对适用阶段进行了区分。其中有些方法是风险识别和风险分析两个阶段都可以共用的，如现场调查法、德尔菲法和情景分析法即可在风险辨识和风险分析两个过程进行应用。

不同的风险识别的方法都有其各自的优势和不足。而风险管理单位有其自身的特点，再加上在不同的风险管理阶段，适用的风险识别的办法也不相同。因此，企业在风险识别中，需要灵活运用各种风险识别方法，及时发现各种可能引发事故的

表 3—4 常用的风险识别方法

常用的风险识别方法	辨识风险	分析风险
财务报表法	√	
流程图法	√	
环境分析法	√	
现场观察法	√	√
专家调查法	√	√
风险清单分析法		√
事故树分析法		√
因果分析法		√
情景分析法		√
安全检查法		√

风险因素。在选择风险识别方法时应注意以下几点：

第一，任何一种方法不可能揭示出经济单位面临的全部风险，更不可能揭示导致事故的所有因素，因此必须根据风险管理单位的性质、规模以及各种方法的用途将多种方法结合使用。

第二，经费的限制和工作量的不断增加会导致成本上升、收益下降，风险管理人员必须根据实际条件选择效果最优的方法或方法组合。

第三，风险识别是一个连续不断的过程，仅凭一两次调查分析不能解决问题，许多复杂的和潜在的风险要经过多次识别才能获得较为准确的答案。

1. 财务报表法

财务报表法是由克里德尔于 1962 年提出的一种风险识别方法。虽然克里德尔发明这种方法的本意是用来分析私营企业的资产状况，但是财务报表里的很多概念也能运用于公共部门的管理。克里德尔认为，分析资产负债表、营业报表和相关的支持性文件，风险管理人员可以识别风险管理单位的财产风险、责任风险和人力资源风险等。

(1) 方法简介

采用财务报表进行风险识别，要对财务报表中所列的各项会计科目作深入的分析研究，需要结合生产或经营财务报表的特点来识别风险。对企业而言，财务报表是一个综合反映指标，经济实体存在的许多问题均可能从财务报表中反映和表现出来。企业的总账和成本科目的账面数据，不仅可以说明企业的业务类型、原材料供应中单位和客户的详尽情况，而且可以说明资金融通、资金流向和资金运动的信息。通过对厂房、仓库的建筑等级、结构、易燃易爆物品的堆放处所安全设备状况的分析，对各种物资的自然属性与经济用途的分析，可以识别其内在、外在的风险，分析风险发生的可能性和风险事件对企业生产财务可能造成的损失。从财务报表中，也可反映出企业由于自身的种种原因，造成的种种风险损失。

财务报表分析识别风险的方法主要有三种：趋势分析法、比率分析法和因素分析法。趋势分析法是指根据风险管理单位两期或连续期的财务报表，将报表中的相同指标进行对比分析，确定指标增减变动的方向、数额和幅度，以反映风险管理单位的财务状况和经营成果的变动趋势，并对风险管理单位发展前景做出判断。一般采用横向或纵向的方法比较财务报表进行分析。比率分析法是将财务报表中相关项目的金额进行对比，计算出相应的财务比率，并将该比率与上期比率、计划比率或者同行业平均比率进行比较，以为风险管理单位改善经营管理、提高竞争力和预防经营损失等方面指明方向。因素分析法也叫连锁替代法，是指在测定各个因素对某一指标的影响程度时，必须对有关因素有序地进行分析。当分析某一因素的影响时，假定其他因素的影响不变，就可以确定风险因素对风险事故的影响。

（2）财务报表的优点

1）财务报表基于企业自身的财务资料进行编制，这些资料用于风险识别，具有可靠性和客观性。

2）可为风险融资提供依据。风险管理单位的投资能力、水平会通过财务表反映出来。

3）风险识别以财务术语的形式表达，使企业内部其他人员和会计师、银行家等外部人员更熟悉，也更易于接受。

（3）财务报表的缺点

1）专业性强。如果缺乏财务管理的专业知识，则无法识别风险管理单位的风险。

2）财务报表法识别风险的基础是财务信息具有真实性。如果信息不真实，就无法识别出潜在的风险。同样，如果财务信息不全面，也无法全面识别风险。

（4）适用性

可适合于所有企业，通过运用财务报表数据对企业过去的财务状况和经营成果及未来前景进行评价，可为评估企业未来的财务风险和经营风险提供广泛的帮助。

2. 流程图法

流程图法是将风险主体按照生产经营的过程和日常活动内在的逻辑联系绘成流

程图，并针对流程中关键环节和薄弱环节调查风险、识别风险的方法。

（1）流程图的类型

流程图的类型较多，划分流程图的标准也很多。按流程路线的复杂程度划分，可分为简单流程图和复杂流程图。简单流程图是将风险主体的生产经营过程以大致的流程进行描述，再用连线将主要流程的内在关系勾画出来。复杂流程图是将风险主体的生产经营过程详细地进行描述，再用多条连线将生产经营过程中的每一个程序和环节勾画出来。

按照流程的内容划分，可以分为内部流程图和外部流程图。内部流程图是以风险主体内部的生产经营活动为流程路线而绘制的流程图。外部流程图是以风险主体外部的活动为主要流程路线绘制的流程图。图 3—2、图 3—3 给出了一个服装公司的内部和外部流程图。

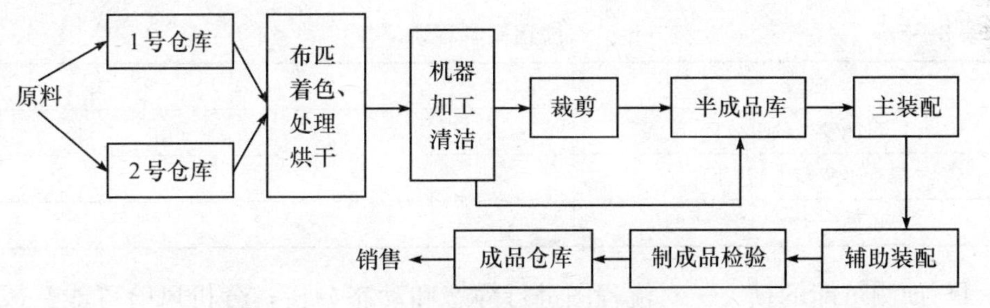

图 3—2　某服装公司内部流程图

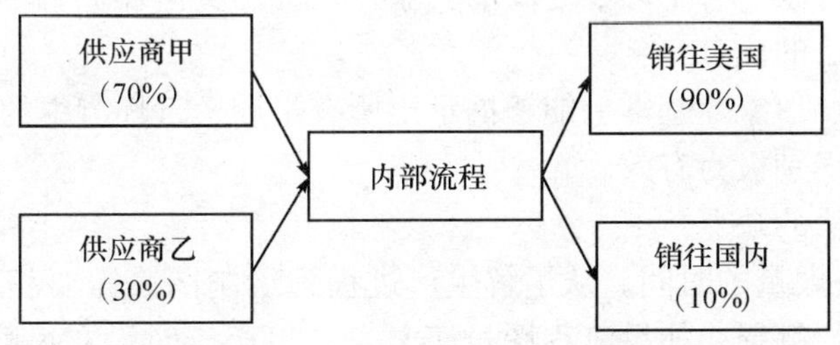

图 3—3　某服装公司外部流程图

按照流程图的表现形式划分，可以分为实物形态流程图和价值形态流程图。实物形态流程图是以某种实物在生产全过程中运行的路线而绘制的流程图。价值流程图是用标有价值额度的流程路线来反映生产经营活动中的内在联系而绘制的流程图。

(2) 流程图法的步骤

1) 识别企业内外部的生产经营活动的各个阶段。

2) 设计流程图，揭示工序或流程中的所有风险。绘制流程图时按照以下步骤进行：

①调查活动（或工序）的先后顺序。

②分析流程中的主要和次要活动。

③先绘制流程图的主体部分，再加入分支和循环。

④用方框标示活动时，需要用文字标出。

3) 对流程图进行解释，寻找风险事故的原因。由于流程图只注重活动的过程，不注重引发风险事故的原因，所以通常通过填写流程图解释表来识别风险。流程图解释表如表3—5所示。

表3—5　　流程图解释表

阶段	
可能发生的事故	
导致事故发生的原因	
可能产生的后果	

4) 预测可能的损失。对流程图进行静态和动态分析，分析风险可能造成的后果。静态分析，就是对图中的每一个环节逐一调查，找出潜在风险，并分析风险后果。动态分析则着眼于各个环节之间的关系，以找出关键环节。

(3) 流程图法的优点

流程图清晰、形象，基本上能够揭示出所有生产运营环节中的风险，而且对于营业中断风险的识别极为有效。

(4) 流程图法的缺点

1) 需要耗费大量的时间。从了解生产过程到绘制图表需要相当长的时间，随后还要对图表进行解释。如果流程图过于复杂，以至于对潜在风险状况描述不清，那么流程图法就不是最优选择。

2) 流程图可能过于笼统，尽管描述了整个生产过程，却不能描述任何经营和生产的细节，因而可能遗漏一些潜在风险。

3) 流程图无法对风险发生的可能性进行评估。而且只强调事故的后果，并不关注损失的原因。要想分析风险因素，就要和其他方法配合使用。

3. 环境分析法

环境分析法又称为PEST方法，是美国约翰·奥康纳尔教授推荐的一种识别特定企业风险的方法。其中P代表政治（Political），E代表经济（Economic），S代表社会（Social），T代表技术（Technological）。环境分析法以系统、全面地分析企业所面临的内部环境和外部环境为基础，通过对影响企业生产经营的政治和法律环境、经济环境、社会文化环境、技术环境等四方面的条件、状态进行调研和分析，重点考虑其相互联系的特征和这些联系的一致性和稳定性，确定这些环境可能给企业带来的风险与损失。

（1）主要内容

内部环境包括公司员工（或者内部顾客）状况、办公科技条件、工资水平、财务风险等。外部环境除了考虑外部顾客、代理商与分销商、供货商、竞争对手等微观环境外，更要考虑以下宏观环境问题：

1）政治法律环境。政治环境主要包括政治制度与体制，政局，政府的态度等；法律环境主要包括政府制定的法律、法规。一般关注：

①政治环境是否稳定？

②国家政策是否会改变法律从而增强对企业的监管并收取更多的赋税？

③政府所持的市场道德标准是什么？

④政府的经济政策是什么？

⑤政府是否关注文化与宗教？

⑥政府是否与其他组织签订过贸易协定，例如欧盟（EU），北美自由贸易区（NAFTA），东盟（ASEAN）等？

2）经济环境。构建经济环境的关键战略要素：GDP、利率水平、财政货币政策、通货膨胀、失业率水平、居民可支配收入水平、汇率、能源供给成本、市场机制、市场需求等，在具体分析时可以关注：

①利率；

②通货膨胀率与人均就业率；

③人均GDP的长远预期等。

3）社会文化环境。影响最大的是人口环境和文化背景。人口环境主要包括人口规模、年龄结构、人口分布、种族结构以及收入分布等因素。文化背景如：

①信奉人数最多的宗教是什么？

②这个国家的人对于外国产品和服务的态度如何？

③语言障碍是否会影响产品的市场推广？

④消费者有多少空闲时间？

⑤这个国家的男人和女人的角色分别是什么?

⑥这个国家的人长寿吗?老年阶层富裕吗?

⑦这个国家的人对于环保问题是如何看待的?

4)技术环境。技术环境不仅包括发明,而且还包括与企业市场有关的新技术、新工艺、新材料的出现和发展趋势以及应用背景。一般关注:

①科技是否降低了产品和服务的成本,并提高了质量?

②科技是否为消费者和企业提供了更多的创新产品与服务,例如网上银行、新二代手机等?

③科技是如何改变分销渠道的,例如网络书店、机票、拍卖等?

④科技是否为企业提供了一种全新的与消费者进行沟通的渠道?

(2)环境分析法的优点

该方法在对外部宏观环境进行分析时有突出应用,有益于企业在转型、并购、海外投资等活动时进行正确决策。

(3)环境分析法的缺点

该方法对外部宏观数据依赖性强,一般企业较难得到及时、准确的数据。

(4)环境分析法的应用

环境分析法多用于战略分析、市场营销分析、投资分析等领域,通过对政治、经济、社会和经济的因素分析,从整体上把握宏观环境,并评价这些因素对组织战略目标和战略制定的影响。

4. 现场调查法

现场调查法是风险管理人员亲临现场,通过直接观察单位的设备、设施、操作和流程等,了解单位的生产经营活动和行为方式,调查其中存在的风险隐患。

(1)调查的主要步骤

1)调查前的准备。主要包括:确定调查的时间、地点、对象,编制调查表,预先确定需要询问的一些问题以避免忽略、遗漏某些重要事项。风险调查表主要有安全检查表、责任检查表等。安全检查表是指为了找出系统中的不安全因素,把系统加以剖析,列出各层次的不安全因素,然后确定检查项目,以提问的方式把检查项目按系统的组成顺序编制成表,以便进行检查和评审。它可以用于各类系统的设计、验收、运行、管理阶段以及事故调查过程,应用十分广泛。这种表格简单、方便但仅仅关注表格中的问题,会导致风险管理人员错过“未知因素”,某车间识别火灾风险的检查表见表3—6。

2)现场调查和访问,认真填写表格。需要注意的是:

表 3—6　　某车间识别火灾风险的检查表

调查问题	是	不是	措施
工序中有易燃易爆品吗？			
工序中有火苗吗？			
加工设备安全吗？			
加工设备有防护装置吗？			
工序废物经常清扫吗？			
加工完的货物搬走了吗？			
消防设备安全吗？			
灭火器放在消防手册规定的位置吗？			
防火门安全吗？			
火灾报警器安全吗？			
按照消防手册演习了吗？			
车间有禁止烟火的标志吗？			
您认为还有不符合标准的吗？			

签字（车间主任）：

填表日期：

①熟悉现场的每一个角落，不遗漏可能存在的风险隐患；

②同工作人员进行交流、沟通，有助于识别风险；

③密切关注经常引发风险事故的工作环境和工作方式；

④提出粗略的整改方案。

3）撰写调查报告，将调查的结果和发现的情况进行报告、反馈。

（2）现场调查法的优点

1）可获得风险管理单位从事活动的第一手资料，有助于与基层人员和一线员工建立良好关系。

2）可以了解风险管理单位的资信状况，避免道德风险的发生。

3）有助于确保常见问题不被遗忘。

（3）现场调查法的缺点

1）耗费的时间比较多，成本比较高。调查过程中需要具有管理经验的调查人员或有关专家参加。

2）主观性比较强。风险管理人员的风险识别能力和水平决定调查的结果。

3）易忽略检查表以外的风险。根据表格中的项目进行检查，很容易限制风险识别过程中的想象力，错过表格中未列出的“风险未知因素”。

5. 专家调查法

专家调查法也是常用的风险识别方法。专家调查法中被调查的专家主要分为两类：一类是从事标的工程项目风险管理的技术人员和管理人员；另一类是从事与工程项目相关领域研究的工作人员。专家调查法就是通过对多位相关专家的反复咨询、反馈，确定影响项目投资的主要风险因素，然后制成项目风险因素估计调查表，再由专家和相关工作人员对各个风险因素在项目建设期内出现的可能性以及风险因素出现后对项目投资的影响程度进行定性分析，最后通过对调查表的统计整理和量化处理获得各风险因素的概率分布和对项目投资可能的影响结果。常用的专家调查法有德尔菲法和头脑风暴法。

（1）德尔菲法

德尔菲法（Delphi）又名专家意见法或专家预测法，是一组专家中取得可靠共识的结构性方法。德尔菲法是在20世纪40年代有赫尔默（Helmer）和戈登（Gordon）首创。在1946年美国兰德公司为避免集体讨论存在的屈从于权威或盲目服从多数的缺陷，首次用这种方法用来进行定性预测，后来该方法被推广。20世纪中期，当美国政府执意发动朝鲜战争的时候，兰德公司再次使用这种方法向政府提交了一份预测报告，预告这场战争必败。但政府没有采纳，结果一败涂地。从此以后，德尔菲法得到广泛认可。

在运用德尔菲法时，为了消除成员间相互影响，参加的专家可以互不了解，运用匿名方式反复多次征询意见和进行背靠背的交流，以充分发挥专家们的智慧、知识和经验，最后汇总得出一个能比较反映群体意志的预测结果。

1）德尔菲法进行风险识别的步骤

运用德尔菲法进行风险识别，通过召集有关专家会议或问卷调查方式获得专家对可能存在风险项目的意见，然后由风险管理人员加以归纳分类、整理和分析，确定风险的位置。具体程序是：

①拟定提纲，提出要求，明确预测目标。向专家提供情况、问题和有关资料，并请专家提出如何使用资料以及还需哪些资料等意见。

②提出预测。要求每位专家提出自己对风险预测的意见和依据，并说明所需补充资料的内容。

③修改预测。组织者将第一次专家预测的情况汇总、评估，并列成图表，进行对比之后，再分发给有关专家，由专家据此提出修改意见和新的要求。这个工作可以反复多次，以使每个人全面了解情况，不断修改和完善自己的意见，直到每一个专家不再改变自己的意见为止。

④对专家组成员的意见进行综合处理，得出关键风险因素。最主要的工作是用一定的统计方法对专家的意见做出统计归纳处理。主要的统计处理方法有：中位数和上下四分位数法、算术平均统计处理法、主观概率统计处理法等。

在运用德尔菲法时应注意以下问题：

第一，专家小组的选择是风险识别成败的关键。首先必须确定所需专业的范围，其次是选择合理的专家的人数，通常以10～50人较为理想，人数过少会使预测具有局限性，人数过多则会使具体操作管理过于复杂。

第二，资源利用的充分性，由于吸收不同的专家参与预测，应注意充分利用专家的经验和学识。

第三，最终结论的可靠性。为使每一位专家独立自由地做出自己的判断，不会受到其他繁杂因素的影响，应保证采用匿名或背靠背的方式；最终结论的统一性，预测过程必须经过几轮的反馈，使专家的意见逐渐趋同。

2）德尔菲法的优点

①由于观点采用匿名或背靠背的方式，德尔菲法减少了人际冲突，能使每一位专家独立自由地做出自己的判断。

②专家可以不必一次聚集在某个地方，比较方便。

③多次反馈，可以不断修正预测意见，使得预测结果比较准确可靠。

3）德尔菲法的缺点

①运用此方法比较费力、耗时，而且要求组织者有较强的组织能力和专业能力，参与者要能进行清晰的书面表达。

②专家意见未必能反映客观现实，主要凭专家的主观判断，缺乏客观标准。

4）德尔菲法的应用

德尔菲法作为一种主观、定性的方法，最初产生于科技领域，后来逐渐被应用于任何领域的预测，如军事预测、人口预测、医疗保健预测、经营和需求预测、教育预测等。该方法不仅可以用于预测领域，还可以广泛应用于各种评价指标体系的建立和具体指标的确定过程。此外，该方法还用来进行评价、决策、管理沟通和规划工作。总的来看，无论是否需要专家的共识，德尔菲法都可以用于风险管理过程或系统生命周期的任何阶段。

（2）头脑风暴法

所谓头脑风暴法，就是以专家的创造性思维来获取未来信息的一种直观预测和识别方法。此法是由美国人奥斯本于1939年首创的，从20世纪50年代起就得到了广泛应用。头脑风暴法一般是在一个专家小组内进行，通过专家会议，发挥专家的创造性思维来获取未来信息。这就要求主持专家会议的人在会议开始时的发言应能激起专家们的思维“灵感”，促使专家们感到急需回答会议提出的问题，通过专家之间的信息交流和相互启发，从而诱发专家们产生“思维共振”，以达到互相补充的目的并产生“组合效应”，获取更多的未来信息，使预测和识别的结果更准确。我国20世纪70年代末开始引入头脑风暴法，很快就受到有关方面的重视和采用，已经被应用于各个领域。

6. 风险清单分析法

风险清单是一些由专业人员设计好的标准的表格和问卷，清单上面非常全面地列出了一个企业可能面临的风险。为了识别企业所面临的各种风险，人们编制出各种各样的风险清单，因为它们试图列举出企业所有可能的风险损失暴露。构建出的这种“标准”调查表的优点是具有广泛的适用性，但不能揭示某个产业的特殊性，更不能揭示某个企业的特殊性。风险管理者需对照清单上的每一项内容进行提问，并在回答这些问题的过程中逐渐构建出本企业的风险框架。以下主要介绍三种常用的风险清单分析法：保险调查表法、保单对照法、资产——损失分析表法。

（1）保险调查表法

所谓保险调查表法，是企业委托保险公司或经营保险咨询服务的机构，对企业自身财产的潜在风险及其后果造成的损失进行调查、分析，并编制各种调查表供企业参考的一种方法。在美国，通常由保险公司、风险及保险管理学会（RIMS）以及美国管理学会（AMA）设计出一种广为企业应用的风险分析调查表。表3—7是美国安特那意外保险公司设计的风险识别清单。

表3—7　　　　风险识别清单（简略）

一、财产风险
1. 财产损毁的防护情况如何？
（1）自有建筑物和财物的直接损毁
（2）由财产损失所致的间接损失
（3）他人财产的直接损毁
（4）运送中财产的直接损毁
2. 被保险的风险是否有足够保障？

续表

(1) 自有建筑物和财物
1) 对有共保条款的保单，保额少于共保条款的要求吗?
2) 任何财产保险的保额少于其可保价值吗?
3) 财物价值波动剧烈吗?
4) 其他地点的财物有未投保的情形吗?
5) 有任何违反保单条款和保证的情形吗?
6) 火灾保险基本保障可扩大承保其他危险事故吗?
7) 在所有房屋内都安有自动喷淋系统吗?
8) 有遭受水渍险的财产吗?
9) 有冷冻、空调、锅炉、机器和压缩设备吗?
10) “噪声公害”保险有必要吗?
11) 建筑物内有任何核子辐射物品吗?
12) 现有建筑物有任何增建或改造的情形吗?
13) 有正在建造或计划建造的建筑物吗?
14) 因建筑法令变更所致建造成本的增加有必要投保吗?
15) 重置成本保险有必要吗?
16) 有任何厚玻璃板的财物吗?
17) 像铸模、样品、印模等财物有未投保的情形吗?
18) 任何改造物有未保障的情形吗?
19) 办公室财物特别保障适当吗?
20) 商业财产保障适当吗?
21) 流动财产保单财物已提供完好的保障了吗?
22) 有期货销售、分期付款销售和特殊契约销售的商品吗?
23) 附加任何批单可改变保障的情形吗?
(2) 间接损失（略）
(3) 他人财产（略）
(4) 运送中财产（略）
3. 财产保单的签订有不当的情形吗?（略）
4. 节省保费可能吗?（略）
二、犯罪风险（略）
三、汽车风险（略）
四、法律责任和工人补偿责任风险（略）

1）优点

①由于标准调查表由保险和风险管理专家们所提供，故可获得职业分析家们的

意见；

②利用此法可免费或支付少量费用即可获得专家们的服务；

③可以让没有任何风险管理知识的人员来回答，方便、实用、简单。

2）缺点

①这些清单都是标准化的，适用于所有企业，针对性较差，一个特殊企业面临的特殊风险就可能没有包含进去；

②风险清单只考虑了纯粹风险，没有考虑投机风险。风险经理在使用这些表格时，要认识到这些局限性，使用一些辅助手段来配合风险清单的应用，弥补风险清单的不足。

3）适用性

这种标准调查表并没有考虑企业本身的特性，而是由保险公司或有关学会所提供的一般用途的风险分析表格，故适用于中小规模且风险管理政策并不太完备的企业。特别适合新公司或缺乏专业风险管理人员公司使用，帮助他们系统地识别出最基本的风险，并降低忽略重要风险源的可能性。

（2）保单对照法

保单对照法是由保险公司将其现行出卖的保单种类与风险分析调查表融合，以问卷的形式制成表，企业风险管理人员依据此表格与企业已拥有的保单加以对照比较分析的一种识别风险方法。此法纯粹从保险的立场出发，由专家们设计出保单对照分析表供企业界使用。它与保险调查法不同的是使用者必须是具有丰富的风险管理知识的专业管理人员，并且调查的侧重点是可保风险。

（3）资产——损失分析表法

资产——损失分析表的内容分成两大部分：第一是资产，第二是可能的潜在损失。

资产包括有形实物资产和无形资产，其中有形实物资产由不动产、个人财产和杂项财产组成。这些资产可能的潜在损失可分为：

1）直接损失。包括一般不可控制和不可预测的损失、一般可控制和可预测的损失、主要与财产价值有关的损失。

2）间接损失。

3）第三者责任损失。

这种分析表是从企业整体出发来分析企业的所有风险，包括可保风险和不可保风险，结合其他标准调查表，如风险分析调查表，将有助于风险管理人员发现企业所面临的所有风险，具体内容见表3—8。

表 3—8　　资产损失分析表（略表）

一、有形实质财产		
1. 不动产		
(1) 建筑物（略）	(2) 地下财产（略）	(3) 土地（略）
2. 个人财产		
(1) 机器设备（略）	(2) 家用器具	(3) 电子资料处理设备
(4) 改良物	(5) 存货	(6) 珠宝艺术品
(7) 安全设施	(8) 有价文物	
3. 杂项财产（略）		
二、无形财产（略）		
可能潜在损失		
一、直接损失		
1. 一般不可控制和不可预测的损失（略）		
2. 一般可控制和可预测的损失		
二、间接损失（略）		
三、第三者责任损失（略）		

7. 事故树法

事故树法（FTA）又称故障树法。是在风险辨识和分析中被广泛应用的一种方法。事故树是用各种事件符号和逻辑门来表示可能事件的一种图表，其顶端是可能的结果，下面是原因分解。

这种风险识别方法起源于 20 世纪 60 年代，是美国贝尔电话实验室在从事空间项目研究时发明的，后来，这种方法被广泛采用，用来分析可能产生风险事故的事件。事故树法是从某一事故出发，运用逻辑推理的方法，寻找引起事故的原因，即从结果推导出引发风险事故的原因。事故树法也是我国国家标准局规定的事故分析方法之一。

（1）事故树法实施的步骤

1）准备阶段。确定所要分析的系统，合理确定系统的边界条件；熟悉系统；调查系统发生的事故。

2）编制事故树。确定事故树的顶事件；调查事故原因；编制事故树。

3）事故树定性分析。主要是按事故树结构，求事故树的最小割集和最小径集，以及基本事件的结构重要度。

4）事故树定量分析。根据各基本事件的发生概率，计算顶上事件发生的概率；计算各基本事件的概率重要度和临界重要度。

5）事故树分析的结果总结与应用。为制定风险控制方案提供依据等。

（2）事故树法的优点

1）找出事故原因。事故树通过图解的方法对各种引起故障的原因进行逐步分解，从事故树中列举的各基本事件的故障原因，便能得出最主要的故障所在。即，通过从结果中分析原因而识别复杂系统中的风险。

2）可以确定风险发生的总概率。通过找出所有可能性及其内在相互联系，标出各种可能性概率和各种可能性带来的效益，然后综合计算，就演变为概率树或是决策树。

3）可以对主要的风险因素进行灵敏度分析，或利用事故树的最小割集分析系统的危险程度，利用最小径集分析找出风险控制的最佳措施。

（3）事故树法的缺点

1）事故树的绘制需要专门的技术。这是风险管理人员较少使用事故树法识别风险的重要原因之一。只有风险事故造成的损失较大或者存在很大的安全隐患、难以通过其他方法识别风险时，需要采用事故法对系统进行整体分析。

2）耗时、管理成本比较高。风险管理经费的限制和不断增加的风险管理工作，使得需要花费大量时间且需要搜集大量资料的事故树法更容易受到经费的限制。

3）有关事件概率统计的准确程度，直接影响风险识别的结果。

（4）事故树法的应用

事故树法能对各种系统的危险性进行辨识和评价，不仅能分析出事故的直接原因，还能深入揭示出事故的潜在原因。用它描述事故的因果关系直观、明了，思路清晰，逻辑性强，既可定性分析，又可定量分析。它可用于洲际导弹（核电站）等复杂系统和其他各类系统的可靠性及安全性分析，各种生产的风险管理可靠性分析和伤亡事故分析。

8. 因果分析法

因果分析（CCA）综合了事故树分析和事件树分析两种方法，它开始于关键事件，同时通过结合“是/否”逻辑来分析结果。这代表了可能发生的条件，或者旨在减轻初始事件后果的系统失效。由于因果图中的每个序列是子故障树的结合，所以，因果分析可作为一种建立大故障树的工具。但由于图形的制作和使用比较复杂，因此只有故障的潜在结果相当严重，有必要投入很大精力时，人们才会使用图形。

（1）因果分析法的步骤

图 3—4 说明了典型的因果分析过程。具体步骤如下：

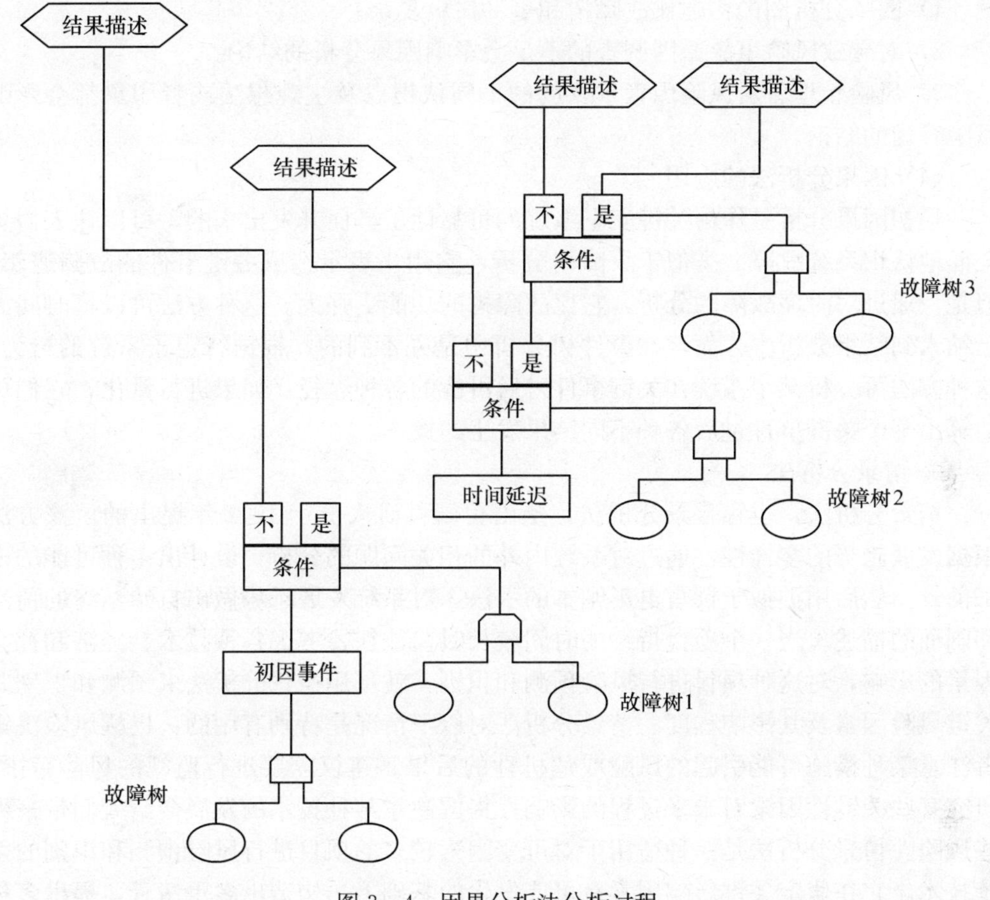

图3—4　因果分析法分析过程

1）识别关键事件（或初因事件）（类似与故障树的顶事件及事件树的初因事件）。

2）制定并验证描述的初因事件原因的故障树。

3）确定考虑条件的顺序。这是一种逻辑顺序，例如它们发生的时序。

4）构建不同条件下的结果途径。

（2）因果分析法的优点

相当于事件树及故障树的综合优点。通过分析一段时间内发展变化的事项，可以克服那两种技术的局限。同时，因果分析提供了全面系统的视角。

（3）因果分析法的缺点

1）因果分析图的构建比故障树和事件树更复杂。

2）对导致风险事故原因调查的不足会影响因果分析的结论。

3）风险管理者对风险因素重要度的不同认识以及主观想法或者印象都会影响风险管理的结论。

（4）因果分析法的应用

最初因果分析是作为关键安全系统的可靠性工具而开发出来的，可以让人们更全面地认识系统故障。类似于故障树分析，它用来表示造成关键事件的故障逻辑。但是，通过对时序故障的分析，它比故障树的功能更强大。这种方法可以将时间滞延纳入到结果分析中，而这在事件树分析中是办不到的。根据特定子系统的行为，这种方法可分析某个系统在关键事件之后可能的各种途径。如果进行量化，它们可估算出某个关键事件过后各种不同结果发生的概率。

9. 情景分析法

情景分析法，也称幕景分析法，是由美国科研人员于 1972 年提出的。该方法根据发展趋势的多样性，通过对系统内外的相关问题的分析，设计出多种可能的未来前景，然后用类似于撰写电影剧本的手法，对系统发展态势做出自始至终的情景和画面的描述。当一个项目持续的时间较长时，往往要考虑各种技术、经济和社会因素的影响，对这种项目进行风险预测和识别，就可用情景分析法来预测和识别其关键风险因素及其影响程度。情景分析法对以下情况是特别有用的：提醒风险决策者注意某种措施可能引起的风险或危机性的后果；建议需要进行监视的风险范围；研究某些关键性因素对未来过程的影响；提醒注意某种技术的发展会给人们带来哪些风险。情景分析法是一种适用于对可变因素较多的项目进行风险预测和识别的系统技术，它在假定关键影响因素有可能发生的基础上，构造出多重情景，提出多种未来的可能结果，以便采取适当措施防患于未然。

10. 安全检查表法

安全检查表法是根据系统工程的分析思想，在对系统进行分析的基础上，找出所有可能存在的风险因素，然后以提问的方式将这些风险因素列在表格中。安全检查表法可以用于施工过程中影响施工安全的风险因素的调查，达到既可以判断风险是否存在，又可以在发生事故后帮助查找事故原因。

安全检查表的编制程序一般分为四个步骤：将工程风险系统分解为若干子系统；运用事故树查出引起风险事件的风险因素，作为检查表的基本检查项目；针对风险因素查找有关控制标准或规范；根据风险因素的风险程度，依次列出问题清单。最简单的安全检查表由四个栏目组成，包括序号栏、检查项目栏、判断栏（以

“是”或“否”来回答）和备注栏（与检查项目有关的需说明的事项）。一张简单的安全检查表见表3—9。

表3—9 安全检查表

序号	安全检查项目	是或否	备注
1	建筑工人是否有很强的风险防范意识		
2	现场施工人员和管理人员是否戴安全帽		
3	龙门架是否有专业人员装拆		
4	采购来的建筑材料是否经过严格的验收		
5	施工现场布置是否安全合理		
6	施工现场布置是否有安全防护设施		
7	是否建立健全了施工安全责任制		

第三节 风险分析

风险分析是对风险进行定量分析和描述，明确风险特性的过程。为了进一步认识风险单位所面临的风险，必须详细研究引起风险事故的各种潜在因素，探求各主要影响因素可能的变化范围以及对企业目标实现可能产生的有利或不利的影响。风险分析是对风险认识的深化，可为风险管理决策和实施各项风险管理技术奠定基础。

一、风险分析的主要内容

1. 分析潜在风险事件

在风险识别过程中，已对潜在事件进行识别。在风险分析过程中，需要对已识别的潜在事件进行分析。

2. 分析控制措施

在风险识别过程中，对已识别的风险进行了控制措施的识别，而在此要对控制措施进行分析，包括如下内容：

（1）对已识别的风险是否建立控制措施

以组织的风险清单为基础，检查针对风险事件、风险后果、可能性的控制措施是否建立、是否完备。对风险识别过程中已识别的控制措施是否正确、全面进行分析。包括当初制定控制措施所达到预期目标的检查。

(2) 检查现有控制措施的执行情况

对已建立的控制措施是否尚在实施进行检查，包括责任、职责、人员、部门、资源等。

(3) 评价控制措施有效性及效率

所实施的控制措施是否达到当初制定控制措施的预期目标以及实施效率如何。

(4) 评价控制措施对风险分析的影响

如控制措施尚在实施之中，则控制措施会对风险、风险后果、可能性产生影响。所以，有必要评价现有控制措施对风险分析内容的影响，重点是对风险后果、可能性的影响。因为风险后果、可能性的大小将决定一个风险的风险值，而风险应在可能存在的原有控制措施的基础上进行决策，这使得评价现有的控制措施对风险分析十分重要。在识别、评价控制措施的基础上，组织实施风险应对。

3. 分析风险源、风险产生原因及后果

针对已经识别的潜在风险事件，分析事件的风险源、风险原因。在风险识别的过程已对导致风险事件的“风险源”、“风险原因”进行了识别。而在风险分析过程中，需要对是否存在风险源、风险原因、风险识别过程中所识别的“风险源”、“风险原因”是否正确、合理进行分析，并重点分析“风险源”、“风险原因”是否在组织的可控范围之内。

风险分析过程是在对风险后果识别的基础之上，对后果进行的分析。包括如下几个方面：后果的性质，指后果是正面的、还是负面的；后果的影响范围；后果的形态，指后果的表现形式包括是有形的、还是无形的、是物资的、经济的、还是品牌的、信誉的等；建立后果测度指标；后果分析小结。

4. 分析风险关系

不同风险之间可能强相关也可能弱相关。对强相关者，可能存在对冲或增强的关系；对弱相关者，可能保持相对的独立性而互不干扰。进行风险分析时应充分考虑这些因素。

5. 分析风险发生的概率和损失程度

在大量数据资料的基础上，风险分析还需要做好两方面的工作：一是估计损失发生的次数，即损失概率，也称损失频率。损失概率测量的是在单位时间内损失事件发生的平均次数；二是估计损失程度，风险的严重性与损失程度密切相关。估计损失概率或程度的大小是风险分析的重要方面。

(1) 风险损失概率的估计

1) 概率的基本概念

概率是描述一个随机事件发生可能性大小的数值，概率就是用给定事件出现的次数除以样本总体，这个数值处于 0～1 之间，不能大于 1 或者为负。当概率为 0 时，表明事件不会发生；当概率为 1 时，则表明事件必然发生。

如果将概率运用于风险分析也是如此。损失概率越高，表明风险事故的发生就越频繁，损失概率越低，表明风险事故很少发生。在运用概率估计风险发生的频率时，应该考虑以下几个方面的因素：

①运用概率估计风险是在假设发生风险事故的条件不变的情况下估算的。如果发生风险事故的条件发生了变化，仍根据以往的统计资料来预测风险事故的发生，就不一定代表未来风险事故发生的情况。

②确定风险事故的观察期。一般来说，观察现实风险事故发生的资料，需要确定一个考察期，考察期限越长，就越能够说明风险事故发生的大致情况；观察期限越短，就越无法说明风险事故发生的大致情况。

③风险分析具有时间单位的限制。如果选择 20 年的风险事故统计资料作为观察期，估算每年发生风险事故的概率，则其概率就是每年发生风险事故概率的平均值。

④风险事故发生的大致范围。确定风险事故发生的最高频率和最低频率，实际上是确定风险事故发生的大致范围。

2）损失概率的估计

在衡量损失概率时，需要考虑三项因素：一是风险单位数，二是损失形态，三是损失事件（或原因）。这三项因素的不同组合，会使损失概率的大小也不同。下面介绍这三项因素在不同组合的情况下损失概率估计。

①一个风险单位遭受单一事件所致单一损失形态的损失概率。如果某一事件发生，另一事件不可能发生，这两个事件就是相互排斥的事件。

②一个风险单位遭受多种事件所致单一形态的损失概率。如果两种或多种事件能在同一时间内发生，那么，这些事件共同发生的概率就需要通过计算得到。

③一个风险单位遭受单一事件所致多种损失形态的损失概率。

④一个风险单位遭受多种事件所致多种损失形态的损失概率。

⑤多个风险单位遭受单一事件所致单一形态的损失概率。多个风险单位遭受单一事件所致损失的概率取决于这些风险单位是否独立。

⑥多个风险单位遭受多种风险事故所致多种损失形态的概率。

（2）风险损失程度的估计

风险损失程度是指风险事故可能造成的损失值，风险事故造成的经济损失是风险分析的核心。在估计风险损失程度时，除了需要考虑风险单位的内部结构、用途、消防设施等以外，还需要考虑下面几个方面的因素：损失形态、损失频率、损失时间和损失金额。

1）损失形态

同一原因导致的多形态损失，不仅要考虑风险事故所致的直接损失，而且还要考虑风险事故引起的相关间接损失。一般来说，间接损失比直接损失更严重。例如：汽车碰撞发生的概率大于因汽车碰撞而产生责任损失的概率，但是因损失诉讼所致的责任损失往往大于汽车因碰撞所产生的损失，因此，一般来说，汽车责任风险所导致的损失大于财产损失风险。

2）损失频率

单一风险事故所引起损失的单位数越多，其损失程度就越严重，损失程度和损失风险单位数大多呈正相关关系。例如，一次事故造成 20 人受伤和造成 100 人受伤的损失程度是不同的。显然，造成 100 人受伤比造成 20 人受伤的损失程度大。

3）损失时间

一般来说，风险事故发生的时间越长，损失频率越高，损失的程度就越大。例如，在 20 年里，每年损失 1 万元，连续发生 20 年的损失程度，显然比 20 年内某一年损失 1 万元的程度大。估计损失程度不仅要考虑损失的金额，而且还要考虑损失的时间价值。例如，某单位在几年内弥补 200 万元的损失显然比在一个季度内弥补 200 万元的损失容易得多。

4）损失金额

一般情况下，损失金额直接显示损失程度的大小，损失金额越大，损失程度就越大。在一些特殊的情况下，损失金额的大小使损失频率、损失时间的估计变得微不足道。例如，在 20 年里，每年损失 1 万元，连续发生 20 年的损失程度，与第一年一次发生 20 万元的损失相比，显然，后者损失的程度大于前者。

二、风险分析方法

很多情况下风险分析与风险识别的过程是分不开的，很多风险识别的方法也同样适用于风险分析的过程，下面简要介绍两种风险分析的方法。

1. 风险矩阵法

风险矩阵是一种将定性或半定量的后果分级与产生一定水平的风险或风险等级的可能性相结合的方式。矩阵格式及适用的定义使用背景，关键是要在这种情况下使用合适的设计。

该方法的主要用途是：风险矩阵可用来根据风险等级对风险、风险来源或风险应对进行排序。它通常作为一种筛查工具，以确定哪些风险需要更细致的分析，或应首先处理哪些风险，这需要提到一个更高层次的管理。它还可以用作一种筛查工具，以挑选哪些风险此时无须进一步考虑。根据其在矩阵中所处的区域，此类的风险矩阵也被广泛用于决定给定的风险是否被广泛接受或不接受。

2. 事故分析

事故分析是对可能引起损失的事故进行研究，并探究其原因和结果的一种方法，其分析原理如图 3—5 所示。以锅炉运行事故为例，有多种潜在的事故原因，如锅炉爆炸、水管破裂、主供水泵故障等。这三种原因所引起的影响是完全不同的。锅炉爆炸会造成生产过程的重大停顿、财产毁损和人员伤亡，并可能引起对第三者的责任；水管破裂可能引起生产的短暂中断，但不会引起财产损失和人员伤亡；主供水泵发生故障时，如果能立即开启备用泵，可能丝毫不影响正常生产的进行。

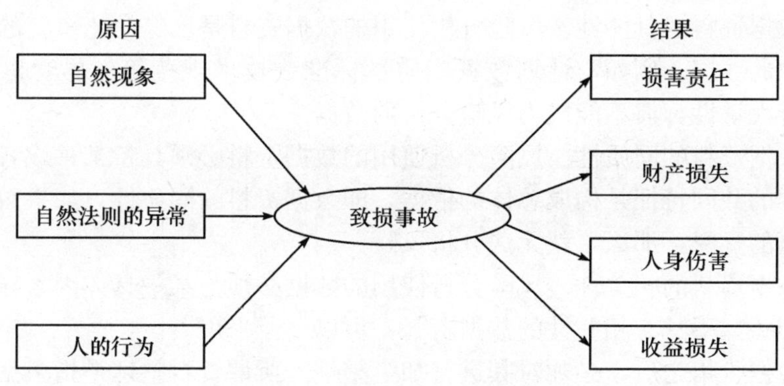

图 3—5　事故分析原理图

事故分析还可以用在风险管理中运用很广泛的事故树分析法来识别各种促成致损事故的风险因素，并进行事故发生概率的计算。

三、风险分析的流程

1. 收集风险数据

风险分析的第一步是要收集与风险因素相关的数据和资料。风险管理人员除了收集本单位的历史损失资料和近期损失资料外，还应注意收集同类系统的损失资料以及外界所公布的有关的损失统计资料，并注意国际性动态资料。这些数据和资料可以从过去的类似风险管理项目的经验总结或记录中及相关研究或试验中取得，也可以在风险识别的过程中取得，还可以从市场、社会发展的历史资料中取得。所收集的资料要求客观真实、准确完整、具有较好的统计性。为了使风险分析的结果客观地反映过去发生风险事故的状况，预测未来可能发生的损失，需要风险管理人员掌握完整、系统、连续的相关资料，以增强风险分析结果的准确性。对此，要求搜集到的资料需要具备以下条件：

（1）数据资料的大量性。风险分析使用的数据资料是通过大量同类现象进行观测所取得的结果，或者对同一风险事故大量反复观测所取得的数据资料，而不是反映个别事件的个别数据。例如，个别历史事件的记载、个别的会计数据、某人的验血结果、个别学生的考试成绩等，虽然也是数据资料，但是不具备大量性，不能成为估计风险的数据资料，风险分析需要大量数据资料的支持。提高预测损失程度的可靠性，需要增加被考察风险主体的数量。被考察风险主体的数量越多，对未来损失程度的预测就越接近于实际。

（2）数据资料的具体性。风险分析使用的数据资料是已经发生事实的记载，而不是拟议中的数据。例如，计划数据、质量标准或技术规范等，尽管也是数据资料，也具有大量性，但不能成为风险分析的数据。

（3）数据资料的同质性。风险分析使用的数据资料必须具备某种或者某些共同特征，这样的共同特征是构成总体的依据，即数据资料的同质性。如果数据资料为不同质风险的资料，那么，就无法分析风险。

（4）数据资料的相关性。风险分析使用的数据必须与某一具体因素导致的风险事故密切相关，不具有相关性的数据资料，可以不予采用。

原始数据收集之后，必须对其进行加工整理，所谓资料整理是指根据研究任务的需要，按照自己设计的整理方案要求，将收集来的所有资料进行加工、综合，使之条理化、系统化，从而成为能够反映事物总体特征的综合资料。

2. 建立风险模型

以取得的有关风险因素的数据资料为基础，对风险事件发生的可能性和可能的结果进行明确的量化描述，称为风险模型。该模型分为事件不确定性模型和损失分析模型，分别用以表示不确定性因素与风险因素发生概率、风险损失之间的关系。

3. 风险发生可能性分析和损失后果分析

风险模型建立后，就可以用适当的方法去分析每一风险因素发生的概率和可能造成的损失。风险事件发生的可能性通常用概率表示，可能的后果则用费用的损失或工期的拖后表示。

4. 风险因素影响分析

风险发生可能性和损失后果这两个概念往往是有联系的，风险损失大小不同时，其相应发生的机会也不同。通常将风险因素的发生概率和可能的结果综合起来进行评价。由于风险损失为连续变量，所以常用概率分布函数来描述损失与发生频率间的关系。

对风险因素进行概率估算的途径有两种。一个是根据大量试验结果用数理统计的方法进行分析计算，这种方法所得的概率是客观存在的，即客观概率。但实际上有些风险不可能对其进行试验，且事件又都在将来发生，无法获取其准确信息，因而很难计算出客观概率。这时，需采用另外一种方法——主观概率算法，即由有关专家对事件的概率做出主观估计。这时，所得的概率即为主观概率。

四、风险分析的作用

风险分析主要是用于降低不确定性的层次和水平。不确定性是人的主观感受，是无法直接预测或准确计算的，而且是复杂的，掺杂着人们对风险因素的评价和风险发生概率的认识。但由于风险管理者的认知能力不同，其认识不确定性的水平也是不同的。例如，一个人从 20 岁生存到 21 岁的概率是多少，个人是不可预知的，不确定水平处于较高水平上。但是，风险管理部门、保险公司或社会保障机构，却能够运用生命表计算出由 20 岁生存至 21 岁的概率，这样，其不确定水平就被降低了。可见，风险管理的过程就是降低不确定性层次和水平的过程。

一般来说，人们无法得到或者准确预测损失的不确定性，但是大致可以区分风险的层次和水平（见表 3—10）。

表 3—10 确定性与不确定性的等级分类

不确定性水平	特征	例子
无（确定）	结果可以精确预测	物理定理，自然科学
水平 1（客观不确定性）	结果确定和概率可知	概率游戏：硬币、抓阄
水平 2（主观不确定性）	结果确定但概率不可知	火灾、车祸
水平 3	结果不完全确定，概率不可知	太空探测、基因研究

由上表可知，当不存在不确定时，人们对自己的预测有绝对的把握；当人们对预测的结果毫无疑问时，不确定性就不存在了。例如，运用物理学重力定理或运动定理进行预测时，预测的结果就是确定性的，就不存在认识的不确定性。

水平 1 是最低水平的不确定性，其结果是确定的，并且能够知道不确定性发生的概率。例如，扔硬币、抓阄儿等。

水平 2 是较高水平的不确定性，是结果确定、概率不可知的不确定性。例如，一位汽车司机可以预测汽车遭遇车祸或者不遭遇车祸。但是，对于绝大多数车主来说，不可能准确估计自己卷入车祸可能性的大小，更无法估计车辆的损失程度。

水平 3 是最高水平的不确定性，其结果不完全确定且概率是不可知的。这一水平的不确定性在人类早期的原子能试验和太空探测中非常明显。在太空探测计划开始以前，结果是无法完全确定的。人类扩展知识的愿望和对新技术带来经济收益的渴望，是人类探测较高水平不确定性的主要诱因。在现实生活中，各种形式的责任风险使损失的不确定性处于水平 3 上（结果不完全确定、概率不可知）。但是，保险公司通过对承担责任的范围进行限制，可以使损失的不确定性降低到水平 2 或者水平 1 上。

第四节　风险评价

风险评价（risk evaluation）是指在风险识别和风险分析的基础上，把损失频率、损失程度以及其他因素综合起来考虑，分析风险的影响，并对风险的状况进行综合评价。风险评价是风险管理者进行风险决策和风险控制的基础。

一、风险评价的分类及特点

1. 风险评价的分类

风险评价按照不同的分类标准可以划分为不同的类型。

（1）按照风险评价的阶段划分，风险评价可以分为事前评价、中间评价、事后评价和跟踪评价。

（2）按照评价的角度划分，可以分为技术评价、经济评价和社会评价。

（3）按照评价的方法划分，可以分为定性评价、定量评价和综合评价。

2. 风险评价的特点

（1）风险评价是对风险的综合评价

在引起损失的各类风险中，有些风险是相互联系的。不同风险之间的联系可能提高或者降低这些风险对风险主体的影响。在风险评价的过程中，需要综合考虑各种风险因素的影响，对可能引起损失的风险事件进行综合评价。例如，失业的增加可能导致员工索赔诉讼、犯罪活动和企业利润的减少等。在预期的这些损失中，单独评价某一风险造成的影响，对于风险管理决策的作用不大，这就需要风险管理者能够综合考虑这些风险因素，进而评价风险的危害。

（2）风险评价需要定量分析的结果

随着风险管理的越来越复杂，很多企业试图更准确地评价风险。然而，在风险管理中，很难找到统一的评价标准评价各种风险可能造成的损失。而运用数学模型进行定量分析，为风险评价提供了重要的依据。

（3）风险评价离不开特定的国家和社会的制度

风险主体往往以发生损失的频率和程度来评价风险，但是，对风险单位的风险评价又离不开特定的国家、社会经济和政治制度。例如，在欧洲，古老建筑物成为财产损失评价的特有问题，而环太平洋国家因台风和其他风暴引起的灾难性损失也是风险评价的重要方面。同时，对正在经历恶性通货膨胀的国家进行风险评价就面临很大的挑战，因为对这些国家财产价值的评估会迅速失效，政局不稳定的动态风险使风险管理面临着很多问题。

（4）风险评价受到风险态度的影响

风险评价者的风险态度也会影响风险评价的结果。例如，风险评价者的人类属性。个性和风险的类别等，都对风险评价的结果有很大影响。并且风险评价者对自然风险、社会风险和经济风险的反应不同，风险评价的结果也是不同的。

二、风险评价的流程和任务

风险分析是对单个风险分别进行估计和量化，没有考虑各单个风险综合起来的总体效果；也没有考虑这些风险是否能被风险主体所接受。而风险评价则需要考虑风险单位的整体风险，也要考虑各风险之间的相互影响、相互作用以及对风险主体的影响，同时还要考虑风险主体对风险的承受能力。

风险评价的流程一般如下：

1. 确定风险评价目标

在进行风险评价之前，首先要确定风险评价的目标，这对以后的分析评价有指导作用，而且它是评价工作的方向和基准。风险评价目标的确定要考虑全面，既要考虑项目因素，也要考虑企业因素，同时要进行目标的细分和结构化，做到目标明确，实事求是。

2. 建立风险评价指标体系

风险评价指标体系的确定至关重要，它要根据一定的原则，按照一定的要求来建立，要保证它的系统既全面又科学。其建立步骤具体包括资料的收集、确定指标体系的结构、指标体系的初步确定、指标体系的筛选与简化、指标体系的有效性分析、定性变量的数量化等环节。

3. 选择风险评价方法与模型

风险管理人员要根据事项特点及目标要求选择风险评价方法，且该评价方法要能反映实际。其具体步骤包括评价方法的选择、权数构造、评价指标体系的标准值与评价规则的确定。

4. 综合评价实施

综合评价实施程序如下：

(1) 收集指标体系数据。对不同计量单位的指标数据进行同度量处理，确定指标体系中各指标的权数。

(2) 确定风险评价基准。风险评价基准是风险主体针对每一种风险后果而确定的可接受水平，这个可接受水平可以是绝对的，也可以是相对的。单个风险和整体风险都要确定评价基准，可分别称为单个评价基准和整体评价基准。

(3) 确定项目整体风险水平。项目整体风险水平是综合了所有个别风险之后确定的。

(4) 进行风险等级判别。对比单个风险和单个评价基准、整体风险水平与整体评价基准，并据此进行风险等级的判别。

(5) 评价结果的评估与检验。风险管理人员要对评价结果进行评估与检验，以判别所选评价模型、有关标准、有关权值，甚至指标体系的合理与否，若不符合要求，则需要进行一些修改，甚至返回到前述的某一环节。

(6) 评价结果分析与报告。其步骤包括评价结果的书面分析、撰写评价报告、提供与发布评价结果、资料的储备与后续开发利用。

通过风险评价，风险管理者应完成以下四个任务：

第一，对各个风险进行比较和评价，确定它们的等级和先后顺序。

第二，从整体出发，弄清各风险事件之间确切的因果关系。因为表面看起来不相干的多个风险事件常常是由一个共同的风险来源造成的，例如生产过程中的技术难题会造成费用超支、进度拖延、产品质量不符合要求等多种后果。

第三，考虑各种不同风险之间相互转化的条件，研究如何才能把威胁转化为机会。

第四，进一步量化已识别风险的发生概率和后果，减少风险发生概率和后果估计中的不确定性。必要时，根据项目形势的变化，重新分析风险的发生概率和可能的后果。

三、风险评价方法

国际上常用的风险评价的方法有：

1. 检查表式综合评价法：对检查对象的实际情况按一定标准进行评定分级或分数，该法同样可应用于风险识别。

2. 优良可劣评价法：又称为单项定性加权计分法。把所有评价项目根据实际检查结果，分别给予“优”“良”“可”“劣”或“可靠”“基本可靠”“基本不可靠”“不可靠”等定性等级的评定，同时赋予相应的权系数，累计求和，得出实际评价值。

3. 道氏指数法：利用物质系数、特殊物质指数、一般工艺、特殊工艺修正系数等求出评价对象灾害爆炸指数，再将其分为四个等级后进行评价的方法，主要适用于化工行业。该法简单实用，不需要大量的统计资料，但精度较差。

美国道化学公司把物质系数引入了安全工程的评价方法之中。1966 年，该公司又进一步提出了火灾、爆炸指数的概念，表示火灾、爆炸的危险程度。1972 年，他们又提出了以物质的闪点（或沸点）为基础，代表物质潜在能量的物质系数，结合物质的特定危险值、工艺过程及特殊工艺的危险值，计算出系统的火灾、爆炸指数，以评价该系统火灾、爆炸危险程度的评价方法，即道化学评价法第三版。之后他们又以第三版为蓝本，陆续推出了新的版本，1993 年推出了最新的第七版。

4. 权衡风险法：将风险后果进行量化比较的方法，如对灾害事故的概率进行比较，然后对不可避免的风险权衡接受的方法。

5. 成本—效益分析法：所谓成本—效益分析法，是指对投资项目将付出的成本和可能获得的利益进行测定，并将成本和利益综合起来加以合理分析，以在可供选择的支出项目之间进行抉择的方法。该方法有两类标准，即效率标准和非效率标准。

6. 可靠性风险评价：利用过去的统计资料，建立数学模型，计算风险率再与安全指标进行比较，以确定是否需要采取控制措施的评价方法。其中风险率一般表达为风险频率与损失金额的乘积。该法评价精度较高，但对资料要求也较高，模型也比较复杂。

以上所介绍的风险评价方法中，前两种方法属于定性的风险评价方法，都是通过观察、分析和经验判断进行评价，适用于风险不是特别严重或后果不太严重的情况。实践中，也有运用两种或两种以上的评价方法进行综合评价的情况，如前面介绍的事故树分析法等风险识别方法也可用于风险评价。

本章小结

风险评估是风险管理过程中的重要环节。在风险管理过程中，风险评估活动适用于组织的各个层级，评估范围可涵盖项目、单个活动或具体事项等。风险评估并非一项独立的活动，必须整合到风险管理过程的其他组成部分中。它包括风险识别、风险分析和风险评价三个基本步骤。本章主要介绍了风险评估的内容、流程和方法等问题，为风险管理决策的制定和措施的执行奠定了基础。

复习思考题

1. 什么是风险评估？风险评估包括哪几个环节？
2. 风险识别的内容有哪些？试述风险识别的过程。
3. 常用的风险分析方法有哪些？如何运用？
4. 风险分析的内容和作用是什么？
5. 风险评价的影响因素有哪些？

第四章　风险管理决策

本章学习目标

1. 了解风险管理决策的含义、原则和特点。
2. 掌握风险管理决策的程序。
3. 学会运用损益期望决策法、期望效用决策法及决策树法解决风险管理决策问题。

风险管理决策是在对未来风险发生不确定性的基础上展开的，所以对不同的决策，短期效果难以比较，只能从长期进行比较。进行长期比较的指标数据主要是期望值。损益期望决策法是以损益的期望值作为评价的指标。由于损益期望值决策法没有考虑不同环境决策者可能会出现不同的价值判断，所以这种方法有一定的局限性，而期望效用决策法正好弥补了这方面的不足。决策树法则是获取不同条件下的损益值，形象表示出决策的方法。

第一节　风险管理决策概述

一、风险管理决策的含义

风险管理决策（risk management decision）是根据风险管理的宗旨和目标，基于风险评估的结果，合理选取风险管理的处理技术或工具，并做出相应风险管理整体方案和行动计划的过程。风险管理决策做出的决定是风险管理的主要方案，其实质是从众多风险管理决策方案中选取一个最优的，也就是风险管理方案择优的过程。风险管理决策的具体内容包含以下几点：

（1）信息决策。理解和识别各种风险的存在形式及其性质，能够分析可能出现的风险的大小。

（2）方案计划。为特定情形下的风险制定相应的决策方案计划。

（3）方案选择。依据具体的风险管理决策目标，通过风险管理决策方法选取一个或者几个组合的方案作为决策的最优方案。

（4）方案评价。风险具有偶然性和不确定性，因此需要对选择的方案进行评价和及时修正。

风险管理决策是对整个风险管理的过程进行规划和执行实施，是运用科学的方法选择风险处理的最佳方法。所以，风险管理决策的最终结果对整个风险管理工作都会产生相当大的影响。风险管理决策虽然可以借助数理方法获得风险可能造成损失的概率作为进行决策的依据，但是决策者自身的经验及对待风险的意识等主观因素也会对决策的最终结果产生直接影响。

从以下两点可以看出风险管理决策在风险管理中起着关键的作用：第一，有效、合理的决策能够使决策者达到以最小的代价获得最佳安全保障的目的；第二，运用风险管理决策的方法可以对整个风险管理过程进行规划，有效降低甚至消除风险。

事实上，在面对各种风险的情况下，人们会主动或者无意识地使用各种风险管理方法来对风险进行分析、判断，以及最终的决策和实施。风险管理决策强调的是运用科学、高效的手段将各种方法、措施合理地结合起来，将处置风险的方式从无计划到有计划进行转变，将最终的决策建立在科学方法之上。

二、风险管理决策原则

风险管理决策在整个风险管理中具有重要作用，为保证风险管理决策目标的实现，结合风险管理决策自身的特点，风险管理决策的实际操作应遵循以下原则：

1. 成本和效益的原则

一般情况下，在风险管理活动中，随着风险管理投入成本的增加，所获得的安全保障程度也会逐步提高。但是考虑到实际情况，风险管理决策投入过高的方案不一定是最优的，风险管理的目标是在最小投入的情况下获取最大的保障。所以，应该以决策的整体目标为选取方案的最终依据，选择在投入成本和所取得的效益之间达到最佳效果的决策方案。在实际中，在同样安全保障的情况下，通常选取花费代价最小的方案作为最终的决策方案。

2. 可行、可操作的原则

风险管理决策的目的是为风险管理选择相应的方案，为了使方案较好地实施和落实，方案应该具有可行性和操作性。因此，风险管理者确定的方案对风险单位应该是具体可行的，其使用的方法措施是风险单位能够实际做到的。例如，某些企业将盈利作为重要的指标，则需要考虑企业盈利与风险管理所付出的成本之间的关系。

3. 全面性的原则

一般来说，风险管理单位面临的风险是多种多样的，具体到某个单位的整体目标也是不同的，因此最终采取的措施也会有较大差异。由于每一个风险管理方法都有自己的适用范围，同时也存在一定的局限，所以在对不同的风险进行处理的时候，需要采用多种风险管理方法。风险管理决策的实质就是在可供选择的决策方案中，进行分析、比较，并结合决策的整体目标，选取最佳的安全管理决策方案。

4. 集中和分散相结合的原则

进行风险管理，在整体层面上要遵循统一的原则，即统一的风险目标、规章制度和实施制度等。具体到局部层面上，则要给执行人员一定的自主权利，以利于风险管理的具体执行和落实，促进决策的效果。

5. 保险与其他方法相结合的原则

为了保障风险管理单位免遭经济损失，通过购买保险来转移风险的方法显得尤为重要，特别是对那些损失程度较大且难于预测的小概率风险。对大部分风险管理单位而言，选择购买保险从而将风险转移给保险公司是有效的方案。

但是，选择购买保险并不一定要放弃其他方法。为了减少保险费用的支出，可以适当地自留一部分风险或者采取其他措施。

三、风险管理决策的特点

风险管理决策同其他决策行为相同，不仅要对经济的合理性进行分析，而且还要充分考虑技术的可实施性。经济方面的收益及必要经济力量的支持是经济合理性分析的主要内容，技术的可实施性则主要分析是否具有可靠的技术条件作为支撑。作为决策的一种，同其他决策相比风险管理决策具有自身的一些特点：

（1）风险管理决策的研究对象是风险最终可能的损失情况，依据风险管理决策的成本和效益原则，选择安全效益最大且成本较低的风险管理方法。

（2）风险管理决策是在效果不明确的情况下进行的决策，因此其客观依据是风险管理决策的概率分布，主观依据则是风险管理决策者对风险的态度。

(3)在进行风险管理决策时，可能会出现许多未知的新情况和新问题。因此，在进行决策的时候应当注意对可能出现的变化做出相应的调整，并定期检查决策对实际情况是否有效。

(4)由于风险具有抽象和隐蔽的特点，短时间内难以观察到风险管理决策的绩效，只有在事故发生后才能清楚地识别出其重要性，所以风险管理决策是非常复杂的过程，短时间内其效果不一定能充分表现出来。

四、风险管理决策的程序

1. 风险管理目标的确定

以最小的代价获取最大的保障是风险管理的总体目标和最基本的原则。在确定风险管理的目标时，决策者必须根据自身的实际情况（如经济实力、经营状况及可能出现的风险类型等），合理地确定风险管理目标。

2. 对自身可行的保障进行分类，并拟定合理、可行的方案

首先，对自身的保障进行分类：

(1)必要保障。主要有各种强制的保障，以及对损失后果严重风险的保障。

(2)需要保障。针对可能对企业自身造成严重影响（产生经营困难或者财务危机等）而做出的保障。

(3)可用保障。一般指那些不会对企业造成重大影响风险的保障。

然后，对企业可能面对的风险进行分析，制定出最佳的保障措施组合方案，尽量做到全面和周密。

3. 风险管理决策方案的制定

风险管理决策就是对可供选取的风险管理手段进行合理的组合，特定的风险管理措施只有在特定的风险条件下才能体现出其最具体有效的作用。脱离具体的实物风险环境去设计风险管理实施的具体方案是没有任何意义的。

在风险管理方案设计的过程中，要考虑多方面的可行措施，在确保安全的前提下，尽量节省开支。对于某些风险情况，可以采取自留部分风险，将其他风险进行转移，这样既可以适当节省成本，又可以做到足够安全。

4. 风险管理决策方案的择优

制定出多种风险管理决策方案之后，需要对各个方案进行权衡比较，进而选取最优的风险管理决策方案。风险管理决策者一般会对风险管理方案的主要手段、次要手段和补充手段进行分析，比较各个方案的特点，最终选取相应的决策方案。伴随风险管理学科的发展，数理方法越来越多地被引入到风险管理决策之中。虽然数

理方法存在一定的局限，但是在实用方面，即使存在局限也可以为风险管理人员提供重要的分析资料。

五、决策正确性评价

在进行风险管理决策的过程中涉及许多不确定性的因素，大多数决策都是风险型的。所以，风险管理决策的过程不但会存在较大的困难，而且难于对决策本身进行相应的评价。由于风险管理决策得出的结果会对企业造成很大的影响，所以风险管理决策是否正确与决策结果之间的关系值得分析。

1. 风险管理决策的结果有利

假如选择风险管理决策方案后，在实际进行操作实施的过程中对风险管理是有利的，那么认为风险管理决策的结果有利。比如，某车主在针对汽车发生交通事故风险的管理决策中，如果选择了自己承担可能发生的交通事故所带来的损失，而实际中却没有发生交通事故；或者该车主选择购买车险转移风险，在以后的实际情况中发生了交通事故，那么就认为这样的决策结果是有利的。

对于在实际情况中有利的风险管理决策，人们更倾向于肯定，但是实际中有利的决策是否一直有利呢？我们对下面的例子进行思考：

某企业长期从事服装生产行业，从业以来企业发生多起大小火灾事故。企业领导者意识到火灾风险的危害，因此决定专门设置风险管理经理的职位。后来，该企业聘请一位风险管理专家为其做风险评估，专家建议其购买相应的保险转移风险。但是，由于购买保险需要花费一定的资金，风险管理经理决定不予采纳。接下来一年里，该企业也没有发生火灾事故，许多人都对风险管理经理的决定持支持态度。

该风险管理经理没有购买保险，选择将风险自留，短期内是正确的，但从长远角度考虑，这样的决策对企业是不利的。

2. 风险管理决策的结果不利

与有利的结果相反，如果选择风险管理决策方案后，在实际操作中的结果却是不利的，那么认为这样的风险管理决策是不利的。比如，在上面的例子中，该企业决策者没有购买保险来转移发生火灾的风险，而实际却发生了火灾；或者该企业购买了保险，实际却没有发生火灾，那么这样的决策则认为是不利的。

3. 风险管理决策的结果基本没有影响

在某些情况下，风险管理决策的结果对实际情况几乎没有什么影响。当风险管理决策的结果有利时，决策者可以减少风险带来的损失；当风险管理决策的结果不利时，风险所带来的损失对决策者也无关紧要。

4. 风险管理决策的评价

（1）风险管理决策的实际结果和对决策的评价之间的关系

首先，决策者对风险进行分析评价决策，其对风险进行判断的依据是可能出现的结果，而不是最终的实际结果。因此，对未来可能出现的结果是无法确定的。如果在对某个风险管理决策进行评价时，只是以最终的实际结果对其进行判断，那么评价则过于草率，对决策者显然有失公平。

其次，风险管理决策做出之后，最终出现的实际结果存在偶然性。有利和不利的结果都存在偶然因素，因此不能判断最终结果的准确性。

理解风险管理决策实质时，应将其放在选择的层面上进行分析评价，可以对实际结果的评价有更好的认识和分析。

（2）风险管理决策评价

在风险管理决策中，对最终决策进行选择并不简单，至少应包括对可能出现结果的考虑。例如，一个企业在是否购买保险的问题上，是选择自留风险，还是选择将风险转移给保险公司，需要考虑这两种情况下，企业可能遭受的风险损失情况。风险管理决策是一种行为，需要对行为可能产生的后果进行考虑，以达到最好的结果。

在对风险管理决策进行评价的时候，不应采用最终的实际结果进行评价，而应以决策时的实际情况为依据，评价决策结果的正确性。风险管理决策的评价应该在风险管理的基本原则下，并在风险管理决策方法的基础上进行。

六、需要注意的问题

在进行风险管理决策的过程中，需要特别注意和重视一些问题。处理好以下问题，可以对风险管理决策起到促进作用。

（1）明确职责范围。各级风险管理决策者应明确各自在风险管理决策中的职责范围和权限，避免决策权限或者责任等不必要问题的出现。

（2）明确决策程序。风险管理决策者应根据一定的程序进行决策，不得随意变更风险管理方案。

（3）须详细记录风险管理的过程。风险管理决策者进行决策时，各级决策人员都应承担一定的责任。对于每个风险管理决策方案，都应有详细的、可供查询的记录，以便在决策实施过程中出现问题，找到相应的责任者。

（4）决策方案要严格执行。进行风险管理决策时，应尽量多听取他人的建议、意见；决策制定后，应按照方案严格执行，同时避免出现较大的偏失。

(5) 监管效果的制度化。风险管理决策方案执行的最终结果在一定程度上反映出决策是否正确。制定相应的制度化措施来监督决策方案的实施效果，不仅可以减少风险管理中的错误，而且还可以提高风险管理者的管理效率和水平。

第二节 损益期望决策法

风险管理决策是以未来的不确定因素，即风险为研究对象的，其实是决策者根据具体情况在不同的状态下可能发生的概率进行的决策。任何一种决策方案都是由一种以上的自然状态所引起的存在差异的后果，因而不同决策方案的优劣往往无法直接比较。

风险管理决策最终所采取的措施也只能从概率的角度说是最优的选择，或者从长远的意义上是最好的，但不能保障对于具体的某一次实际情况也是最优的选择。这一认识在风险管理中非常重要。例如，为了降低某一面临火灾风险建筑的风险损失幅度，在建筑物内部配备了先进的自动喷淋灭火系统。从长远意义上看，同火灾风险发生前未采取任何措施相比，安装价格昂贵的自动喷淋系统更合算。但是从短期来看，如果一年内没有发生火灾，这样反而不合算。期望值是评估长期效果的重要指标之一，而绝大多数的风险管理决策是在对多种方案的期望值进行比较的基础上建立起来的。

损益期望决策法以每种方案的损失值作为风险决策的依据，从而选出期望损失值最小或者期望收益值最大的方案，是风险管理决策常用的方法之一。

一、风险损失矩阵

风险管理决策方案不可能将风险完全消除，因此需要在可选的决策方案中选取最佳方案。首先，应建立风险损失矩阵，明确每种决策方案可能会面临的损失情况。风险损失矩阵是一种矩形数据表，用来表示在不同决策方案中特定的风险损失金额和费用的情况，可对多种风险管理方案和繁杂的成本情况进行描述。其次，根据矩阵的内容，进而确定有效的风险管理决策手段。

1. 建立矩阵的一般基本特征

(1) 对风险可能导致的各种情况进行分析。例如，事件发生或者不发生，物体发生全故障、半故障，一般情况下用概率的大小来描述各种风险导致的后果。

(2) 掌握风险可能导致损失的各种情况。

(3) 对具体的风险情景拟定出相应有效的行动措施和方案，如风险自留、购买一定的保险等。

2. 实例分析

例 4—1：某化工原料运输车存在发生火灾的风险，为了便于计算，对风险的后果值考虑为两种可能：不发生损失或者全部损失，全部损失发生的概率是 1.5%。有以下三种风险管理决策方案（表 4—1）：

（1）自留风险，并且不采取任何相关的安全防护措施；

（2）自留风险，并且采取相关的安全防护措施，配备使用安全防护措施使发生全部损坏的概率降至 0.5%；

（3）购买保险，减小事故的损失，保险费用为 5 000 元。

风险损失矩阵，见表 4—1。

表 4—1　　风险损失矩阵

<table>
<tr><th rowspan="4">方案</th><th colspan="2">成本（元）</th></tr>
<tr><th>发生火灾</th><th>不发生火灾</th></tr>
<tr><th>（未采取安全防护措施）1.5%</th><th>98.5%</th></tr>
<tr><th>（采取安全防护措施）0.5%</th><th>99.5%</th></tr>
<tr><td rowspan="2">（1）自留风险，不采取安全防护措施</td><td>直接损失：200 000</td><td rowspan="2">0</td></tr>
<tr><td>间接损失：6 000</td></tr>
<tr><td rowspan="3">（2）自留风险，采取安全防护措施</td><td>直接损失：200 000</td><td rowspan="3">安全措施成本：2 000</td></tr>
<tr><td>间接损失：6 000</td></tr>
<tr><td>措施成本：3 000</td></tr>
<tr><td>（3）购买保险</td><td>保费：5 000</td><td>保费：5 000</td></tr>
</table>

二、风险管理决策目标的确立

由于风险管理决策的目标直接影响决策者对决策方案的选取，所以建立风险矩阵之后，应该确定决策的具体目标。按照损益的概率是否能够确定，将决策目标划分成两类：风险损益概率不确定时的决策目标，风险损益概率已确定时的决策目标。

1. 风险损益概率不确定时的决策目标

当无法确定具体的损益概率时，进行的风险管理决策属于不确定决策。在无法得知损益概率时，可根据以下三个原则选取决策目标。

（1）最大损失最小化。顾名思义，就是在损失概率无从得知的情况下，将风险发生后造成的最坏损失后果，通过采取具体措施，降至最小。这就需要对各种决策方案的措施进行比较，最终得出最佳的决策方案。

（2）期望收益最大化。一般适用于投机风险，由于存在获利的可能，因此对不同的风险管理决策方案，均采取期望收益最大化选取最佳的决策目标。

（3）最小损失最小化。风险损失概率无法确定时，最小损失是企业在不发生风险情况下，为处理各种潜在风险而承担的各种费用和负担。因此，在不发生风险时，企业的决策者应在决策方案中选取最小损失最小化的方法作为最佳方案。

2. 损益概率已确定时的决策目标

当风险事件的损益概率能够确定或者分析把握较大时，决策者可以将风险发生的概率值与其可能导致的后果联系起来，对风险决策目标进行确定，从而筛选出最佳的风险管理决策方案。在对风险的结果有较大把握的情况下，对损失风险应将其最小化，对于收益则应将其最大化，计算比较各种风险管理方案的损益值，选取最佳的决策方案。

（1）期望损失最小化。对于例 4—1 中的纯粹风险，根据期望损失最小化的原则进行判断。根据以上三种不同的决策方案，可由其概率分布计算各自期望损益值。

方案（1）：206 000×1.5%+0×98.5%=3 090（元）

方案（2）：209 000×0.5%+3 000×99.5%=4 030（元）

方案（3）：5 000×1.5%+5 000×98.5%=5 000（元）

经计算可知，方案（1）的期望损失值最小，所以选取方案（1）作为风险管理决策的方案。

（2）期望收益最大化。以例 4—2 介绍本原则。

例 4—2：为扩大企业的生产能力，某化工厂拟定了三种扩建方案：小型扩建、中型扩建、大型扩建。三种扩建方案的具体情况，见表 4—2。根据以往的资料显示，企业扩建后产品销路好的概率为 0.8，不好的概率为 0.2。在三种方案中选取最佳决策。

表 4—2　　不同扩建方案情况下的获利情况　　单位：万元

方案	销路好	销路差
小型扩建	50	40
中型扩建	100	10
大型扩建	150	—30

计算各方案的期望收益值。

方案（1）：50×0.8＋40×0.2＝48（万元）

方案（2）：100×0.8＋10×0.2＝82（万元）

方案（3）：150×0.8＋（－30×0.2）＝114（万元）

由计算结果可知，方案（3）的期望收益值最大，因此选取方案（3）作为决策方案，即进行大型扩建。

三、忧虑成本的影响

在实际风险管理决策过程中，即使自留风险的期望损益小于其他采取措施或者购买保险的方案，很多人仍然愿意选择采取一定措施的决策方案。一种合理的解释是，在面对高额风险时，对自身应对风险能力的担忧和怀疑，以及这些因素导致的一种隐形成本——忧虑成本。

1. 忧虑成本的影响因素

忧虑成本作为一个非常主观的因素，对其进行确定是非常困难的，但是可以以影响忧虑成本的因素为介入点，对其进行总体的评估。

（1）损失分布概率。损失概率分布可以反映出未来一段时间内风险的损失幅度和频率，进而反映出风险损失的大小。通常情况下，风险发生的频率越大、造成的损失越严重，对风险进行决策管理的人员忧虑程度就越高；反之，当风险发生的频率较小、造成损失也较小时，风险决策人员的忧虑程度则较低。

（2）风险管理决策者对风险不确定性的把握程度。如果决策人员根据自己所掌握的情况，对风险有明确的把握，同时采取了自己能做的一些必要措施，那么他的忧虑程度将会得到缓解；反之，如果对风险仍存在担心，即使实施相应措施，忧虑心理也难以减轻。

（3）风险管理目标。一个企业的风险管理目标反映着企业管理者对待风险的态度，进而影响决策者的风险忧虑程度。如果企业决策者将目标放在稳定生产上，那么决策者会谨慎对待影响企业收益水平的因素，其对风险的忧虑程度较大；反之，如果企业将目标定位于维持生存，当面对同样的风险时，企业决策者的忧虑程度较小。因此，对于同样的风险，风险管理目标不同的企业，其忧虑成本是不同的。

2. 忧虑成本对风险决策的影响

考虑到忧虑成本，各种风险管理方法相应的风险损失期望值都会有所增加。当企业采取自留风险时，采取一定措施或者不采取措施，都只能减轻决策者的忧虑程度，而不能彻底消除；而采取购买保险的方式，则能够在最大限度上减轻决策者的忧虑程度，进而降低忧虑成本。

可以用调查问卷的方法测定忧虑成本，同时对相关风险管理人员进行访查，以确定企业为消除忧虑而愿承担的经济代价。

在例 4—1 中加入忧虑成本后，得出新的风险矩阵，见表 4—3。由于添加忧虑成本后，相应方案的期望收益值也会发生变化，所以最佳决策方案也可能随之发生一些变化。

表 4—3　　　　加入忧虑成本的风险损失矩阵

<table>
<tr><td rowspan="4">方案</td><td colspan="2">成本（元）</td></tr>
<tr><td>发生火灾</td><td>不发生火灾</td></tr>
<tr><td>（未采取安全防护措施）1.5％</td><td>98.5％</td></tr>
<tr><td>（采取安全防护措施）0.5％</td><td>99.5％</td></tr>
<tr><td rowspan="3">（1）自留风险，不采取安全防护措施</td><td>直接损失：200 000</td><td rowspan="3">忧虑成本：4 000</td></tr>
<tr><td>间接损失：6 000</td></tr>
<tr><td>忧虑成本：4 000</td></tr>
<tr><td rowspan="4">（2）自留风险，采取安全防护措施</td><td>直接损失：200 000</td><td rowspan="4">安全措施成本：3 000
忧虑成本：2 000</td></tr>
<tr><td>间接损失：6 000</td></tr>
<tr><td>措施成本：3 000</td></tr>
<tr><td>忧虑成本：2 000</td></tr>
<tr><td>（3）购买保险</td><td>保费：5 000</td><td>保费：5 000</td></tr>
</table>

考虑忧虑成本之后，各方案的期望损失值分别为：

方案（1）：210 000×1.5％＋4 000×98.5％＝7 090（元）

方案（2）：211 000×0.5％＋5 000×99.5％＝6 030（元）

方案（3）：5 000×1.5％＋5 000×98.5％＝5 000（元）

这时，方案（3）的期望损失值最小，所以选择方案（3）作为风险管理决策的最终方案。

一般情况下，企业对风险的忧虑程度越高，则忧虑成本越高，越倾向于采取相对保守的风险管理措施；反之，忧虑成本越低，越倾向采用积极的风险管理措施。由于加入忧虑成本的期望损失值是不考虑忧虑成本的期望损失值与忧虑成本的和，所以人们在比较两种方案的优劣时，忧虑成本的值可以只给出一个确定的范围，进而使最终的决策更加合理。

第三节　期望效用决策法

虽然损益期望决策法在实际操作中的应用十分广泛，但是损益期望没有考虑不同的决策者在面对同样问题时判断上的差异，而是以收益期望额或者损失期望额为基础建立的。因此，在解决具体的问题时会存在一定的局限。例如，这种决策方法没有考虑到面对同样的损失，不同的承受主体所受到的影响是不一样的，如花费10万元去买一只股票所承受的风险，对百万富翁来说可能是微不足道的，但是对普通家庭来说，影响将会是巨大的。所以，对于相同的风险，不同承受主体对风险的态度是不同的，决策者这种主观上的差异是很难用具体的损失金额来衡量的，虽然添加忧虑成本会让判断的情况有所好转，但仍难以对不同的主观态度进行有效评估。那么该如何解决这个问题呢？本节介绍的期望效用决策法将解决这个问题。

一、效用理论

效用可以理解为由于拥有或者使用某物而给人们心理带来的满意或者满足程度。比如，现实生活中，一台电脑对文盲和上幼儿园的小孩可能没有用途，但是对于使用电脑工作的人来说作用将会非常大。在社会经济环境中，同样的经济损失给穷人造成的困扰要远大于对富人造成的影响。因此，在条件不确定的情况下，决策的制定与决策者的风险反应能力和经济状况之间有着重要的联系。在不确定条件下，运用效用理论可以对决策进行定量分析。

效用理论认为人们进行各种经济行为的目的是为了从增加的货币量中获得最大的满足程度，而不仅限于得到最大的货币量。为了得到最佳的风险管理方案，一般是通过调查问卷或者其他方法，对决策者的货币金额满足程度进行了解（量化的指标一般为效用度或者效用值，在0～100之间），然后对不同的期望效用值进行计算，再对决策方案进行取舍。

例4—3：某人现在拥有6万元的财产，现在他有两个不同的选择方案：方案A可能使他获得10万元的收益，但概率只有30％，70％的可能一无所获；方案B有30％的可能使他获得7万元的收益，有20％的可能获得6万元的收益，同时还有50％可能一无所获。

方案A的期望收益值为：10×30％＋0×70％＝3（万元）；

方案B的期望收益值为：7×30％＋6×20％＋0×50％＝3.3（万元）

如果使用损益期望的方法进行决策，明显方案B优于方案A。

如果利用调查问卷的方法了解到决策者，也就是例子中的人，对不同金额财富的满足程度情况，见表4—4。

表4—4　不同人对不同金额财富的满足程度

拥有财富（万元）	6	7	9	12	13	16
效用度	40	50	60	80	90	100

运用效用理论对两个方案进行分析。方案A使此人有30%的可能将其对拥有财富的效用度从40提升到100，升值为60，70%的可能不变。因此，方案A的效用期望为：

$$60\times30\%+0\times70\%=18$$

方案B是此人有30%的可能将其对拥有财富的效用度从40提升至90，升值为50；20%的可能将其对拥有财富的效用度从40提升至80，升值为40；50%的可能不变。因此，方案B的效用期望为：

$$50\times30\%+40\times20\%+0\times50\%=23$$

因而根据效用理论，方案B的效用期望值大于方案A，所以方案B优于方案A。

二、效用函数

1. 效用曲线

运用效用理论进行决策时，首先应确定决策者对各种可能的损益所对应的效用值，然后将效用度和金额之间的关系用函数表示出来，即为效用函数，如果用图形表示，则称作效用曲线，如图4—1所示。

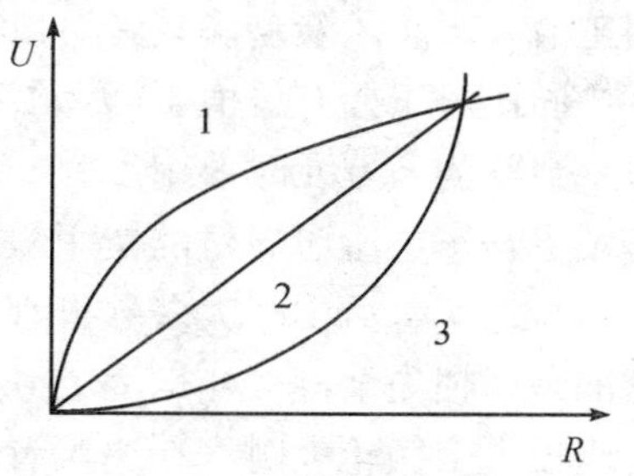

图4—1　效用曲线

2. 决策态度分类

由于自身情况不同，不同的决策者对待风险的态度也不相同，可以将决策者分为三种类型：厌恶风险型；风险中立型；偏好风险型。

风险中立者对风险并不怎么关注，对于风险造成的损失没有特别的反应，其决策方案完全是依靠期望损失的大小来确定的。为了转移自己可能遭受的风险损失，风险中立者不会付出比期望损失值更多的费用。

假设某人拥有价值为10万元的汽车，被盗风险为10%，其效用曲线为图4—1

中的直线 2，财富金额为 9 万元时效用度为 90，财富金额为 10 万元时效用度为 100。那么为了转移风险，此人愿意付出的花费是多少？假设为转移风险而花费的金额为 P 万元，其对应的效度为 U，则

不转移风险的效用损失期望值为 10％×100＋90％×0＝10

转移风险的效用损失期望值为 10％×U＋90％×U＝U

如果采用转移风险的方法，车主希望的效用损失 U 不大于不采取措施的效用损失 10，效用度由 100（汽车不受损失时的 10 万元）减少 10 时对应的金额损失为 1 万元（效用度为 90 时对应的是 9 万元），因此车主所愿支付的转移风险的金额为 1 万元。

偏好风险型决策者面对风险时，更趋向于采取冒险的策略。在面对风险时，决策者更倾向于付出比期望收益更高的筹码来决策，进而获得心理上的满足。然而在面对不同损失的风险时，为转移风险而付出的代价要小于损失的期望值。

在上例中，如果拥有 10 万元汽车的人是偏好风险型的决策者，那么就可以用图 4—1 中的曲线 3 来表示其决策。当财富金额为 9.5 万元时效用度为 90，财富金额为 10 万元时效用度为 100。应用同样的方法可知，为了转移汽车所受的风险，车主所愿意花费的金额将小于 1 万元（计算可知为 5 000 元）。

厌恶风险型决策者不喜欢风险的发生，因而更倾向于花费比损失期望值更高的代价来避免可能发生的风险。可能发生的损失金额越来越高时，对厌恶风险型决策者产生的不利影响越大。而在面临可能的收益时，决策者所愿支付的成本小于收益期望值。厌恶风险型决策者可以用图 4—1 中的曲线 1 表示。

同样对于拥有价值 10 万元汽车的车主，如果他是厌恶风险型的决策者，则当财富金额为 8 万元时效用度为 90，财富金额为 10 万元时效用度为 100，为转移汽车被盗，车主所愿支付的费用最高为 2 万元。

在现实生活中，大多数人都对风险采取回避的态度，即厌恶风险型决策者。常见的是当损失金额较小时（在决策者承受的范围内），决策者会采取冒险的策略；而当损失金额较大时（在决策者承受范围外），决策者则倾向于采取厌恶风险型的决策方法。

3. 效用函数的确定

上述效用决策是在了解决策者效用期望值的基础上做出的。因此，首先应确定出决策者的效用函数，常用的方法有赌博实验、个性测试和调查问卷等。然后在调查的基础上，通过描点的方法绘出效用曲线。

假设某人对 0 元财产的效用度为 0，而 20 万元财产的效用度为 100。实验的基

本方法是询问此人为参加某一特定情况，付出的代价是 $M1$。

第一次询问：

如果参加可能获得 20 万元的收益值，获得的可能性为 50%，愿意为此付出的代价 $M1$ 为多少？

对此人而言，拥有 $M1$ 却不参加的效用期望为 $U1$，而以 $M1$ 为代价参加的效用期望为：

$$20\times50\%+0\times50\%=10$$

当被询问者选择 $M1$ 为 10 万元时，并且以上两个方案对其而言影响相同时，可以认为当拥有 10 万元时，其效用度 $U1$ 为 10。因此，得到第一次询问效用度为 10 的价值点。

第二次询问：

如果参加可能得到 $M1$ 元，不参加将一无所有，可能性均为 50%。

询问者的回答值为 8 万元。

第三次询问：

……

依次下去确定效用曲线上的若干个点，从而大致确定被调查人员的效用曲线。

三、效用理论的应用

例 4—4：某建筑物面临火灾风险，有关风险损失的资料见表 4—5。如果不购买保险，发生较大的火灾后会致使信贷成本上升。由火灾造成的直接经济损失与为购买保险而造成的间接损失的关系，见表 4—5。

表 4—5　　火灾损失金额及概率

损失金额（元）		概率
直接损失	间接损失	
0	0	0.75
4 000	0	0.21
40 000	0	0.03
200 000	8 000	0.007
400 000	16 000	0.002
800 000	32 000	0.001

风险管理者有以下几种不同的选择方案：

方案（1）：风险完全自留。

方案（2）：购买保险，保险费用为 7 200 元。

方案（3）：购买保险额为 200 000 元的保险，保险费用支出为 5 000 元。

方案（4）：购买带有 4 000 元免赔额、保险额度为 800 000 元的保险，保险费用支出为 6 000 元。

方案（5）：自留 200 000 元以下的风险损失，将 200 000 元以上的风险转移给保险人，需要交纳的保险费用为 2 000 元。

经调查询问，风险管理决策人员对拥有或者损失不同价值财产的效用度，见表 4—6。

表 4—6　决策者拥有或者损失不同价值财产的效用度　单位：万元

拥有的财产价值	拥有的效用	损失财产价值	损失的效用
80	100	80	100
79.2	99.9	74	80
78.6	99.7	65	60
78	99.4	54	30
76	99	44	15
70	98.2	20	9
65	96.4	12	4
55	94	8	1.8
40	88	6	0.9
30	70	4	0.5
15	50	2.5	0.2
6	24	0.8	0.1
0	0	0	0

表中没有直接给出的，通过线性差值的方法可以计算出其价值的效用度。例如，损失额度为 15 万元，其数值在 12 万～20 万元之间，可以得知其相应的损失效用应在 4～9 之间。假设相应的损失效用为 X，则利用线性插值法可以得出：

$$\frac{X-4}{9-4}=\frac{15-12}{20-12}$$

计算得到 $X=5.875$

接着，对不同的方案运用效用理论进行分析和比较。

方案（1），见表4—7。

表4—7　　方案（1）的损失

损失金额（万元）（直接损失＋间接损失）	效用损失	损失概率
0	0	0.75
0.4	0.05	0.21
4	0.5	0.03
20.8	9.2	0.007
41.6	14.4	0.002
83.2	100	0.001

方案（1）的效用损失期望值为：0×0.75＋0.05×0.21＋0.5×0.03＋9.2×0.007＋14.4×0.002＋100×0.001＝0.218 7。

方案（2）：购买全额保险，损失费用为保险费用7 200元，效用损失0.09。

方案（3），见表4—8。

表4—8　　方案（3）的损失

损失金额（万元）（直接损失＋间接损失）	效用损失	损失概率
0.5	0.062 5	0.997
22.1	9.525	0.002
63.7	56.454 5	0.001

方案（3）的效用损失期望值为：0.062 5×0.997＋9.525×0.002＋56.454 5×0.001＝0.137 817。

方案（4），见表4—9。

表4—9　　方案（4）的损失

损失金额（万元）（直接损失＋间接损失）	效用损失	损失概率
0.6	0.075	0.75
1	0.111 8	0.25

方案（4）的效用期望损失为：0.075×0.75+0.111 8×0.25=0.084 2。

方案（5），见表4—10。

表4—10　　方案（5）的损失

损失金额（万元）（直接损失+间接损失）	效用损失	损失概率
0.2	0.025	0.75
0.6	0.075	0.21
4.2	0.54	0.03
21	9.25	0.007
0.2	0.025	0.003

方案（5）的效用期望损失值为：0.025×0.75+0.075×0.21+0.54×0.03+9.25×0.007+0.025×0.003=0.115 525。

经计算可知，以上五个方案中，方案（4）的效用损失值0.084 2最小，所以选择方案（4）作为最终的决策方案，即购买带有4 000元免赔额、保险额度为800 000元的保险，保险费用支出为6 000元。

第四节　决策树风险决策法

决策树是一种通过描述各个决策方案，进而进行决策的方法。决策树通过画出一种树形图，将各决策方案的收益损失等信息从左侧向右侧进行分析描述，可以使不同方案间的差异明显地表示出来。利用决策树方法进行不同风险问题的决策，就是按照一定的方法编制决策树，然后采用反推的方法对其进行具体分析，根据分析的结果并结合实际情况，最终确定需要选择的方案。

一、决策树

利用决策树解决风险决策问题可以使决策问题形象化，利用图解的方式，可以使各方案的具体措施具体地展现在决策者面前。当需要做出某种决策、选择解决方案或者某种风险的存在性时，决策树提供了一种基于数据分析和论证的、形象化的科学方法。这种方法从决策点开始，按照分析的具体问题的各种可能的发展方向，不断添加新的分支，并根据各种向前发展的可能性，计算出每个分支的期望损益值，然后根据决策者预先的判断准则，选择期望值最大或者期望值最小的方案作为最终的决策方案。

决策树分析可以清晰地反映出所选择具体决策方案各阶段的损益情况，方案之间的关系，每个分支的发生概率及其自然状态，可以将复杂的决策问题简化，决策者可以理清复杂的决策方案，进而做出科学的决策。通过决策树进行风险决策，可以有效避免单纯只凭经验甚至自身构思所造成的决策上的失误。

二、决策树的构造

（1）决策树中有决策点，一般情况下用方块或者方格子表示，这个位置表示决策者所必须做出决策的一种。

（2）决策点向右引出许多条直线（支干线），每一条直线都代表决策者所能选取的一个方案，因此也称为方案分支。

（3）每一个方案的末端还有一个圆圈，表示每个方案发生的概率，所以称作机会点。从机会点向后引出许多直线，每条直线就代表每个具体事件的概率，也称作概率枝。每一条概率枝就表示在某条件下可能发生的结果。因此，具体的概率数值可以标注在概率枝，概率枝的末端标注出在这种条件下最终的损益情况。

（4）每个方案的损益值的计算，损益值的大小可以用每个方案的条件损益值与该方案所对应的自然状态下发生概率值之和。

（5）在决策树中，用△表示决策的终点，在多级决策中，用□表示中间决策，依据具体的情况，用符号画出决策图。

（6）决策树简图如图 4—2 所示，根据决策树简图中每种方案的期望损益值做出最终的决策。

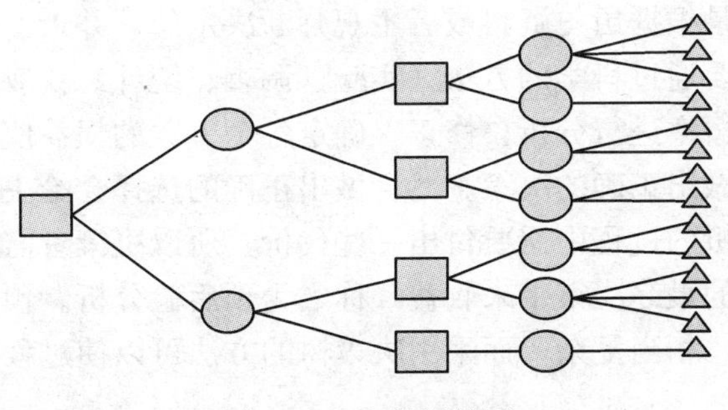

图 4—2　决策树简图

三、决策树的作用

1. 操作简便、直观

决策树是对决策方案的情况的一种图解，可以使决策问题变得形象，便于分析和思考。决策树将各种可选方案、自然状态可能出现的情况，以及损益值的具体结果标在一张图表上，以利于管理人员对决策过程进行分析、决策。特别是对于数学基础不太好的管理人员，将会非常便利。

2. 容易解决复杂的决策问题

运用决策树进行分析决策，不仅简单、便捷，而且对实际中比较复杂的决策问题，一般采用损益矩阵进行表示，如乘车出门，可以有汽车、飞机、火车、船舶等方式，不同路线可能出现的概率和状态会有差异，运用决策树可以很好地解决这些问题。

3. 方便解决多阶段的决策问题

在实际的具体决策中，决策问题可能出现多个阶段，选取不同的决策方案，会出现不同的行动和概率，按照行动继续下一步的决策，进而出现更多的状态和决策。如果采用矩阵的方法进行分析，则会出现许多步骤、计算量过大等问题，采用决策树方法，则会使决策问题的层次清晰、分明，有条理地显示出决策过程。

4. 便于预后验分析

风险决策方法首先是对各种风险事件进行分析，并结合事件可能发生的先验概率，然后再根据期望值或者最大可能性等决策者选定的标准，进而做出最佳的选择。由于先验概率是根据历史资料或者主观判断决定的，并未经过实际验证，所以为了降低风险，需要通过科学的方法（实验、调查、统计）获取决策问题较为准确的信息，对先验的概率进行分析、修正，确定各个方案的损益值，做出可供选择的方案，帮助决策者做出正确的决策。尽管做出正确的选择会给决策者带来收益，但是在信息收集、分析的过程中需要付出一些代价，所以决策者需要权衡信息收集的代价是否会给自己的最终决策带来收益，称之为预后验分析。预后验分析涉及多种分析和计算的方法，相当复杂，而采用决策树的方法可以使过程简化、明了，并且可以显示出层次。

四、决策树在风险决策中的应用

例 4—5：某厂准备对一种产品进行改革，现在有两种比较可行的方案供选择：一种是外部公司协助改革，与对方公司谈判成功的概率为 90%；另一种是依靠自身的力量开发研制，成功的可能性较低，为 60%。让外部公司进行协助，需要花费 1 500 万元；自身研制的花费为 1 400 万元。不论采用哪种方法，都会产生同样的效果：改革成功，则厂产量增长一倍或者两倍；改革一旦失败，则只能维持原产量。根据厂有关人员做的市场调查，当产品的市场需求较高时，能够获取 200 万元的利润，需求一般时为 20 万元，需求较低时损失 150 万元。同时根据对市场情况的预测，很长一段时间内，该产品的市场需求较高的可能性为 0.3，需求一般的可能性为 0.5，需求较低的可能性为 0.2。该厂市场人员已经计算了各种情况下的收益值：若谈判成功，其他公司进行协助，产量增加一倍时，在市场销售可能出现的需求较高、一般、较低三种情况下，所获的收益为 600 万元、300 万元和无利润；增加两倍的情况下，市场需求较高、一般、较低三种情况下的利润为 800 万元、500 万元、亏损 200 万元。若是自身研发成功，当产量增加一倍时，在市场需求较高、一般、较低的情况下，利润的获取情况是 500 万元、200 万元和不获利；当产量增加两倍时，三种情况下所获利润依次为 900 万元、400 万元和亏损 200 万元。决策者需要根据上述情况进行决策判断。

在多种选择方案下做出一个最适合企业的决策，也就是在外部公司协助及自身开发研制两个方案中选择一个作为最终的决策方案。决策方案的最终损益值与决策者的选择有关，也就是增加一倍或者两倍的产量。在这个方案中，逐级表达比较繁杂、混乱，因此采用决策树分析方法。该案例的决策过程可以通过决策树简明、清晰地表示出来。

（1）首先从生产方案方面进行考虑，即决策的第一阶段，分别计算每组方案的利润值，挑选利润较大的方案，舍去利润较小的方案。

（2）绘出决策树，写出期望收益的利润，具体结果如图 4—3 所示。

（3）决策阶段，根据最大收益值原则，选取收益值最大的方案为最终方案。

分别计算机会点 2、3 的期望值，得出：

外部公司协助的期望值＝450×0.9＋40×0.1＝409（万元）

自行研制开发的期望值＝430×0.6＋40×0.4＝274（万元）

因此，选择方案 2 作为最终方案，即选择外部公司协助改革。

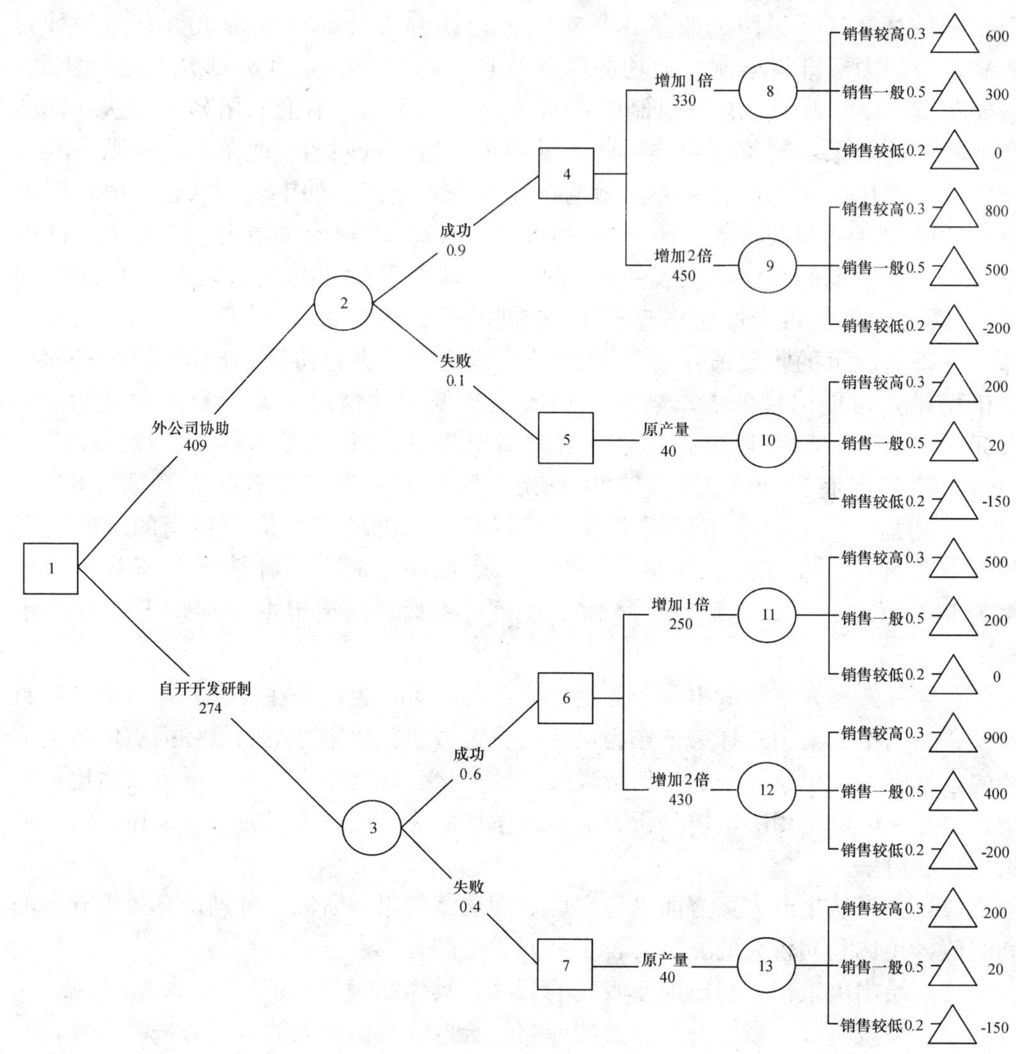

图 4—3　决策树分析过程及结果

本 章 小 结

风险管理决策在整个风险管理过程中是重要的一环，是一条贯穿于各个程序的主线。没有科学的风险管理决策，就无法实现风险管理的目标。本章介绍了风险管理决策的基本概念、原则等内容，说明了风险管理决策时应注意的一些问题，重点介绍了损益期望决策法、期望效用决策法、决策树风险决策法的具体决策过程，并通过实例分析来加深对各种风险决策方法的理解。

复习思考题

1. 试述风险管理决策的重要性。
2. 不确定条件下的决策准则是什么？
3. 试述风险管理决策的一般程序。
4. 什么是效用期望值决策法？试举例说明。

第五章　风险管理措施

本章学习目标

1. 了解并掌握常用的控制型风险管理措施。
2. 了解常用的融资型风险管理措施和内部风险抑制。
3. 了解和熟悉实践中常用的各类风险管理措施。

在风险管理决策之后，风险管理者要选择相应的风险管理措施进行应对。该过程主要是指企业根据自身条件和外部环境，围绕企业的发展战略，确定风险偏好、风险承受度、风险管理的有效性标准，选择适当的风险管理工具的总体措施，并确定风险管理所需的人力和财力资源的配置原则。风险管理措施可以归纳为三大类：控制型风险管理措施、融资型风险管理措施和内部风险抑制。

第一节　控制型风险管理措施

一、风险规避

风险规避就是有意识地回避某种特定风险的行为。即把风险降低为零，是最彻底的风险管理措施。采取这种策略，必须对风险有充分的认识，对风险出现的可能性和后果的严重度都有足够的把握。这种策略是从根本上放弃使用有风险的资源、技术等，从而避开风险的一种应对措施。在实施过程中，风险规避的方法主要有如下两种：第一，放弃或终止某项活动的实施；第二，继续执行但改变活动的性质。

风险规避虽然去除了后顾之忧，但是这种措施有许多局限性，主要体现在：有些风险是无法回避的，如项目施工过程中的某些关键技术突破，水灾、地震等难以避免的风险；如果是投机风险，那么规避了风险，也就会失去这些风险可能带来的收益；在回避了一种风险的同时，很可能又会产生另一种新风险。

由此可见，风险规避并不总是可行的，即使有时可行，人们也不会选用。风险规避适用的情况主要包括以下几种：损失频率和损失幅度都比较大的特定风险；损失频率虽然不大，但后果严重且无法得到补偿的风险；采用其他风险管理措施的经济成本超过该项活动的预期收益的风险。

采用风险规避策略，最好是在项目实施之前，这时候对项目的损失及影响最小。而放弃或改变正在进行中的项目，一般付出的代价都会比较大。

二、减轻风险

减轻风险是一种积极的风险处理策略，是指各种通过降低损失频率或者损失程度来减少期望损失成本的行为，也叫损失控制。一般来说，降低损失频率称为损失预防（loss prevention），降低损失程度称为损失减少（loss reduction），也有的措施同时具有损失预防和损失减少的作用。

1. 损失预防

损失预防在实践中应用广泛，相当于对前文所述的风险链的前三个环节进行干扰，包括：

（1）改变风险因素；

（2）改变风险因素所处环境；

（3）改变风险因素和其所处环境的相互作用。

例如，定期对飞机进行检修是一种损失预防措施。通过改变风险因素（如飞机的一些安全隐患）来降低飞机失事的概率。但飞机一旦失事，几乎都是机毁人亡，损失不会因检修而减少。又如，在某工厂的车间里，储油罐渗漏出来的油使得地面非常滑，工人容易摔倒。这里，风险因素是油，可以在地面铺上吸油垫和防滑垫，通过改变风险因素所处的环境来控制风险。再如，对某个设备的加热可能使得周围设备过热。对此，可以采取改变风险因素和其所处环境相互作用的方法，如加设水降温系统，隔断热量向周围传递等来防止设备过热带来的风险。

2. 损失减少

损失减少的目的是减少损失的潜在严重程度。在汽车上安装安全气囊，就是一种损失减少措施，气囊不能阻止损失发生，但如果事故真的发生了，它能减少驾驶员可能遭受的伤害。损失减少是一种事后措施。所谓“事后”是指虽然很多措施是事先设计好的，但这些措施的作用和实施都是在损失发生之后才生效的。对于一个企业来说，损失减少非常重要。一方面，损失预防不可能万无一失；另一方面，融资型的风险管理措施只能弥补事故发生后的经济损失，但有些结果却是无法挽回的，如人的生命，而且即便是经济损失，有时人们还是更希望保留原有物品，而不是得到经济赔偿。因此，损失减少在风险管理中的重要性不言而喻。

常用的损失减少措施包括：

（1）抢救；

（2）灾难计划和紧急事件计划。这类计划也称为预案，即事先把事故发生后的情况想象出来，然后对所有的行动进行部署。一般来说，预案都要在事先进行培训或演练，以便在真正实施时能够迅速到位。

一些措施同时具有损失预防和损失减少两种功能。例如，对员工进行安全与救助的培训，既从人为因素方面减少事故发生的频率，事故发生时，又能使员工凭借一些救助的方法有效地降低损失程度。

3. 注意事项

（1）在成本与效益分析的基础上进行措施选择。是否选择减轻风险来降低风险，以及选择什么样的损失控制措施，要在成本与效益分析的基础上决定。任何损失控制措施都是有成本的，而风险管理的目标是风险成本最小化。某项损失控制的预期收益至少应等于预期成本，如果某种风险控制的成本过高，就可以考虑用其他方法代替，如风险转移等。由于要进行比较，所以风险管理者必须对损失控制方法的成本与收益有一个清晰的认识。

（2）不能过分相信和依赖损失控制。损失控制措施要么基于机械或工程，要么基于人，无论是哪一种，都不是万无一失的，机械可能发生故障，人可能有道德风险。因此，对某些影响较大的风险，尤其是巨灾风险，要考虑是否需要融资型措施相配合。

（3）某些措施一方面能抑制风险因素，另一方面也会带来新的风险因素。

三、风险转移

控制型风险转移是指借助合同或协议，将损失的法律责任转移给其他个人或组织（非保险人）。控制型风险转移主要有以下几种方式。

1. 出售

出售是通过将带有风险的财产转移出去来转移风险的。将风险单位出售给其他人或组织，也就将与之有关的风险转移给对方。例如，公司将其拥有的一幢建筑物出售，公司原来面临的该建筑物的火灾风险也就随着出售行为的完成而转移给新的所有者。

很多情况下，出售类似于彻底的风险规避，风险单位将财产出售出去了，相关风险也随之摆脱。但也有一些情况，出售并不意味着完全摆脱风险，如家用电器出售给消费者后，制造商和销售商还是要承担一定的产品责任风险。

2. 分包

分包是通过将带有风险的活动转移出去来转移风险的。分包多用于建筑工程，工程的承包商利用分包合同将其认为风险较大的工程转移给其他人。例如，高空作业的工程风险较大，承包商可以将这部分工程分包给专业的高空作业工程队，从而将与高空作业相关的人身意外伤害风险和第三者责任风险转移出去。

一般来说，分包合同中的受让方对某种风险的处理能力会高于出让方，这样分包才能实现。

3. 签订免除责任协议

虽然将带有风险的财产或活动转移出去是一种很好的摆脱风险的方式，但并不是在所有情况下都可以使用这类措施，因为这种方法可能是不允许或不经济的。例如，很多外科手术都存在失败的风险，一些风险虽然发生概率很低，但一旦失败，后果严重，医生一般不能因害怕手术失败而拒绝手术，但他可以与患者家属签订免除责任协议，由患者及家属承担风险。这时，带有风险的活动并没有转移，但与之相关的责任风险却转移出去了。

第二节　融资型风险管理措施

控制型风险管理措施的目的是避免损失的发生，即在损失前尽可能地减少损失发生频率和减轻损失程度。但由于现实和经济等原因，很多情况下，人们对风险的预测不可能绝对准确，所以某些风险事故的损失后果仍不可避免。那么，如何应对突然发生的损失，保证企业的正常运行和持续发展呢？这就需要融资型风险管理措施来处理。与控制型风险管理措施的事前防范不同，融资型风险管理措施的目的在于通过事故发生前所做的财务安排，使得企业在损失发生后能够获取资金以弥补损失，为恢复正常的经济活动和经济发展提供财务基础。

根据资金的来源不同，融资型风险管理措施可以分为风险自留和风险转移两类。风险自留措施的资金来自于企业内部，风险转移措施的资金来自于企业外部。

一、风险自留

风险自留是一种由经历风险的单位自己承担风险事故所致损失的方法，通过内部资金的融通来弥补损失。

风险自留也被视为一种残余技术。一般来说在指定风险管理决策的时候，总是先考虑控制型措施和融资型措施，其他的风险，适合于自留的，就安排自留。一些发生频率高但损失幅度很小的风险，也经常自留于企业内部。另外，还有一些风险事先没有考虑到，也会被动地自留下来。

1. 风险自留的资金来源

如果进行风险自留，风险事故一旦发生，用于弥补损失的资金一般来源于以下几个方面。

(1) 将损失摊入营业成本

对于较频繁的小额损失，在一个较短时期内可将其摊入生产和营业成本，用现有的收入弥补损失，而不作专门的资金准备。那些不熟悉风险管理的个人或组织经常会用这种方法，也称为同期风险融资。

这种做法的优点是操作便捷，不用耗费太多精力。然而，该方法也有局限性，具体体现在两个方面：

第一，如果损失在不同年度里波动很大，企业就可能为了获得现金补偿损失，而在不利情况下变卖资产或以较高利率贷款。

第二，企业自身的损益状况也有可能发生剧烈波动，如果损失发生时，恰好企业财务状况不佳，损失的补偿势必会面临一定困难。

(2) 专用基金

对于那些损失大且无法准确预料的风险，如果选择自留风险，则不宜用摊入成本的方法处理，而应使损失代价分散在一年或数年的较长时期中。出于此目的，企业可以以各种可能的方式，从每年的现金流量中提取一定金额，逐年积累，或者一次性地提取一笔巨额资金，作为损失发生时的补偿基金，即专用基金，也称为启保基金。

专用基金的数额取决于企业现有的准备金，以及其期望从这笔钱的其他投资活动中所获取的机会成本。

1) 专用基金的优点是：首先，这种方式能够积聚较多的资金储备；其次，在企业利润的“丰收年”，可以提存较多的专用基金，以平稳度过损失较高的利润“歉收年”。

2）专用基金的主要不足是：第一，在许多国家，基金需要纳税，也就是说，基金的来源一般是税后净收入。从支出的角度来说，这非常类似于保险费，但通过购买保险可以得到一定的税收优惠，因此很多大企业都开始考虑，能否通过某种形式，使得这笔“基金”可以避税。第二，如果在基金还没有积累到一定程度时就发生了巨灾，基金的能力就会非常有限。

（3）自保公司

自保公司是企业自己设立的保险公司，主要为母公司及其子公司提供保险，并办理再保险，有的自保公司也可以承保外界风险和接受分入业务。自保公司从20世纪60年代初开始兴起，大部分成立于70年代末80年代初，现在世界上千余家自保公司大多数是在这一时期由美国建立的。成立自保公司的企业或财团规模都比较大，并且集中在能源、石化、采矿及建筑材料等行业。如，英国石油公司和帝国化学公司等为承保它们自己业务范围内的风险，在英国开设了保险公司。

（4）信用限额

当意外损失发生，企业一时无法从内部筹措到足够的资金以度过财务危机时，可以采用借入资金的方式，信用限额就是其中的一种。利用这种方法时，企业在损失发生前，可与银行进行谈判，约定在一段特定时间内按预先协商好的利率和数额借支贷款，即信用限额。如果发生了意外损失，企业就可以用信用限额来弥补损失，这笔贷款也称为应急贷款。

当某些风险投保的费率较高而事故发生的可能性极小时，应急贷款较保险有更多的优点。当然，应急贷款的利率相对于传统贷款的期望利率来说可能要高一些，企业也要花费一定的时间和银行协商安排。

（5）部分保险

部分保险是风险自留的一种常用方式，这种保险合同的设计使得被保险人自留的风险较多，因而转移的风险较少，被保险人缴付的保费也较少。通过改变免赔额、保单限额、共同保险比例和保险责任范围与除外责任，可达到部分保险目的。

2. 最优风险自留水平的确定

最优风险自留决策的基本原则是把相对较小、可以合理预期的损失自留；对那些可能很严重、破坏性大，即可能导致财务困境或迫使企业以高成本筹集外部资金的大额损失进行保险。最优风险自留水平就是边际收益与边际成本相等时的风险自留水平。

增加风险自留的好处主要有：

（1）节约附加保费。

（2）减少保险市场波动引起的风险。

（3）减少道德风险。

（4）避免可能由于信息不对称而造成的过高的保费。

（5）避免由于保险价格监管带来的隐性税金。

（6）资金的持续使用。

二、保险

保险是一种对付可保的纯粹风险的重要风险融资工具。对于企业来说，通过缴纳保费，将自身面临的风险负担转移给了保险公司，即以小额成本（保险费）替代大额不确定损失（保险所保的意外事故）。单从出险后保险公司给予赔付这一层面来看，保险并没有改变企业所面临的风险，而是事先做一个安排，使得一旦风险事故发生了，自己能够从保险公司那里得到资金弥补损失。也就是说，保险消除了损失发生后经济负担的不确定性。按照承保风险范围的不同，保险可分为人身保险、财产保险及责任保险三类。

1. 人身保险

人身保险转移的是那些可能会妨碍个人收入的风险。这些风险共有四种类型：死亡、意外事故与疾病、失业，以及养老。其中，商业保险商比较愿意提供死亡、意外事故与疾病和养老等类型的保险业务，而社会保险则涵盖所有的类型。

2. 财产保险

财产保险是对财产的损毁或遗失进行保障的保险，主要包括：火灾保险、海上保险、内陆运输保险、农业保险、地震保险、信用保险、所有权保险等。

3. 责任保险

商业经营引起的责任风险既数量众多又形式多样。对一个公司而言，法律责任引起的损失实际上是没有一个可计算的上限的，可能引起责任的源泉会随着商业复杂程度的增加而倍增。因此，商业责任保险领域明显比个人责任保险领域复杂得多。

三、其他融资措施

除风险自留、保险这些比较常用的融资型风险管理措施之外，还有一些涉及金融风险管理或是基于合同的融资型风险转移形式。

1. 套期保值

传统的风险管理主要针对纯粹风险，应用保险和控制型措施等进行风险控制与风险转移。但从20世纪末开始，风险管理开始越来越多地涉及金融风险管理，利用期权、期货、远期与互换等衍生工具对金融风险进行套期保值。

2. 融资租赁合同

融资型风险转移与控制型风险转移最大的区别在于控制型风险转移将承担损失的法律责任转移了出去，而融资型风险转移只是将损失的经济后果转移给他人，法律责任并没有转移，一旦接受方没有能力支付损失，损失最终还要由转移方承担。融资租赁合同就是一种融资型风险转移措施。

第三节　内部风险抑制

评价风险大小最主要的两个方面，一个是损失期望值；另一个是损失方差。前面所述的控制型风险管理措施和融资型风险管理措施都是从不同角度影响损失期望值，而内部风险抑制的目的在于降低损失方差。

一、分割风险单位

分割风险单位是指公司把经营活动分散以降低整个公司损失的方差，即“化整为零”，这类似于“不把鸡蛋放在同一个篮子里”。例如，一家公司可能会让员工分散在不同地方工作，从而使一场爆炸或其他灾难所伤害的人数不会超过一定限度。这种分割客观上确实能够减少一次事故的最大预期损失。

分散可以体现在公司的跨行业或跨地区经营，将风险在各风险单元间转移或将具有不同相关性的风险集中起来。其理论基础就是马科维茨的资产组合理论。

资产组合理论说明：资产组合的风险不仅取决于组合中单一资产的风险和投资比重，还取决于组合中任意两个资产收益之间的协方差或相关系数。一种规避风险的好方法就是不要把所有的鸡蛋放在一个篮子里，就是投资分散化以降低组合风险。现实生活中，人们经常会自觉不自觉地应用投资分散化的原理，如将个人积蓄的一部分存在银行，一部分购买股票、债券，一部分购买保险，一部分买房，等等。

二、复制风险单位

复制风险单位主要指备用财产、备用人力、备用计划的准备，以及重要文件档案的复制，即增加风险单位数量，不是采用“化整为零”的措施，而是完全重复生产备用的资产或设备。当原有财产、人员、资料及计划失效时，这些备用措施就会派上用场。例如，在“9·11”事件中，位于世贸大楼内的一家公司由于在其他地方设有数据备份站，可以实时备份数据，所以，当大楼倒塌，楼内办公室里所有电脑设备和文字材料都损毁后，公司的信息资料并未遭到太大损失。

一般来说，分割风险单位和复制风险单位都会增加企业的费用开支，作为对付风险的方法有时候不具有实用性。例如，一些中小企业就很少同时建造两个相同的仓库。因为，虽然增加风险单位或“化整为零”可以减少一次损失的损失程度，但同时也增加了风险的损失频率。

三、信息管理

在现有的技术条件下，怎样才能对风险进行有效管理？信息在其中起着举足轻重的作用。风险是一种未来的状态，而且不止一种结果，但人们所做的决策只有一个，只有对未来这些不确定结果有正确的认识与合理的判断，才能保证决策确实达到了人们所要达到的目的。否则，按照错误的预测进行风险管理决策，所采取的措施再高明，也是“无的放矢”。信息就是有效管理风险的保证。

信息管理包括对纯粹风险的损失频率和损失幅度进行分析、对潜在的价格风险进行市场调研、对未来的商品价格进行预测、对数据进行专业化的分析等。在美国，有许多公司专门从事为其他公司提供信息和预测服务的业务，如数据库的经营者和风险咨询公司等。

四、风险交流

在风险管理领域，风险交流是新近被认识到的，是指企业内部传递风险和不确定结果及处理方式等方面信息的过程。

风险交流一般具有五个特征：

(1) 一般的“听众”不了解风险管理的基本概念和基本原则。

(2) 即使向一般的员工介绍风险管理，仍然有很多方面过于复杂，难以理解。

(3) 理解风险管理者提出的问题往往需要一定的专业知识，这对其他管理者来说不易做到。

(4) 人们对风险管理的态度非常主观。

(5) 很多人常常低估风险管理的重要性。

风险管理者进行交流时的内容和结构应当反映以上这些特征。

五、全面风险抑制

分解式抑制会增加风险抑制成本。企业应该围绕具有总体性的财务变量开展全面风险抑制活动，如收益、现金流或应税收入等。

总体性财务变量的风险可以通过两种方式来降低：

第一，针对总体性变量开展风险抑制活动。

第二，针对构成总体财务变量的各个要素的风险开展具有针对性的风险抑制活动。

第四节　公共安全风险管理措施

风险管理措施是风险管理过程中的重要内容。不同的风险，应有不同的风险管理措施予以应对；即使针对同一风险，也会有不同的风险管理措施。公共安全涉及大多数人的生命、健康和公私财产的安全，与人们的工作、生活息息相关。突发公共事件根据其成因和性质可划分为：自然灾害、事故灾难、公共卫生事件、社会安全事件四大类。下面围绕公共安全涉及的这四个方面，介绍其相应的风险管理措施。

一、自然灾害风险管理措施

自然灾害是指暴风雨、洪水、飓风、地震、瘟疫、流行病等自然现象造成财产和人身损失的风险。一般来说，对于自然灾害，人类无法通过消除引发风险事故的原因来控制风险事故的发生，只能采取预防措施降低风险事故造成的危害。

通常，自然灾害有四个特点：

第一，地域性明显。自然灾害的发生往往具有一定的地域性特点，自然灾害是特定地区发生的损失。

第二，不可控性。自然灾害的发生，是自然规律作用的结果，人类对自然灾害具有一定的认识。但是，在一定时期内对有些自然灾害的发生往往是无法控制的。

第三，周期性。尽管自然灾害的发生具有不可控制性，但是，它却具有一定的周期性，使人类可以防范自然灾害造成的损失。

第四，损失程度大。一般来说，自然灾害带来的往往是损失程度比较大的巨灾损失。

下面以生活中常见的几种自然灾害事件为例，具体阐述风险管理单位应当采取的应对措施，来预防和抑制自然灾害带来的损失。

1. 地震风险

(1) 地震监测

地震监测预报是防震减灾工作的基础。

1) 科学地考察主要经济区域和全部大中城市的地质和水文情况，确定地震可能发生的烈度，制定各城市、各地区的防震标准，这是防范地震损失的基础工作。

2) 完善地震预报工作。运用技术、生物、观察的方法，监测地震的前兆现象，并适时发布地震信息，严防误传或者是谣传。

3) 做好防震救灾的准备工作，对可能发生地震的地区的抗震能力和救灾能力进行调查、预测，为提高抗震救灾的效率提供决策依据。

(2) 地震预防

1) 政府预防地震的措施

地震灾害预防的关键是实施工程性预防措施和非工程性预防措施。

①工程性预防措施。工程性预防措施是指根据地震区划和经地震安全性评价提出的抗震设防要求，对建设工程采取的抗震设防措施。

②非工程性预防措施。非工程预防措施是指除工程性预防措施之外的一切依法减灾的活动，主要包括编制防震减灾规划、开展防震减灾知识宣传教育、地震重点监视、防御区的抗震救灾资金储备和物资储备等。

2) 企业、家庭和个人预防地震的措施

①观察、识别震前的异常状况，尤其是动物的异常、地下水的异常。如骡马发惊不进圈，猪不吃食跳栏跑；猫儿躲藏无踪影，鸡飞上树狗哀嚎等。居民若发现上述异常，应当及时上报市、县政府地震工作部门或管理防震减灾的工作部门，以便综合分析研究，确定是否为地震前兆。

②震前要认真检查住房的抗震性能。若住房修建时，没有按地震部门确定的抗震设防要求进行抗震设防，就必须请有关专家鉴定是否为危房；若是危房，就要进行抗震加固或搬迁。

③合理、安全摆放室内物品。地震时由于剧烈颠颠、摇晃，致使室内家具和物品倾倒、掉落等引起人员伤亡，因此，要注意室内家具摆放合理、安全、防震，有利于人员撤离或避震。

④放置好家中的危险品，主要包括易燃品（如煤油、汽油、酒精等）、易爆炸品（如煤气罐、氧气瓶等）、有毒品（杀虫剂、农药等）。

⑤准备必要的防震物品，以适应震后急用，如水、食品、衣物、电筒、干电

池、结实的绳子、多功能小刀，以及常用的急救药品等。

⑥熟悉地震疏散路线和躲避地震的地点，确定家庭成员在地震发生后的联系方法。

⑦学习和掌握基本的救护技能，如人工呼吸、止血、包扎、搬运伤员和护理伤员等方法。

⑧提高警惕，防止地震谣言和恐震事件的发生，尤其是本市境内或邻区发生强烈有感地震之后，或者天气突变、气候反常的情况下，更要防止地震谣言、恐震事件的发生，维护社会稳定。

(3) 震时的应对措施

1) 政府的应对措施

破坏性地震发生后，国务院地震工作主管部门或者地震灾区的省、自治区、直辖市人民政府是负责管理地震工作的部门，应当及时会同有关部门对地震灾害损失进行调查、评估；灾情调查结果应当及时报告本级人民政府。严重破坏性地震发生后，为了抢险救灾并维护社会秩序，国务院或者地震灾区的省、自治区、直辖市人民政府按照规定的权限和程序，可以在地震灾区实行下列紧急应急措施：交通管制；对药品、食品等生活必需品统一发放和分配；临时征用房屋、运输工具和通信设备等；需要采取的其他紧急应急措施。

2) 个人或家庭的应对措施

①若居住平房，出现地震前兆（如听见地声、看见地光），应当立即头顶被褥、锅盆、安全帽等，迅速撤离到附近的空旷地带。

②若居住在高层楼房，地震时来不及撤离，应立即躲到桌下、床下或者面积最小的厕所、储藏室、浴室等处，千万不要跑向阳台或跳楼。待地震暂停时，迅速按照震前选定的路线撤离到安全地区。下楼时，要走楼道，不要乘电梯。

③无论居住平房或住高层楼房，感觉地震时，要立即拉断电闸、浇灭炉火、关闭煤气和液化气阀门，迅速避震。

④防震期间，最好不要关门，以免地震时门框变形打不开门。

⑤地震时若在户外，应就地选择安全的地方蹲下，或迅速转移至远离高大及易于倒塌的建（构）筑物的开阔地带，不要返回户内，以防地震再次发生。

⑥地震时，若正在驾驶汽车行驶，应立即开到宽敞的地方刹车，不要继续行驶，但也不要立即离开车内，等地震过后根据具体情况再定下一步的办法。

⑦地震时，若在办公楼里，应赶紧藏在办公桌下，不要站立或蹦跳，尽量降低重心，千万不要跳楼，待地震暂停后，再迅速撤离。

(4) 震后救助措施

震后救灾与重建是防震减灾工作的一个重要环节，也是减少地震损失的重要方面。对此，可以采取以下几个方面的救助措施：

1) 建立抗震救灾组织机构，统一管理，集中人力、物力和财力；保证灾民的基本生活、基本医疗药品的供应，减少灾害造成的损失。

2) 恢复信息通信系统，及时传播灾后信息，提高抗震救灾的效率。

3) 抢救受伤、被压埋人员，组织医疗卫生机构进行震地抢救和救护工作。

4) 防止次生灾害的发生。例如，防止河水外泄、防止有毒有害物质的扩散、防止瘟疫和传染病的发生等。

5) 组织灾民恢复生产。

6) 重建家园。

2. 雷电风险

(1) 雷电的形成

伴有雷声和闪电现象的天气，气象上称为雷暴。雷暴天气时，当云层与地面之间的电位差达到一定强度时，就会发生放电现象，闪电击到地面或击中某些物体就造成雷击。据研究，雷击的电流强度通常可达几万安培，温度可达摄氏两万度，如此强大的电流和高温，其危害程度可想而知。

(2) 预防雷击风险的应对措施

1) 在雷雨天，人应尽量留在室内，不要外出，关闭门窗，防止球行闪电穿堂入室。

2) 雷雨天，尽量不要靠近门窗、炉子、暖气炉等金属的部位，也不要赤脚站在泥地或水泥地上，脚下最好垫有不导电的物品坐在木椅子上等。

3) 雷雨天，不要在河里游泳或划船，以防雷电通过水介质击中人体。

4) 在野外遇雷雨时，尽快找低洼或沟渠蹲下，不要在孤立的大树、高塔、电线杆下避雨。

5) 一旦有人遭到雷击，应及时进行抢救，救护方法同触电急救相同，及时做人工呼吸和体外心脏按压等，同时急送医院。

6) 家用电器防雷，最常见的办法是雷雨天拔下电源插头，其次，电视机、电脑还要将网线也拨下。

7) 建筑施工验收单位应该把好施工质量检查监督及竣工关，严格按照国家规定的标准验收建筑物的避雷设施。

8) 对共用天线、居民住宅楼的总电源、电子计算机网络用户以及架空电话线用户等应加装专用避雷器，并在每年雷雨季节到来之前，对这些避雷装置进行一次安全性能检测维修。

9）使用避雷针和避雷带通过良好接地，大型建筑还需要多点接地，防止失误。尽量使用具有防雷功能的插座。

10）购买家庭人身、财产保险等。

3. 浓雾风险

（1）浓雾的形成

在近低层空气中悬浮大量小水滴或冰晶微粒，使人的视线模糊不清，当事人的水平能见距离下降到 1 000 米以下时，就称雾。雾有等级之分，能见距离小于 1 000 米大于 500 米时称为轻雾；能见距离不足 500 米时称为大雾；能见距离不足 200 米时称为浓雾。

（2）雾灾风险的应对措施

1）尽量不要外出，必须外出时，要戴上口罩，防止吸入有毒气体。

2）尽量少在雾中活动，不要在雾中锻炼身体。

3）行人穿越马路要当心，应看清来往车辆。

4）驾驶车辆和汽车要减速慢行，听从交警指挥，乘车（船）不要争先恐后，遇渡轮停航时，不要拥挤在渡口处。

5）雾中驾车时，应打开防雾灯，与前车保持足够的刹车距离，保持慢速行驶。在雾中停车，最好驶到道路以外。

二、事故灾难风险管理措施

事故灾难是指由于人的操作失误或技术性过错而引发的破坏性事件，该事件给人们的身体、心理、财产和环境造成了一定程度的损坏和社会性影响。总体来讲，事故灾难主要包括工、矿、商、贸等行业的各类安全事故，交通运输事故，公共设施和设备事故，环境污染和生态破坏事件等。

1. 事故灾难分级标准

（1）特别重大安全事故：一次性安全事故造成下列后果之一的为特别重大安全事故。

1）造成 30 人以上死亡（含失踪），或事故危及 30 人以上生命安全，或 1 亿元以上直接经济损失，或 100 人以上中毒（重伤，或需要紧急转移安置 10 万人以上）的安全事故；

2）国内外民用运输航空器在我州行政区域内发生的坠机、撞机或紧急迫降等情况导致的特别重大飞行事故；

3）事故危及 30 人以上生命安全的水上突发事件；

4）造成区域电网减供负荷达到事故前总负荷的 30%以上，或造成重要政治、经济中心城市减供负荷达到事故前总负荷的 50%以上；或因重要发电厂、变电站、输变电设备遭受毁灭性破坏或打击，造成区域电网大面积停电，减供负荷达到事故前的 20%以上，对区域电网、跨区电网安全稳定运行构成严重威胁；

5）大面积骨干网中断、通信枢纽遭到破坏等造成严重影响的事故；

6）因自然灾害等不可抗拒的原因导致支付、清算系统国家处理中心发生故障或因人为破坏，造成整个支付、清算系统瘫痪的事故。

（2）重大安全事故：一次性安全事故造成下列后果之一的为重大安全事故。

1）造成 10 人以上、30 人以下死亡（含失踪），或事故危及 10 人以上、30 人以下生命安全，或直接经济损失 5 000 万元以上、1 亿元以下的事故，或 50 人以上，100 人以下中毒（重伤），或需紧急转移安置 5 万人以上、10 万人以下的事故；

2）国内外民用运输航空器在我州行政区域内发生重大飞行事故；

3）危及 10 人以上、30 人以下生命安全的水上突发事件；

4）造成跨区电网或区域电网减供负荷达到事故前总负荷的 10%以上、30%以下，或造成重要政治、经济中心城市减供负荷达事故前总负荷的 20%以上、50%以下；

5）造成重大影响和损失的通信、信息网络、特种设备事故和道路交通、城镇供水的事故；

6）其他一些无法量化但性质严重，对社会稳定、经济建设造成重大影响的事故。

（3）较大安全事故：一次性安全事故造成 3 人以上 10 人以下死亡，或者 10 人以上 50 人以下重伤，或者 1 000 万元以上 5 000 万元以下直接经济损失的事故；

（4）一般安全事故：一次性安全事故造成 3 人以下死亡，或者 10 人以下重伤，或者 1 000 万元以下直接经济损失的事故。

2. 事故灾难的性质

（1）人为性

人的行为造成了事故灾难的产生，同时也制约着灾难的影响程度与范围；造成事故灾难的技术过错往往也是因为人的因素而引发。事故灾难中，人的特性体现得相当明显。这正是事故灾难和自然灾难最大区别所在，也是在事故灾难管理过程中，人的作用能够最有效体现的地方。

（2）因果性

事故灾难的起因是它和其他事物相联系的一种形式。事故灾难是相互联系的诸多原因共同作用的结果。掌握事故灾难发生的各种原因，深入剖析其根源，可以有效防止同类灾难的重演，达到灾难管理的目的。

（3）突发性

突发性是指事故的发生往往是由于事故原点在触发能量、偶合条件作用下的突发转变过程。

（4）破坏性

人类任何生产活动都具有潜在的危害，即危害性。但危害性并不一定发展成为破坏性。事故灾难的发生就是潜在危害性向显性破坏性的转变。破坏性体现在灾难发生之时。危害性存在于人的不安全行动之中，也存在着物质条件的缺陷之中。

（5）偶然性、必然性

事故灾难的发生包含着客观存在的偶然性。事故灾害发生的偶然性又是必然性的表现。在一定范围内，人们运用一定的科学仪器或手段，通过外部联系，找出近似的规律，分析内部的决定性的主要关系。

（6）潜在性、再现性和预测性

危险是绝对的，安全是相对的。潜在的安全隐患，随着条件成熟就会显现。安全问题时刻存在，事故灾难也就时时刻刻在威胁着人们，它会违反人的意愿而突然发生。人不能两次踏入同一条河流。完全相同的事故灾难不会重复发生。但是类似的事故灾难还可能发生。这就是事故灾难的再现性。掌握了事故灾难的潜在性和再现性，基于人们对过去的事故灾难所积累的经验，可以在自然的客体中进行预测。

3. 事故灾难风险应对措施

下面介绍几种典型事故灾难风险的管理措施。

（1）交通运输风险

交通运输行业是一个安全事故频发、安全问题严重的行业。交通运输业由于乘客多，运输工具的速度快，交通工具的安全隐患多，因而特别容易发生公共安全事故，小的事故如汽车相撞，大的事故如沉船、火车脱轨、飞机失事等，此类事故多发生在交通航线上。

1）交通运输风险的特点

交通运输风险是指交通事故造成交通堵塞、财产和人员损失的风险。交通运输风险具有以下几个方面的特点：

①影响范围广。同生产风险相比，交通运输风险影响的范围更加广泛，涉及千

家万户的财产和人身安全。

②发生风险事故的概率比较高。交通运输是社会发展的动脉，交通运输每天将货物、人员输送到城乡的每一个角落，因此，交通运输风险具有频发性、发生概率比较高的特点。

③损失比较大。单个交通运输风险事故造成的损失有时比较大，有时比较小。但是，对于一个国家、一个地区来说，每年交通事故造成的损失是很大的。

2）交通运输风险的种类

根据运输的方式划分，交通运输风险可以分为公路运输风险、铁路运输风险、航空运输风险和水上运输风险。

根据交通事故造成的损失划分，可以分为运输工具损失风险、货物运输损失风险、旅客人身伤害损失风险和对第三者财产、人身损失的风险。

3）交通运输风险的防范

①预防恶劣天气造成的损失。如及时通告有关天气变化的信息，提前安排抢险、救灾的工作，改善路面状况，预防交通事故的发生等。

②改善交通设施。例如，改善路面状况、实行人车分流，改善照明灯具、信号灯、交通标志杆、护栏等措施，都会降低交通事故的发生。

③更新交通运输工具。更新交通运输工具可以预防交通工具超期使用造成的交通事故，同时还可以更新安全性能高的运输工具。

④提高驾驶员的技术水平和健康状况。如建立驾驶员录用考核制度，防止驾驶技术差的人员上路开车；举办驾驶技术竞赛，提高驾驶员技术水平；建立驾驶员定期体检制度，将身体状况差的驾驶员调换工作岗位；提高福利待遇，提高驾驶员身体素质等。

⑤完善交通运输安全管理制度。及时传达、学习国家有关交通运输管理方面的新法律、法规，提高驾驶员的守法意识。

⑥增强行人的安全意识、加强安全教育。例如：为有效预防地铁事故的发生，设立指示牌提醒行人不要进入轨道、隧道等禁止进入的区域；严禁向轨道交通区域抛掷杂物、垃圾。

（2）火灾风险

在社会生活中，火灾是威胁公共安全，危害人们生命财产的灾害之一。俗话说：“水火无情。”严峻的现实证明，火灾是当今世界上多发性灾害中发生频率较高的一种灾害，也是时空跨度最大的一种灾害。火灾事故造成的损失是巨大的，加强火灾风险的防范至关重要。

1）火灾风险应对措施

①明确火灾安全管理的重要性，树立重视火灾的风险管理意识，加强火灾事故的风险管理，预防人的疏忽、过失造成的火灾事故。

②规范人的活动（或行为），预防不安全活动引起的风险事故。对此，风险管理单位应该建立防火的工作规程和各项规章制度，杜绝人的不安全活动或行为引发的风险事故。

2）灭火的方法

①冷却灭火法。冷却灭火法就是将灭火剂直接喷射到燃烧物上，以增加散热量，降低燃烧物的温度至燃点以下，使燃烧停止；或者将灭火剂喷洒在火源附近的物体上，使其不受火焰辐射热的威胁，避免形成新的火源。

②隔离灭火法。隔离灭火法就是将火源处或其周围的可燃物质隔离或移开，燃烧会因缺少可燃物而停止。如将火源附近的可燃、易燃、易爆和助燃物品搬走；关闭可燃气体、液体管路的阀门，以减少和阻止可燃物质进入燃烧区；设法阻拦流散的液体；拆除与火源毗连的易燃建筑物等。

③窒息灭火法。窒息灭火法就是阻止空气流入燃烧区或用不燃物质冲淡空气，使燃烧物质得不到足够的氧气而熄灭。如用不燃或难燃物捂盖燃烧物；将水蒸气或惰性气体灌注容器设备；封闭起火的建筑、设备的孔洞等。

④抑制灭火法。抑制灭火法就是使灭火剂参与到燃烧反应过程中去，使燃烧过程中产生的游离基消失，而形成稳定分子或低活性的游离基，使燃烧反应因缺少游离基而停止。

⑤合理布局易燃易爆生产经营单位的位置，防止火势蔓延造成更大的损失。对于政府来说，必须将生产、储存易燃易爆化学物质的工厂、仓库设在城市边缘的安全地区，并与人员密集的建筑保持防火安全距离。对于布局不合理、严重影响消防安全的工厂、仓库，需采取措施，限期迁移或者改变建筑物的生产使用性质，以消除不安全因素。

⑥缩小物质的规模或者空间分布，减少火灾蔓延造成的损失。新烧制的木炭应该先在空气中存放一段时间，然后再包装和储存。炭黑应该与其他材料分开，存放在单独的库房中。煤在露天存放时，应该远离建筑物；每个煤堆的大小应该适当加以控制；煤堆之间的距离应尽可能远一些。所有浸油的抹布应该存放在有自动关闭装置的金属箱内。如果可能，应该在工作结束后，立即将箱子搬运到室外。

⑦使用耐火性、稳定性和隔热性强的物质，可以防止火势过快蔓延。在新建建筑物中，要使用耐火材料建造高标准的耐火建筑，全面提高建筑物的耐火等级。在

已经建成的耐火等级比较低的建筑物中，要采取相应的消防措施，改善建筑物的消防安全条件。木材和纤维材料品应该与供热管道或者散热片隔开一定的距离，避免木材和纤维自燃，引起风险管理单位财产的损失。

⑧改革设备构造和制造中的缺陷，预防火灾事故的发生。例如，监管风险管理单位按照消防安全技术要求施工、安装设备，可以避免生产设备、建筑物在设计上的缺陷，从而避免火灾事故的发生。

（3）用电风险

1）火灾风险的防范

①安装熔断器。熔断器是用电过程中克服或者减少火灾风险的装置。在电路中，插入一根高电阻、低熔点的短导线，此线装于绝缘材料制的盒或者管中，短导线的电阻可以允许正常的电流通过而不致造成过热；但是，当电流过大时，产生的热量足以使这段导线熔化而使电路切断，这段导线就称为熔线，俗称保险丝。

②安装接地电线。接地电线就是用导线把用电设备的所有承载电流的金属构件连接于大地。采取接地措施，漏出的电流就会被导入大地，使电路中的保险丝烧断。

2）爆炸风险的防范

针对电源开关引发的爆炸风险，风险管理部门可以在有可燃气体或者蒸汽的场合采取专门的措施，将电器放置在防爆罩内。防爆罩能够无损地承受在实际工作条件下其内部可能发生的任何爆炸，并且阻止火苗向外传播，从而可以使周围的可燃气体不被点燃。此外，在有可燃气体或者蒸汽的场合，必须注意防止静电的积累和随之而来的火花放电危险。在静电电荷积累到危险程度之前，必须采取措施使之导向大地，这样可以消除火花放电的危险，所有可能产生静电的设备都应可靠地接地。

3）触电风险的防范

①采取绝缘、屏护遮拦和保证间距的措施。绝缘是用绝缘物把带电体封闭起来。绝缘必须与电压等级、周围环境和运行条件相适应。有些设备常会有裸露的带电部分，即以空气作为绝缘物，为了防止偶然触及或者过分接近这些带电部分，可以采取绝缘、屏护遮拦和保证安全距离的措施。对于高压设备，无论是否裸露，都应该采取屏护遮拦和保证安全距离的措施。有些情况下，可以采用连锁装置，防止偶然触及或者过分接近带电体，即当出现危险时，连锁装置会发挥作用，自动切断电源。

②保护接零、接地措施。为了防止触及意外带电的导电体，可以采取保护接

零、保护接地、等化对地电压分布、自动切断等措施。保护接零的目的首先在于使漏电设备迅速脱离电源，其次是降低故障设备的对地电压；保护接地主要是把漏电设备对地电压限制在安全范围以内；等化对地电压的分布是降低人体上的接触电压和跨步电压；自动切断自动化元件及时切断漏电设备的电源。

③安全电压。采用36 V和12 V的低电压也是防止触电的重要措施之一。由于低压设备不经济，而且比较笨重，所以这种办法只用于局部照明、手持电动工具等小型电器设备。一般情况下，36 V用于触电危险性大的场合；12 V用于有高度触电危险的场合。

三、公共卫生事件风险管理措施

公共卫生事件主要包括传染病疫情，群体性不明原因疾病，食品安全和职业危害，动物疫情，以及其他严重影响公众健康和生命安全的事件。

1. 公共卫生事件的特点

(1) 多样性

许多公共卫生事件与自然灾害也有关，比如说地震、水灾、火灾等，最重要的就是自然灾害发生后会不会引起新的、大的疫情。公共卫生事件与事故灾难也密切相关，比如环境污染、生态破坏、交通事故等。社会安全事件也是形成公共卫生事件的一个重要原因，如生物恐怖、动物疫情、致病微生物、药品危险、食物中毒、职业危害等。

(2) 分布的差异性

在时间分布差异上，不同的季节，传染病的发病率也会不同，如SARS往往发生在冬、春季节，肠道传染病则多发生在夏季。分布差异性还表现在空间分布差异上，传染病的区域分布不一样，像我国南方和北方的传染病就不一样，此外还有人群的分布差异等。

(3) 传播的广泛性

在全球化的今天，某一种疾病可以通过现代交通工具跨国的流动，而一旦造成传播，就会成为全球性的传播。另外，传染病一旦具备了三个基流通环节，即传染源、传播途径以及易感人群，它就可能在毫无国界情况下广泛传播，这就是传播的广泛性。

(4) 危害的复杂性

重大的卫生事件不但是对人的健康有影响，而且对环境、经济乃至政治都有很大的影响。

(5) 治理的综合性

公共卫生的治理需要结合以下几个方面：第一，技术层面和价值层面的结合，不但要有一定的先进技术还要有一定的投入；第二，直接的任务和间接的任务相结合，它既是直接的愿望也是间接的社会任务，所以要结合起来；第三，责任部门和其他部门的结合；第四，国际和国内的结合。只有通过综合的治理，才能使公共卫生事件得到很好的治理。

(6) 种类的多样性

引起公共卫生事件的因素多种多样，如生物因素、自然灾害、食品药品安全事件、各种事故灾难等。

2. 公共卫生风险的应对措施

针对公共卫生风险的特点，应从以下几个方面采取措施进行风险应对：

第一，认真贯彻“预防为主”的方针；

第二，完善法律体系，加强监督执法；

第三，加强公共卫生管理的基础性工作；

第四，改革公共卫生管理体制，弥合预防与临床医学之间的裂痕；

第五，发挥非政府组织（NGO）的作用，实现广泛的社会参与；

第六，结合工作实际，大力开展应用型预防医学科学研究；

第七，加强重大疾病控制；

第八，坚持对外开放，充分利用国际资源推进我国公共卫生事业的发展。

总之，做好公共卫生工作的最佳模式应该是政府行为（包括行政行为和法律行为）、科学技术以及社会动员（包括部门支持、社会参与）之间相互协调，共同发挥作用。

下面列举出了一些具体公共卫生事件的风险管理措施。

(1) 食物中毒风险

1）随着农药类化学物的广泛使用，化学性食物中毒事件风险将不断增加。各地卫生部门要加强对基层医疗卫生人员的技术指导和培训，使其掌握常见农药引起食物中毒的诊断和救治方法，有效降低中毒患者的病死率。

2）加强食物中毒事件的监测报告和风险评估工作。各地卫生部门要认真组织分析本地区食物中毒事件发生风险，确定高发地区、高发季节以及高发食物中毒的种类和原因，加强食物中毒事件的监测报告和风险评估工作，开展食物中毒风险排查和防控工作，有效减轻食物中毒事件对公众健康造成的危害。

3）提高食物中毒事件的应急处置能力。各地卫生部门要切实加强食物中毒的临床诊治、流行病学调查及实验室检测等方面的培训工作，认真做好救治设备、解毒药物、检测仪器设备和标准品等方面的准备，以有效应对各类食物中毒事件。

4）加强预防食物中毒的健康教育工作。食物中毒与公众的生活、卫生习惯和食品安全意识密切相关。各地卫生部门要结合当地饮食结构、生活习惯及气候特点等，通过多种形式，有针对性地加强食品安全宣传教育工作，提高公众食品安全意识，改善公众的卫生意识和饮食习惯，有效减少食物中毒事件的发生。

（2）重大传染病疫情和群体性不明原因疾病风险

1）流行病学调查。流行病学调查工作由县疾病预防控制中心负责，流调信息要及时向病人收治医院反馈，为临床诊断和治疗提供参考。调查工作原则上要由两名流调专业人员共同完成。调查时，要追踪调查该病例的所有密切接触者，掌握密切接触者与患者的关系、与病人接触的时间、地点、接触方式等，并做好记录。

2）隔离治疗和医学观察。留院观察病例由监测点医疗机构对就地隔离治疗，疑似病例及临床诊断病例由定点医疗机构进行隔离治疗。对疑似病例、临床诊断病例、实验室确诊病例的密切接触者，要实行隔离医学观察。在对病人（包括流动人口）隔离治疗、对密切接触者医学观察时，若病人、密切接触者拒绝合作的，应参照《中华人民共和国传染病防治法》的有关规定，由公安部门协助有关单位采取强制隔离措施。

3）消毒处理。医院门诊、急诊、病房和放射科、转运病人的专用救护车、公共场所以及疫点、疫区等的消毒处理工作按照有关消毒规定执行。

4）划定控制区域。疫点、疫区的确定及采取的控制措施按照有关法律法规执行。

5）紧急措施。可以在本行政区域内采取限制或者停止集市、集会、影剧院演出，以及其他人群聚集活动；停工、停业、停课；封闭或者封存被传染病病原体污染的公共饮用水源、食品及相关物品等紧急措施。

6）开展群防群治。街道、乡镇以及居委会和村委会要协助卫生部门，做好疫情信息的收集、报告、人员分散隔离及公共卫生措施的实施工作。

7）健康教育。大力开展健康教育，利用各种宣传形式，有针对性地开展有关防治知识的宣传，提高群众的自我防护能力，并积极配合和参与所采取的控制措施。

公共卫生体系的最终目的是保护人群健康，它是健康的防御系统。随着改革开放和计划经济向社会主义市场经济的转型，我国的经济体制、社会保障体制以及科技体制和教育体制等方面都进行了相应的改革，但卫生体制改革明显滞后。SARS

过后，人们对如何在常态下保持有序管理、出现公共卫生突发事件时从容应对、公共卫生高效地保障人民的健康等问题有了更多的思考，国家对建立与健全我国公共卫生体系的重视也提到了前所未有的高度，所有这些转变，对推动我国公共卫生事业的发展和预防公共卫生事件的发生具有十分重要的意义。

四、社会安全事件风险管理措施

社会安全事件是指因人民内部矛盾而引发，或因人民内部矛盾处理不当而积累、激发，由部分公众参与，有一定组织和目的，采取围堵党政机关、静坐请愿、阻塞交通、集会、聚众闹事、群体上访等行为，并对政府管理和社会秩序造成影响甚至使社会在一定范围内陷入一定强度对峙状态的群体性事件。社会安全事件主要包括恐怖袭击事件、经济安全事件和涉外突发事件。很显然，在公安机关实际的工作之中，所处置的社会安全事件远不止上述的三类事件。一般来说，公安机关所处置的社会安全事件，主要包括以下几个方面：涉及民族、宗教问题的社会安全事件，涉及恐怖问题的社会安全事件，涉及网络安全的社会安全事件，涉及黑社会性质的社会安全事件，涉及经济安全的社会安全事件，涉及群体性的社会安全事件。

1. 社会安全事件的特点

社会安全事件是突发事件的一种，它具备突发事件的一般特征：发生的突然性、应对的紧迫性、危害结果的严重性与持久性、频率高发性以及难以预测性。除此之外，社会安全事件还有其自身的特点：

（1）社会安全事件发生的预谋性

一般说来，造成自然灾害、事故灾难以及公共卫生事件的原因是偶然的自然因素，而非人为因素。突发的社会安全事件，则并非如此，它的发生经历了一个行为人完整的思维过程：从产生实施的想法，到为实施行动做准备，再到具体的实施阶段。每一个阶段，行为人都经过仔细的思考和精巧的布局。在突发的社会安全事件中，人的预谋起到了决定性的作用；没有人的思维过程，便没有社会安全事件的发生。

（2）社会安全事件具有很强的社会性

这里所说的社会性，也即公共性，是指社会安全事件将会引起或可能将会引起社会公众的高度关注或者能够对公众利益产生较大的负面影响，从而使社会安全事件成为公共舆论的焦点。具体来说，这种社会性或是公共性主要影响着社会的两个维度，即广度和深度。所谓广度，说的是社会安全事件影响的范围较广，事件超越个案和局部地点，其影响足以到达所谓“社会性”或“公共性”的程度。所谓深度，说的是社会安全事件的影响力深入人们的内心深处，在人们的内心深处影响着人们的价值选择。社会安全事件发生后，一时间人们谈之色变，人们的行为在不经意间受到影响。

(3) 部分社会安全事件具有高度的政治敏感性

有相当一部分突发的社会安全事件，不是因人民内部矛盾激化而产生，而是由于少数高危分子的蓄意制造，如恐怖袭击、涉外的社会安全事件。另外，即便某些因人民内部矛盾激化而产生的社会安全事件，其往往也可以上升到政治的高度。如民族问题和宗教问题，如果这些问题处理不当，再加上被某些别有用心的组织或个人放大和渲染，往往就容易产生质的变化，从而上升为政治事件。

2. 社会安全事件风险管理措施

(1) 完善社会安全事件的预防和处理机制

根据我国社会安全事件多发生在基层的特点，县级人民政府是社会安全事件应对的主要承担者，应当设立社会安全事件应急指挥部及其应急办公室。县级社会安全事件应急指挥部全面负责当地社会安全事件应对工作，办事机构为应急办公室，负责值守应急、信息汇总、综合协调等工作，并确定专职的工作人员。

(2) 拓宽非政府组织参与社会安全事件应对的渠道

社会组织特别是非政府组织是社会运动的载体，发挥民主党派的人才和知识优势，在社会安全事件应对中可以充当当地政府的“智囊库”，为应急管理主体维护社会稳定和应对社会安全事件出谋划策；还可以成立法律、教育、医疗、科技、心理等专业服务组织，协助应急管理主体参与事件处理，为社会安全事件应对提供专业咨询和技术支持。因此，在社会安全事件应对中要力求实现国家应急行政机关与非政府公共组织的合作，形成优势互补的局面，充分授予共青团、妇联、工会、各类协会、基金会、村民委员会和居民委员会等组织的应急性职权与职责，包括普及应急知识、实施应急演习、进行宣传动员、协助维护秩序、参加应急救助、配合行政机关采取应急处置措施等。

(3) 提高公众整体的公共安全风险防范意识

公众的危机素质直接影响到对社会安全事件的应对效果，应对主体应该责无旁贷地承担起公众危机应对的教育与培训职责，针对不同的对象，利用广播、电视、网络等新闻媒体广泛开展社会安全事件预防与应急、自救与互救知识的宣传。还可以直接以普通公众为对象开办常见的社会安全事件的预备与紧急应对的培训班，免费向公众开放，增强公民的公共安全和防范风险的意识，提高全社会的避险救助能力。

公众平时应关注政府的有关宣传，阅读有关科普读物，提高对爆炸、生物、化学、核与辐射恐怖的认识，了解恐怖行为的表现形式、特点、社会危害，提高警惕性，增强反恐怖意识，做好心理和应对技能方面的准备。在恐怖活动发生时，根据平时掌握的爆炸、生物、化学、核与辐射恐怖的特点，及时发现恐怖活动的征兆，识别可疑爆炸物和生物、化学、核与辐射等危险因素，发现可疑情况应及时预防、举报和自防，尽可能将恐怖活动消灭在萌芽状态，减少对公众的伤害。

本章小结

风险管理措施可以归纳为三大类：控制型风险管理措施、融资型风险管理措施和内部风险抑制。本章详细介绍了三种风险管理措施的具体方法：控制型风险管理措施包括风险规避、风险控制及控制型风险转移等；融资型风险管理措施包括风险自留、保险等；内部风险抑制的措施包括分割或复制风险单位、信息管理、风险交流、全面风险抑制等。最后一节分别针公共安全涉及的四个方面即自然灾害、事故灾难、公共卫生事件、社会安全事件的风险管理措施进行了详细的介绍。

复习思考题

1. 风险管理的措施分为哪几大类？
2. 控制型风险管理措施有哪些？通过什么方法来实现？
3. 如何确定最优风险自留水平？增加风险自留有哪些好处？
4. 什么是风险交流？风险交流有什么特征？
5. 公共安全涉及哪些方面？各个方面的风险防范措施有哪些？

第六章　保险概论

本章学习目标

1. 学习和了解保险的产生与发展过程，以及我国保险业的发展现状。
2. 掌握保险的基础知识，了解保险与其他相似制度的区别与联系。
3. 掌握保险基本原则和常见的分类方法。
4. 熟悉保险合同的定义、特征及种类。

保险是一种通过转移风险来应对风险的方法，在风险管理中的应用非常广泛。保险基于风险的存在而产生，因风险的变化而变化，并随着社会经济的发展而逐渐完善和成熟。由于保险只是一种风险管理过程中对付风险的方法，所以风险管理的范围大于保险。

第一节　保险的产生与发展

一、保险的历史

1. 人类保险思想的萌生与保险的萌芽

(1) 人类保险思想的萌生

中国是最早运用风险分散这一保险基本原理的国家。远在公元前三四千年，中国商人即将风险分散原理运用于货物运输中；历史悠久的各种仓储制度是我国古代原始保险的一个重要标志；镖局是我国特有的一种货物运输保险的原始形式。

外国最早的保险思想产生于处在东西方贸易要道上的古代文明国家，如古巴比伦、古埃及、古罗马、古希腊等。《汉谟拉比法典》是一部有关保险的最早法规。基尔特制度即行会制度，是一种原始的合作保险形式。到了中世纪，这种行会制度特别盛行，随后，欧洲各国城市陆续出现各种行会组织，并在此基础上产生了相互合作保险组织。

(2) 保险的萌芽

在各类保险中，起源最早、历史最长的当数海上保险。正是海上保险的发展，带动了整个保险业的发展。共同海损分摊制度是海上保险的萌芽。海上保险是海上贸易产生与发展的产物。航海是一种很大的冒险，于是在当时地中海航行的商人中形成了一种习惯，即为了船货共同安全而放弃货物所引起的损失由获益的各方共同分摊，这就是“一人为众，众为一人”的原则。这一原则后来被公元前916年的《罗地安海商法》所吸收，并正式规定为“凡因减轻船舶载重而投弃入海的货物，如为全体利益而损失的，必须由全体分摊归还”。这就是著名的共同海损分摊原则。因为共同海损分摊原则体现了损失分担这一保险的基本原理，所以被公认为是海上保险的萌芽。

2. 现代保险的形成与发展

(1) 海上保险

现代海上保险发源于意大利。早在11世纪末，在经济繁荣的意大利北部城市，特别是热那亚、佛罗伦萨、比萨和威尼斯等地，就已经出现类似现代形式的海上保险。现代保险的最早形式——海上保险，发源于14世纪中叶以后的意大利，但是，现代海上保险形成于英国。15世纪以后，随着海上贸易中心的转移，海上保险从地中海区域转移至大西洋彼岸。17世纪开始，英国成为世界海上贸易中心的同时，海上保险的中心也开始转移到英国。第一家皇家交易所的开设，为海上保险提供了交易场所；保险商会在伦敦皇家交易所内的设立，又大大促进了海上保险的发展；《海上保险法》的颁布使英国真正成为世界海上保险的中心，占据了海上保险的统治地位。另外，当代国际保险市场上最大的保险垄断组织之一——“劳合社”最初就是专营海上保险，其演变史也是英国海上保险发展的一个缩影。

(2) 火灾保险

真正意义上的火灾保险是在1666年的伦敦大火之后发展起来的。伦敦大火成为英国火灾保险发展的动力。随后，牙科医生尼古拉斯·巴蓬首先独资开办了一家专门经营房产火灾保险的商行，开创了私营火灾保险公司的先例。1680年，巴蓬又同他人集资40 000英镑，成立了合伙性质的火灾保险所。在收费标准上，巴蓬采用了按房屋危险情况实行差别费率的方法。这是现代火灾保险差别费率的起源，从而使巴蓬获得“现代火灾保险之父”之称。伦敦大火之后，保险思想深入人心，从此现代形式的火灾保险也逐渐发展起来。

（3）人寿保险

埃德蒙·哈雷编制的生命表，奠定了现代人寿保险的数理基础。埃德蒙·哈雷不仅是一位著名的数学家和天文学家，同时还是人寿保险的一位先驱。1693年，哈雷以德国西里西亚勃来斯洛市1687—1691年按年龄分类的死亡统计资料为依据，编制了世界上第一张生命表，精确表示了每个年龄的人的死亡率，并首次将生命表用于计算人寿保险费率，为现代人寿保险奠定了数理基础。因此，生命表的制定，是人寿保险发展史上的一个里程碑。

（4）责任保险

作为一类独成体系的保险业务，责任保险始于19世纪的欧英国家，发展于20世纪70年代以后。1855年，英国开办了铁路承运人责任保险，但直到20世纪初，责任保险才有了迅速发展，成为现代经济不可缺少的一部分，成为保险人的支柱业务之一。大多数国家还将多种公共责任作了强制投保的规定，如机动车辆第三者责任保险、雇主责任保险等。在西方非寿险保险公司中，一般责任保险的保费收入占到非寿险保费总收入的30％～50％，在保险市场上占据举足轻重的地位。

（5）信用保险

信用保险是随着资本主义商业信用风险和道德危险的频繁发生而发展起来的。1702年，英国开设主人损失保险公司，承办诚实保险。1842年，英国保证保险公司成立。1876年，美国在纽约开办了诚实保证业务，又于1893年成立了专营信用保险的美国信用保险公司。第一次世界大战以后，信用危机使各国的信用保险业务大受打击。1934年，各国私营和国营出口信用保险机构在瑞士成立了国际信用保险协会，标志着国际信用保险的成熟和完善。目前，信用保险的承保范围已经相当广泛。

二、我国保险业的现状

1. 中国现代保险的形成

我国现代形式的保险是伴随着帝国主义的入侵而传入的。19世纪初，西方列强开始了对东方的经济侵略，外商保险公司作为保险资本输出与经济侵略的工具进入中国。鸦片战争以前，广州是我国南方对外贸易的唯一口岸，是西方商品输入的前哨，因而也就成为西方保险业进入中国的桥头堡。1805年，英商在广州设立广州保险公司。此后，怡和洋行收买了该公司，并更名为“广东保险公司”（1836

年）。这是外商在中国开设的第一家保险机构，也是近代中国出现的第一家保险公司。

20 世纪之前，中国保险市场一直被英国保险公司所垄断，当时所有保险条款、费率均由被英商控制的外国保险公司同业公会制定。与此同时，其他各外资列强也不甘心由英国独占中国的保险市场。20 世纪，法国、瑞士、日本等相继在中国设立了保险公司或代理机构。外国保险公司基本上控制了近代中国的保险市场，外商保险公司对中国保险市场的抢占及西方保险思想的影响，引起一些华商起而仿效。1824 年，广东某富商在广州城内开设张宝顺行，兼管保险业务，这是华人经营保险的最早记载；1865 年，中国第一家民族保险企业——上海华商义和公司保险行创立，打破了外商保险公司独占中国保险市场的垄断局面，中国近代民族保险业正式诞生；1875 年，保险招商局成立，中国较大规模的民族保险企业诞生；1886 年，“仁和”“济和”两家保险公司合并为“仁济和”水火保险公司，成为中国近代一家颇具影响的华商保险企业。以 1875 年保险招商局的创办为契机，之后中国民族保险业又相继成立了 20 多家水火保险公司，并在民族资本主义工商业的大发展中得以迅速发展。

第一次世界大战开始后，我国民族保险业进入发展时期。但是，1937 年抗日战争爆发后，民族保险业的发展遭受沉重打击。战后，保险市场虽一度呈现出繁荣景象，但也只不过是一时的虚假景象。新中国成立后，首先是对旧中国保险市场进行管理与整顿，紧接着是创立与发展人民保险事业。1949 年 10 月 20 日，中国人民保险公司正式挂牌开业，标志着中国现代保险事业的创立，开创了中国保险的新纪元。除传统的火险和运输险外，中国人民保险公司还积极开发新的险种。同时，在全国各地建立了自己的分支机构，并逐步开展了各种财产保险和人身保险业务。

2. 我国保险市场的现状

（1）保险市场主体不断增加，有竞争的市场格局已经形成

1988 年以前，我国保险市场上只有中国人民保险公司独家经营。1988 年以后，随着平安保险公司、太平洋保险公司的相继成立，保险市场独家垄断的格局被打破。从保险市场的供给主体来看，截至 2012 年底，全国共有保险机构 153 家。其中，保险集团和控股公司 8 家，财产险公司 62 家，人身险公司 75 家，再保险公司 8 家，初步形成了国有控股（集团）公司、股份制公司、政策性公司、专业性公司和外资保险公司等多种组织形式、多种所有制并存及公平竞争、共同发展的市场格局。保险中介机构也在不断发展，截至 2012 年底，我国保险市场上专业保险代理公司、保险经纪公司和保险公估公司已经达到 2 532 家，保险中介市场格局初步形

成。保险市场主体的多元化，有力地促进了保险公司经营观念的转变，使之逐步确立了服务意识、竞争意识、效益意识和发展意识。保险市场开始由量的扩张走向质的提高。

（2）保险业务持续发展，市场潜力巨大

从保费收入的规模和增长速度来看，近30多年来，每年平均增长速度都远远高于同期GDP的年增长速度。但是，与发达国家相比，我国保险业还存在着相当大的差距。衡量一个国家或地区保险市场潜力的常用指标有两个，即保险密度和保险深度。保险密度是指按照一个国家的全国人口计算的人均保费收入，反映了一个国家保险的普及程度和保险业的发展水平；保险深度是指保费收入占国内生产总值（GDP）的比例，是反映一个国家的保险业在其国民经济中的地位的一个重要指标。2011年底，我国保险密度为1 062元，保险深度为3%，而2008年世界平均保险密度达3 970元，平均保险深度已达7%。

（3）保险法规体系逐步完善，保险监管不断创新

1995年我国第一部保险法——《中华人民共和国保险法》颁布。2002年，根据我国加入世贸组织的承诺，对《中华人民共和国保险法》进行了首次修改，并于2003年1月1日起正式实施。后来，为了从根本上解决束缚行业发展的一些障碍性问题，我国再次启动《中华人民共和国保险法》的修改工作。修改后的《中华人民共和国保险法》已于2009年10月1日起正式施行。

（4）保险市场全面对外开放，国际交流与合作不断加强

保险市场的开放，一方面允许外国公司进来，另一方面意味着国内的公司可以走出去。从1992年第一家美国保险公司获准在华营业开始，一批批国际保险商拿到了进入中国市场的许可证。2004年12月11日，保险业加入世贸的过渡期已结束，标志着我国保险业进入全面对外开放的新时期。

三、我国保险业的发展前景

1. 经营主体多元化

随着我国保险市场准入机制的不断完善，新的市场主体相继产生。不仅不断有新的保险公司进入市场，而且在保险公司的专业化经营和组织形式创新方面取得了新的突破。例如，成立专业性的农业保险公司、养老保险公司、健康保险公司、汽车保险公司等。同时，还增设了一批保险公司的分支机构，以促进市场的竞争。从发展趋势看，各种类型的市场经营主体的数量还将进一步增加。

2. 运行机制市场化

保险公司、保险中介机构、投保人等市场主体通过市场机制发生联系和作用。市场经营主体依法进行公平、公正、公开的竞争；所有公司，不分组织形式、不分内资外资、不分规模大小，均有平等的竞争地位；产品、费率、资金、人才主要通过市场机制调节。所有这些充分体现了竞争主体平等、竞争规则公正、竞争过程透明、竞争结构有效、市场效率逐步提高。

3. 经营方式集约化

保险公司经营观念转变，树立科学发展观。在经营过程中，以效益为中心，以科学管理为手段，加大对技术、教育和信息的投入，实现公司科学决策，走内涵式发展道路，为社会提供价格合理、质量优良的保险产品和服务。

4. 政府监管法制化

拥有比较完善的法律、法规体系及有力的监管体系，形成相对稳定的监管模式，具有有效的监管手段，从而实现保险监管的制度化和透明化，政府对保险业的监督管理、引导扶持作用得到更充分的发挥。

5. 行业发展国际化

随着越来越多的外资保险公司进入我国保险市场，外资公司在我国保险市场扮演着越来越重要的角色，在全球范围内分散风险，使国际再保险市场对我国保险产品和定价的影响力加大。随着保险公司境外融资和保险、外汇资金的境外运用，国际金融市场对我国保险市场的影响越来越大。随着我国保险市场对外开放的进一步扩大，国内保险业将逐步融入国际保险市场，成为国际保险市场的重要组成部分。国际化程度的不断加深，也要求中国保险业的经营管理要更加符合国际惯例。

第二节　保险的基础知识

一、保险的定义

1. 法律角度

从法律角度讲，保险是一方同意赔偿另一方损失的合同安排。同意赔偿损失的一方是保险人，被赔偿损失的一方是被保险人，保险单就是保险合同，被保险人通过签订的保险合同将损失风险转移给保险人。

2. 经济学角度

从经济学角度上讲，保险是一种分摊意外损害的财务安排。在这种经济关系中，投保人以缴付保险费的方式将损害风险转移给保险人。集中大量同质风险的保险人则借助大数法则较为准确地预测损失大小，并依此制定保险费率，通过向所有投保人收取保险费来补偿少数成员遭受的意外损失。

3. 保险合同中各方当事人的定义

（1）保险人（insurer），是指与投保人订立保险合同，并承担赔偿或给付保险金责任的人，通常指各类保险公司。

（2）投保人（applicant），是指与保险人订立保险合同，并负有支付保险费义务的人。

（3）被保险人（insured），是指其财产或者人身受保险合同保障，享有保险金请求权的人，投保人可以为被保险人。

（4）受益人（beneficiary），是指在保险合同中由被保险人或投保人指定，在被保险人死亡后有权领取保险金的人，一般常见于人身保险合同。如果投保人或被保险人未指定受益人，则他的法定继承人即为受益人。

二、保险的要素

1. 特定的风险事故

保险是基于风险的客观存在而产生的，无风险则无保险。就某一具体险种而言，总是为相应的风险所设立的。给付保险金必须以约定的某种风险事故发生为条件。风险事故具有偶然性，这种偶然性着重表现为：风险事故发生与否不确定，发生的时间不确定，发生的结果不确定。

2. 面临风险的经济单位

这里的经济单位是指某种特定风险或是需要经济保障的经济主体，如企事业单位、机关团体、个人、家庭等。只有将众多面临同样风险的经济单位集合起来，才能比较准确地预测风险事故，从而降低风险处理的代价。

3. 保险机构

保险机构在保险市场中提供专业的风险保障服务，是保险商品的供给方，如社会保障部门、保险公司等。它提供各类保险商品，并承担、分散和转移他人的风险。

4. 合理的保险费用

保险费用是投保人须向保险人支付的、用来购买保险的价格，即被保险人将风险转移给保险公司所应该支付的代价。合理地确定保险费用既能保障被保险人的合法权益，又能保证保险机构的稳定运营。

5. 保险基金

由于合同约定的风险事故发生后，保险人需要按照合同约定给予被保险人相应的经济补偿，所以保险基金是保险业务中实现保险职能的物质基础，用于执行赔付补偿功能和保险机构日常运转，主要来自于向投保人收取的保险费用、保险机构的投资收入等。

6. 保险合同

保险合同是投保人与保险人之间订立的、具有法律约束力的协议，其中明确解释了双方所有的权利和义务，同样是保险的一个基本要素。

三、保险的职能

保险的职能可以分为基本职能和派生职能。保险的基本职能可以概括为向大量面对同质风险的经济单位收取保险费，集中建立保险基金，以分摊风险事故带来的损失，实现经济补偿的目的。保险的派生职能主要包括投资和防灾防损两种。

1. 保险的基本职能

保险的基本职能包括分摊损失职能和经济补偿职能。它们作为保险机制中不可分割的两个方面，是分别从手段和目的两个不同的角度对保险过程进行考察的结果。

(1) 分摊损失与分散风险

作为一种分散风险的机制，保险是建立在危险事故发生的偶然性和必然性这一矛盾对立统一的基础上的。对个别投保人来说，风险事故的发生是偶然和不确定的，但对所有投保人来说，灾害的发生却是必然和可测的。被保险人愿意以缴纳小额、确定的保险费来换取大额、不确定损失的补偿，而保险人通过向众多投保人收取保险费，建立的大额保险基金完全可以补偿小部分投保人遭受的灾害事故损失，实际上就相当于全体被保险人共同分摊损失，体现了一种再分配关系或经济互助、共济关系。

(2) 经济补偿与经济给付

经济补偿与经济给付是保险的核心职能。根据保险合同，投保人有义务按合同约定缴纳保费；被保险人有义务在特定风险损害发生时，在合同约定的责任范围内，按照合同约定的数额或计算方法对受益人给予赔付，从而实现经济补偿与经济给付职能。这种职能主要是对财产保险和责任保险而言的，其目的是使因为灾害事故导致的社会财富实际损失在使用价值上得以恢复，从而使社会再生产过程得以恢复和延续。

2. 保险的派生职能

保险的派生职能虽不是保险特有的职能，但是由保险机制的内在动力产生的，并非外在动力所强加的。

（1）投资

保险的投资职能就是将保险基金的暂时闲置部分重新投入社会再生产的过程。由于保险费是预付的，保险赔偿或给付责任要在整个保险期间履行，加上损失方式与赔付之间存在间隔，历年赔付率波动，巨灾损失方式的可能性等因素，保险公司要提留各种准备金。因此，保险的补偿和给付之间的时间差为保险公司运用资金提供了可能。运用暂时闲置的大量准备金是保险资金运动的重要一环，投资能增加收益和增强赔付能力，使保险资金运动进入良性循环。

（2）防灾防损

保险的防灾防损职能是由保险经营的特点决定的，且贯穿于保险的整个工作过程之中。首先，保险公司的日常业务，从承保、计算费率到理赔都是与灾难事故打交道，掌握了财产的设置分布和各种灾难事故损失的统计资料，同时对灾难事故的原因进行分析和研究，从而积累了丰富的防灾防损工作经验，保险公司有积极参与各种防灾防损工作的社会责任。其次，减少灾难事故损失能相应减少保险的赔付，从而增加保险资金积累和降低费率，从自身经营利益出发保险公司也会加强防灾防损工作。

四、保险的特征

1. 互助性

保险是一种基于个体对损失规律把握的困难性和团体对损失规律把握的可能性而建立起来的互助机制。这种互助机制，可以降低社会后备基金的规模，从而降低全社会的风险管理成本。在这种互助机制下，参加者以利己的动机实现了利他的社会效果。因此，保险是众多互助机制中最容易推广、可持续性最强的一种手段。

2. 经济性

保险是一种通过集合风险单位而实现损失分摊的经济保障活动。其目的是确保社会经济生活的稳定；其保障的对象即财产和人身，都直接或间接属于社会再生产中的生产资料和劳动力两大经济要素；其实现保障的手段，大多采取支付货币的形式进行补偿或给付。

3. 商品性

在保险活动中，保险人销售保险产品，投保人购买保险产品，这是一种商品交换活动。这里所交换的是一种风险保障服务。投保人通过支付保险费获得风险保障服务，保险人则通过提供风险保障服务而收取保险费，这就体现了一种对价交换的商品经济关系。

4. 合法性

保险关系的确立，以保险合同为基础，受法律的保护和规范。从这个意义上说，保险是一种合同行为，是双方订立、履行保险合同的过程。另外，保险是一个特殊的产业，国家有专门的立法、专门的机构，对保险人、保险中介人的行为进行监管。

5. 科学性

保险经营以概率论和数理统计等学科的理论和方法为基础，从产品设计到保险费率厘定，从准备金计提到再保险安排，都以精算科学为依据。保险的营运基于三个理论基础：第一是大数法则；第二是风险的同质性；第三是损失的分摊。

五、保险与相似制度的比较

1. 保险与赌博

两者都存在一定的偶然性，但是在赌博场合，风险是由交易本身创造出来的，而在保险场合，风险是客观存在的，不论你投保与否；赌博所面临的风险是投机风险，而保险所面临的风险是纯粹风险；保险包含可保风险的转移，而投机是一种对付不可保风险的办法，保险能减少风险，而投机并不减少任何风险。

2. 保险与救济

两者都是补偿灾害事故损失的经济制度，但是保险是一种合同行为，需要受合同的约束，救济却不是合同行为，任何一方都不受合同约束；保险是以投保人缴费为前提，双方有着对价交易，保险人承诺承担赔偿责任，被保险人承诺遵守合同条件，而救济是单方行为，没有对价作基础。所以，实质上保险是一种自助的跨期融资行为，救济则是纯粹的他助。

3. 保险与储蓄

保险与储蓄都是用现在的剩余为未来做准备，以应付将来的经济需要。保险是一种互助行为，需要自力与他力的结合，而储蓄则属于个人行为；保险基金来源于众多经济单位所缴的保险费，不得随意处分，而要由保险条件来决定其用途和用法，储蓄则是单个经济单位所形成的一种准备，可自由使用；保险事故发生后，不论已经缴付了多少保险费，也不论缴费的时间长短，被保险人（或受益人）都可以获得保险金的给付，储蓄行为可获本利之和，但其中的利息除与本金有关外，还与储蓄时间的长短有关系。

4. 保险与社会保险

两者都是以社会公众为对象，以缴纳一定保费为条件，但是保险的实施方式大多采用自愿原则，社会保险则是由法律或行政法规规定的强制性行为；保险公司经营是以营利为目的，而国家举办社会保险则是以社会安定为宗旨；保险是以“公正性”费率为准则，而社会保险则是以“均一保费制”为主要缴费原则。

六、保险的基本原则

保险作为一种特殊的商品，其经营的全过程必须遵循某些特殊的原则，从而保证保险的承保、核保和理赔等过程得以顺利进行。保险的基本原则主要包括利益原则、最大诚信原则、近因原则和损失补偿原则。

1. 最大诚信原则

最大诚信原则可表述为：保险合同当事人订立保险合同及在合同的有效期内，应依法向对方提供影响对方做出是否缔约及缔约条件的全部实质性重要事实；同时绝对信守合同订立的约定与承诺。否则，受到损害的一方，可以以此为理由宣布合同无效或不履行合同的约定义务或责任，可以对因此而受到的损害要求对方予以赔偿。最大诚信原则是民事法律关系的基本原则之一，当事人双方签订保险合同都应当建立在诚实信用的基础上，任何一方违反最大诚信原则均会损害对方利益。

最大诚信原则由三条重要的法理组成：告知、保证、弃权与禁止发言。

（1）告知

告知在保险中又称如实告知。狭义告知仅指投保人在与保险人签订保险合同时，就保险标的的有关事项向保险人进行口头或书面陈述；而广义告知是指保险合同订立时，投保人必须就保险标的的危险状态等有关事项向保险人进行口头或书面陈述，以及合同订立后，将标的危险变更、增加或事故的发生及时通知保险人。其法律意义在于如果陈述隐瞒了事实或虚报情况，保险人可以宣布保险合同无效。

（2）保证

保证是指保险人要求投保人或被保险人在保险期间对某一事项的作为和不作为，某种事态的存在或不存在做出许诺。保证是一项从属于主要合同的承诺，是保险合同成立的基本条件。对于保证，被保险人应严格遵守，违反保证时受害一方有权请求赔偿，也可以据此解除合同。保证的目的在于控制危险，确保保险标的及其周围环境处于良好状态。

（3）弃权与禁止发言

弃权是指保险合同的一方当事人放弃其在保险合同中可以主张的权利。禁止发言是指合同一方既已放弃其在合同中的某项权利，日后再向另一方主张这种权利，也称为禁止抗辩。弃权与禁止发言的限定可以约束保险人的行为，要求保险人为其行为及其代理人的行为负责，从而维护了被保险人的权益。

2. 保险利益原则

保险利益原则要求投保人在与保险人签订保险合同时，必须保证保险标的具有法律上认可的利益，即如果损失发生，被保险人必须在经济上遭受损失，或者必须遭受其他种类的损害。保险人在承保时，认定投保人对投保标的具有保险利益；而且双方约定的保险金额不得超过该保险利益的额度；当保险合同生效后，投保人或被保险人失去了对保险标的的保险利益，则保险合同随之失效；在处理赔付时，特别是在财产保险中，保险人应先确定索赔者对保险标的是否具有保险利益，再确定赔付的额度，赔付额度不得超过其保险利益的额度。《保险法》第十一条对此做出了明确的规定。因此，无论何种保险合同，必须以保险利益的存在为前提。

3. 近因原则

近因原则是指在理赔环节根据判断保险事故与保险标的损失之间的因果关系，从而确定保险赔偿或给付责任的一项基本原则。风险事故的发生与损害结果的形成，须有直接的因果关系（近因），保险人才对损失负补偿责任。

4. 损失补偿原则

损失补偿原则是指当保险标的发生保险责任范围内的损失时，被保险人有权按照合同的约定获得保险赔偿，用于弥补被保险人的损失，但被保险人不能因损失而获得额外的利益。该概念包含两重含义：一是损失补偿以保险责任范围内的损失发生为前提；二是损失补偿以被保险人的实际损失为限，而不能使其获得额外的利益。

此外，在此介绍损失补偿原则的两个派生原则。

(1) 重复保险的损失分摊原则

重复保险的损失分摊原则是指在重复保险的情况下，当保险事故发生后，通过采取适当的分摊方法，在各保险人之间分配赔偿责任，即使被保险人得到充分补偿，又不会超过其实际的损失而获得额外利益。

(2) 代位原则

代位原则是指保险人依照法律或保险合同约定，对被保险人所遭受的损失进行赔偿后，依法取得向对财产损失负有责任的第三方进行追偿的权利或取得被保险人对保险标的的所有权。

七、保险的价值与成本

1. 保险的价值

保险的价值即保险的作用，由保险的性质所决定，是保险职能发挥而产生的影响和效果，主要是对社会和经济发展的影响。根据影响对象不同，可以从两个方面考察保险的价值，即对个人、家庭和企业经济活动影响的微观价值，以及对整个社会和国家经济影响的宏观价值。

（1）保险的微观价值

1）有助于保障企业、家庭和个人的稳定。在生产、生活中，许多风险是客观存在和不可避免的。人们对于风险事故何时何地发生、损失程度等具体问题都难以控制，往往必须将部分潜在的损失风险通过购买保险的方式转移出去，从而避免不可承受的风险造成企业破产、生活水平突然降低，保持生产生活的稳定。通过保险的方式，企业可以在最短的时间内获得经济上的补偿，及时恢复生产，把生产中断造成的损失降到最低；对于家庭或个人而言，遭受风险事故后，对外来经济补偿的需求更加迫切，人身保险和家庭财产保险等针对家庭的保险产品在这方面起到了积极的作用，对人民的生活起到了保障作用，这种作用不仅体现在财产上，而且有时候也会减轻被保险人的焦虑、恐惧等精神上的压力。

2）有助于企业、家庭和个人有效控制风险。由于保险具有损失补偿职能，投保人不能利用购买保险获利，这就为被保险人采取必要的风险管理措施以减少预期损失提供了可能。保险人为了降低赔付率，获得更好的经济效益，同样会关注被保险人的风险管理状况。而且，保险公司在经营过程中积累了丰富的风险管理经验，不仅可以向企业提供各种风险管理经验，并且通过承保时的风险调查和分析、承保期间的分析、检查和监督等活动，尽可能消除潜在风险，达到防灾防损的目的，从而帮助企业、家庭和个人有效地控制风险。

3）有助于民事赔偿责任的履行。在日常生产活动和社会活动中，人们不可能完全排除因民事侵权而发生的民事赔偿责任或民事索赔事件。具有民事赔偿责任的单位或个人可以通过缴纳风险费的办法将此风险转嫁给保险人，保险人依照法律或保险合同约定，对被保险人所遭受的损失进行赔偿后，依法取得向对财产损失负有责任的第三方进行追偿的权利，有助于被保险人顺利地获得民事赔偿，维护被侵权人的合法权益。

（2）保险的宏观价值

1）有助于社会的稳定与发展。保险在辅助政府实施社会风险管理，建立和谐社会方面发挥着重要的作用。保险人在日常业务的赔案处理中掌握了大量的防灾防损资料和经验，并能采取切实有效的措施降低社会风险水平，提高社会管理效率，从而减少灾害事故发生的可能性与破坏性。灾害事故发生后也能迅速地为企业、家庭和个人提供经济补偿，帮助受灾企业恢复生产，受灾个体重建家园，从根本上消除一部分社会不安定因素。

保险是一种社会互助共济形式。参加保险，将自身的风险转移给保险人，少数不幸成员的损失由包括损失者在内的所有投保人共同分担，这体现了互助共济、相互帮助的关系与精神，有助于社会文明的发展。

2）有助于促进资本的有效配置。现代意义上的保险不仅是一次对国民收入的再分配，更是一次对经济资本的再配置。保险公司必须确保由保费汇集而成的保险资金随着国民经济的整体发展而保值、增值，这是对投保人未来风险损失补偿的重要前提，所以保险公司需要对保险资金进行有效的管理。在资本市场上，保险公司作为大量资金的机构投资者，可以有效地对融资需求旺盛的企业进行投资，使保险基金在投资过程中得到更有效的配置，前提是对企业的风险状况及经营情况进行了深入的分析。

3）有助于促进金融稳定。购买保险实际上是将现在的一部分财富积累起来，以满足未来的经济需要。对企业而言，企业在生产经营过程中遭受风险事故而遭受的损失会影响到企业资金的流动性及现有项目和新投资项目的所需资金，所以，企业可能需要留出预防性的储备资金；对个人而言，为了保证家庭财务收支水平长期均衡，减轻人们对未来因意外或年老等原因遭受的经济收入不足的担忧，也需要进行预防性的储蓄；对于一些经济迅速发展的国家和地区来说，很多投资项目规模大，周期长，特别需要长期资金。投保人可以通过定期缴纳保费，为风险做准备；保险人通过聚集大量的保费，可以形成大规模的中长期资金沉淀，用于满足经济中的中长期投资需求，同时避免金融体系中资产与负债的期限结构不匹配的危险，促进一个国家的金融稳定。

4）有助于促进贸易开展，推动经济交往。现代社会经济发展的经验表明，企业之间的贸易和商务活动越来越离不开保险的推动作用。作为经济补偿制度，保险在一定程度上消除了经济主体对信用的考虑，客观上起到了提高信用的作用。一些保险合同本身就是企业进行正常贸易活动的前提。例如，出口商如果担心由于进口商违约而遭到损失，可以投保出口信用保险，由保险公司承担债券损失的经济补偿责任。信用保险的推出，大大促进了贸易活动的繁荣发展。另外，保险可以增强顾客的资信程度，从而支撑商业活动的进行。比如，银行和贷款人通常会要求借款人为抵押物投保，否则不予贷款等。

5）有助于拉动内需，推动经济发展。经济学基本常识告诉我们，居民消费水平不仅受当前自身经济条件等因素约束，还会受未来收入预期的制约。如果消费者对未来收入的预期不好，就不会盲目增加即期消费。保险可以减轻人们对未来经济保障不足的忧虑，减少未来生活中的不确定性，使本来打算用于规避未来收入风险的储蓄被“释放”出来，用于提高即期消费水平，从而达到扩大内需，促进经济发展的积极作用。

2. 保险的成本

保险给社会带来了很大的积极作用，但也会付出一些代价。总的来说，其社会效益远大于代价，这些代价是社会为了获得保险效益而必须做出的一种牺牲。

（1）保险营业费用成本

保险公司的经营费用一般要占到保险费的20％左右，包括销售、管理、工资、利润、税收等支出，投保人是以附加保费的形式缴付的。

（2）道德及心理危险引发的成本

1）欺诈性索赔：由于道德危险因素的作用，保险有可能使某些人进行欺诈性索赔。最明显的例子是纵火造成的损失持续增加。此外，有些人谎报自己的珍贵财产被窃；有组织的犯罪集团以得到保险公司赔偿为目的而盗窃汽车。

2）对防损工作的疏忽：由于心理危险因素的作用，保险有可能使某些企业疏忽防损工作。心理危险因素比道德危险因素更具广泛性，“躺在保险上睡觉”“着火不救”不乏其例，这要求保险单位在保险条款和费率上加以防范。

3）漫天要价：保险使一些职业者索价过高。例如，在国外，原告律师在重大责任事故的诉讼案件中的索价经常超过原告的真实经济损失。又如，医生因病人有医疗保险而收取高额费用。

第三节 保险的分类

为了进一步研究保险，需要对保险进行分类。但是由于保险业发展迅速，保险领域不断扩大，新的险种层出不穷，保险的分类还没有形成一个固定的原则和统一的标准。根据不同的场合、要求、角度，可以有不同的分类，下面介绍几种常见的分类方法。

一、按照经营目的分类

按照经营目的不同，保险可以分为营利性保险和非营利性保险。商业保险属于营利性保险，社会保险、政策性保险和互助合作保险属于非营利性保险。

1. 商业保险

商业保险是一种以营利为目的的商业行为，多数采用保险机构的形式，但也有以个人形式经营的。例如，劳合社中的承保人。商业保险机构一般为民资民营，股份制保险公司较为常见。商业保险主要实行自愿保险，在得到授权后也可办理强制保险。通常情况下，若无特殊声明，保险即指商业保险。

2. 社会保险

社会保险是一类依据国家立法强制实施的保险，是社会保障体系的重要组成部分。显然，社会保险是非营利的。社会保险通常有社会养老保险、社会医疗保险、失业保险、工伤保险和生育保险等。社会保险业务一般由政府部门或事业单位直接办理，有时也可委托商业保险机构或其他非营利性保险机构代办。

3. 政策性保险

政策性保险是一类为国家推行某种政策而配套的保险。例如，国家为鼓励出口贸易而开设出口信用保险；国家为支持农业发展而开设农业保险；国家为减轻群众地震灾害的损失而开设地震保险；国家为交通事故妥善处理而开设机动车交通事故责任强制保险等。政策性保险业务可以通过专门的机构直接办理，也可以委托商业保险、互助合作保险等机构办理。

4. 互助合作保险

互助合作保险是由民间设立的非营利性保险，是最古老的保险形式。在各种行业组织、民间团体中存在较多。例如，职工互助会、船东互保协会和农产品保险协会等。

二、按照实施方式分类

1. 强制保险

强制保险又称法定保险，是国家对一定的对象以法律、法令或条例规定其必须投保的一种保险。法定保险的保险关系不是产生于投保人与保险人之间的合作行为，而是产生于国家或政府的法律效力。强制保险的范围可以是全国性的，也可以是地方性的。法定保险的实施方式有两种：一是保险对象与保险人均由法律限定；二是保险对象由法律限定，但投保人可以自由选择保险人。

2. 自愿保险

自愿保险也称任意保险，是指双方当事人通过签订保险合同，或是需要保险保障的人自愿组合、实施的一种保险。自愿保险的保险关系，是当事人之间自由决定、彼此合意后所确立的一种合同关系。投保人可以自行决定是否投保、向谁投保、中途退保等，也可以自由选择保障范围、保障程度和保险期限等。保险人也可以根据情况自愿决定是否承保、怎样承保，并且自由选择保险标的，选择设定投保条件等。

三、按照保险标的分类

保险标的（insurance object）是指保险所要保障的对象，是保险利益的载体。按保险标的的不同，保险可分为财产保险和人身保险两大类。其中，财产保险是以财产及其有关的利益为保险标的的一类保险，又可分为财产损失保险、责任保险和信用保证保险三类；人身保险是以人的寿命或身体为保险标的的一类保险，又可分为人寿保险、健康保险、伤害保险及年金保险四类。

1. 财产保险

财产保险是指投保人根据合同约定，向保险人缴付保险费，保险人按保险合同的约定对所承包的财产及其有关利益因自然灾害或意外事故造成的损失承担赔偿责任的保险。这里的财产保险是广义上的，也包括责任保险在内，主要包括以下业务：

（1）财产损失保险

财产损失保险（property insurance）是一种以有形的物质财产为保险标的，对因自然灾害或意外事故所造成的财产损失给予经济补偿的保险。它又称普通财产保险，包括单位（企业）的财产保险、家庭财产保险、工程保险、运输工具保险和货物运输保险、农业保险等。

（2）责任保险

责任保险（liability insurance）是一种以被保险人可能的民事损害赔偿责任为保险标的的保险。无论法人还是自然人，在进行业务活动或日常生活中，都有可能因疏忽、过失等行为导致他人遭受损害，责任保险就是承保这种风险的。风险事故发生时，被保险人依法对他人负有赔偿责任，对此保险人在一定的限额内予以经济赔偿。

（3）信用保证保险

信用保证保险（credit insurance and bond insurance）是一类以信用风险为保

险标的的保险。保险人对信用关系的一方因对方未履行义务或不法行为（如盗窃、诈骗等）而遭受的损失负经济赔偿责任。信用关系的双方（权利方和义务方）都可以投保。权利方作为投保人要求保险人担保义务方履约，称之为信用保险；义务方作为投保人要求保险人为自己的信用提供担保，称之为保证保险。

2. 人身保险

人身保险是一种以人的寿命和身体为保险标的的保险。人身保险的投保人按照保单约定向保险人缴纳保险费，当被保险人在合同期限内发生死亡、伤残、疾病等保险事故或达到人身保险合同约定的年龄、期限时，由保险人依照合同约定承担给付保险金的责任。

（1）人寿保险

人寿保险（life insurance）是以人的寿命为保险标的的人身保险。当被保险人死亡或达到保险合同约定的年龄或期限时，由保险人承担给付保险金的责任。人寿保险是人身保险中发展最早的一种，主要被用于处理两类人身风险：一是被保险人死得过早，未能完成其社会责任，而使依靠其维持生活的人或者与其合作的人陷于困境；二是被保险人长寿但又无充分的物质准备，而使自己年老时的生活失去依靠。

（2）人身意外伤害保险

人身意外伤害保险（accident insurance）是指在保险有效期间，因遭受非本意的、外来的、突然的意外事故，被保险人受到伤害而受伤、残疾或死亡，由保险人承担给付保险金责任的人身保险。

（3）健康保险

健康保险（health insurance）是以疾病或人体伤害损失为保险标的的保险，当被保险人在保险有效期间因疾病、分娩或遭受意外伤害导致医疗费用支出或经济收入损失时，由保险人承担给付保险金责任的人身保险。

（4）年金保险

年金保险（annuity insurance）可以定义为保险人在被保险人或年金受领者的生存期或特定时期按约定的金额做定期给付，可提供他们的退休收入。年金是收付款项的一种方法，在规定的期限或终身按年、季度或其他间隔时间支付款项。年金保险就是用年金的方法给付保险金。

四、按照风险转移层次分类

1. 原保险

原保险是指投保人与保险人直接签订保险合同而建立保险关系的一种保险。在原保险关系中，保险需求者将其风险转嫁给保险人，当保险标的遭受保险责任范围内的损失时，保险人直接对被保险人承担损失赔偿责任。

2. 再保险

再保险是保险人把承保的部分或全部保险转让给另一个保险人。最初承保业务的公司称作分出公司或原保险人；接受分出公司保险的公司称作分入公司或再保险人。

五、按照业务承保方式分类

1. 重复保险

重复保险是指投保人对同一保险标的、同一保险利益、同一保险事故，在同一保险时期分别向两个或两个以上的保险人订立保险合同，且（或）保险金额总和超过保险价值的保险。重复保险的界定、构成要件和重复保险人责任分配方式的选择对保护被保险人利益和实现保险人之间责任公平具有重要意义。

2. 共同保险

共同保险有两种含义：一是指保险人之间的共同保险；二是指保险人与被保险人之间的共同保险。保险人之间的共同保险是一种几个保险人就同一保险利益、同一风险共同缔结保险合同的保险。在实务中，数个保险可能以某一家保险公司的名义签发一张保险单，然后每一家保险公司对保险事故损失按比例分担责任。

3. 复合保险

复合保险是一种投保人以保险利益的全部或部分，分别向多个保险人投保相同种类保险，签订多个保险合同，其保险金额总和不能超过保险价值的保险。

第四节　保险合同概述

合同是由一系列具有法律约束力的承诺组成的协议。这些承诺必须要满足一定的条件，才有法律上的意义。保险单也是合同，当然也应该满足一般有效合同的条件。

一、保险合同的定义

合同（也称“契约”）是平等主体的当事人为实现一定的目的，以双方或多方意思表示一致设立、变更和终止权利义务关系的协议。

《中华人民共和国保险法》第十条规定："保险合同是投保人与保险人约定保险权利义务关系的协议。"根据保险合同的约定，收取保险费是保险人的基本权利，赔偿或给付保险金是保险人的基本义务；与此相对应，缴付保险费是投保人的基本义务，请求赔偿或给付保险金是被保险人的基本权利。

二、保险合同的特征

作为一种特殊的民商合同，保险合同除具有一般合同的法律特征外，还具有一些特有的法律特征。

1. 保险合同是有偿合同

根据合同当事人双方的受益状况，合同被区分为有偿合同与无偿合同。前者是指当事人因享有合同的权利而必须偿付相应的代价；后者是指当事人享有合同的权利而不必偿付相应的代价。保险合同的有偿性，主要体现在投保人要取得保险的风险保障，必须支付相应的代价，即保险费；保险人要收取保险费，必须承诺承担保险保障责任。

2. 保险合同是保障合同

保险合同的保障主要表现在：保险合同双方当事人，一经达成协议，保险合同从约定生效时起到终止时的整个期间，投保人的经济利益受到保险人的保障。这种保障包括有形和无形两种形式。有形保障体现在物质方面，即保险标的一旦发生保险事故，保险人按照保险合同规定的责任范围给予一定金额的经济赔偿或给付；无形保障则体现在精神方面，即保险人对所有被保险人提供的心理上的安全感，使他们能够解除后顾之忧。

3. 保险合同是有条件的双务合同

在保险合同中，被保险人要得到保险人对其保险标的给予保障的权利，就必须向保险人缴付保险费；而保险人收取保险费，就必须承担保险事故发生或合同届满时的赔付义务，双方的权利和义务是彼此关联的。但是，保险合同的双务性与一般双务合同并不完全相同，即保险人的赔付义务只有在约定的事故发生时才履行，因而是附有条件的双务合同。

4. 保险合同是附合合同

附合合同是指合同内容一般不是由当事人双方共同协商拟定，而是由一方当事人事先拟定，印好格式条款供另一方当事人选择，另一方当事人只能做取与舍的决定，无权拟定合同的条文。保险合同是典型的附合合同，因为保险合同的基本条款由保险人事先拟定并经监管部门审批。而投保人往往缺乏保险知识，不熟悉保险业务，很难对保险条款提出异议。所以，投保人购买保险就表示同意保险合同条款，即便需要变更合同的某项内容，也只能采纳保险人事先准备的附加条款。

5. 保险合同是射幸合同

射幸合同是合同的效果在订约时不能确定的合同，即合同当事人一方并不必然履行给付义务，而只有当合同中约定的条件具备或合同约定的事件发生时才履行。保险合同是一种典型的射幸合同。投保人根据保险合同支付保险费的义务是确定的，而保险人仅在保险事故发生时，承担赔偿或给付义务，即保险人的义务是否履行在保险合同订立时尚不确定，而是取决于偶然的、不确定的保险事故是否发生。但是，保险合同的射幸性是就单个保险合同而言的，而且也是仅就有形保障而言的。

6. 保险合同是最大诚信合同

任何合同的订立，都应以合同当事人的诚信为基础。但是，由于保险双方信息的不对称性，保险合同对诚信的要求远远高于其他合同。因为保险标的在投保前或投保后均在投保方的控制之下，而保险人通常是根据投保人的告知来决定是否承保及承保的条件，所以投保人的道德因素和信用状况对保险经营来说关系极大。另外，保险经营的复杂性和技术性使得保险人在保险关系中处于有利地位，而投保人处于不利地位。因此，保险合同较一般合同更需要诚信，即保险合同是最大诚信合同。

三、保险合同的种类

1. 补偿性保险合同与给付性保险合同

按照合同的性质分类，保险合同可以分为补偿性保险合同与给付性保险合同。

(1) 补偿性保险合同

补偿性保险合同是指保险人的责任以补偿被保险人的经济损失为限，不得超过保险金额的合同。各类财产保险合同和人身保险中的健康保险合同的疾病津贴和医疗费用合同都属于补偿性保险合同。

(2) 给付性保险合同

给付性保险合同是指保险金额由双方事先约定，在保险事件发生或约定的期限届满时，保险人按合同规定标准金额给付的合同。各类寿险合同属于给付性保险合同。

2. 定值保险合同与不定值保险合同

在各类财产保险中，依据标的价值在订立合同时是否确定，将保险合同分为定值保险合同与不定值保险合同。在人身保险合同中，通常不区分定值与不定值保险合同。

（1）定值保险合同

定值保险合同是指在订立保险合同时，投保人和保险人即已确定保险标的的保险价值，并将其载明于合同中的保险合同。定值保险合同成立后，一旦发生保险事故，就应以事先确定的保险价值作为保险人确定赔偿金数额的计算依据。如果保险事故造成保险标的的全部损失，无论该保险标的实际损失如何，保险人均应支付合同所约定的保险金额的全部，不必对保险标的重新估价；如果保险事故仅造成保险标的的部分损失，则只需要确定损失的比例。该比例与保险价值的乘积，即为保险人应支付的赔偿金额，同样无须重新对保险标的的实际损失的价值进行估量。在保险实务中，定值保险合同多适用于某些不易确定价值的财产，如农作物保险、货物运输保险，以及字画、古玩等为保险标的的财产保险合同。

（2）不定值保险合同

不定值保险合同是指投保人和保险人在订立保险合同时不预先确定保险标的的保险价值，仅载明保险金额作为保险事故发生后赔偿最高限额的保险合同。在不定值保险合同条件下，一旦发生保险事故，保险合同当事人须确定保险价值，并以此作为保险人确定赔偿金数额的计算依据。通常情况下，受损保险标的的保险价值以保险事故发生时当地同类财产的市场价格来确定，但保险人对保险标的所遭受损失的赔偿不得超过合同所约定的保险金额。如果实际损失大于保险金额，保险人的赔偿责任仅以保险金额为限；如果实际损失小于保险金额，则保险人仅赔偿实际损失。大多数财产保险业务均采用不定值保险合同的形式。

3. 单一风险合同、综合风险合同与一切险合同

按照承担风险责任的方式分类，保险合同可分为单一风险合同、综合风险合同与一切险合同。

（1）单一风险合同

单一风险合同是指只承保一种风险责任的保险合同。如农作物雹灾保险合同，只对冰雹造成的农作物损失负责赔偿。

（2）综合风险合同

综合风险合同是指承保两种以上的多种特定风险责任的保险合同。这种保险合同必须把承保的风险责任一一列举，只要损失是由于所保风险造成的，保险人就负责赔偿。

（3）一切险合同

一切险合同是指保险人承保的风险是合同中列明的除不保风险之外的一切风险的保险合同。由此可见，所谓一切险合同并非意味着保险人承保一切风险，即保险人承保的风险仍然是有限制的，只不过这种限制采用的是列明不保风险除外的方式。在一切险合同中，保险人并不列举规定承保的具体风险，而是以“责任免除”条款确定其不承保的风险。也就是说，凡未列入责任免除条款中的风险均属于保险人承保的范围。

4. 足额保险合同、不足额保险合同与超额保险合同

根据保险金额与出险时保险标的的实际价值对比关系，保险合同可分为三种不同类型的合同。

（1）足额保险合同

足额保险合同是指保险金额等于保险事故发生时的保险价值的保险合同，

（2）不足额保险合同

不足额保险合同是指保险金额小于保险事故发生时的保险价值的保险合同。

（3）超额保险合同

超额保险合同是指保险金额大于保险事故发生时的保险价值的保险合同。

对于上述三种不同类型的保险合同，若一旦发生保险事故而进行保险理赔时，保险人通常采取的处理方式可分别简单归纳为：足额保险，十足赔偿；不足额保险，按照保险金额与保险价值的比例承担赔偿责任；超额保险，超过部分则无效。

5. 财产保险合同与人身保险合同

按照保险标的分类，保险合同可分为财产保险合同与人身保险合同。

（1）财产保险合同

财产保险合同是以财产及其有关的经济利益为保险标的的保险合同。财产保险合同通常又可分为财产损失保险合同、责任保险合同、信用保险合同等。

（2）人身保险合同

人身保险合同是以人的寿命和身体为保险标的的保险合同。人身保险合同又可分为人寿保险合同、人身意外伤害保险合同、健康保险合同等。

6. 原保险合同与再保险合同

按照保险合同当事人分类，保险合同可分为原保险合同与再保险合同。

（1）原保险合同

原保险合同是指保险人与投保人直接订立的保险合同，合同保障的对象是被保险人。

（2）再保险合同

再保险合同是指保险人为了将其所承担的保险责任转移给其他的保险人而订立的保险合同，合同直接保障的对象是原保险合同的保险人。

本章小结

保险是风险管理过程中应对风险的一种重要方法。本章介绍了保险业的历史、现状及发展前景，论述了保险的定义、要素、职能、特征、保险与相似制度的比较、保险的基本原则，以及保险的价值与成本，重点说明了保险分别按经营目的、实施方式、保险标的及业务承保方式的分类方法，最后介绍了保险合同的相关基础知识，为下一章介绍企业风险与保险相关知识奠定基础。

复习思考题

1. 什么是保险？保险的要素有哪些？
2. 保险与救济的异同点有哪些？
3. 保险有哪些分类方法？
4. 何谓定值保险合同？如何划分定值保险合同与不定值保险合同？
5. 举例说明，现实中有哪些承担风险不满足理想的可保条件。保险公司应当如何处理？

第七章　企业风险与保险

本章学习目标

1. 学习并掌握企业风险的来源和分类。
2. 了解企业财产保险、企业责任保险、企业员工风险与保险的内容。
3. 学会根据企业风险的特点确定投保方案。

第一节　企业风险概述

企业在生产经营和实现目标的过程中，存在着诸多影响目标实现的不确定性因素，它们构成了企业面临的风险。国资委发布的《中央企业全面风险管理指引》中对企业风险的定义是：未来的不确定性对企业实现其经营目标的影响。

一、企业风险来源

企业目标的实现会面临各种风险，主要是因为企业是个开放的系统。从筹集资金设立企业，到机器设备采购、原材料采购，再到组织人员进行生产，最后将产品销售给客户，收回成本，创造利润，每一个环节都面临着一定的不确定性。

企业风险到底来自何处？首先，企业正面临着巨大的宏观环境不确定性，而在全球化的今天，这种不确定性还在加剧。其次，企业管理层所制定的战略与其所处环境的适应性也是企业风险的一大来源。最后，企业风险还会发生在日常运营过程中。因为工人操作不当而发生安全事故，因为管理措施不到位而导致事故等，都属于企业运营过程中必须面对的风险事件。可以说，风险存在于任何一个企业的任何发展阶段。

二、企业风险的分类

对风险的分类方法在很大程度上也适合于对企业风险的分类。例如，企业风险也包括基本风险和特定风险。在企业向银行借贷时，企业将面临利率上调或者下调的风险，这是基本风险，对其他企业同样存在。而企业还将面临到期不能还本付息的清偿能力风险，这种风险属于该企业的特定风险，而且不同企业偿债风险的大小各不相同。另外，每个企业都会面临原材料毁损的纯粹风险和产品价格涨跌的投机风险。

从风险发生的可能性看，风险可以分为几乎肯定、极可能、可能、低和极低五类；从风险对企业造成的影响程度看，可以将风险分为灾难、重大、中等、轻微和近乎没有五类；而从风险处理方法的效果角度分析，可以将其分为极度过头、过头、适中、低效及近乎没有效果五类。企业应注重防范和控制风险可能给企业造成的损失和危害，也应把机会风险视为企业的特殊资源，通过对其管理，为企业创造价值，促进经营目标的实现。对各种风险分类的具体解释，见表 7—1。

表 7—1　从风险发生的可能性、对企业造成的影响程度和处理方法的效果三个角度的分类

风险发生的可能性	
几乎肯定	在未来 12 个月内，这项风险几乎肯定会出现至少 1 次
极可能	在未来 12 个月内，这项风险极可能出现 1 次
可能	在未来 2～10 年内，这项风险可能出现 1 次
低	在未来 10～100 年内，这项风险可能出现 1 次
极低	这项风险出现的可能性极低，分析在 100 年内出现的可能性少于 1 次
风险对企业造成的影响程度	
灾难	令企业失去继续运作的能力（或占税前利润达 20%）
重大	对企业完成其策略性计划和目标，造成重大影响（5%～10%税前利润）
中等	对企业完成其策略性计划和目标，在一定程度上造成阻碍（至 5%税前利润）
轻微	对企业完成其策略性计划和目标，只造成轻微影响（至 1%税前利润）
近乎没有	影响程度十分轻微
风险处理方法的效果	
极度过头	处理方法能直接针对该项风险，但相信会令企业业绩“倒退”或成本过高

续表

风险处理方法的效果	
过头	处理方法能直接针对该项风险，但由于需要投入大量资源或/及将其他资源转到处理该项风险上，会对企业的效率造成影响
适中	处理方法有效针对该项风险，同时并不影响企业的效率
低效	处理方法针对该项风险的效果不理想，或投入处理该风险的资源不充分或/及投入的资源未得到适当利用
近乎没有效果	处理方法的效果十分低，可能是由于企业根本没有处理方法，或处理方法不当

为了加强对企业风险管理的分析，将风险管理的任务和责任落实到各部门和业务单位，强化风险管理执行力，国资委从战略风险、财务风险、市场风险、运营风险，以及法律风险等方面对企业风险进行了分类。本书将对各种企业风险进行分析讨论。

1. 战略风险

企业战略风险研究是战略研究和风险研究的交叉学科。结合企业风险概念，战略风险可以定义为不确定性对企业战略目标实现的影响。理解战略风险需要注意：一是战略风险是未来影响企业的各种不确定性事件，已经发生的确定性事件不能作为企业战略风险；二是尽管企业战略因素来源广泛，但并不是每个事件或可能性都构成战略风险，只有当这个事件或偶然性影响到战略目标的实现时，才可以称为战略风险。

(1) 战略风险的性质

1) 动态性。主要是由于战略实施过程具有较长的周期，更强调时间的变化，在不同的时间，企业战略风险也很有可能发生变化。

2) 特质性。不同的企业由于其规模、阶段、目标、各种资源，以及管理能力不同，所以战略风险的含义也不尽相同。

3) 主观性。企业战略管理者个人的管理经验、社会阅历，以及他们的风险偏好等个性都会影响他们对战略风险的认识，特别是在对战略风险事件发生概率的判断上，所以说战略风险具有很强的主观性。

4) 不可消除性。战略风险只能控制，而没有办法消除。

(2) 战略风险的构成因素

战略风险的构成因素是企业风险发生的必要条件。企业战略风险的构成因素可以分为战略环境风险、战略资源风险、战略定位风险及战略执行风险，如图 7—1 所示。

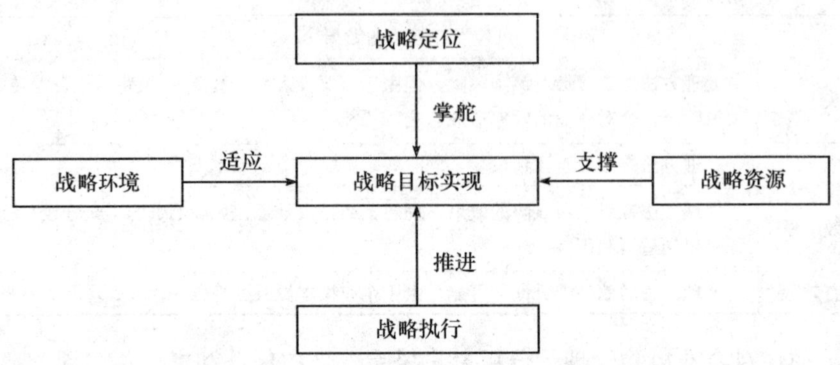

图 7—1　企业战略风险构成因素关系图

1）战略环境。战略环境是企业赖以生存的土壤，包括政治经济环境、法律制度环境、技术发展环境和行业竞争环境等。

2）战略资源。战略资源是企业所具有的关键性资源，是企业独家掌握的先进技术，或者数量庞大的客户资源，也包括特殊的运营模式等。

3）战略定位。战略定位工作需要深入分析企业所处的环境和所具备的资源，找到有效利用资源、满足环境需要的切入点，制定企业生存的使命和目标。

4）战略执行。战略执行是保证企业资源利用方式符合战略定位要求。

2. 财务风险

财务风险是指在各项财务活动过程中，由于各种难以预料或控制因素的影响，使企业的财务收益与预期收益发生偏离，从而使企业有蒙受损失的可能性。

从时间性上考虑，财务风险可以分为短期财务风险和长期财务风险。前者要求企业有较快的变形能力，即用资产的流动性来化解；后者要求企业保持较高的盈利能力，即用资产的获利性来化解。从业务对象上考虑，企业财务风险又可以分为债务风险、信贷风险、担保风险、利率风险和汇率风险等。如果从财务管理职能角度进行划分，企业财务风险包括筹资风险、投资风险和收益分配风险等。

（1）筹资风险

筹资风险包括增加企业资金成本和降低企业偿债能力两类风险。

企业可以通过权益融资和债务融资两种方式筹集资金，它们在控制资金成本和增强偿债能力方面往往是相对而行的。权益融资能够增加企业的偿债能力，但是股东往往需要较高的资金回报；而债务融资由于可以抵扣一部分税收而降低了融资成本，但是过多的债务可能使企业无法支付本息而濒临破产。如何有效管理企业资本结构，是企业财务风险管理的重要内容。权益融资还将面临政府监管风险和市场行情风险，而债务融资也将面临利率变动风险。

（2）投资风险

投资风险是指由于项目不确定因素导致投资报酬率无法达到预期目标的风险。投资决策是建立在一系列假设前提基础上的，当实际情况与假设情况出现不一致时，便会形成投资风险。

根据企业投资对象可以将企业投资风险分为实体资产投资风险和金融资产投资风险。实体资产投资风险一般来自于企业外部环境变化和内部经营管理等因素，而金融资产投资风险主要是由金融资产收益不确定性引起的。

信贷风险是投资风险中非常重要的一类风险，是指贷款人或合同的另一方因不能履行合约而使企业产生经济损失的风险。常见的信贷风险包括：贷款未能回收、应收账款未能回收、债券跌价（因信贷评级的减值或债务人未能履行付款义务）、买卖金融市场产品而未能兑现、企业因合资、合作、联盟、外包等经济活动而产生或暴露的信贷风险等。

（3）收益分配风险

股利是投资者收回投资、获取收益的重要途径，所以投资者会形成一定的股利分配预期。如果公司股利分配没有达到投资者的预期，可能会导致投资者低估公司价值、抛售公司股票，甚至联合罢免管理层等举措，对生产经营活动带来不确定影响。但是，如果公司过多分配股利，会降低公司现金拥有量，一方面导致部分投资项目缺乏资金，另一方面还可能引起债务危机。所以，公司管理层需要制定合理收益分配政策，做出完善的资金筹划，引导投资者形成合理预期，保持投资和分配之间的平衡。

3. 市场风险

市场风险包括产品市场风险、金融市场风险等。

（1）产品市场风险

产品市场风险是指因市场变化、产品滞销等导致跌价或不能及时卖出自己的产品。

（2）金融市场风险

金融市场风险包括利率风险、外汇风险、股票与债券市场风险、期货、期权与衍生工具风险等。按照企业参与的产品市场类型，可以分为供给市场风险和需求市场风险。

1）供给市场风险。供给市场风险主要来自获取关键设备、主要原材料和人力资源的不确定性，包括供给数量和价格。

2）需求市场风险。需求市场中消费者需求改变、产品更新换代、竞争程度加剧、营销渠道不畅，以及品牌形象降低等都会增加企业市场风险。

4. 营运风险

营运风险是指企业内部流程、人为错误或外部因素而令企业产生经济损失的风险，包括企业的流程风险、人为风险、系统风险、事件风险和业务风险等。

(1) 流程风险

流程风险指交易流程中出现错误而引致损失的风险，流程包括如：采购、合同订立、销售、定价、记录、确认、出货/提供服务、收款等环节。科学的流程不但可以降低企业的运营成本，还可以有效降低舞弊的出现。例如，集中采购制度一方面可以增加与供应商的谈判能力，降低进货价；另一方面也可以降低下属单位经办人接受商业贿赂的风险。

(2) 人为风险

人为风险指因员工缺乏知识和能力、诚信或道德操守而引致损失的风险。此类风险在企业中经常发生。比如，财务人员可能由于没有透彻理解会计准则而导致会计处理不符合准则要求，他们还有可能通过不正当渠道私自泄露财务信息而增加公司在资本市场的风险。

(3) 系统风险

系统风险指因系统失灵、数据的存取和处理、系统的安全和可用性、系统的非法接入与使用而引致损失的风险。在信息化非常发达的今天，企业生产经营活动越来越依赖于计算机系统，但是一旦系统出现问题，风险将难以分析。

(4) 事件风险

事件风险指因内部或外部欺诈、市场扭曲、人为或自然灾害而引致损失的风险。

(5) 业务风险

业务风险指因市场或竞争环境出现预期以外的变化而引致损失的风险，所涉及的问题包括市场策略、客户管理、产品开发、销售渠道和定价等。

5. 法律风险

(1) 法律风险的成因

法律风险主要来自以下两个方面：

1）法律环境因素。主要包括立法不完备，执法不公正，合同相对人失信、违约、欺诈等。

2）企业自身原因。企业自身法律意识淡薄，对法律环境认知不够，经营决策不考虑法律因素，甚至故意违法经营等。相比之下，企业自身原因引起的风险比例较高，主要原因是企业法律意识和依法治企的能力与法律环境变化存在差距。

（2）企业法律风险的表现

企业法律风险主要表现在以下六个方面：

1）企业设立、运营中的法律风险。在企业的设立过程中，企业的发起人是否对拟设立的企业进行充分的法律设计，是否对企业设立过程有充分的认识和计划，是否完全履行了设立企业的义务，以及发起人本人是否具有相应的法律资格，这些都直接关系到拟设立企业能否具有一个合法、规范、良好的设立过程。

2）合同订立、履行过程中的法律风险。合同是市场经济中各类企业从事商务活动时所采取的，最为常见的基本法律形式。可以说，合同贯穿于企业经营的全过程，只要有商务活动，就必然要产生合同。合同当事人在订立合同时，考虑更多的是合同利益而非合同风险。合同在避免交易行为不确定性的同时，也可能由于合同约定的缺陷而为当事人埋下法律风险。所有的企业都是在与各类不同的主体不断进行交易中获取利益，合同在企业经营中的广泛应用，决定了合同订立、履行中的法律风险广泛存在。近年来，随着人们法律意识的增强，很多企业已经开始重视合同的订立，在要约、承诺过程中，都聘请律师参与，请律师起草合同文本。

3）企业并购法律风险。在全球范围内，企业并购逐渐成为现代投资的一种主流形式，而这一复杂的资产运作行为必须置于健全的法律控制之下，才可充分发挥企业并购的积极效果。我国目前有关企业并购的法律、法规仍不完善、不系统，甚至在一些方面还存在着许多问题和缺陷，因此企业并购产生的法律风险具有一定的特殊性。

从法律风险的角度看，企业并购并没有改变原企业的资产状态，对收购方而言法律风险并没有变化。因此，企业并购的法律风险主要表现在企业兼并中。企业兼并涉及公司法、反不正当竞争法、税收法、知识产权法等法律、法规，且操作复杂，对社会影响较大，潜在的法律风险较高。

4）知识产权法律风险。目前，我国很多企业的知识产权保护意识不强，没有站在企业生存之根、发展之源的高度来认识知识产权的市场价值和经济价值。知识产权包括商标权、专利权、著作权等权利，是蕴含创造力和智慧结晶的成果，其客体是一种非物质形态的特殊财产，要求相关法律给予特别规定。在知识产权领域，保护和侵权是一对孪生兄弟，企业稍有疏忽，自己的知识产权就会轻易地被别人侵犯。同时，稍有不慎，自己就可能侵犯了别人的知识产权，无论是侵权还是被侵权，都将面临巨大的法律风险。

5）人力资源管理法律风险。在我国，与人力资源有关的法律、法规主要是《中华人民共和国劳动法》和国务院制定的相关行政法规及部门规章。在企业人力资源管理过程的各个环节中，从招聘开始，面试、录用、使用、签订劳动合同、员工的待遇问题直至员工离职，都有相关的劳动法律、法规约束，企业的任何不遵守法律的行为都有可能给企业带来劳动纠纷，都有可能给企业造成不良影响。

另一方面，为了长远发展，企业往往会花费很大代价来培养业务骨干、技术骨干，这些骨干员工掌握着企业大量的客户资料、商业秘密、技术秘密等核心机密，随着企业的发展壮大，骨干员工的期望值也会水涨船高，一旦企业不能满足个人的要求，他们多以跳槽相威胁。

6）企业财务税收法律风险。近些年来，企业涉财涉税案件大量涌现，从一定侧面可以看出，企业在财务税收方面的法律风险日益增高。在我国目前的财税政策环境下，很难分清楚合理避税与偷税漏税的界限，如果处理不当，企业很可能要蒙受不必要的经济损失，甚至要负相应的刑事责任，其法定代表人也可能蒙受牢狱之灾。

第二节　企业财产保险

一、企业财产保险概述

企业财产保险是一切工商、建筑、交通运输、饮食服务行业、国家机关、社会团体等，对因火灾及保险单中列明的各种自然灾害和意外事故引起的保险标的的直接损失、从属或后果损失和与之相关联的费用损失提供经济补偿的财产保险。

财产保险有广义与狭义之分。广义财产保险是人身保险之外一切保险业务的统称，狭义财产保险可称为财产损失保险，它专指以财产物资为保险标的的各种保险业务。企业财产主要包括不动产和动产，从保险承保的角度看，企业财产包括建筑物、建筑物内部财产、货币和有价证券、运输工具、货物等。

以企业的固定资产和流动资产为保险标的，以企业存放在固定地点的财产为对象的保险业务，即保险财产的存放地点相对固定且处于相对静止的状态。企业财产保险具有一般财产保险的性质，许多适用于其他财产保险的原则同样适用于企业财产保险。投保的企业应根据保险合同向保险人支付相应的保险费。保险人对于保险合同中约定的可能发生的事故因其发生，给被保险人所造成的损失，予以承担赔偿责任。

二、企业财产保险的分类

企业财产综合保险按是否可保的标准可以分为三类，即可保财产、特约可保财产和不保财产。

1. 可保财产

可保财产按企业财产项目类别包括房屋、建筑物及附属装修设备，机器及设备，工具、仪器及生产用具，交通运输工具及设备，管理用具及低值易耗品，原材料、半成品、在产品、产成品或库存商品、特种储备商品，建造中的房屋、建筑物和建筑材料，账外或已摊销的财产，代保管财产等。

2. 特约可保财产

特约可保财产（简称特保财产）是指经保险双方特别约定后，在保险单中载明的保险财产。特保财产又分为不提高费率的特保财产和需要提高费率的特保财产。不提高费率的特保财产是指市场价格变化较大或无固定价格的财产，如金银、珠宝、玉器、首饰、古玩、古画、邮票、艺术品、稀有金属和其他珍贵财物；堤堰、水闸、铁路、涵洞、桥梁、码头等。需提高费率或需附贴保险特约条款的财产一般包括矿井、矿坑的地下建筑物、设备和矿下物资等。

3. 不保财产

不保财产包括土地、矿藏、矿井、矿坑、森林、水产资源以及未经收割或收割后尚未入库的农作物；货币、票证、有价证券、文件、账册、图表、技术资料以及无法鉴定价值的财产；违章建筑、危险建筑、非法占用的财产；在运输过程中的物资等。

三、企业主要财产保险

企业财产综合保险主要有财产基本险和综合险两大类，以及若干附加险，主要承保那些可用会计科目来反映，又可用企业财产项目类别来反映的财产，如固定资产、流动资产、账外资产、房屋、建筑物、机器设备、材料和商品物资等。财产基本险和综合险的主要区别在于综合险的保险责任比基本险的范围要广一些。

1. 基本险保险责任

（1）因火灾、爆炸、雷击、飞行物体及其他空中运行物体坠落所致损失。

（2）被保险人拥有财产所有权的自用供电、供水、供气设备因保险事故遭受损坏，引起停电、停水、停气以致造成保险标的的直接损失。

（3）发生保险事故时，为了抢救保险标的或防止灾害蔓延，采取合理必要的措施而造成保险财产的损失。

（4）在发生保险事故时，为了抢救、减少保险财产损失，被保险人对保险财产采取施救、保护措施而支出的必要、合理费用。

2. 综合险保险责任

（1）因火灾、爆炸、雷击、暴雨、洪水、台风、暴风、龙卷风、雪灾、雹灾、冰凌、泥石流、崖崩、突发性滑坡、地面下陷下沉。

（2）飞行物体及其他空中运行物体坠落。

（3）被保险人拥有财产所有权的自用供电、供水、供气设备因保险事故遭受损坏，引起停电、停水、停气以致造成保险标的的直接损失。

（4）发生保险事故时，为了抢救财产或防止灾害蔓延，采取合理必要的措施而造成保险财产的损失。

（5）在发生保险事故时，为了抢救、减少保险财产损失，被保险人对保险财产采取施救、保护措施而支出的必要、合理费用。

四、企业财产保险责任

企业财产保险的保险责任分为基本责任、责任免除和特约责任。

基本责任是指投保人要求保险人承担的赔偿责任。包括自然灾害或意外事故：如火灾、爆炸、雷电、暴风、龙卷风、洪水、地陷、崖崩、突发性滑坡、雪灾、雹灾、冰凌、泥石流以及空中运行物体坠落等；被保险人的供电、供水、供气设备在遭受保险条款中列明的自然灾害或意外事故而造成的损失，以及由于这些设备损坏引起停电、停水、停气，以致直接造成的保险财产的损失，包括机器设备、在产品和贮藏物品的损坏或报废；在发生上述灾害和事故时，为了抢救财产或防止灾害蔓延，采取合理的、必要的措施而造成的保险财产的损失，以及为了减少被保险财产损失，采取施救、保护措施而支出的合理费用。

企业财产保险中的责任免除包括：战争、军事行动；核辐射或污染；被保险人的故意行为。被保险财产遭受保险条款所列明的自然灾害或意外事故引起的停工、停业的损失以及各种间接损失；被保险财产本身缺陷、保管不善导致的损失，被保险财产的变质、霉烂、受潮、虫咬、自然磨损以及损耗；堆放在露天或罩棚下的被保险财产以及罩棚，由于暴风、暴雨造成的损失及其他不属于保险责任范围内的损失和费用。

特约责任又称附加责任，是指责任免除中不保的责任或另经双方协商同意后特别注明由保险人负责保险的危险。特约责任一般采用附贴特约条款承保。有的特约责任也以附加险形式承保。主要有矿下财产保险，露堆财产保险，特约盗窃保险，堤堰、水闸、涵洞特约保险等。

第三节　企业责任保险

一、企业责任保险概述

责任保险，是指以保险客户的法律赔偿风险为承保对象的一类保险，在广义上属于财产保险的范畴，但又具有自己的独特内容和经营特点，所以是一类可以独成体系的保险业务。

责任保险与一般财产保险的相同之处在于，它们都属于赔偿性保险，且承保时需要遵循财产保险的保险利益原则，索赔时遵循财产保险的补偿原则，当责任事故是由第三者造成时遵循代位原则等，既可以满足被保险人的风险转移需要，又不允许被保险人通过责任保险获得额外利益。

责任保险具有以下几方面的特征。

第一，一般财产保险产生与发展的基础，是自然风险与社会风险的客观存在和商品经济的产生与发展。人身保险产生与发展的基础，是社会经济的发展和社会成员生活水平的不断提高。而责任保险产生与发展的基础却不仅是各种民事法律风险的客观存在和社会生产力的发展，而且是法律制度的不断健全与完善。

第二，一般的财产保险承保的均是有实体的各种财产物资，而责任保险承保的则是被保险人的法律风险，即一般以法律规定的民事损害赔偿责任为承保风险，所以责任保险没有实体标的。

第三，一般财产保险承保的是被保险人自己的现实利益，而责任保险承保的是被保险人在保险期内可能造成他人的利益损失。

第四，责任保险的承保方式具有多样化的特征。在承保时，责任保险一般可以根据业务种类或被保险人的要求，采取独立承保、附加承保或其他保险业务组合承保的方式。

第五，与一般的财产保险相比，责任保险的赔偿要复杂得多。

二、企业主要责任保险

根据责任保险业务内容的不同，又可以将责任保险划分为公众责任保险、产品责任保险、雇主责任保险、职业责任保险和第三者责任保险五类，下面详细介绍前四类。

1. 公众责任保险

公众责任保险，又称普通责任保险或综合责任保险，承保被保险人在公共场所进行生产、经营或其他活动时，因发生意外事故或过错行为而造成社会公众的人身伤亡或财产损失，依法应由致害人承担的对受害人的经济赔偿责任。

公众责任保险是责任保险中独立的、适用范围最为广泛的保险类别。公众责任保险的保险责任，包括被保险人在保险期内，在保险地点发生的依法应承担的经济赔偿责任和有关的法律诉讼费用等。虽然保险学中详细规定了公众责任保险的一些除外责任，但是对于有些除外责任，经过保险双方的约定，可以作为特别条款予以承保。

公众责任保险是责任保险的主要业务来源之一。在公众和责任保险项下，它又可以分为综合公共责任保险、场所责任保险、承包人责任保险和承运人责任保险四类，它们共同构成了公众责任保险业务体系。

(1) 综合公共责任保险

综合公共责任保险是一种综合性的责任保险业务，承保被保险人在任何地点因非故意行为或活动造成他人人身伤害或财产损失依法应负的经济赔偿责任。从国外类似的经营实践来看，保险人在该种保险中除一般公众责任外还承担着合同责任、产品责任、业主及工程承包人的预防责任、完工责任及个人伤害责任等风险。

(2) 场所责任保险

场所责任保险是指承保固定场所（包括房屋、建筑物及其设备、装置等）因存在结构上的缺陷或管理不善，或被保险人在被保险场所内进行生产经营活动时因疏忽发生意外事故，造成他人人身伤亡或财产损失且依法应由被保险人承担的经济赔偿责任。

场所责任保险是公众责任保险中业务量最大的险种，场所责任保险主要有宾馆责任保险、展览会责任保险、电梯责任保险、车库责任保险、机场责任保险，以及各种公共活动场所的责任保险。

(3) 承包人责任保险

承包人是指承包各种建筑工程、安装工程、装卸作业及承揽加工、定做、修缮、修理、印刷、测绘、测试和广告等业务的人，如建筑公司、安装公司、装卸队、搬运队、修理（缮）公司、设计所和测绘所等。承包人责任保险承保承包人在进行承包（揽）合同项下的工程或其他作业时，造成他人的人身伤亡或财产损失，依法或按合同约定应承担的经济赔偿责任。

承包人责任的特点在于，责任产生于承包人从事受托工作，即为他人工作的过程中。虽然行为人是承包人，但与之相联系的却是发包人和委托人的工程项目或加工作业等活动。因此，承包人有转嫁损害赔偿责任风险的必要。

（4）承运人责任保险

承运人是指根据运输合同、规章或提货单等与发货人或乘客建立承运、客运关系，并承担客、货运输任务的单位，如铁路局、民用航空公司、汽车运输公司和出租车公司等。

承运人责任保险承保承运人（被保险人）对承保对象（包括旅客或货物）的人身伤亡或财产损失所导致的依法应承担的经济赔偿责任。由于运输工具种类繁多，运输对象分为客、货两大类，运输方式又有直接运输和联合运输之分。因此，承运人责任保险也只能根据不同的运输方式和运输对象进行设计。常见的承运人责任保险有旅客责任保险、承运货物责任保险和运送人员意外责任保险等。

2. 产品责任保险

产品责任保险是指在保险有效期内，由于被保险人所生产、出售的产品或商品存在缺陷，并在承保区域内发生事故，造成使用、消费或操作该产品的人或其他任何人的人身伤害、疾病、死亡或财产损失，依法由被保险人承担赔偿责任时，保险人根据保险合同约定的赔偿限额负责赔偿的责任保险。

作为企业责任保险的重要组成部分，产品责任保险具有如下特点：

第一，产品责任保险强调以产品责任法为基础。一般来说，受害者（用户、消费者或其他人）与致害者（制造者、销售者）不会有合同关系或其他直接联系。如果没有一定的法律规定，受害者的索赔将没有依据，产品责任也不易划分，产品责任保险就失去了可靠的基础。

第二，产品责任保险虽然不承担产品本身损失，但它与产品有着内在的联系。产品本身损失是指具有缺陷的产品本身所引起的直接损失和费用。产品质量越好，产品责任风险就越小；产品种类越多，产品责任风险就越复杂；产品销售量和销售区域越大，产品责任风险就越广泛。

第三，产品责任保险要求保险合同双方有良好的协作与信息沟通。随着经济的不断发展和竞争的需要，产品必然要不断改进并更新换代，或者要采用新技术、新工艺和新材料，这一特征决定了产品责任保险人须随时把握被保险人的产品变化情况，并通过产品变化来评估风险。

第四，与其他责任保险相比，产品责任保险的承保区域更为广泛。例如，公众责任保险一般承保被保险人在固定场所之内的责任风险；雇主责任保险的区域范围大多规定在雇主的工作场所内；而产品责任保险的范围可以规定为产品生产国或出口国，乃至全世界各个地方。

3. 雇主责任保险

雇主责任保险，是一种以被保险人即雇主的雇员在受雇期间从事业务时因遭受意外导致伤、残、死亡或患职业性伤害而依法或根据雇佣合同应由被保险人承担的经济赔偿责任为承保风险的责任保险。雇主责任保险的保险责任，包括在责任事故中雇主对雇员依法应负的经济赔偿责任、医疗费用和有关法律费用等。

雇主责任保险主要具有以下特点：

第一，责任主体的特殊性。雇主责任险的责任主体是各企业的雇主，即与员工有直接雇佣合同关系，掌握解雇员工权力，并承担员工在受雇期间遭受伤害的法律责任的人。

第二，保险对象的特殊性。与其他责任保险相同，其保险的对象也包括第三者。然而，公众责任保险的第三者被固定在某一场所或运输途中；产品责任保险的第三者只能是该产品的购买者、使用者或受害者；以企业、公司所聘用的员工为第三者，是雇主责任保险区别于其他责任保险的重要特征。

第三，保险期限的特殊性。雇主责任保险的保险期限一般是以雇佣合同为基础的。通常情况下，保险期限为一年，若雇主限于某些特殊的劳动合同期限的需要，也可以按该劳动合同的期限投保不足一年或一年以下的雇主责任保险。

在雇主责任保险经营中，为满足不同保险客户的需要，保险人一般还根据需要推出若干附加险种。它们的共同特点就是超越了雇主责任保险的范围，从而也是保险人的一种业务扩展。

4. 职业责任保险

职业责任保险，是以各种专业技术人员在从事职业技术工作时因疏忽或过失造成合同对方或他人的人身伤害或财产损失所导致的经济赔偿责任为承保风险的责任保险。

由于职业责任保险与特定的职业及其技术性工作密切相关，在国外又被称为职业赔偿保险或业务过失责任保险，是由提供各种专业技术服务的单位（如医院、会计事务所等）投保的团体业务。个体职业技术工作的职业责任保险通常由专门的个人责任保险来承保。

职业责任保险所承保的职业责任风险，是从事各种专业技术工作的单位或个人因工作上的失误导致的损害赔偿责任，是职业责任保险存在和发展的基础。职业责任的特点在于：第一，它属于技术性较强的工作导致的责任事故；第二，它不仅与人的因素有关，同时也与知识、技术水平及原材料的欠缺有关；第三，它限于技术工作者从事本职工作中出现的责任事故。

在当代社会，医生、会计师、律师、设计师、经纪人、代理人、工程师等技术工作者均存在着职业责任风险，从而均应当通过职业责任保险的方式来转移风险。在保险业发达的国家，职业责任保险的险种多达七十多种，但主要的职业责任保险包括：

（1）医疗职业责任保险

医疗责任保险也叫医生失职保险，承保医务人员或其前任由于医疗责任事故而致病人死亡或伤残、病情加剧、痛苦增加等，受害者或其家属要求赔偿且依法应当由医疗方负责的经济赔偿责任。

（2）律师责任保险

律师责任保险承保被保险人或其前任作为一个律师在自己能力范围内在职业服务中发生的一切疏忽行为、错误或遗漏过失行为所导致的法律赔偿责任，包括一切侮辱、诽谤，以及赔偿被保险人在工作中发生的，对第三者造成的人身伤害或财产损失。

（3）会计师责任保险

会计师责任保险承保因被保险人或其前任或被保险人对其负有法律责任的那些人，因违反会计业务上应尽的责任及义务，而造成他人遭受损失，依法应负有的经济赔偿责任，但不包括身体伤害、死亡及实质财产的损毁。

（4）建筑、工程技术人员责任保险

建筑、工程技术人员责任保险承保因建筑师、工程技术人员的过失而造成合同对方或他人的财产损失与人身伤害并由此导致经济赔偿责任的职业技术风险。建筑、安装，以及其他工种技术人员、检验员、工程管理人员等均可投保该险种。

此外职业责任保险还包括美容师责任保险、保险经纪人和保险代理人责任保险、情报处理者责任保险等多种业务，其范围广阔，发展前景良好。

三、企业责任风险导致的损失后果

1. 直接后果

企业责任风险至少会给企业造成两类直接经济损失，即损害赔偿金及法律费用。

(1) 损害赔偿金 (damages)

损害赔偿金是指企业对受害人的损失或损害给予补偿的金额。在民事责任案件中，损害赔偿金是对受害人身体伤害、财产损失、财务损失和情感伤害等方面的补偿。在多数简单的案例中，损害赔偿金的具体金额由双方当事人及其法律代表相互协商确定，称为庭外解决，但也有不少案件必须通过法院审理和判决来确定损害赔偿金额。

名义损害赔偿金 (general damages) 表明受害人受到一定伤害，但该伤害不需要实质性的经济补偿。

补偿性损害赔偿金 (compensatory damages) 是指对受害人所受伤害的合理补偿金额，分特别损害赔偿金和一般损害赔偿金两类：特别损害赔偿金通常用于补偿受害人特定的、易确定的损失或费用，如实际发生的医疗费用、受害人的误工损失、被损坏财产的修理或重置成本等，保险人通常可以承担赔偿责任；一般损害赔偿金是由法院判定的、对不易量化的伤害给予的补偿金额，如疼痛或精神伤害等，这类损害赔偿保险人不予负责。

惩罚性损害赔偿金 (punitive damage) 是指因企业对受害人实施了恶意、欺骗或不公正行为，应支付给受害人的赔偿金。这是对企业的惩戒，以防止其再犯类似的错误。惩罚性损害赔偿金的数额可能是十分惊人的，有时远远超过原告的实际损失和补偿性损害赔偿金。保险人通常在保险条款中将这种赔偿责任作为除外责任。

(2) 法律费用

由于许多责任案件需要聘请律师，责任损失的赔偿金还将包括起诉方和辩护方的律师费用。此外，还包括调查、记录、寻找证人、旅行查访费用及其他一系列正常的诉讼辩护所需费用。企业即使不必对对方所受伤害负责，也可能需要承担律师费用。除了律师费用，还可能产生一些法院费用。例如，在关于财产争议中，受害人可能需要对引起双方争议的财产进行登记备案。法院在不同审理阶段要求收取登记费，这些成本可能会包含在受害人主张的赔偿金中。

2. 间接后果

企业责任风险导致的间接后果主要为名誉损失和市场份额丧失。例如，当一家化工厂因发生重大毒气泄漏责任事故或一家商场因未保持场所安全致使顾客受到伤害而被起诉时，这些单位会遭受名誉损失。名声不佳比法院裁决更可怕，名誉损失自然会导致企业的市场份额减少。一些企业为了保护自己的名誉，会设法避免诉讼。保险人对间接损失一般都按除外责任处理。可见，并非所有的责任损失后果都可以通过责任保险方式转嫁。上述的一般损害赔偿金、惩罚性损害赔偿金及间接损失通常会被保险人作为除外责任对待。

第四节　企业员工风险与保险

前面已经介绍了企业财产损失保险和责任保险，但是企业对员工所面临风险的保障同样非常重要。除了企业员工作为独立于企业的个体而自觉购买的人身保险外，企业也会以市场为主或政府为主的方式来有效地管理企业员工风险。

企业员工面临的主要风险有早亡风险、疾病风险、残疾风险、老年风险、工伤和失业等，本节主要介绍企业对员工所面临的这些风险的保障。

一、企业员工面临的风险

1. 工伤

工伤（work-related injury）也称职业伤害，是指员工在职业活动中发生的或与之相关的人身伤害，包括事故伤残和职业病，以及这两种情况造成的死亡。例如：上下班途中交通事故造成的伤亡属于工伤；在出差期间，与工作相关的死亡也属于工伤。总之，工伤是由工作直接或间接引起的伤害事故。在工伤保险制度发展的早期，工伤不包括职业病。随着时间的推移，各国逐新开始将职业病也纳入工伤范畴，并以国际公约的形式确定了现在的工伤概念。职业病（occupational disease）是指劳动者在职业活动中，因接触粉尘、放射性物质和其他有毒、有害物质等因素而引起的疾病。工伤事故、职业病不仅给员工带来了身体的痛苦和精神上的折磨，而且还导致了至少两方面的损失：一是医药支出、康复支出或丧葬费用；二是工资损失。针对工伤风险，各国纷纷建立工伤保险制度，以保护员工的合法权益。

2. 失业

失业（unemployment）是每个员工都面临的风险。这种风险的结果是失去收入，有挫折感，令人沮丧。许多失业是由员工个人不能控制的原因造成的，例如，经济周期的循环、生产方式的变革、新的发明创造的出现都可能造成失业。也有一部分失业是由员工自身的原因造成的。

二、企业为员工提供保险福利的原因

1. 企业之间竞争的需要

现代企业之间的竞争在很大程度上是人才的竞争。提供员工保险福利是企业之间相互竞争的需要。一家企业提供的福利待遇必须比其他竞争对手更具吸引力，才能吸引到优秀的、企业需要的人才。所以说，员工保险福利已经成为企业留住人才、吸引人才和整合人才资源的有力手段。

2. 提高员工劳动生产率的需要

员工保险福利提供的团体保险计划和补充养老金有利于解除员工的后顾之忧，使员工具有归属感，减少员工的流失。团体医疗保险、预防护理保障等有利于改善员工的健康状况，提高工作效率。

3. 团体机制效率的吸引

员工保险福利计划通常要借助于团体集资机制，采取团体方式提供保险保障，会相应地提高销售、管理和承保的工作效率。由于规模经济效应和范围经济效应的存在，营销、承保、记账，以及收缴保费等方面的管理费用会降低许多，也会降低企业员工风险管理的成本。

4. 外部压力

在许多国家，工会在员工保险福利计划的改进和扩展过程中发挥着很大的促进作用。此外，基于减轻政府公共支出压力的考虑，政府也有强制实施员工保险福利计划的规定。

5. 税收优惠

员工保险福利的税收优惠主要有：企业或员工用于设立福利计划的缴费可以抵减当期的纳税额；员工福利计划的参与者及其受益人所获得的给付可以延期纳税，甚至完全不需要纳税。对企业来说，增加员工福利比增加相应的货币工资所需的支出要少。

三、团体保险

1. 团体保险的含义及特点

团体保险是一种保险人用一份保险合同为某一团体内的全部或部分成员提供保险保障的保险业务，为其成员因疾病、伤残、死亡，以及离职退休等提供补助医疗费用、给付抚恤金和养老保障计划等。在实践中，为了规范团体保险业务，各国往往通过立法对投保团体所应具备的条件做出了规定，规定的方面主要有团体组成、团体人数与参保比例，以及团体参保人员的资格。

团体保险投保人和被保险人的特殊性，使其具有一些区别于个人保险的特点，主要有：风险选择特殊；保险计划灵活；经营成本低廉；服务管理专业；保费分担形式多样。

2. 团体保险的分类

按照保险责任的不同，团体保险可以划分为团体人寿保险、团体年金保险、团体健康保险和团体意外伤害保险等。

（1）团体人寿保险

团体人寿保险是以团体为保险对象，原则上不需要体检即可提供的人寿保险。它通常包括团体定期人寿保险、团体信用人寿保险、团体养老保险、团体终身保险、团体遗属收入给付保险和团体缴清保险。

1）团体定期人寿保险。团体定期人寿保险简称为团体定期保险，是以团体中的员工为被保险人，团体或团体雇主作为投保人，保险期限为一年的死亡保险。绝大部分的团体定期人寿保险是以每年更新的定期保单方式承保的，主要为团体所属员工提供工作期间的死亡保障。和个人定期寿险类似，团体定期人寿保险没有现金价值，不具有储蓄性，也不具备长期保障。团体定期人寿保险的主要目的是以低费用提供高保障，以避免被保险人家庭因收入主要来源者死亡而陷入经济上的困境。

2）团体信用人寿保险。团体信用人寿保险是指为保全住宅贷款、定期付款、销售等分期偿还债券，由贷款提供机构或信用保证机构作为投保人，以与其发生借贷关系的众多分期付款债务人作为被保险人，同保险人签订的一种团体保险合同。

3）团体终身保险。团体终身保险是相对于团体定期保险而言的。团体终身保险是以团体或其雇主为投保人，团体所属员工为被保险人，一旦被保险人死亡，由保险人负责给付死亡保险金的保险。显然，团体终身保险可以为团体所属员工提供退休后的死亡保障，以弥补团体定期保险期限较短的不足。

4）团体遗属收入给付保险。在这种团体保险中，以团体或雇主作为投保人，团体所属员工为被保险人，员工的遗属作为受益人。团体或其雇主与保险人签订保险合同，约定在员工死亡时，由保险人向死亡员工的遗属给付保险金。保险金通常按月给付，给付金额通常按该死亡员工的原工资额的一定比例确定。

5）团体缴清保险。团体缴清保险由两部分构成：一部分是由雇员缴费的团体缴清寿险；另一部分是由雇主缴费的递减型团体定期寿险。在团体缴清保险中，团体的员工自行负担保费以逐年购买缴清保险，每年保障的差额由团体的雇主以购买定期保险的方式来弥补。这样，随着缴清保险保额的不断累积，团体定期保险的保额越来越小，雇主的负担也越来越轻。当员工退休时，该保险单具有现金保值。

(2) 团体年金保险

团体年金保险是以团体方式投保的年金保险。团体年金保险合同由团体与保险人签订，被保险人只领取保险凭证，保险费由团体和被保险人共同缴纳或主要由团体缴纳。

在我国当前的保险市场上，常见的团体年金保险险种主要有以下几种：

1) 团体延期年金保险。这是一种最古老的团体年金形式，由团体组织一次或每年按员工工资的一定比例缴存保费至保险公司，保险公司对投保的每一个团体分别建立一个账户，当团体中的成员生存至约定时间，保险公司一次或每年按约定的金额给付保险金。在此年金中，保险人对团体的人数有所要求，以降低管理费用。团体的规模越大，管理费用比例也越低。保险人一般对团体年金所积存的资金进行长期资金应用，投资风险由保险人承担。

2) 预存管理年金保险。投保的团体每年向保险公司缴纳保险费，在该团体的账户下形成一笔基金（即预存管理基金），这笔基金由保险公司对其加以投资运用并保证其收益不低于某一约定的利息。当该团体的某个员工退休时，从基金中划出一定比例作为其保险费，为该员工投保个人即期终身年金保险。

3) 团体分红年金保险。与传统团体年金保险不同的是，团体在签订保险合同时与保险人约定，投保人所缴纳的保险费扣除管理费后记入缴费账户，保险人对其进行投资，当账户的投资出现盈利时，保单所有人享有红利的处分权。红利可以退还给投保人，也可转入缴费账户，在被保险人领取年金时，其个人账户中既有单位缴费也有个人缴费积累的资金，按照被保险人所选择的年金领取形式和所对应的年金转换标准，决定其每年按年领取或者按月领取的金额。目前团体分红年金保险以其灵活性和有账户保证收益的优势，受到团体客户的广泛欢迎。

4) 团体投资年金保险。投保团体在签订保险合同时与保险人约定，投保人所缴纳的保险费扣除营业费用后记入投资账户，保险人对其进行投资，保险人对投资收益率不作任何保证，把所有投资风险都转嫁给保险单所有人。在投资年金保险中，保险人除按保费的一定比例收取营业费外，还按被保险人的人数每月收取保单管理费和投资账户管理费。与团体分红保险相比，账户的透明性更高，但风险相对也大。

(3) 团体健康保险

团体健康保险是以各种社会团体为投保人，以其所属员工为被保险人（包含团体中的退休员工），当被保险人因疾病或分娩住院时，由保险人负责对其住院期间的治疗费用、住院费用、看护费用，以及在被保险人由于疾病或分娩致残疾时，由保险人负责给付残疾保险金的一种团体保险。

在我国当前的保险市场上，常见的团体健康保险险种主要有以下几种：

1）团体（基本）医疗费用保险。团体（基本）医疗费用保险是以团体为投保人，团体成员为被保险人，当被保险人因为疾病住院治疗时，保险人负责给付因此而发生的住院费用、治疗费用、医生出诊费用及透视费用和化验费用的一种团体保险。在该团体保险中，住院费用有两种给付方式：第一，根据保险合同的约定，在遵循各种条款规定的前提下，按着实际发生的费用补偿给付。第二，按照日额给付，日额给付按照住院天数乘以每日住院给付金额进行计算，每日住院给付金额以及每次住院的天数在团体雇主与保险人签订的合同中都予以规定。

2）团体补充医疗保险。团体补充医疗保险又称团体高额医疗保险，是以团体为投保人，团体成员为被保险人，当被保险人因疾病住院时，保险人负责给付保单限额下，保险责任范围内的各项费用的一种团体保险。由于大部分基本医疗保险（包括团体医疗费用保险）不仅对于如药品、器材、假肢及其他很多费用均不予承保，并且对于各种承保的医疗费用也有许多限制（包括时间以及金额的限制），团体补充医疗保险产品正是为了排除基本医疗保险中的诸多限制，满足人们综合医疗保障需求而产生和发展起来的。团体补充医疗保险通常由团体或雇主与保险人共同协商医疗费用的限额，为了规避医疗费用过高的风险，保险人在团体医疗保险合同中常附加免赔额条款及共同保险条款。

3）团体特种医疗费用保险。团体特种医疗费用保险是以团体为投保人，团体成员为被保险人，团体的特种医疗费用支出为保险人给付责任的一种团体保险。团体特种医疗费用保险主要包括团体长期护理保险、团体牙科费用保险、团体眼科保健保险等。

4）团体丧失工作能力收入保险。团体丧失工作能力收入保险又称为团体残疾收入保险，它是以团体为投保人，以团体下属员工为被保险人，由保险人承担补偿被保险人因遭遇意外伤害或疾病而丧失收入为保险责任的一种团体保险。

（4）团体意外伤害保险

团体意外伤害保险是以团体方式投保的人身意外保险，而其保险责任、给付方式则与个人意外伤害保险相同。由于意外伤害保险的保险费率与被保险人的年龄和健康无关，而是取决于被保险人的职业，而一个团体的成员从事风险性质相同或相近的工作，所以与人寿保险、健康保险相比，意外伤害保险最有条件采用团体方式投保。

四、企业年金保险

1. 企业年金保险的含义

企业年金制度又称企业退休金制度、企业补充养老保险金制度，是企业在参加基本养老保险并按规定履行缴费义务的基础上，自主实行的一种补充养老保险制度。它一般由国家宏观政策指导，企业内部决策执行。与基本养老保险制度相比，企业年金往往由雇主根据法律法规、集体谈判或自愿原则建立，政府参与较少，但会给予一定的税收政策优惠。企业年金的缴费标准、支付水平多样，但大都实行市场化运作。

当前，大多数国家的养老保险体系都由三个支柱构成，即基本养老保险、企业年金和个人储蓄性养老保险。三者设立主体不同，基本养老保险由国家设立，企业年金是一种企业行为，个人储蓄性养老保险是个人行为。

2. 企业年金制度的特点

(1) 非营利性

企业年金是经济效益较好的企业为员工退休以后的生活提供一定程度保障的手段。企业举办企业年金计划不是为了从中赚取直接的经济利益。

(2) 企业自愿

一般而言，企业年金是企业自愿举办的，是企业为员工提供的一种额外福利。作为激励机制的一部分，企业年金方案具有多元化、差别化的特征，通常与效率工资制度结合使用，以鼓励员工爱岗敬业，增强企业的凝聚力和向心力，培养员工对企业的忠诚度和归属感。

(3) 政府支持

因为企业年金承担了一部分社会保障的责任，减轻了国家在养老保险金方面的支出，政府一般都给予一定的税收优惠。

根据不同的标准，企业年金保险有很多种分类的方式，如按照年金保险的购买方式分类，可分为趸缴年金和分期缴费年金；按照年金保险给付频率的不同分类，可分为按年给付年金、按季给付年金、按月给付年金等；按照年金保险给付的期限分类，可分为定期年金和终身年金。由于分类方式众多，这里不一一进行介绍。

五、社会保险

1. 社会保险的含义

社会保险是一种通过国家立法的形式，以劳动者为保障对象，以劳动者的年老、疾病、伤残、失业、死亡和生育等特殊事件为保障内容，以政府强制实施为特点的保障制度。

2. 社会保险的特点

（1）强制性

凡属于法定范围内的劳动者必须无条件地参加，并按照规定履行缴纳保费义务，这是社会保险的首要特点。社会保险的缴费标准、待遇项目和保险金给付标准等均由国家或地方政府的法律、法规统一规定。劳动者个人对于是否参加社险、参加哪些保险项目和享受怎样的待遇标准等无权选择和更改。

（2）保障性

当劳动者部分或全部丧失劳动能力或失业时，国家通过法律保证实施的社会保险将为其提供切实可靠的基本生活保障。保障大多数劳动者的基本生活需求，稳定社会秩序，是实施社会保险的根本目的。

（3）互助性

社会保险的互助性贯穿于社会保险基金的筹集、管理和分配的整个过程中，如社会保险经办机构收集的保费可以进行地区之间、企业之间的调剂使用，实行风险分担，其实质是参保劳动者之间的互济行为。

3. 社会保险的分类

我国现行的社会保险制度包括的主要项目有基本养老保险、基本医疗保险、失业保险、工伤保险和生育保险。

（1）基本养老保险

养老保险是社会保障制度的重要组成部分，更是社会保险体系中最重要的险种之一。养老保险是国家根据相关法律、法规，为解决劳动者达到法定退休年龄而退出劳动岗位，或因丧失劳动能力退出劳动岗位后的基本生活需求而建立的一种社会保险制度。

（2）基本医疗保险

基本医疗保险是指劳动者因为疾病、受伤等需要诊断、检查和治疗时，由国家和社会为其提供必要的医疗服务和物资帮助的一种社会保险制度。

（3）失业保险

失业保险是一种国家以立法形式集中建立保险基金，对因失业而暂时中断收入的劳动者提供经济保障的社会保险制度。

（4）工伤保险

工伤保险又称职业伤害保险，是以劳动者在劳动过程中发生的各种意外事故或职业伤害为保障风险，由国家或社会给予因工伤、接触职业性有毒、有害物质等而致残、致死者及其家属提供物质帮助的一种社会保险制度。

（5）生育保险

生育保险是妇女劳动者因生育子女而暂时丧失劳动能力时，由国家和社会给予医疗保健服务和必要的物资保障的一种社会保险制度。根据我国社会发展和计划生育政策的需要，生育保险的给付对象必须是达到结婚年龄、符合计划生育政策而生育的女职工。

第五节　保险的选择和购买

一、企业保险的选择和购买

随着我国经济体制改革的深入发展和对外经济开放，全社会的风险意识和保险意识不断增强，保险作为风险管理的重要方法日益受到重视。我国自从 1980 年恢复国内保险业务以来，保险业务得到持续、高速的发展，业务范围不断扩大，业务种类也不断增加。

二、我国企业风险的特点

我国是一个自然灾害频繁而且严重的国家，灾害的种类多，灾害的频率、强度高。近几十年除没有发生过火山爆发外，其他主要自然灾害都发生过。我国是世界大陆地区地震强度最大、影响面最宽的国家。我国在 20 世纪多次发生 6 级以上的地震。1976 年的唐山大地震造成 24 万多人死亡，16 万多人受重伤，财产直接损失 96 亿元。2008 年汶川特大地震造成 8 万多人死亡和失踪，37 万多人受伤，直接经济损失 8 451 亿元。在我国的所有自然灾害中，洪水灾害造成的损失最大，约占自然灾害造成损失的 40%。在 1998 年夏季的特大洪涝灾害中，全国各地分析直接经济损失 2 551 亿元。2012 年，各类自然灾害造成的直接经济损失达 4 185.5 亿元。

随着我国经济发展和人口增加，意外事故损失呈现上升趋势。以火灾损失为例，1980 年至 1989 年，全国火灾损失 32.4 亿元，超过前 30 年的总和。仅 2009 年全国就发生火灾 12.7 万起，死亡 1076 人，伤 580 人，直接财产损失为 13.2 亿元。由于我国经济迅速发展，企业资本和规模正在不断集中和扩大化。我国国有经济正在进行战略性重组，国有资产从分散走向集中，通过联合兼并，向大企业、大集团、资金技术密集型产业方向发展。随着我国加强经济体制改革和对外开放的力度，我国企业所面临的风险呈现多样化发展趋势。

三、企业投保决策的约束

企业风险管理人员在进行投保决策时要受到以下约束：

1. 法律约束

有些保险，如机动车辆第三者责任保险，是法定保险，企业必须投保。有些保险虽不是法定保险，但是一些法规中规定如企业损害他人利益时应当承担赔偿责任的，如产品责任、公众责任、职业责任等，企业应该根据自己所面临的风险大小做出投保决策。

2. 行政约束

目前，财政部门规定不再拨款或核销因灾害事故造成的损失，这样可保而没保的灾害事故损失只好在企业发展基金、利润留成中开支。行政部门的这些规定实际上是促使企业参加有关保险。

3. 其他外部约束

银行、客户、消费者的行为等也影响着企业的投保决策。银行加强贷款风险管理的一个重要手段是要求借款人提供抵押品，因此银行就会关心抵押品的保险问题。合资企业的外方投资者一般都关心工程项目的保险问题，进口商或购货方也会关心货物的运输保险。

4. 企业内部约束

企业内部约束包括企业领导的自身约束、企业主管部门或董事会、企业职工的约束。在现代企业制度中，企业领导对企业财产负有维护和保管的责任。而且，这同他们的职务任免、奖惩有关，这就形成了企业领导的自身约束。在股份制公司中，总经理等高级管理人员由董事会任命，他们要向董事会负责，如经营中发生重大失误，董事会会追究他们的责任。如果企业的灾害事故损失得不到补偿，致使生产或营业中断不能及时恢复，这将影响职工的工资和福利，因此企业职工也会关心保险问题。此外，企业工会把职工家庭财产保险和人身保险作为增加职工福利的重要项目。

当然，在进行投保决策时，企业风险管理人员要按轻重缓急确定投保险种，要在比较投保方案的成本和效益后确定风险自留还是保险，或者自留风险和保险相结合，或者采取其他对付风险的方法。

四、确定投保方案

决定投保之后，下一步就要考虑投保方案。对于一个特定的企业来说，有些风险存在，有些风险并不存在；有些风险大，有些风险小。这就决定了企业面临一个选择保险险种的问题。有些险种是必须投保的，包括法定保险、由合同规定的保险项目和威胁企业生存的巨灾损失保险，后者如企业财产保险。有些风险是某些企业特有的，可以选择相关的险种和附加险。例如，企业对外承包工程，可以选择履约保证保险、货物运输保险、建筑安装工程保险、施工人员人身意外伤害保险等。

大型企业或特大型企业自己承担风险的能力强，可以选择投保风险较大的险种和保险标的，并且可以自留相当大一部分风险，使用高的免赔额或投保超额损失保险，甚至自保。例如，中国石油化工总公司专门设立了“安全生产保证基金”，规定所属企业按财产价值 2‰提取自保基金，并制定了一套管理办法，设立了组织机构。

不同的险种有不同的保险金额确定方法，就是同一个险种有些也有不同的保险金额确定方法。例如，我国企业财产保险的固定资产和流动资产的保险金额确定方法分为账面计算法和估价计算法两类。在账面计算法中，固定资产和流动资产的保险金额确定方法不同，就是固定资产的保险金额也有按账面原值、原值加成和重置价值确定数种方法。因此，企业财产保险的保险金额应根据财产的种类、企业财务制度的健全与否采用不同的方法确定。而且，不同的保险金额确定方法使用不同的赔款计算方法。例如，企业财产保险中固定资产的保险价值是出险时重置价值，如果保险金额低于保险价值，那么就是不足额保险，发生损失只能得到部分赔偿。所以，如何确定保险金额的问题也是制定投保方案所要仔细考虑的重要问题。

五、选择保险公司

投保人选择保险公司的标准是多方面的，其中最重要的标准有以下几种：

1. 偿付能力

这是指保险公司支付赔款和给付保险金的能力。《中华人民共和国保险法》第一百零一条规定：“保险公司应当具有与其业务规模和风险程度相适应的最低偿付能力。保险公司的认可资产减去认可负债的差额不得低于国务院保险监督管理机构规定的数额；低于规定数额的，应当按照国务院保险监督管理机构的要求采取相应措施，以达到规定的数额。”《保险公司偿付能力管理规定》对保险公司偿付能力的管理作了专门规定：保险公司的实际资本是指认可资产价值减去认可负债的差额。

认可资产和负债种类及其认可比率由中国保监会规定。

偿付能力充足率即资本充足率，是指保险公司的实际资本与最低资本的比率。对于偿付能力充足率低于100％的保险公司可分别做出办理再保险、业务转让、增资扩股、实行接管等方式处理。另一种了解保险公司的偿付能力的简便方法是查看资信评估公司对保险公司评定的级别。

2. 盈利状况

保险公司的盈利状况能够反映其财务稳定性和管理水平。保险公司的利润主要来自承保和投资业务。在国际上，财产保险公司有时会发生承保亏损，但投资利润可以弥补其亏损。人寿保险公司利润的重要来源是投资业务。一般来说，由于竞争的原因，利润高的保险公司往往会降低费率。投保人一般应选择利润高的保险公司，争取以优惠费率承保。

3. 保险费率

它是保险商品的价格，无赔款优待和浮动费率的规定也是费率构成部分。一般来说，在其他条件相同的情况下，投保人总会选择费率低的保险公司。但是，投保人不能把费率作为选择保险公司的唯一标准或主要标准。购买保险的主要目的是为了获得经济保障，投保人还应该注意保险公司提供的保险品种和服务的质量。

4. 保险品种和服务质量

各家保险公司所提供的同一险种的保险单在条款设计、保险责任范围、除外责任、附加险、免赔额规定等方面不一定都是相同的。所以，投保人要把各家保险公司的保单加以比较，选择最能满足自己保险需要的先进保险品种，如综合的或“一揽子”的财产和责任保险单，能对付通货膨胀的寿险品种。保险公司除了承担赔偿或给付责任外，还提供有关服务，如风险管理咨询、防灾防损、理赔、诉讼、代位追偿等服务。投保人在选择保险公司时必须考虑其服务设施和业务人员或代理人的专业水平，以及服务是否全面、周到和耐心细致。各家保险公司在其长期经营中都形成了自己在保险品种和服务方面的特色。例如，有的擅长工程保险，有的擅长年金保险，这是选择保险公司时必须考虑的。

六、保险合同谈判

保险合同一般是要式合同，投保人和保险人之间无须商谈合同条件。但是，对大型企业或大的保险项目来说，投保人可以与保险公司就保险条款和费率进行谈判，使用特约保险单，使保险方案符合自己的需要，甚至关心保险公司在承保之前对再保险的安排。在国际上，有时这种保险合同谈判是投保人委托保险经纪公司进行的。由保险经纪人根据投保人的需要设计投保方案，征求企业风险经理的意见并取得同意后，再由保险经纪人与保险公司商谈。作为投保人的代理人的保险经纪人，应根据客户的需要，按照偿付能力、信誉、保险责任范围、服务质量、保险费率等标准，选择最好的保险公司和保险品种。保险经纪人的佣金一般按保险费收入计收，通常由保险人支付，佣金率由保险人和保险经纪人按业务种类和所花费的劳务协商确定，一般为10％～20％。保险人也可以根据保险经纪人提供的业务质量和赔付率支付利润，分享佣金。因此，如果通过保险经纪人投保，企业也存在一个选择保险经纪人的问题。

七、我国企业保险管理的现行模式

自从1980年我国恢复国内保险业务以来，在企业中逐步形成了以下几种保险管理模式。

1. 财务部门统管保险的模式

大多数企业是由财务部门统管保险。在财务部门中指定专人管理同保险有关的活动。根据企业其他部门提供的风险信息和损失控制情况提出投保方案，交主管领导做出决策，并负责投保和索赔事务。有关保险的其他事务，如损失风险分析、防灾防损工作、编制损失清单，则由有关部门协助或负责。

2. 各部门分管保险的模式

在这种模式中，凡是属于哪个职能部门范围的风险就由哪个相关部门处理，各部门分别制定投保方案和做出投保决策。例如，运输部门负责机动车辆保险和货运险，销售部门负责产品责任保险，工会负责团体人身保险和团体家庭财产保险，人事部门负责职工补充养老保险。财务部门只负责涉及全局的保险，如企业财产保险。

3. 设立专职的保险管理部门的模式

有些企业，特别是大型企业和“三资企业”，为了对企业的各种保险进行统一和专门的管理，设立了专门部门负责管理保险，定期召开由各部门领导参加的保险会议，以明确各部门的分工，协调各部门之间的关系，制定统一投保方案，并且保险单证也做到集中管理。

4. 设立专业自保公司的模式

中国海洋石油公司于2000年8月23日在中国香港注册成立我国第一家真正意义上的专业自保公司——中国海洋石油保险有限公司，并委托美国怡安保险经纪公司（AON）管理，为母公司及其子公司提供财产和责任保险，还获得了不错的承保利润，到2007年底为1亿3 000多万元。中国海洋石油公司的自保模式为我国其他大型企业集团的风险管理提供了宝贵的经验。

第六节　保险市场与监管

一、保险市场概述

市场是商品交换关系的总和，是商品供求关系变化的集中体现。作为一种无形商品市场，保险市场同样具有完整的市场构成要素，体现市场供求关系，遵循市场供求规律。但由于保险商品的特殊性质，保险市场的主体更加多元化，保险交换关系更为复杂，保险市场本身也体现出更强的抽象性和分散性。

1. 保险市场的概念

保险市场是指保险商品交换关系的总和或是保险商品供给与需求关系的总和，既可以指有形、固定的交易场所，也可以是所有实现保险商品交换关系的总和。保险市场是由保险产品的供给方、保险产品的需求方和市场的监管方组成的。保险市场的交易对象是保险人为消费者提供的保险保障，即各类保险商品。

2. 保险市场的构成要素

保险市场的构成要素包括：为保险交易活动提供各类保险商品和相关服务的卖方或供给方；实现交易活动的各类保险商品和相关服务的买方或需求方；具体的交易对象——各类保险商品和相关服务。起初，保险市场只要具备这三个要素，保险交易活动就可以完成。后来，随着保险业的不断发展，保险市场内部分工的形成，除了保险供给方与需求方必须参加外，为了促使保险交易的顺利实现，往往还须有保险中介方的介入，保险中介从而逐渐成为保险市场的要素之一。将这些要素归结起来就构成了保险市场必须具备的两大要素：保险市场的主体与客体。

（1）保险市场的主体

保险市场的主体是指保险市场交易活动的参与者，包括保险商品及相关服务的供给方、需求方，以及充当供需双方媒介的中介方。保险市场就是由这些参与者缔结的各种交换关系的总和。

1）保险商品的供给方。保险商品的供给方是指在保险市场上，提供各类保险商品，承担、分散和转移他人风险的各类保险人。他们在不同的国家和地区得到不同程度的法律许可，以各类保险组织形式出现在保险市场上。例如，保险股份有限公司、相互保险公司、国有保险公司、专业自保公司、保险合作社、相互保险社、劳合社等。

2）保险商品的需求方。保险商品的需求方是指在一定时间、一定地点等条件下，为寻求风险保障而对保险商品具有购买意愿和购买力的消费者的集合。保险商品的需求方就是保险营销学所界定的“保险市场”，即“需求市场”，由有保险需求的消费者、为满足保险需求的缴费能力和投保意愿三个主要因素构成。保险商品的需求方有各自独特的保险保障需求，也有各自特有的消费行为。

3）保险市场中介方。保险市场中介方既包括活动于保险人与投保人之间，充当保险供需双方的媒介，把保险人和投保人联系起来并建立保险合同关系的人（包括保险代理和保险经纪人）；也包括独立于保险人与投保人之外，以第三者身份处理保险合同当事人委托办理的有关保险业务的公证、鉴定、理算、精算等事项的人，例如，保险公证人（行）或保险公估人（行）、保险律师、保险理算师、保险精算师、保险验船师等。

(2) 保险市场的客体

保险市场的客体是指保险市场上供求双方具体交易的对象，即保险商品。

保险商品是一种特殊形态的商品。保险市场的客体是一种无形的服务，保险公司经营的是看不见、摸不着的风险，提供的产品仅仅是对保险消费者的一纸承诺，而且这种承诺的履行只能在约定的事件发生或约定的期限届满时，不像一般有形的商品可以实际感受其价值或使用价值。此外，由于人们总是在风险事故发生前存有侥幸心理，所以一般不会想到要去主动购买保险商品，除非法律有强制性的规定。最后，保险商品具有灾难联想性，保险商品总是与未来可能发生的不幸相连，因为通常是在被保险人发生，如疾病、伤残、死亡等不幸事件时，才能得到保险金，且索赔时会经历精神和财务的双重压力，所以很多人较为排斥保险。

3. 保险市场的特征

保险市场的特征是由保险市场交易对象的特殊性决定的。保险市场的交易对象是一种特殊形态的商品。因此，保险市场表现出独有的特征。

(1) 保险市场是直接的风险市场

直接的风险市场是就交易对象与风险关系而言的。任何市场都存在风险，交易双方都可能因市场风险的存在而遭受经济上的损失。但是，普通商品市场的交易对象本身不与风险联系，而保险企业的经营对象就是风险，保险市场所交易的对象是保险商品，其使用价值是对投保人转嫁于保险人的各类风险提供保险保障，本身就直接与风险相关联。保险商品的交易过程，本质上就是保险人聚集与分散风险的过程。风险的客观存在和发展是保险市场形成和发展的基础和前提，所以保险市场是一个直接的风险市场。

（2）保险市场是非即时清结市场

所谓即时清结市场指市场交易一旦结束，供需双方立刻就能够知道交易结果。一般的商品市场、金融市场都属于即时清结市场。而保险市场，因风险的不确定性和保险合同的射幸性（即保险人履行赔付责任有赖于合同约定条件的发生），使得交易双方都不可能确切知道交易结果，不能立刻清结。相反，还必须通过订立保险合同，来确定双方当事人的保险关系，并且依据保险合同履行各自的权利与义务。保险单的签发，看似保险交易的完成，实则是保险保障的开始，最终的交易结果则要看双方约定的保险事故是否发生。所以，保险市场是非即时清结市场。

（3）保险市场是特殊的“期货”交易市场

由于保险的射幸性（即合同当事人一方的履约有赖于偶然事件的发生），保险市场成交的任何一笔交易，都是保险人对未来风险事故发生所致经济损失进行赔付的承诺。而保险人是否对某一特定的对象进行赔付，却取决于保险合同约定时间内是否发生约定的风险事故，以及这种风险事故造成的损失是否达到保险合同约定的赔付条件。因此，实际上保险市场交易的是一种特殊期货，即“灾难期货”。因此，保险市场可以说是一种特殊的“期货”市场。

4. 保险的市场模式

（1）完全竞争模式

完全竞争型保险市场，是指一个保险市场上有数量众多的保险公司，任何公司都可以自由进出市场。在这种模式下，保险市场处在不受任何阻碍和干扰的状态中，同时由于大量保险人的存在，任何一个保险人都不能够单独左右市场价格，而由保险市场自发地调节保险商品价格。在这种市场模式中，保险资本可以自由流动，价值规律和供求规律充分发挥作用。国家保险管理机构对保险企业管理相对宽松，保险行业公会在市场管理中发挥着重要作用。

（2）完全垄断模式

完全垄断型保险市场，是指保险市场完全由一家保险公司所操纵，这家公司的性质既可是国营的，也可是私营的。在完全垄断的保险市场上，价值规律、供求规律和竞争规律受到极大的限制，市场上没有竞争，没有可替代产品，没有可供选择的保险人。因而，这家保险公司可凭借其垄断地位获得超额利润。完全垄断模式还有两种变通形式：一种是专业型完全垄断模式；另一种是地区型完全垄断模式。

（3）垄断竞争模式

垄断竞争模式下的保险市场，大小保险公司并存，少数大保险公司在市场上取得垄断地位。竞争的特点表现为：同业竞争在大垄断公司之间、垄断公司与非垄断公司之间、非垄断公司彼此之间激烈展开。

（4）寡头垄断模式

寡头垄断型保险市场，是指在一个保险市场上，只存在少数相互竞争的保险公司。在这种模式的市场中，保险业经营依然以市场为基础，但保险市场具有较高的垄断程度，保险市场上的竞争是国内保险垄断企业之间的竞争，形成相对封闭的国内保险市场。

5. 保险市场的运作原理

（1）风险聚集与转移

保险人是专业的风险承担者，通过提供各类保险产品来接受被保险人转移的风险。因此，保险市场的首要功能是将大量不同类型的风险单位及其承载的各类风险聚集在一起，转移至保险供给方，即保险公司，然后由保险公司进行综合管理。

（2）风险经营与损失分担

在风险由保险需求方转移到保险供给方的同时，作为必要的前提条件，保险人要向需求方收取保险费。这些保费除用来维持保险人正常的经营活动所需要的成本及获取合理的利润以外，主要是用来对那些遭受损失的被保险人进行经济上的补偿，这一过程称为损失分担。

（3）供求机制

上述过程是通过供求机制的运作来完成的。保险价格是保险市场上供求规律发挥作用的主要杠杆。在保险价格的调节下，保险需求与保险供给之间相互磨合、相互趋近，直至达到市场的均衡状态。在均衡状态下，风险经营者获得合理效益，被保险人得到合理保障，保险市场各方主体都实现了各自效用的最大化。

6. 保险市场的组织形式

保险市场的组织形式是指在一国或一地区的保险市场上，保险人采取何种组织形式经营保险。一般经营保险业务的组织，按照财产所有制关系不同，可分为如下几类：

（1）国营保险组织

国营保险组织是由国家或政府投资设立的保险经营组织。它们可以由政府机构直接经营，也可以通过国家法令规定某个团体来经营，称该种组织形式为间接国营保险组织。

（2）私营保险组织

私营保险组织是由私人投资设立的保险经营组织。它多以股份有限公司的形式出现。保险股份有限公司是现代保险企业制度下最典型的组织形式。

（3）合营保险组织

合营保险组织包括两种形式：一种是政府与私人共同投资设立保险经营组织，属于公私合营保险组织形式（公私合营保险组织通常也是以股份有限公司的形式出现，并具有保险股份有限公司的一切特征）；另一种是本国政府或组织与外商共同投资设立的合营保险组织，我国称之为中外合资保险经营组织形式。

（4）合作保险组织

合作保险组织是由社会上具有共同风险的个人或经济单位，为了获得保险保障，共同集资设立的保险组织形式。

（5）行业自保组织

行业自保组织是指某一行业或企业为本企业或本系统提供保险保障的组织形式。

二、保险市场的经营主体

保险市场的经营主体是指提供保险商品或相关服务的组织及个人，主要包括两类：直接提供保险商品的组织或个人，即保险人；为保险交易提供辅助性服务的组织或个人，即保险中介。

1. 保险人

（1）保险股份有限公司

股份有限公司简称有限公司，是现代企业制度最典型的组织形式。它是由一定数目以上的股东发起成立，全部注册资本被划分为等额股份，通常发行股票（或股权证）筹集资本，股东以其所认购股份承担有限责任，公司以其全部资产对公司债务承担民事责任。

股份保险公司以其严密而健全的组织形式早已被各国保险业广泛推崇，是一种尽可能遵照股份有限公司的法律与事务特征形成的法律形式，具有以下特点：

1）股份有限公司是典型的合资公司，公司的所有权与经营权相分离，利于提高经营管理效率，增加保险利润，进而扩展保险业务，使风险更加分散，经营更加安全，对被保险人的保障更强。

2）股份有限公司通常发行股票（或股权证）筹集资本，比较容易筹集大额资本，使经营资本充足，财力雄厚，有利于业务扩展及增强保险公司的偿付能力。

3）保险股份有限公司采取确定保险费制，比较符合现代保险的特征和投保人的需要，为业务扩展提供了便利条件。

（2）相互保险公司

相互保险公司是由所有参加保险的人自己设立的保险法人组织，是保险业特有的公司组织形式。与股份保险公司相比较，相互保险公司具有以下特点：

1）相互保险公司没有资本股票和股东，保单持有人叫会员，其地位与股份公司的股东地位类似，公司为他们所有。所以，投保人具有双重身份，既是公司所有人，又是公司的顾客；既是投保人或被保险人，同时又是保险人。他们只要缴纳保险费，就可以成为公司成员，而一旦解除保险关系，也就自然脱离公司，成员资格随之消失。

2）相互保险公司是一种非营利型公司。相互保险公司没有资本金，以各成员缴纳的保险费形成公司的责任准备金，来承担全部保险责任，也以缴纳的保险费为依据，参与公司盈余分配和承担公司发生亏空时的弥补额，没有所谓的营利问题存在。所以，相互保险公司不是一种以营利为目的的保险组织。

3）相互保险公司的组织机构类似于股份公司。相互保险公司的最高权力机关是会员大会或会员代表大会，即由保单持有人组成的代表大会，由他们选举董事会，由董事会任命公司的高级管理人员，但随着公司规模的扩大，董事会和高级管理人员实际上已经控制了公司的全部事务，会员很难真正参与管理，而且现在已经演变成委托具有法人资格的代理人营运管理，负责处理一切保险业务。

（3）相互保险社

相互保险社是同一行业的人员，为了应付自然灾害或意外事故造成的经济损失而自愿结合起来的集体组织。相互保险社是最早出现的保险组织，也是保险组织最原始的状态。与保险合作社及相互保险公司相比较，相互保险社具有以下特征：

1）参加相互保险社的成员互相提供保险。

2）相互保险社无股本，经营资本的来源仅为社员缴纳的分担金，一般在每年年初按暂定分摊额向社员预收，在年度结束时计算出实际分摊额后，再多退少补。

3）相互保险社保险费采取事后分摊制，事先并不确定。

4）相互保险社的最高管理机构是社员选举出来的管理委员会，经营通常由具有法人资格的代理人代为经营，由社员提出要保书时予以授权。

（4）保险合作社

保险合作社是由一些对某种风险具有同一保障要求的人，自愿集股设立的保险组织。保险合作社与相互保险社的差异在于：

1）保险合作社是由社员共同出资入股设立的，加入保险合作社的社员必须缴纳一定金额的股本。社员即为保险合作社的股东，其对保险合作社的权利以其认购的股金为限。

2）只有保险合作社的社员才能作为保险合作社的被保险人，但是社员也可以不与保险合作社建立保险关系。而相互保险社的社员之间是为了一时的目的而结合的，如果保险合同终止，双方即自动解约。

3）保险合作社的业务范围仅局限于合作社的社员，只承保合作社社员的风险。

4）保险合作社采取固定保险费制，事后不补缴。而相互保险社保险费采取事后分摊制，事先并不确定。

（5）劳合社

劳合社是当今世界上最大的保险组织之一。它并不是一个保险公司，而仅是个人承包商的集合体。其成员全部是个人，各自独立、自负盈亏，进行单独承保，并以个人的全部财力对其承保的风险承担无限责任。因而，劳合社实际上又是一个保险市场，其保险交易方式通常是由保险经纪人为其保户准备好一份承诺文件，写明保险标的，由劳合社中的承保会员承保。如若愿意承保，即在承保文件上签字，并写明所愿接受的金额；一张承保单往往需要许多承保会员签字承保，直到所需承保的金额全部有人承保为止，然后订立合同，完成交易。

2. 保险中介

保险中介是指专属从事保险销售或理赔、业务咨询、风险管理活动安排、价值评估、损失鉴定与理算等经营活动，并依法收取佣金或手续费的组织或个人。保险中介的主体形式多样，但主要包括保险代理人、保险经纪人和保险公估人三种，他们在保险业的发展中都扮演着非常重要的角色。

（1）保险代理人

保险代理人是根据保险人的委托，向保险人收取代理手续费，并在保险人授权的范围内代办保险业务的组织或个人。

保险代理人的行为具备民事代理的一般特征：一是保险代理人以保险人的名义进行代理活动；二是保险代理人可以做出独立的意思表示，但必须在保险人授权范围内，因而属于委托代理；三是保险代理人与投保人之间实施的民事法律行为，具有确立、变更或中止一定民事权利义务的法律意义；四是保险代理人和投保人之间签订的保险合同所产生的权利和义务，视为保险人自己的民事法律行为，法律后果由保险人承担。

由于各国的保险法律不同，对保险代理人的资格、种类和业务范围的限定也有所不同。根据我国相关法律、法规的规定，保险代理人可以分为专业代理人、兼业代理人和个人代理人三类：

1）专业代理人：专业代理人是指专业从事保险代理业务的保险代理公司。在保险代理人中，它是唯一具有独立法人资格的。根据我国《保险代理机构管理规定》，保险代理机构可以是合伙企业、有限责任公司或股份有限公司。

2）兼业代理人：兼业代理人是指受保险人委托，在从事自身业务的同时，指定专人为保险人代办保险业务的组织机构。

3）个人代理人：个人代理人是指根据保险人的委托，向保险人收取手续费，并在保险人授权的范围内代办保险业务的个人，其业务范围是代理销售保险单和收取保险费。目前，我国的个人代理人主要是指保险营销员。

(2) 保险经纪人

保险经纪人是基于投保人的利益，为投保人与保险人订立保险合同提供中介服务，并依法收取佣金的单位或个人。依据我国现行的法律法规，我国的保险经纪人只能是单位，即保险经纪公司。

保险经纪人具有以下职能：为客户进行风险评估，制定保险计划或制定包括管理财务风险、发展战略风险等在内的综合风险管理计划；为客户选择最合适的保险公司，并可为客户代办投保手续；监督保险合同的执行情况，并协助索赔。

作为投保人的代表，保险经纪人在投保人的授权范围内开展业务，其行为可以约束投保人，但不能约束与投保人订立合同的保险人。投保人如果因经纪人的过失而遭受损失，经纪人在法律上需要承担赔偿责任。

(3) 保险公估人

保险公估人是指站在第三方的立场上，经保险当事人委托，专门从事保险标的的评估、勘验、鉴定、估损和理赔款项清算业务，并据此向保险当事人收取费用的单位或个人。保险公估人也称为保险公估行或保险公估公司。依据我国现行的法律、法规，我国的保险公估人只能是单位，即保险公估公司。保险公估人的主要任务是，在风险事故发生后判定损失的原因和程度，并出具公证书，公证书虽然不具备强制性，却是有关部门处理保险争议的权威性证据。

三、保险监管

在现代经济社会中，经济活动日趋复杂，垄断、不正当竞争等因素持续存在。为满足社会对公平、公正目标的追求，缓和周期性的经济波动，保证充分就业和价格稳定，政府对经济活动的介入成为一种必然。由于保险行业的特殊性，对保险行业的监管显得非常重要。

保险监管是指一国的保险监督执行机关依据现行法律对保险人和保险市场实行

监督与管理，以确保保险人的经营安全，同时维护被保险人的合法权利，保障保险市场的正常秩序并促进保险业的健康有序发展。

1. 保险监管的必要性

（1）保险经营具有公共性和社会性

公众利益理论认为，保险业是个特殊的行业，保险产品具有无形性、时滞性和负债性特征。人们通过消费保险来减少当前利益，换取对未来的保障。保险公司依靠诚信经营并吸引资金，其经营成败和对客户未来可能发生风险进行的保障承诺届时能否兑现，不仅关系到公司投资者的利益，更关系到社会公众的利益。生产一般产品的生产企业，其后续经营与客户利益相关度不高，而保险产品是一种特殊的商品，其供给和消费都具有一定的特殊性。保险产品本身是一种无形产品，是对保险合同规定的未来损失进行赔偿和给付的承诺，这种承诺有的时效长达几十年，在如此长时间的跨度内仅靠保险公司自我约束来保证承诺的有效性，是不太现实，也是不可靠的。因此，保险公司的持续经营情况将会广泛、长期地影响其客户的绝大部分利益，影响各行各业和千家万户。如果保险公司破产或倒闭退出，负面影响将比一般企业大得多，将使广大被保险人利益也就是社会大众利益受到损害，从而带来社会福利的损失，影响社会稳定。为保证社会公众利益，确保保险公司的偿付能力，政府对保险业的监管就显得顺理成章和十分必要了。

（2）保险交易存在信息不对称和不完全性

在普通行业中，市场中的消费者和购买者都很难获得充分的信息，交易双方存在信息不对称现象。相对而言，保险业是一个技术含量高、业务专业性强的复杂行业，信息不对称和不完全的问题就更为突出。保险合同是格式合同，保险产品定价和保险合同内容往往由保险公司单方面拟订，投保人和被保险人对保险费率、保险责任、责任免除、退保等重要事项的了解有限，一般只能就接受合同或拒绝合同进行选择。因此，如果缺乏外部监管，保险公司可能利用信息不对称和信息透明度较低的优势开展损害被保险人利益的行为。

（3）保险发展存在市场失灵和破坏性竞争

市场失灵理论是研究政府干预市场的一种经济学理论。市场失灵理论认为，由于存在大量现实和潜在的市场失灵问题，包括市场存在垄断、信息成本高、负的外部效应，搭便车现象造成理想状况的竞争性市场难以实现，导致市场公平和效率的损失。因此，政府必须干涉市场，纠正市场失灵，增进市场的公平与效率。保险市场也存在上述市场失灵的问题。现实的保险市场通常是垄断竞争型市场，公司之间的竞争并不完全平等，保险公司财务状况和社会保障需求状况等信息透明度不高。

因此，保险市场需要政府的监督，最大限度地防止和消除市场失灵产生的非效率和不公正问题。此外，由于保险业经营的特点，在保险竞争中，保险公司存在牺牲客户未来长远利益以换取短期经营利益的倾向，从而在经营中出现恶性或过度竞争及不合理的价格。这些问题导致的结果是保险公司丧失偿付能力并危及社会公众利益，损害投保人的合法权益，从而影响保险业的持续发展。

2. 保险监管的体系

保险监管体系是一个监督和管理保险市场中各个经济实体和个人行为的完整体系。科学、完善的保险监管体系是保险监管目标得以实现的重要保障，是保险业安全、稳定、高效运行的制度保证和环境保证。保险监管体系一般由以下几个部分组成：

（1）保险监管法规

保险监管法规，又称为保险业法，是一种调整国家对保险业进行监督管理过程中所形成的权利和义务关系的法律规范。保险监管法规是保险监管体系中最重要的组成部分，由国家制定或认可，并由国家强有力地保证实施，体现了国家意志的统一性和权威性，对于国家权力管辖范围具有普遍的约束力。其内容分为两部分：一是对保险监管对象的规定；二是对保险监管机构授权的规定。

（2）保险监管机构

保险监管机构是专门对保险业实施监管职能的机构。国外保险监督机构的设置分为两种情况：一是设立直属政府的保险监管机构；二是在直属政府的机构，如财政部、中央银行、金融管理局等下设的保险监管机构。1995 年颁布《中华人民共和国保险法》后，中国人民银行成立保险司，专门负责保险市场的管理。1998 年底，中国保险监督管理委员会（简称中国保监会）成立。它根据国务院授权履行行政管理职能，依照法律、法规统一监督管理全国保险市场，维护保险业的合法、稳健运行。

（3）保险行业自律

通常以保险同业公会或行业公（协）会的面目出现的保险行业自律组织，是保险人和保险中介人自己的社团组织，具有非官方性。保险行业自律组织是保险监管的重要辅助力量，对保险市场的监管发挥着协调作用。保险行业自律是指保险行业通过协会或同业公会制定行业规范，由同行们共同遵守，达到自我约束的效果。自律组织成立的目的在于保障或增进保险同业组织的利益，而不是为了被保险人或受益人的利益，所以其协调作用是有限的，只是政府监管的一种补充。

（4）保险机构的内部控制

有效的保险监管，必须注重外在约束和内在约束的有机统一。关于保险机构的内部控制，国际保险监督官协会在其制定的《国际保险监督官协会：保险监管核心原则》中指出："保险监管机构应当监督经董事会核准和采用的内控制度，在必要时要求其加强内部控制；可以要求董事会进行适度的审慎监督，如确立承保风险的标准、为投资和流动性管理确立定性和定量的标准。"因此，在完善的外部监管条件下，保险公司还需要根据自身的实际情况，建立和健全科学、严谨、有效的内控机制。防范经营风险的关键就在于保险公司要加强内部控制和管理，提高自身识别、评估、监测、控制和化解风险的能力。通过完善保险公司的内部控制制度，建立起科学、有序的决策系统、责任分离的执行系统、相对独立的监督系统，以及与一个法人体制相适应的组织架构系统和切实有效的支持保障系统，以确保一个法人体制的有效运行，确保公司决策层发布的指令及其制定的各项规章符合市场经济的发展规律和稳健经营的原则，切实避免决策失误、执行失真、监督失灵和保障失效可能产生的各种风险，增强自身抗击风险的能力。

（5）保险信用评级

在保险业发达国家，保险信用评级机构在为客户和保险公司提供信息服务、完善保险市场监管，以及促进保险业的公平竞争等方面发挥了积极的作用。保险信用评级是由独立于保险人及政府机构之外的评级机构对保险人的财务状况进行分析，并为保险公司的客户及投资者提供相关信息。保险信用评级机构的功能在于把保险公司的财务信息转换成易于理解的各种等级以反映保险公司的实力。保险信用评级机构除评级之外，还对保险业的一些相关问题进行研究。例如，保险公司偿付能力不足的原因，保险欺诈行为的表现形式等，为保险监管机构提供相关资料和政策建议。保险信用评级克服了保险监管资源不足的缺陷，降低了保险监管的成本，提高了保险监管的效率。

3. 保险监管的内容

各国保险监管的内容主要从对保险人、保单格式与费率、偿付能力、中介人、再保险公司和跨国保险活动等方面的监管反映出来。

（1）对保险人的监管

它包括市场准入的资格审定，保险人对监管部门应履行的义务，对公司管理和市场行为的监管，对公司的整顿、接管和破产的监管等方面。

1）市场准入的资格审定。通常来说，只有当有关当局发放许可证，拟设立的保险公司方可开展保险业务。为了获得许可，拟设立的保险公司必须满足一定的法律形式要求、财务要求和其他条件，如经营者的资格、管理技能、职业道德等。

2）保险人对监管部门应履行的义务。一旦一家公司获得了经营业务的许可，它就被持久地纳入到保险监管体系之中，并接受监管部门的持续监督。它必须对监管部门履行法定义务，例如，定期提交各种财务报表、接收监管人员各种形式的检查并支付法定的监督费用等。

3）对公司管理和市场行为的监管。这是对保险公司进行监管的很重要的一环，目的是为了保证公平、合理的保险价格和市场交易行为。监管的主渠道是接受公众投诉，从中可以调查、判断保险公司的管理层有无利用其专业技能欺骗公众、损害股东和被保险人的利益，公司的承保行为是否存在欺诈和不公平歧视等。

4）对公司的整顿、接管与破产的监管。监管部门对有违规行为的公司的处理是由轻到重逐步进行的。最初发现公司具有不法行为，监管部门会责令其限期整改；如果到期未予整改，监管部门可以停止公司的某些业务经营，重则还会对该保险公司进行接管。

（2）对保单格式与费率的监管

对保单条款监管的内容主体是费率监管。实行费率监管的主要原因除了为了保证偿付能力，还有其自身独特的考虑。业界比较公认的费率厘定的一般原则是“足够、合理、公平”。足够原则是用来保证保单的偿付能力，防止公司间发生以降低费率为主要手段的恶性竞争；合理原则是为了限制保险人收费过高而获得超额利润；公平原则是指费率差异一定要以损失分布差异为基础，应对具有类似损失分布的被保险人收取同一费率。保单格式的事先批准确认从实际上使被投保人的利益得到了保证。然而，随着整个保险市场的日趋成熟，多数业内人士认为严格的批准程序降低了市场运作的效率，使某些险种失去了时效性，而且这样做不能弥补购买者的信息劣势。

（3）对偿付能力的监管

偿付能力是保险公司的灵魂，没有充足的偿付能力就不能从根本上保证保险公司的健康发展，最终保证被保险人的利益。对保险人偿付能力的监督涉及公司操作的方方面面，主要包括：资本额和盈余要求，定价和产品，投资，再保险，准备金，资产负债匹配，与子公司、分支公司的交易，公司管理。

资本管理是公司偿付能力监管的基石。保险公司在开业之前必须满足某种最低资本和盈余要求。资本和盈余是应急基金，可以缓冲公司债务的增长或资产贬值，还可以支付工资清算或破产的费用，从而最大限度地减少保单持有人和索赔者的损失。目前，关于资本和盈余要求的主要模式有最低资本和盈余要求（又称偿付能力标准）、风险资本金要求。此外，还有欧盟国家广泛采用的梯级偿付能力边际方式。

准备金代表保险公司的未来财务责任。准备金加其他负债总额决定了保险公司持有的财产和盈余规模。因此，准备金的计算和提留对保险公司偿付能力而言十分重要。

除了对资本和盈余，以及准备金加以规定来保证保险公司的偿付能力，各国更从根本上对保险公司的资产质量进行监管，主要体现在对资金的来源、投向和使用的严格规定上。在实际操作中，对投资的监管受到各国有关政府监管的理念、金融市场的发展状况、宏观经济形势和保险公司的资产运用的历史情况等因素的影响。

（4）对保险中介人的监管

保险公司出售的保险产品多数是由保险中介人面向客户进行销售的，中介人是保险公司和客户之间的一个桥梁。因此，对中介人，尤其是代理人和经纪人的监管就成为保护消费者利益的一个重要环节。

几乎在所有的国家，保险法均严禁代理人和经纪人的一些行为，例如：歪曲事实，或称误导，指代理人进行不实陈述，误导被保险人购买不利保单；回扣，指代理人或经纪人为诱使消费者购买保险而和其一起分享佣金；欺诈行为；侵占保险人或被保险人的资金等。违规行为严重的代理人将被处以罚款、吊销许可或支付由法庭宣判的惩罚性损害赔偿金。这种严格监管的一个重要出发点就是保护投保人的利益不受侵害，同时维持保险市场的有序发展。

（5）对再保险公司的监管

由于再保险业务和直接保险业务具有本质上的不同，再保险多按照习惯加以操作，没有统一的格式保单和费率。因此，上述对直接保险公司的监管规定很少使用于再保险公司，而且世界各国对再保险公司监管与否、监管的具体内容也多有差异。

（6）对跨国保险活动的监管

开放必然使各国面临一个跨国保险活动的监管问题。管还是不管，独立监管还是联合监管，宽管还是严管，与对国内保险公司的监管有何差异，这些问题构成了一个国家保险监管部门监管跨国保险活动的核心内容。

国际保险监管协会对跨国监管提出了以下基本原则：①不同监管机构应进行合作，以使任何国外保险机构都无法逃脱监管；②子公司应受东道国规则监管，分支公司则同时受母国和东道国的监管；③所有跨国保险集团和保险人都必须服从有效监管；④跨国设立保险实体要同时征得东道国和母国的同意。实施以上四个原则的目的是为了实现发放许可非歧视，监管有效，节省双方监管机构的资源。

4. 保险监管的方式

(1) 公告监管

公告监管，即国家对保险业的实体不加以任何直接监管，而仅把保险业的资产负债、营业结果及其他有关事项予以公布。公告监管的内容包括：公告财务报表；规定最低资本金与保证金；订立边际偿付能力标准。至于业务的实质及经营优劣由被保险人自行判断。保险业的组织、保险合同格式的设计、资本金的运用由保险公司自主决定，政府不做过多干预，这是国家对保险所处最为宽松的一种管理模式。其优点是通过保险业的自由经营，使保险业在自由竞争的环境中得到充分发展；缺点是一般公众对保险公司的优劣不易准确把握，对不正当竞争无能为力。随着现代保险业的发展，公告监管由于不能切实有效地保障被保险人的利益而被许多国家放弃。

(2) 规范监管

规范监管又称为准则主义或形式监督主义，是由政府规定保险业经营的一定准则，要求保险业共同遵守政府对保险经营的重大事项，如最低资本额的要求、资产负债表的审查、法定公布事项的主要内容、管理当局的制裁方式等的规定。这种监管方式强调保险经营形式上的合法性，比公告监管方式更具可操作性，故被称为“适中的监管方式”。规范监管是一种以偿付能力监管为核心，兼及市场行为监管和信息监管的监管方式，是目前大多数国家采用的一种监管方式。

(3) 实体监管

实体监管又称许可方式或严格监管方式，即国家制定完善的保险监管规则，对市场行为、偿付能力、信息披露等都有相当严格、具体的规定，国家保险监管机构具有较大的权威和权力。在创设保险组织时，必须经政府审批核准，发放许可证；经营过程中，在财务、业务等方面进行有效的监管；在破产清算时，仍给予监管。我国目前的监管体制就属于实体监管方式。

5. 保险监管的原则

(1) 依法监督原则

依法监督原则是市场经济的客观要求，保险监督管理机构必须依照有关法律或行政法规实施保险监督行为。保险监督管理行为是一种行政行为。对于行政行为，法律允许做的或要求做的，行政主体才能做或必须做。保险监督管理机构不得超越职权实施监督管理行为。同时，保险监督管理机构又必须履行其职责，否则属于失职行为。

(2) 独立监督原则

保险监督管理机构应独立行使保险监督管理的职权，不受其他单位和个人的非法干预。保险监督管理机构实施监督管理行为而产生的责任（如行政赔偿责任）应由保险监督管理者自己独立承担。

（3）公正监督原则

保险监督管理机构对其监管对象要公平对待。保险监督管理机构对各保险公司和保险中介人必须采用同样的监管标准，不能对一些监督管理对象较宽，而对另一些管理对象较严。公正管理可以创造公平竞争的保险市场环境。此外，保险监管者掌握的各种可以公开的市场信息，应向所有监管对象公开，以体现保险监管的透明度和公正性。

（4）引领发展原则

提供更良好的发展环境已被多数国家列为保险监管的重要目标。以监管促发展，寓服务于监管之中，是我国政府转变职能的必然要求，是初级阶段中国保险业加快发展的客观需要。要充分发挥保险监管对保险业发展的规划、指导和协调作用，引领保险业又好又快地持续、稳定发展。

（5）防范风险原则

保险业是经营风险的特殊行业，稳健经营是其最基本的目标。对于保险监督管理机构而言，也必须以此作为监管的基本目标。保险监管要重视风险的预防和监测，及时防范和化解保险经营风险。

（6）间接监督原则

在市场经济条件下，保险监管对象是自主经营、自负盈亏的独立企业法人。他们享有在法律、法规允许范围内的，自主决定经营方针和经营策略的权力。保险监督管理机构对监管对象享有监督管理的权利，负有监督管理的职责。但是，保险监督管理机构不得干预监管对象的经营自主权，也不对监管对象的盈亏承担责任，这是保险监督管理机构应当遵循的基本监管原则。

（7）保护被保险人合法权益原则

保险监管的根本目的是保护被保险人的权益和社会公众利益。此目的应当是保险监督管理的出发点，同时也是评价保险监管工作成效的主要标准。

6. 保险监管的目标

在发达市场经济国家的保险法规和国际保险监管组织文件中，对监管目标的表述虽然不尽一致，但基本都包括三方面内容，即：维护被保险人的合法权益、维护公平竞争的市场秩序、维护保险体系的整体安全与稳定。一些新兴市场经济国家的保险监管机构除履行法定监管职责之外，还承担着推动本国保险业发展的任务。

中国保监会就具有政府行政管理部门和保险监管机构的双重职能。作为保险监管机构，它应维护被保险人的合法权益、维护公平竞争的市场秩序和保险体系的整体安全与稳定；作为行业行政管理部门，它必须做好保险发展的中长期规划的研究和制定，研究保险发展的重大战略、基本任务和产业政策，要通过规划、指导和信息服务引导保险业发展的方向。

（1）维护被保险人的合法权益

由于被保险人对保险机构、保险中介机构和保险产品的认知程度极为有限，现实与可行的办法就是通过法律和规则，对供给者的行为进行必要的制约，还有一些强制的信息披露要求，让需求者尽量知情。同时，也鼓励需求者自觉掌握尽量多的信息和专业知识，提高判断力，并对自己的选择和判断承担相应的风险。显然监管本身并不是目的，而是防止被保险人的利益可能因不知情而受到保险机构和保险中介公司的恶意侵害。保险机构和保险中介机构的合法利益应当由它们自己依法维护。

（2）维护公平竞争的市场秩序

维护公平竞争的市场秩序的目标可以理解为第一目标的延伸。同时，监管者也要明白，自己的使命是维护公平竞争的秩序，而不是为了“秩序井然”而人为地限制、压制竞争。

（3）维护保险体系的整体安全与稳定

维护保险体系的整体安全与稳定是维护被保险人合法权益、维护公平竞争的市场秩序的客观要求和自然延伸。这里有两点需要注意：一是维护保险体系的整体安全稳定是前两个目标的自然延伸，而不是单一的和唯一的目标；二是维护保险体系的整体安全稳定，并不排除某些保险机构和保险中介机构因经营失败而自动或被迫退出市场。监管者不应当、也不可能为所有保险机构提供“保险”。监管者所追求的是整体的稳定，而不是个体的“有生无死”。

（4）促进保险业健康发展

促进保险业健康发展是我国保险监管机构的主要工作目标。具体地讲，就是要强调保险业全面协调可持续发展、坚持市场价值取向发展、坚持有秩序并充满活力的发展，以及坚持有广度和深度的发展等。

本章小结

企业目标的实现会面临各种风险，保险是应对企业风险的重要措施。本章主要讲述了企业风险的来源和分类，重点分析了企业财产保险中的火灾保险、运输保险和工程保险，介绍了企业主要责任保险的相关内容。同时，企业员工面临的风险是企业风险管理的重要内容，本章也重点阐述了相关内容。最后，探讨了企业保险的选择和购买、企业投保决策的约束及我国企业保险管理的现行模式，阐释了保险市场及保险监管的概念和相关内容，为我国企业合理、有效地投保提供参考。

复习思考题

1. 企业风险的来源及分类方法有哪些?
2. 试述企业财产保险的主要内容。
3. 企业员工面临的风险有哪些?
4. 试结合具体案例，说明如何进行保险的选择与购买?
5. 试述我国保险监管市场的现状。

第八章　工程项目风险管理

本章学习目标

1. 了解工程项目风险管理的相关概念。
2. 熟悉工程项目风险评估的方法。
3. 了解并掌握工程保险的概念、特点及基本功能。
4. 了解工程项目风险处置任务，掌握工程项目风险处置方法。

随着科学技术的进步，许多结构复杂、功能繁多的大型工程系统不断出现。然而，现代社会经济科技环境等的变化非常快，使得这些大型工程项目的建设面临很多风险，并且一些大的服务型社会活动也会遇到各种各样的风险。为了科学、合理地完成项目目标，必须对工程项目风险进行管理。

第一节　工程项目风险管理概述

一、工程项目风险及其成因

1. 工程项目风险的概念

工程项目风险即在工程项目施工过程中或一定的使用期内出现的，与工程预期结果相背离，并使相关当事人蒙受损失的情况。由于工程项目施工周期普遍较长、施工过程和施工工艺复杂、建筑材料和设备工、器具繁多，所以工程项目的风险是普遍存在的。

在工程项目风险中，将引起和产生风险情况的原因称为工程项目风险源。按照不同的工程项目风险来源，将工程项目风险分为自然原因引起的风险和人为原因引起的风险。在实际的项目施工中，人为原因引起的工程项目风险偏多。

2. 工程项目风险的成因

工程项目风险主要是由不确定事件造成的，很多不确定事件是由信息不完备造成的，这种信息不完备是由人们无法充分认识一个项目未来的发展和变化而造成的。从理论上说，项目的这种信息不完备情况能够通过努力得到改善，但是毕竟风险具有客观性，无法通过主观努力完全消除，这主要有两个方面的原因。一方面是人们的认识能力有限。由于人们在认识事物的广度和深度方面的能力有限，所以对当今世界某些事物属性的认识仍然存在着很大的局限性。从信息科学的角度来说，人们对于事物认识的这种局限性，是人们获取数据和信息能力的有限性与客观事物发展变化的无限性之间的矛盾造成的。人们对于项目的认识同样存在认识能力局限问题，这就造成了不能确切地预见项目的未来，从而形成了工程项目风险。另一方面是信息本身的滞后性。由于世界上所有事物的属性都是由数据和信息加以描述的，但是人们只有在事物发生以后才能获得有关事物的真实数据，而且必须对数据进行加工处理之后才能产生有关该事物的有用信息，所以有关事物的信息总是在事物发生以后，经过加工整理才能产生。由于数据加工处理需要一定的时间，所以任何事物的信息就会比该事物本身滞后，由此形成了信息本身的滞后性。对于工程项目更是如此，这也是造成信息不完备性的主要原因之一。

二、工程项目风险管理

当今社会工程建设一般都须运用复杂的管理系统，其中必然隐含着各种各样的风险，如高空坠落、在建工程倒塌、环境污染、现场管理疏忽导致工程不合格、建材和机械设备等损毁或者丢失等。在这种情况下，只有进行有效的风险管理，才能降低风险发生的概率，减少事故造成的各项损失。

1. 工程项目风险管理的含义

目前，对于工程项目风险管理的含义尚没有统一的界定。本书从工程项目风险的属性出发，结合一般风险管理的定义，将工程项目风险管理定义为：依据工程项目风险环境和设定的目标，对工程项目风险进行分析和决策，并实现风险控制目标的过程。风险管理包括策划、组织、领导、协调与控制等活动，通过风险识别、风险分析和风险评估，提供一个有效的事先计划，并合理地使用回避、减少、分散或转移等方法对风险实行有效的控制，妥善地处理风险造成的不利后果，以合理的成本保证安全、可靠地实现预定的目标，减少风险对组织资源、收益，以及现金流的不利影响。从工程项目风险管理的全过程来看，工程项目风险管理主要分为工程项目风险识别、工程项目风险分析、工程项目风险评价和工程项目风险处理四个步骤，而工程项目风险识别是首要和基础环节。

2. 工程项目风险态度及衡量

进行工程项目风险管理时，不同的人对风险环境所采取的态度是不同的，确定工程项目管理者的风险态度可以帮助上层风险管理者了解下层对待风险的主观倾向。一般情况下，风险态度可区分为风险偏好、风险中立和风险规避。为了实现较高期望而愿意冒风险的人士通常被称为风险偏好型人；既不愿意冒大的风险，又不愿意放弃有较高回报的可能性的人士为风险中立型人；不愿意承担任何风险的人士为风险规避型人。为了能给出恰当、合理的评价区分标准，然后按照该评价指标判断某一特定的决策者的风险反应模式属于何种风险态度类型，需要风险态度衡量方法对其衡量区分。风险衡量方法较多，较为常用是技术衡量法。

技术衡量法是运用风险认识调查表判断被调查者对风险的认识程度和采取的对策。技术衡量法与效用测量表法的测试手段比较相似，都是通过向被调查者发放调查表的形式，调查和测量被测试者的风险态度。但是两者存在一定的区别，效用测量表法中向测试者发放的是效用测量表，其内容与本方法中的风险认识调查表不同。另外，两种方法反映的测试者的风险态度的角度也是不同的。技术衡量法的风险认识调查表中设计出各种风险项目，然后由被调查者来分析风险事项发生事故的频率，根据他们的预测判断其风险态度。

这里以一则案例来说明运用技术衡量法判断施工人员和施工现场设施看管人员对待设施的风险态度。这个测试的思想是通过让被测试者分析所列出的建材、设备和设施在以往特定时段内发生事故的次数，然后与实际发生次数比较，来判断他们对风险的认识程度。测试者依据两个方面分析事故次数：一是看管的设施所处的风险环境，二是以往发生事故次数的经验数据。两者都是以被测试者的主观判断为基础的。因此，风险认识表的结果能够充分反映被测试者的风险态度。在拟定风险认识调查表时，首先要站在项目全局的高度，判断和选择相对重要的建材、施工设备和设施，让测试者分析它们的事故发生次数。在此之前，实际上测试人员已经收集了所有被调查的设备、设施在上一个施工年度的事故次数，见表 8—1。

在事故次数统计表的基础上，设计出风险认识调查表，见表 8—2。作为示范，表 8—2 中给出了混凝土搅拌机在上一年的事故次数，其余次数为被测试者自己填写的分析次数。将风险认识调查表发放到被调查者的手中，指导其填写。测试者将被测试者分析的事故发生次数与实际次数进行比较。若分析次数高于实际次数，说

表 8—1　　事故次数统计表

机器、建材类别	事故次数（次）
挖掘机	5
混凝土搅拌机	15
龙门架	0
泵车	6
运输车	10
压板机	13
焊接机	5
砖石、水泥等建材	27

表 8—2　　风险认识调查表

机器、建材类别	事故次数（次）
挖掘机	9
混凝土搅拌机	15
龙门架	0
泵车	4
运输车	15
压板机	10
焊接机	8
砖石、水泥等建材	20

明被测试者对待风险比较保守，属于风险规避类型。若分析次数低于实际次数，说明被测试者对待风险过于乐观，没能充分认识到风险的严重性，属于风险偏好类型。若分析次数等于实际次数，说明被测试者对待风险属于中立态度。此外，从风险认识调查表还可以看出被测试者风险态度的变化。同一个被测试者对不同风险标的的风险态度可能是不同的。若对某一标的事故次数分析较高，即为回避型风险态度，而对另一个标的事故次数分析较低，即为偏好型风险态度。风险事故分析次数与实际次数的偏差程度可以绘制成图，如图 8—1 所示，用斜率为 1 的直线表示实际事故次数与分析值完全一致，分析点落在直线以下的说明低估风险了，而分析点落在直线以上的说明高估风险了，而分析点恰好落在直线上的说明恰当地评估了风险。

从上述分析可以看出：风险认识调查表比较适合用于估测风险态度，但是分析

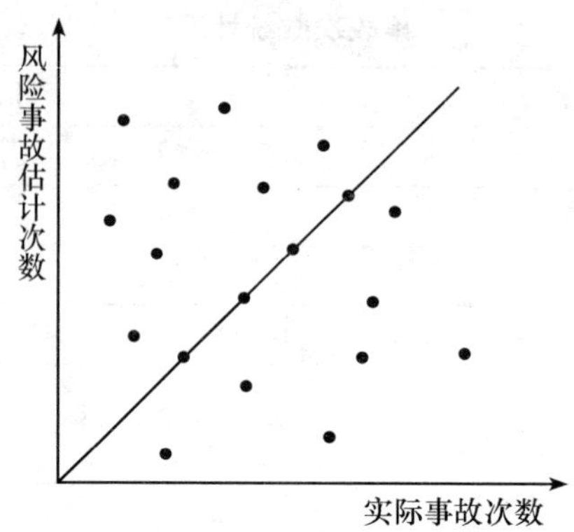

图 8—1　事故实际次数与分析次数比较

每一次的事故次数很烦琐也很困难，而且有时可能会出现误差。因为被测试者不了解标的风险状况或态度不认真，导致事故次数分析不准，这样的调查结果不能真实地反映被测试者的风险态度。为了简化风险态度的评估过程，也可只对各种意外事故发生的可能性进行排序，而不必分析具体的次数。以土建工程施工中常见的风险为例，给出更简洁的风险排序调查表，见表 8—3。

表 8—3　　风险排序调查样表

风险事故	排序
高空坠落	2
建材盗失	1
电路短路	4
接口不协调	3
建筑物倒塌	5

3. 动态工程项目风险管理思想

项目风险管理是项目单位对项目全寿命周期内可能遇到的风险进行预测、识别、分析、评价，并在此基础上采取措施，提出对策，减少风险的损失，从而实现项目目标的科学管理方法。项目风险管理的目的就是提供一套针对工程项目进行风险管理的系统方法，一般可分为两类方法：一是单一过程的项目风险管理方法，包括项目风险因素（风险源）识别、对项目风险因素影响结果的量化、针对项目风险提出的响应对策；二是动态过程的风险管理方法，即在项目的实施过程中不断地重复上述步骤，利用风险管理过程中的反馈机制实现动态的风险管理过程。动态风险管理将伴随项目的整个寿命期，从项目的发起、可行性研究阶段开始，到项目建设的完成，乃至整个项目的运营阶段，贯穿于整个项目管理生命周期过程，并在风险管理过程中形成风险管理文档，为以后的项目提供历史数据。

综合上述思想，从现代工程项目管理的角度来看，工程项目风险管理应该以一定的技术手段对项目实施过程中出现的使项目目标（投资、进度、质量、安全等）有可能出现偏差的风险进行动态的系统管理。从动态工程项目风险管理周期来看，工程项目风险要经历两个阶段：第一个阶段是风险管理计划的制定；第二个阶段是风险管理计划的实施与调整。这两个阶段是前后衔接、互相影响的，最终构成了动态工程项目风险管理过程的闭合循环系统，如图 8—2 所示。

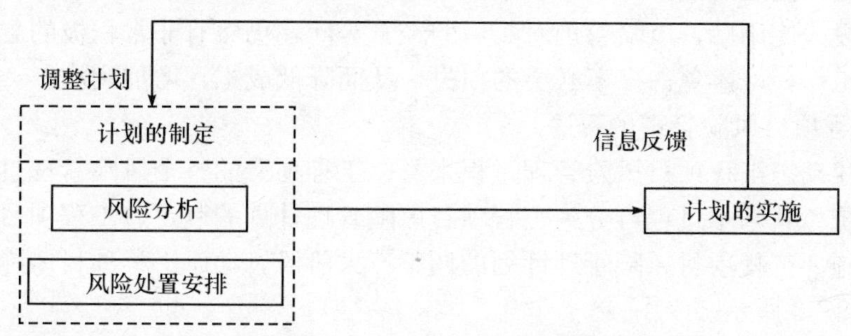

图 8—2　动态风险管理周期

工程项目风险管理从计划的制定开始，经历风险计划的实施、控制与调整等过程。在风险管理计划实施过程中，根据实施过程反馈的信息，进行风险控制或调整风险管理计划，然后再实施、再反馈、再调整，直至实现预定的工程项目风险管理目标终止循环。

项目风险管理具有继承性和个性化特点。工程项目之间的风险环境和出现规律有总体相似性或部分相似性，因而很多项目风险管理的宝贵经验在以后的项目风险管理中得以应用。但是，由于每个工程项目又具有一定的独特性，将其他项目的风险管理经验应用到当前项目都会存在一定的局限性。因此，还必须结合当前项目的风险特点和现状进行具体的风险分析技术选择和应用。

4. 工程项目风险管理的目标

在规划和实施管理任务过程中，首先必须订立目标，只有明确目标，才能使组织的每个成员都朝着目标努力，形成同方向的合力，最终取得预期的效果。工程项目风险管理尤其如此。

一般情况下，工程项目风险和项目密切相关，工程项目风险管理的对象通常是一些规模不等的工程项目，在工程项目的不同阶段，风险管理的目标是不一致的。因此，风险管理的目标不是单一不变的，不同阶段有不同的风险管理目标。

（1）投资准备阶段

这一阶段项目变动的灵活性最大，通过风险管理可以了解项目可能会遇到的风险，并检查是否采取了所有可能的步骤来减少和管理这些风险。

（2）项目实施阶段

可以查明项目不同参与主体是否认识到项目可能会遇到的风险，以及这些风险因素对自身的影响程度，并在此基础上判断能否完成项目的总体目标。

（3）投入使用阶段

项目投入使用后，风险管理对其后的经营等问题仍然有非常积极的意义。做好风险管理工作，可避免许多不必要的损失，从而降低成本，增加利润。

5. 工程项目风险管理的程序

从前述动态工程项目风险管理过程来看，工程项目的整个风险管理过程其实是个循环系统。其基本过程可分为工程项目风险管理计划的制定、工程项目风险管理计划的实施、工程项目风险管理计划的调整三大阶段。动态工程项目风险管理的流程，如图 8—3 所示。

（1）工程项目风险管理计划的制定

明确了工程项目风险管理目标之后，最紧要的就是制定工程项目风险管理计划。工程项目风险管理计划是工程项目风险管理组织进行风险管理的重要工具，是风险管理过程的基础环节。工程项目风险管理计划的主要内容包括设置工程项目风险管理组织、工程项目风险识别、工程项目风险分析与评价、工程项目风险处置方案安排。

（2）工程项目风险管理计划的实施

工程项目风险管理计划制定之后，接下来要做的工作就是贯彻和落实计划。再好的计划只有经过落实才能显现效力，实现风险管理的目标。工程项目风险计划的落实需要风险管理组织作保证。风险管理的组织形式、规模，以及组织中的每个岗位的职责和权限都应在计划实施之前拟定好。

在工程项目风险管理计划的落实过程中，管理人员应做好指导、监督、检查和信息反馈或决策等工作。对于工程项目风险管理来说，风险管理是全员参加的、施工周期内全过程的、动态监控的复杂管理系统。从小工程到大工程，从普通房屋土建结构施工到核电站等高危险、高难度工程的施工，一个细微的施工环节出现问题都可能导致风险事故的发生。因此，工程项目风险管理必须动员全员参与风险的防

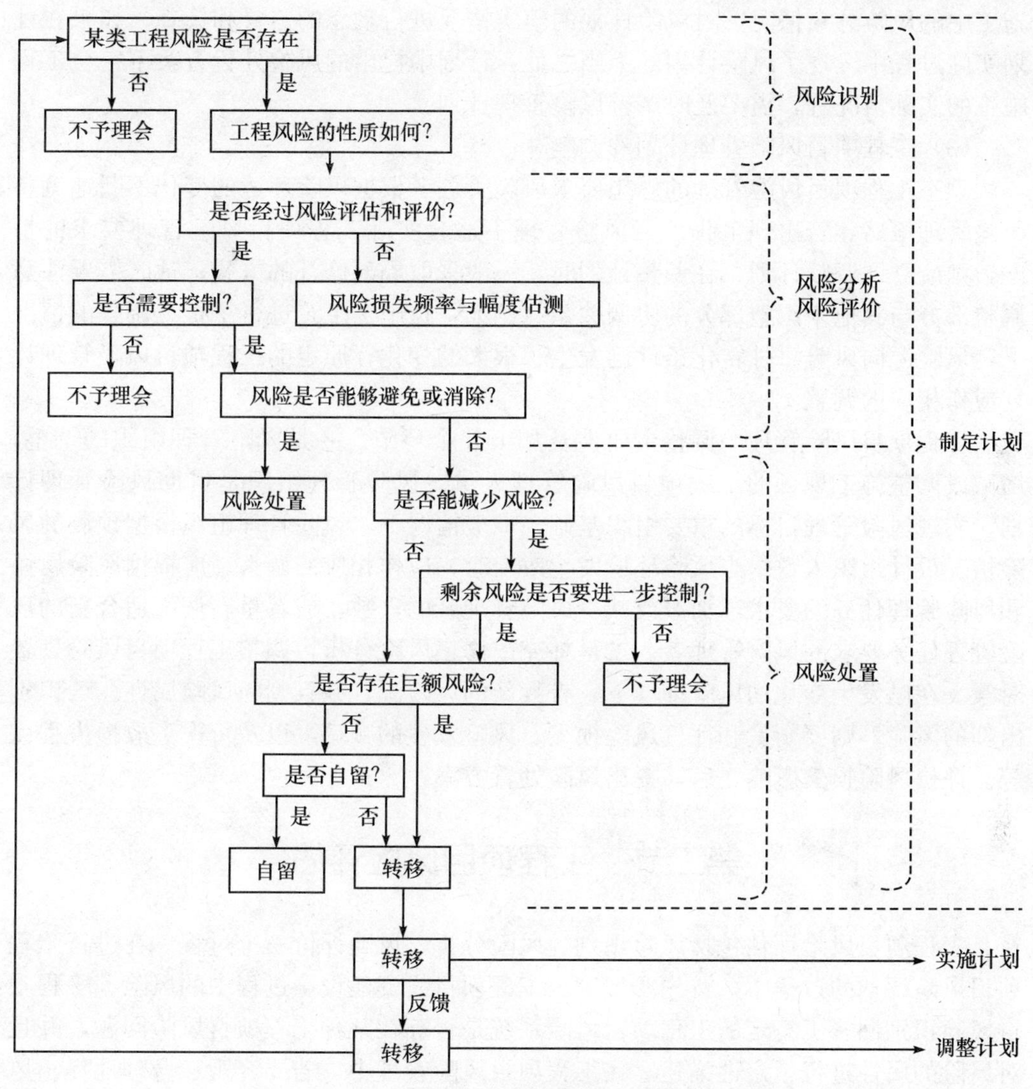

图 8—3　动态风险管理流程

范和处置，才能更有效地降低风险。工程项目风险管理计划实施过程中的指导和组织协调是非常重要的。风险管理组织人员向施工人员、技术人员、现场管理人员等介绍风险管理计划的思想和内容，并且帮助他们明确自己在风险管理中的职责和具体的风险管理办法等。在计划实施过程中，风险管理人员应根据项目的进展程度和施工中的风险分布情况，对风险计划的落实情况进行动态的监督和检查。如果在计划实施过程中发现了风险计划的不当之处，计划中提出的风险处置方案不符合工程施工的实际情况等，需要及时调整风险管理计划。

(3) 工程项目风险管理计划的调整

动态工程项目风险管理的思想要求风险管理者根据风险环境的变化不断地调整风险管理策略。若出现工程项目风险管理不适合实际工程项目风险管理要求的情况，则应立即调整计划。在调整计划时，一般采取局部修补的方式，这时需要注意调整部分与其他未调整部分的协调关系。例如，在施工工艺进行了很大调整的情况下，风险源向风险事件转化条件已发生了很大的变化，原定的工程项目风险管理计划应作相应的调整。

工程项目风险管理的调整主要涉及如下几个环节。一是风险管理组织的调整，增减或调整施工现场的工程项目风险管理人员。风险管理组织是贯彻风险管理计划、实现风险管理目标的重要组织基础。一般情况下，风险管理组织根据预测的风险情况设计组织人数。当风险环境发生改变时，应作相应的调整。应根据风险属性和风险管理任务的要求，加派或减少风险管理者的人数，或者重新调配适合新的风险管理任务要求的风险管理者。二是补充或修正风险分析，调整工程项目风险处置对策。在已发生变化的风险环境下，查找新的风险源，并且判断风险属性。若识别出新的风险，则要衡量和评价风险损失、风险发生的频率，以及每次事故损失程度等。评价风险损失影响之后，提出风险处置方案。

第二节　工程项目风险评估

工程项目风险评估包括风险识别、风险分析、风险评价三个过程。在进行工程项目风险评估的过程中，首先要识别出工程项目投资建设全过程中的风险。工程项目风险识别回答了特定的工程项目风险系统是否存在某种工程项目风险问题，并且对风险的属性进行了定性描述。在工程项目风险管理中，若要客观、合理地提出风险处置方案，仅凭借风险识别的结果是不充分的，还必须弄清楚风险发生的概率、风险期望损失、每次事故最大可能损失等。由此可知，工程项目风险识别和工程项目风险分析分别是从定性和定量两个角度描述工程项目风险的属性。工程项目风险识别和分析采用实证分析模式，而工程项目风险管理的目的是解决风险带来的问题，因而还需要应用规范分析的思想，评价已识别和分析的工程项目风险对工程项目总体目标的影响。

一、工程项目风险识别

1. 工程项目风险识别的含义

工程项目风险识别是工程项目风险管理的最基础的环节，工程项目风险管理是以风险识别的结果为基础进行的。所谓工程项目风险识别就是指通过风险调查和分析，查找出工程项目的风险源，并且找出风险因素向风险事故转化的条件。从工程项目风险识别的定义可知，工程项目风险识别过程主要存在两个环节：一是查找风险源；二是找出风险因素向风险事故转化的条件。

在查找风险源时，首先应将整个工程项目分解成若干分项工程，对逐个子项工程进行分析和识别；其次应熟悉各子项工程的施工顺序和技术设施；再次应了解类似工程的风险状况，为本项目的风险识别提供借鉴。

查找出风险源之后，找出风险因素向风险事故转化的条件，在转化的链条中间加以干预，控制风险的转化，降低风险事故发生的概率和损失程度，是所有的工程项目风险管理工作的主旨所在。

2. 工程项目风险识别的基本原则

工程项目风险识别是工程项目风险管理中比较重要的基础性工作，这一阶段的工作结果直接影响着其后的风险分析和处置。因此，工程项目风险管理者应遵循一定的原则做好工程项目风险识别工作。

（1）完整性原则

工程项目风险识别的完整性原则是指在工程项目风险计划制定阶段应全面地识别出标的工程潜在的风险。为了保证风险识别的完整性，可以采用多种风险识别方法，从多角度进行分析和识别，工程项目风险识别可以选取的角度包括时间角度和空间角度等。工程项目风险的时间角度是指按照工程施工各个阶段的风险环境、施工特点等因素进行工程项目风险的识别。工程项目风险的空间角度是指从不同的标段、不同的分部工程或者分项工程识别工程项目风险。因此，多种方法和多角度交换和交叉的结果有助于全面而无遗漏地识别工程项目风险。

（2）系统性原则

工程项目风险识别的系统性原则就是在工程项目风险计划的制定阶段，应从工程全局的角度系统地识别工程项目风险。工程项目风险识别的系统性主要表现为按照工程的内在施工工艺顺序和内在结构关系识别风险。为了系统地识别工程项目风险，风险管理人员应深入了解工程设计和施工工艺，清楚工程施工流程和施工进度，按照工程项目施工系统的自然发展过程进行工程项目风险识别。

(3) 重要性原则

重要性原则是指工程项目风险识别应有所侧重。主要侧重点有两方面：一是风险属性，着力识别出一些重要的工程项目风险，即期望风险损失较大的风险；二是风险载体，那些对整体工程项目都有重要影响的结构必然是工程项目风险识别的重点。

在风险识别过程中，系统性原则与重要性原则是一对紧密联系在一起的重要的风险识别原则。在系统性原则的指导下，还应按照重要性原则有所侧重地识别风险。系统性原则保证了工程项目风险识别的效果，而重要性原则保证了工程项目风险识别的效率。从工程项目的总体目标来说，只有系统性原则与重要性原则相互结合，才能保证工程项目风险识别的效果和效率。在系统性原则指导下的工程项目风险识别应该在系统地识别风险的同时，有所侧重地把重要的风险载体的风险和一些比较重要的风险识别出来。

3. 工程项目风险识别中的关键问题

(1) 工程项目风险识别方法的选择

风险管理是一门比较成熟且具有创新活力的应用型学科，因而风险分析的方法和风险处置的措施也较为完善。工程项目风险识别的主要任务是定性地判断特定的工程项目风险是否存在及其属性如何。因而，工程项目风险识别方法通常是一些定性的风险分析方法，且各种工程项目风险识别方法的分析角度、分析路线和分析的侧重点等有所区别。在工程项目风险识别过程中，应根据具体的工程项目风险识别对象的各种因素权衡，选择适当的风险识别方法。这些因素包括施工特点、风险环境、项目进展阶段和现有风险管理资源等。例如，在某一分项工程正式施工之前识别风险，由于此时还没有开工，施工环境还未形成，很多风险因素还未出现，就比较适合采用资料法、专家调查法等方法来查找风险因素。

(2) 工程项目风险识别路线的选择

工程项目风险识别是一项复杂的系统工程，风险识别的路线不同，最终的识别结果也就不同。工程项目风险识别的路线如下：①按照工程承包的标段进行风险识别，即以每个标段作为风险识别单位进行风险识别；②按照工程施工顺序进行风险识别，一般风险识别是在工程施工之前进行，可以根据类似工程来设想或模拟工程施工顺序，预测风险源和风险事件及其转化的条件；③按照相对独立的分项工程或分部工程进行风险识别，识别动态风险管理过程存在的风险。有时按标段或按施工顺序识别风险很复杂，就可以按照较小的工程单位进行风险识别，如按照分部工程识别，也可以进一步细分，按照分项工程识别。

(3) 工程项目风险系统的预测和以往资料的利用

通常在识别工程项目风险时，可能尚未施工或仅部分施工，工程项目风险系统也尚未完全形成，而风险管理者必须事先预测这些风险，制定风险管理计划。因而，风险管理者必须通过恰当的途径预测风险系统、查找风险源、判断风险属性。工程项目风险系统可以借助以往类似工程的资料预测或模拟目标工程的风险。建筑领域将工程项目划分为很多类别，相同类别的工程的施工工艺和风险环境存在类似之处。因而，其他工程的风险经验可以借鉴到目标项目的风险识别中，也可以通过询问或调查专家的意见，预测目标工程的风险系统。

4. 工程项目风险识别方法

风险识别的一般方法在本书第三章已做详细介绍，前文介绍的识别方法都可以对工程项目中的风险进行识别，这里主要介绍两种辅助风险识别方法。

(1) 资料法

这是工程项目风险识别中常用的辅助风险识别方法。由于工程项目风险的复杂性及工程项目子工程之间某些风险状态的相似性，可以通过收集各种有关投保工程的文字和图表资料识别目标工程的风险。尤其对工程尚未施工或刚刚动工就进行风险分析的项目，难以通过实地观察识别风险，使用资料法较为合适。但是，资料法本身具有一定的局限性，资料的真实性、完整性和有效性影响着风险分析的结论。因而，资料法一般作为辅助的风险识别方法，配合其他方法进行风险识别。

(2) 询问法

识别工程项目风险仅靠资料是不够的，还要具体工程具体分析，询问即比较适合的方法。风险管理者可以询问专家、承包商或施工现场的技术人员及管理人员。在工程投保工程保险的情况下，也可以询问投保人。我国保险法规定：保险人可以就保险标的或被保险人情况提出询问，投保人应履行如实告知义务。询问调查法一般有两种形式：一是依据投保单询问，投保单根据风险评估和保险条款需要制定，适用于一般的询问；二是依据询问表询问，询问表是对投保单的补充，是根据具体工程情况制定的附加表。在采用询问法获取风险资料时，可以事先拟定风险询问调查表，让被询问者根据调查表的内容，提供风险资料。这样，询问有一个纲目可以遵循，使得风险询问过程更容易。

对于风险识别方法的可操作性要求主要包括两个方面：

1) 风险识别方法应能满足项目风险共性化要求，也就是说该方法对于一般的项目风险识别都是适用的；

2) 这种识别方法能够保证全面识别风险，并且能找出风险源和重要的风险环节。

在风险识别可操作性要求的基础上，风险识别方法应由定性化的风险识别逐渐朝着定量化的方向转变。

二、工程项目风险分析

1. 工程项目风险分析的含义

工程项目风险分析就是分析风险的性质、估算风险时间发生的概率及其后果严重度，以明确项目的不确定性。从工程项目的风险管理周期来看，风险识别是风险管理的基础，通过风险识别将工程中可能存在的风险定性地识别出来。但仅仅知道风险载体可能存在的风险还不够，还要掌握风险发生的可能性的大小、风险一旦发生可能造成的损害程度等。这些问题需要风险分析来解决，因而风险分析是工程项目风险管理量化和深化的过程，也是工程项目风险管理不可或缺的环节。

2. 工程项目风险分析的理论基础和原则

工程项目风险分析的重要内容之一就是对风险损失发生概率的分析，而概率分析的理论基础就是大数法则和概率推断原理。在进行工程项目风险分析时，通常是根据相关历史资料和同期类似工程的风险状况来分析目标工程项目风险，这一分析过程的理论基础就是类推原理和惯性原理。基于此理论基础和实际情况，工程项目风险分析必须遵循以下原则：

（1）系统性

即本着系统性原则进行风险分析，主要从已识别出的风险整体考虑，保证既全面又有重点地分析风险。

（2）谨慎性

风险分析的结论将影响风险处置措施的选择。因此，应慎重分析，不要低估风险。

（3）相对性

多数风险分析方法的道德结论是相对的，即一种风险的大小是相对本风险系统内的其他风险因素对风险目标的影响程度而言的。

（4）定性分析与定量分析相结合

风险分析既可以用定性分析，又可以用定量分析，不同的风险评估方法将得到不同形式的评估结果。综合使用多种风险评估方法有助于从不同侧面反映风险状态。

3. 工程项目风险分析的主要内容

（1）工程项目风险分析体系

从工程项目总体的风险分析要求和风险源分布特点来分析，工程项目风险分析体系主要包括如下方面：工程状况；施工方案和施工组织计划；工程设计、施工和监理三方的资质；工程主要安装设备情况；施工机具设备情况；工程原材料供应情况；施工现场的防灾、救灾设施及安全管理。

(2) 工程项目风险分析的具体内容

在工程项目风险管理中，若要进行风险决策，必须从定性和定量两个方面弄清楚工程项目风险的属性。对于每一具体的工程项目风险来说，需要分析以下四个方面。

1) 风险因素转化为事故的概率和损失分布。在工程项目风险发展过程中，并不是所有风险因素都能最终发展成导致损失的风险事故。因而，判断其发生的概率，就可以确定风险的影响程度和严重性，据此进行风险处理决策。在分析工程项目风险分布规律时，需要采用专家调查法、现场观察法、模糊综合评判法等方法，对工程项目风险进行现场观测或试验模拟，分析出目标风险的概率分布。

2) 单一工程项目风险的损失程度。如果某一风险因素导致事故损失的可能性很大，但可能的损失却很小，就没必要采取复杂的处置措施。只有综合考虑了风险发生概率和损失程度后，才能根据风险损失期望制定风险处置策略。在分析了目标风险的概率分布和了解了发生的可能性之后，还要分析单一工程项目风险可能造成的损失程度。工程项目风险损失可以依据工程项目风险载体的状况、风险的波及范围和可能造成的损坏程度来分析。

3) 若干关联的工程项目风险导致同一风险单位损失的概率和损失程度。工程项目风险管理者在制定工程项目风险计划时，一般关心在特定的风险管理子系统中承担的风险损失值期望。因此，有必要从某一风险单位整体的角度，分析多种工程项目风险可能造成的损失总和，以及发生风险事故的概率。

4) 所有风险单位的损失期望值和标准差。为了掌握风险管理系统的总体风险状况，还应分析总的风险管理系统中的所有风险单位的损失期望值和标准差，也就是分析所有风险单位的风险因素叠加后的损失期望值，并且分析这个损失期望值与各种可能的损失值之间的偏差程度。这里用风险损失的标准差衡量这个偏差程度。

(3) 工程项目风险定级

工程项目风险评估得出的粗略的风险评估结果就是风险定级。通过风险评估，预测风险损失结果，根据总体工程项目风险系统的状况和业主或承包商的风险承受能力，将工程项目风险粗略地分成四个等级，见表 8—4。

表 8—4 工程项目风险分级表

等级	评价标准及处置方式
一级	风险事故后果可以忽略，可以不采取控制措施
二级	风险事故后果较轻微，不至于破坏某个分项工程，应权衡风险损失与风险处置成本，采取适当的处置措施
三级	风险事故后果很严重，可能破坏某个分项工程并有人员伤亡，应立即采取措施
四级	这是危险等级最高的风险，风险事故后果是灾难性的，应立即排除

将工程项目风险分为不同级别，有利于把握风险的处置原则，并以此为基础制定工程项目风险处置方案。

4. 工程项目风险分析程序

在进行风险评估时，采用不同的风险分析方法来进行风险分析时的步骤是不同的，通常的风险分析流程如图 8—4 所示。具体步骤如下：

(1) 确定风险分析的目的、要求，并收集资料。资料是风险分析的基础，风险

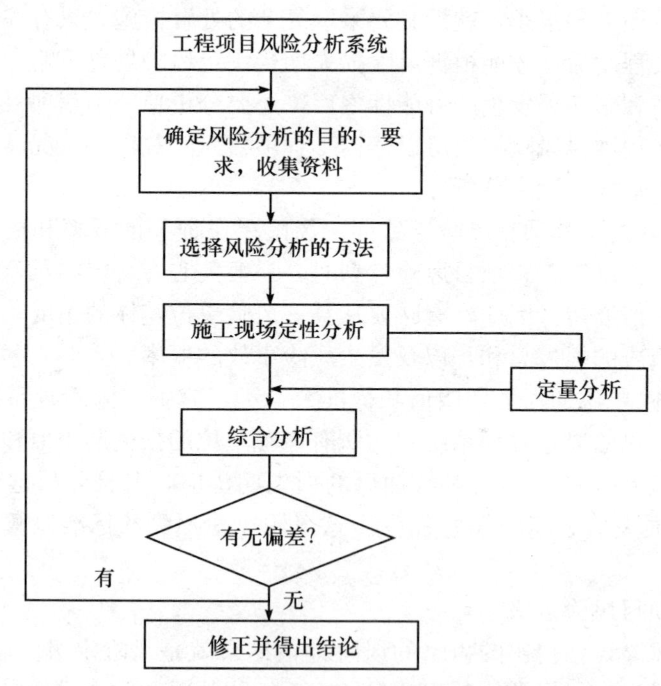

图 8—4 工程项目风险分析流程图

分析资料包括通过施工现场调查分析取得的第一手资料和从工程文件、其他项目资料中取得的第二手资料。

（2）选择风险分析方法。风险分析方法很多，不同的风险分析方法得出的结论形式有所区别。因而，应根据风险标的风险状态特点，以及后续的风险处置需要，选择适合的风险分析方法。

（3）定性分析。通过观察、询问和问卷调查等方法收集信息，形成对工程项目风险状况总体的定性判断。

（4）定量分析。确定风险分析变量及风险分析公式，风险分析应以分析变量的公式进行评估，确定各个变量表达形式，比如是用相对量、绝对量还是模糊判断的分数表示。

（5）综合评估。

（6）修正并得出结论。风险分析过程涉及主观判断，因而得出的结论有可能与风险的客观情况有偏差，对风险结论进行检验和修正可使风险分析结果更客观。

5. 工程项目风险分析方法

工程项目风险分析的目的是对风险发生的可能性和风险损失程度，以及风险的不可控制属性等风险状态变量做出判断，很多风险分析方法都能从不同的角度分析得出这些风险状态变量。目前，工程项目风险领域的风险分析主要是基于主观的概率判断。工程项目呈现出用途的多样化、建筑结构和施工过程的复杂化等特点，这就要求针对具体工程项目的风险状况选择适合的风险分析方法。

（1）CIM 法

CIM 法即 CIM 模型，又称控制区间记忆模型，是由英国学者 C. B. Chapman 和 D. F. Cooper 于 1983 年提出的。该方法的特点是应用分级分类的方法组织各个风险因素。这种组织方法与工程项目进行投资概算的结构较一致，使风险因素的识别、量化过程较科学、合理。CIM 法用直方图表示变量的概率分布，用“和”代替概率函数的积分，并按串联或并联响应模型进行概率叠加；利用“控制区间”可以减少叠加误差，提高计算精度；利用“记忆”的方式考虑前后变量间的相互关系。CIM 法既能处理风险因素相互独立的情况，又能处理风险因素相关的复杂情况，是一种对复杂风险变量概率分布进行综合叠加的有效方法，也是一种现代风险分析理论中进行风险因素组合、量化评价的新技术。

（2）AHP 法

AHP 法又称层次分析法，是一种定性分析和定量分析相结合的工程项目风险分析方法，这种方法在工程领域应用得比较普遍。从 AHP 法的分析过程可以看出，它是以定量化的思想定性地分析工程项目风险。利用 AHP 法进行风险分析的基本思想是利用递阶层次结构的方法识别标的工程存在的主要风险因素，然后由多位专家从风险损失额和风险发生概率等方面判断风险因素的相对重要性，并在此基础上对专家判断矩阵进行一致性检验。若通过一致性检验，则计算各风险因素的相对重要度并排序；若未通过一致性检验，则要重复前面的过程，修正专家意见，直到通过一致性检验。

AHP 法的特点表现为：风险损失期望和损失概率分析主要是基于专家们的主观判断；风险评估结果是以本项目的风险系统中的各因素的相对重要程度表示的，并不能得出各种风险的损失额及损失发生概率等绝对指标。

（3）模糊分析法

当分析风险事件发生的概率和结果缺乏历史数据时，可以采用模糊分析法进行风险分析。该方法的特点是将纯粹定性的风险判断结论与定量的模糊数学方法相结合，既回避了定量描述风险损失额和风险发生概率缺少历史数据的困难，又解决了模糊性语言描述的不准确和不完整的弊端。

模糊风险分析的基本原理是组织风险分析人员和有关专家对风险进行主观分析。当风险因素的分析结果难以量化时，通常以大小、强弱、高低等模糊语言来描述风险概率和风险损失额。进行模糊风险分析需要解决两个关键问题。一是建立隶属度函数。隶属度函数的构建是基于风险分析人员和专家的经验判断，为了保证隶属度函数能客观反映工程项目的实际风险规律，要求参与模糊评判的风险分析人员和专家具有丰富的工程经验和模糊数学等知识，并采取科学的统计分类方法获得隶属度函数，因而解决这一问题有一定的难度。二是确切地解释模糊风险分析结果有一定的难度。模糊风险分析结果是以模糊语言的形式表示的。由于判断和表达的模糊性，所以用语言描述具体的风险状态存在一定的难度。上述两个问题是模糊风险分析方法遇到的瓶颈。

（4）风险量分析法

同上述风险分析方法比较，风险量分析法是一种更接近定量化的风险分析方法。这里以风险因素对工程项目目标的影响程度来分析风险程度，并且考虑了采取风险处置措施对风险的影响。工程项目风险实质是非风险状态下的目标投资、目标工期、目标质量受风险的影响程度，这一程度受到项目风险损失发生概率、风险损失发生的后果，以及风险因素的不可控制程度等因素的影响。因而，工程项目风险程度可以表示成风险因素发生的概率、风险损失后果和风险的不可控制程度的函数：

$$PR = f(P, I, Q)$$

式中：PR——项目风险程度；

P——风险因素发生的概率；

I——风险事件发生后的影响程度；

Q——风险的不可控制性，以0～1之间的小数表示。

为了更清楚地表达风险程度与风险损失概率、风险损失后果和风险的不可控制程度之间的函数关系，这里引入风险量作为风险分析指标。风险量公式表示为：

风险量＝E(风险发生概率×风险损失水平)×风险不可控制性

式中：风险发生概率即风险发生的可能性，以风险统计概率表示；

风险损失水平即风险发生可能造成风险标的经济损失额；

风险不可控制性指以0～1之间的小数表示风险不可控制的程度。

利用风险量分析法进行风险评估的主要步骤为：

1）分析风险发生概率。风险概率的分析有主观分析和客观分析两种方式，主观分析是让专家对风险发生规律做出判断，客观分析是依据相同或类似项目的风险发生的历史资料进行统计分析，以统计的规律估算目标项目的风险概率。

2）分析风险损失水平。与风险概率分析方式的选择和过程类似，风险损失分析也可以进行主观分析和客观分析。

3）风险的不可控制性。该变量将影响风险损失期望值，也是风险量的重要组成因素。风险的不可控制程度的分析并不容易，需要根据风险处置方法分散和控制风险的有效程度进行分析。应在借鉴其他类似项目风险的不可控制程度的基础上，充分考虑本工程项目风险状况，以及风险管理计划制定和实施过程中所采取措施的有效程度，从而分析该风险的可以控制的程度。

三、工程项目风险评价

1. 工程项目风险评价的含义

工程项目风险评价是指在工程项目风险识别和工程项目风险评估的基础上，综合考虑风险属性、风险管理的目标和风险主体的风险承受能力，确定工程项目风险和风险处置措施对系统的影响程度的过程。风险分析的重点是分析单个风险事件发生的概率和后果的严重程度，而风险评价就可以对单个风险的大小给出评价，并对项目中所有的风险按大小进行排序。同时，工程项目风险评价还能系统分析和衡量项目风险的各种因素，综合评定工程项目风险的整体水平。

2. 定性工程项目风险评价

工程项目风险评价分为定性风险评价和定量风险评价。定性风险评价是通过观察和分析，借助经验判断进行评价的方法。定性风险评价不需要大量的统计资料和估算，只是选择适当的角度和评价准则，定性地判断风险的危害及风险系统的管理控制情况等。定性风险评价主要适用于不是很重要的或者预期风险影响程度不是很大的风险子系统的评价。定性风险评价的方法很多，有检查表式综合评价法、事故树法、系统风险分析问答、AHP 法等。下面重点介绍利用 AHP 法和检查表式综合评价法进行工程项目风险评价的原理。

(1) AHP 法

为了控制工程项目风险，一个工程项目往往设置多重立体的风险防范和控制网络，多种处置方式交叉运用。在对同一风险施以多种防控措施时，各项措施处理风险的效率是不同的，即其防控能力、风险保障能力和处理成本是不尽相同的。在综合使用多种响应措施保证风险治理的整合效果的同时，应给出各种风险措施的优先顺序，保证风险防控的效率和效果。由于 AHP 法是介于定性和定量分析之间的层次分析方法，通过判断矩阵运算可以得出各分析变量之间的优劣顺序，可以选用 AHP 法进行风险处置措施的优先排序。

例如，假设某风险载体的 X 风险的响应措施有 X_1、X_2 和 X_3 三种，它们之间的优先排序过程如下：首先列出相对矩阵模式，然后将各风险措施两两比较，主要比较风险防控效率、措施保障能力和风险处置成本。比较判断过程采用专家调查法，让不同组的专家分别对两两风险处置措施的相对优化程度做出判断，经数据处理得出平均的相对优化度。依此类推，比较其他风险处置措施的相对优化度。当三种风险处理措施两两比较之后，构成相对矩阵，运用方根法计算相对优化度。最后进行一致性检验。若通过检验，则得出风险处理措施的优先顺序；若未通过检验，则重复上述过程进行修正，得出风险处理措施的优先顺序。

(2) 检查表式综合评价法

检查表式综合评价法是以检查表的方式综合评价特定的风险系统。要保证该风险评价方法的效果，关键是合理地设计检查项目和风险评价标准。例如，为了评价某桥梁工程项目施工风险，采用检查表式综合评价法对施工过程中的风险进行评价，设计的检查表见表 8—5。

3. 定量工程项目风险评价

适用于定量工程项目风险评价的方法有可靠性风险评价法。它是以过去损失统计资料为依据，运用数学模型进行风险评价的方法。可靠性风险评价法是先算出风险率，然后与安全指标比较。若风险率大于安全指标，则系统处于危险状态，两者

表 8—5 某桥梁工程施工风险检查表

序号	检查项目	风险状况	得分
1	施工现场的临时休息用的建筑安全状况	是	5
		否	0
2	施工现场的临时仓库的防火、防盗和防水情况	是	5
		否	0
3	各专业工种的施工顺序是否合理	是	5
		否	0
4	是否建立了各项安全责任制	是	5
		否	0
5	现场管理人员的管理能力	是	5
		否	0
6	现场施工组织设计是否合理	是	5
		否	0
7	桩基和承台是否达到动静载荷的承重要求	是	5
		否	0

相差越大，则越危险；若风险率小于或等于安全指标，则系统是安全的。风险率是分析风险大小的尺度，可以按照下面的公式定义：

风险率＝风险发生的频率×一次事故的平均损失额

这里的一次事故的平均损失额包括直接损失和间接损失，可折算成货币计量。安全指标是指经过多年的积累，并考虑行业的平均风险水平，为多数风险承担主体所接受的最低风险水平。

4. 工程项目风险综合评价

单独使用定性风险评价法或定量风险评价法都有局限性。若将两者综合使用可以扬长避短，于是就产生了将二者结合使用的工程项目风险综合评价方法。工程项目风险综合评价比较适合采用模糊综合评价法。在一般情况下，多数工程项目风险很难确切地确定发生概率和损失额的数值，一般只能模糊地分析出某一区间。工程项目风险的这个特性恰好符合模糊数学的思想。因此，模糊综合评价法适合对各种工程项目风险进行评价。

运用模糊综合评价法进行工程项目风险评价分为五个基本步骤：一是根据工程项目风险系统存在的风险因素、风险属性和风险管理者的风险控制能力，选择评价因素，确定评价准则；二是根据评价要求和评价准则，划分等级，构造评语集合（一般的评语集合包括可靠、安全、临界、危险四个等级）；三是选择有关专家和施工现场的技术人员和管理人员组建评判专家组，由他们独立评判风险因素，根据评判结果构建评判矩阵；四是根据各种风险因素导致风险事故的影响程度不同，确定风险因素的权重；五是进行模糊数学运算，计算评判结果。

第三节 工程保险

工程保险是由火灾保险、意外伤害保险、物质损失保险和责任保险等演变而来的综合性保险险种。该险种主要承保在工程施工期及一定的使用期内，因自然灾害、意外事故和人为原因等造成的人身伤亡、财产损失或第三者赔偿责任。

一、工程保险的概念

工程保险是指投保人（包括承包商、业主或工程项目风险的其他承担者）通过与保险人（保险公司）签订工程保险合同，投保人支付保险金，在保险期内一旦因自然灾害、意外事故或人为原因发生财产损失、人身伤亡、第三者责任造成损失时，保险人按照工程保险合同约定承担保险赔付责任的商业保险行为。

可以从以下几点来理解这个概念。

第一，工程保险是与建筑安装工程施工和使用过程有关的险种，是业主、承包商或其他工程项目风险承担者在建设工程施工或使用过程投保的险种。

第二，工程保险承保的时间不仅包括建筑安装工程施工期，还包括一段使用期间（通常是试运行期）。

第三，工程保险的保险责任范围很广，包括人为原因、自然灾害、意外事故造成的人身伤害、财产损失或其他经济赔偿责任。

第四，工程保险是涉及财产险、人身险、责任险等的综合性险种。

二、工程保险的特点

工程保险是一种综合保险，这取决于工程保险的综合性。工程保险不用于一般的财产保险和人寿保险，其特点表现为如下几个方面：

1. 承保业务复杂，专业要求高

一项建筑安装工程面临各种各样的风险，风险产生的原因也错综复杂。在承保工程保险业务时，工程项目风险分析估算、保险费率厘定、根据具体工程项目设计保险合同条款、防损和理赔业务，都需要具备建筑安装工程专业、保险专业、数学专业、管理专业等多学科综合知识。因此，对工程保险承保业务的专业水准要求很高。

2. 保险金额很高

目前的工程项目投资少则几百万，多则超过亿元，相应的保险金额也很高。工程保险的保险金额以投保标的的价值或是投保人承担的经济赔偿责任为基础。工程保险标的的范围之广，标的的价值之高，使得工程保险合同金额很大。保险合同的标的通常包括建筑安装工程项目、施工设备和器具、建筑材料和现场人员的人身健康和寿命。建筑安装工程项目通常是以工程概预算造价估算保险金额，所以保险金额很高。另外，施工机械器具和建筑材料的保险价值也较高，如果再把这部分加到保险金额当中，工程保险金额就会更高。

3. 工程保险领域存在信息不对称问题

信息经济学对信息不对称问题的研究最初正是源于对保险市场的研究，可见保险市场信息不对称问题的普遍性。信息不对称性在工程保险市场表现得更为明显，常常表现在保险人与投保人掌握的信息不对称上。一方面，保险人占有保险方面的信息优势，专业从事工程保险的保险人通过设置对自己有利的保险合同条款，从投保人缴纳的保险费中获得更多的收益；另一方面，投保方占有工程方面的信息优势，他们对建筑安装中的风险情况比较清楚，会尽量投保对自己有利的险种，而且在保险条款协商方面占据优势，比如，在保险费率、保险责任范围、保险项目等关键条款上，通过与保险人商讨，降低保险费率或扩大保险责任范围等。

4. 工程保险可以附加承保

工程保险除可以承保主险之外，还可以承保附带的保险责任，在保单中设置各种附款或批单。比如，在安装工程一切险中，保险责任主要是对超电压、电弧、短路及电气引起的事故等，以及对安装过程出现的风险设置主险，但是由电气原因造成机器损害的保险责任也可作为附加条款列入安装工程险的保单项目。附加条款或批单是工程险的重要组成部分，保险人可以从营销的角度灵活使用附加条款或批单吸引客户。在这方面，德国慕尼黑再保险公司的工程保险单堪称典范，其主保单拥有众多的附加条款或批单。

5. 关键保险条款具有个性化特点

各种类型工程的工程项目风险具有各自的特殊性。因此，工程保险条款内容也不可能千篇一律。关键保险条款内容需要根据保险标的的具体情况确定，因而工程保险条款具有个性化特点。例如，保险费率，保险人通过评估承保的风险，根据风险条件，自主拟定保险费率而不受监管当局严格限制。在一些保险监管严格的国家，一般由国家保险安监部门或保险行业协会规定工程保险费率的参考费率幅度。

6. 保险条款可以变更

随着工程施工进展不断深入和施工过程的内、外环境变化，保险合同当事人在协商的基础上可以变更合同条款。例如，随着工期延长，保险期限可以延长；随着工程竣工保险金额可以调整，因为保险合同订立时，写入合同的保险金额是根据工程概预算金额计算，而竣工之后需要根据决算价调整。另外，根据工程施工实际情况（如施工过程中一些施工设备或工程子项），保险项目和保险金额要进行相应调整。当需要变更保险条款时，根据我国《财产保险合同条例》第 9 条规定："在保险合同有效期内，投保方和保险方可以协议变更保险合同内容，对于变更保险合同的任何协议，保险方均应在原保险单、保险凭证上批注或者附贴批单，以资证明。"

7. 保险标的投保时具有不完整性

一般情况下，签订保单之前工程尚未动工或只进行了一部分，此时确定的保险项目、保险金额等合同要素源于工程的预算资料和分析。因而，保险标的存在预测性。随着施工过程的深入，可能会增减一些工程子项，所以投保之初的保险标的常常是不完整的。

三、工程保险的基本功能

随着工程建设项目越来越多，建筑安装设计和施工工艺越来越复杂，工程保险分散风险的作用就越明显，投保人可以较少的保费获得较多的风险保障，工程保险中一人出险多人分担的保障机制将起到有效分散工程项目风险损失的作用。这里从微观和宏观两个层面来分析工程保险的作用。

1. 工程保险在微观层面的作用

（1）保护工程承包商或分包商的利益。在建筑安装过程中，由于施工操作或者施工者管理出现问题，导致工程质量受到影响，这些责任应由承包商或分包商承担。如果承包商或分包商投保了工程一切险或质量责任险等险种，风险损失赔偿责任就转移给工程保险公司，这样承包商或分包商就不至于陷入风险损失赔偿的泥潭，不至于影响工程合同的履行。

（2）保护业主利益。业主投保工程保险有利于减少损失赔偿责任。如果雇主投保了雇主责任险，则工程施工过程中可能造成的雇员人身伤亡和疾病的经济赔偿风险就转嫁给了保险公司。另外，在工程通过验收投入使用后，因建筑设计缺陷或隐患造成损失赔偿或者需要修缮的，业主可以通过自己投保或要求承包商投保两年或十年责任险，将风险损失赔偿责任转移给保险公司。

（3）减少工程项目风险发生。防损减灾是保险公司承保服务的重要环节。保险公司除承诺保险责任范围内的损失赔偿之外，还从自身利益出发，为被保险人等提供灾害预防、损失评价、损失控制等风险管理指导，并采取合理的措施尽量减少风险发生的概率和风险损失程度。保险公司凭借其积累的工程项目风险与保险的工作经验，有的放矢地参与投保人的风险管理工作，可以降低工程项目风险发生的概率和减少损失程度。这样既减少投保人的损失，又减少了保险公司的赔偿责任。从这个意义上来看，工程保险是使保险双方双赢的模式。

2. 工程保险在宏观层面的作用

（1）工程建筑安装领域引入工程保险机制，保险公司作为工程利益相关者，必然关心工程施工的费用和质量等问题。因此，也自然而然地关注承包商等的行为。这相当于工程领域又引入了独立于承包商、业主及其他政府部门的第三方监督者，进一步规范了工程建筑安装市场。保险人从自身利益出发，独立客观地监督施工过程，并且保险公司在监督力度方面还要强于工程监理行政部门或行业协会等部门，有利于规范工程项目建设过程。

（2）发展工程保险市场，创新工程保险险种，完善工程保险机制，有利于健全我国工程保险的金融体系，带动相关产业发展。

（3）有利于鼓励业主和承包商积极投资工程项目。国际上一些工程保险比较普及的国家，工程保险已经成为项目投、融资的必备条件和投标的资质。工程项目只有投了保险才会得到银行贷款。在工程招投标中，如果承包商不投保相应的工程保险，就没资格投标。由此看来，社会环境已经营造了业主和承包商等各方投保工程保险的机制。相应地，工程保险机制的健全也使得承包商投资工程项目时更放心。

（4）有利于改善融资环境。国外投资、融资（以下称投融资）领域非常重视工程保险问题。某些投资人一般是在工程施工合同具备了足够的保险保障之后才肯投资。银行为工程项目提供贷款时，一般把项目是否办理了工程保险作为贷款审批条件之一。作为商业保障机制工程保险为被保险人提供了风险保障，进一步增加了项目投资的安全系数，有利于吸引潜在的投资者。因此，工程保险制度为社会投融资创造了良好的氛围，有利于加速社会资本的良性循环。

四、工程项目风险与工程保险的关系

工程项目风险与工程保险是紧密相连、互为因果关系的。工程项目风险是工程保险发展的内在原因和需求，而工程保险是工程项目风险的有效分散途径之一。

工程项目风险是与工程项目的投资、施工和使用相伴而生的。工程量越大，施工工艺越复杂，工程项目风险就越多。一项工程项目的工期短则几个月、几年，长则十几年甚至几十年，工程可能涉及土建、安装、机电等多个工种，以及不同专业的接口衔接，因而工程施工过程出现操作失误、工程缺陷、人员伤亡、设备材料坏损盗失、接口不能衔接等情况是比较普遍的。面对复杂的工程项目风险，业主和承包商渴望通过一定的途径将风险转嫁出去。就风险管理研究的现状而言，风险分散处置的主要途径包括风险规避、风险自留和风险转移。工程保险就是风险转移的途径之一。

从工程保险业务的角度来看，工程项目风险与工程保险是紧密相连的。在承保阶段，首先要系统地识别标的工程项目风险并准确分析工程项目风险程度。在此基础上，双方商定保险、保险责任和保险金额、厘定保险费率等关键的保单条款。在保险期间，通过风险预防施救等控制工程项目风险的发生和损失程度。总之，工程项目风险与工程保险相伴而生，工程项目风险管理（包括工程项目风险分析和控制）贯穿于工程保险的全过程。

第四节　工程项目风险处置

根据工程项目风险识别、分析和评价的结果进而提出工程项目风险的处置安排或方法才是工程项目风险管理计划制定的主旨与目的所在。工程项目风险处置主要包含两项基本任务：一是拟定风险处置策略；二是安排周密的工程项目风险管理方案。

一、工程项目风险处置概述

风险管理的目的是根据分析的结果提出恰当的风险管理方案。通过工程项目风险的处置安排，尽可能降低工程项目风险，实现工程的预期目标。

与一般的风险不同，工程项目风险具有系统性、关联性、多样性等特殊性质。这些性质在实际工程项目中综合表现为工程项目风险的复杂性，因而工程项目风险处置与一般风险处理也不同。在处理工程项目风险时，应遵循以下原则：综合分析某类风险在总体风险系统，以及风险载体中的重要程度及关联性；对于比较重要的和关联性大的风险，应采取有效的风险处理措施来分散风险；由于工程项目风险的多样性（尤其是大型项目的工程项目风险），如果所有风险不分轻重地采用相同的处置方案，则将降低风险管理的效率，增加风险管理的成本。因而，风险管理方案选择应有所侧重，根据风险分析的结论，安排和处置那些具有重要影响的风险。

工程项目风险处置的步骤因处置方法的不同而有所区别。一般来说，大致要经历四个步骤。第一，总体分析和评价风险识别和风险分析的结论。工程项目风险的处置方法有很多种，需要根据风险状态选择适合的风险分散方法，并进行具体的安排。第二，进行风险管理方案的比选。工程项目风险的处置安排有很多方案，应根据风险状态和处理成本进行方案比选。第三，安排具体的风险管理方案，针对关键的风险处理环节提出处理措施。第四，组织和实施风险管理方案，方案制定出来后，要组织有关人员落实。

二、工程项目风险处置方法

在工程项目风险管理中，具体的工程项目风险处置方法很多。按照处置工程项目风险方式的不同，一般将这些方法分为三大类，即工程项目风险规避、工程项目风险自留和工程项目风险转移。

1. 工程项目风险规避

风险规避是指中断风险源，遏制风险事件发生。主要通过主动放弃和终止承担某一任务，从而避免承担风险。在面临灾难性风险时，采用回避风险的方式处置风险是比较有效的。例如，在一个人口密集和生态环境良好的地区建设炼油厂，可能要面对空气和水被污染及周围居民强烈反对等风险。这时应放弃在该地区建厂，实施其他替代方案，如在其他地区建炼油厂或在原地建其他污染小的企业等。但是，有时候放弃承担风险意味着放弃机会。例如，一段穿越农田的高速公路施工中，业主为了节省成本选择直接在农田上铺路，而放弃在农田上方空中架桥的施工方案。放弃空中架桥方案意味着放弃高速行驶、安全、路基沉降小、少占用农田等机会。由此看来，某些情况下的风险规避是一种消极的风险处理方式。

在工程项目中，风险规避可以有效化解施工准备阶段的某些技术风险、设计风险、地质风险，也可以减少甚至化解因违规操作、工人疏忽等引发的施工风险。

2. 工程项目风险自留

工程项目风险自留是指工程项目风险保留在风险管理主体内部，通过采取内部控制措施等来化解风险，或者对这些保留下来的工程项目风险不采取任何措施。

在工程项目风险管理中，用自留方式处理风险有三种情况：一是当风险无法回避或转移时，被动地将这些工程项目风险留下来，属于被动自留；二是如果经估算确认风险程度较小，对工程总体不会造成太大的影响，于是保留风险，属于主动自留。决定是否将风险主动自留应综合考虑以下因素：自留费用低于保险公司收取的费用；企业的期望损失低于保险人的分析；企业有较多的风险单位；企业的最大潜在损失或最大期望损失较小；短期内企业有承受最大潜在损失或最大期望损失的经济能力；风险管理的目标可以承受年度损的重大差异；费用和损失支付分布在很长时间内，从而导致很大的机会成本；投资机会很好；内部服务或非保险人服务优良。如实际情况与上述条件存在较大的偏差，无疑应放弃主动自留风险的决策。三是没能准确把握风险而把风险保留下来。

总的来看，三种风险自留既有被动地将风险保留的情况，也有主动地进行风险决策的情况。但无论是哪种情况，风险自留后都应采取有效的措施控制风险的聚集和扩散。风险控制措施着重于改变风险源和风险因素在时间和空间上的分布，从而限制风险扩散速度。另外，风险控制措施把风险因素与可能遭受风险损失的人、财、物隔离，减少了风险汇聚和扩散的载体。

3. 工程项目风险转移

风险转移是指风险承担者通过一定的途径将风险转嫁给其他承担者。工程项目风险管理广泛使用的风险转移方式有：在招投标阶段，通过设定保护性合同条款将风险转移给合同对方；通过工程担保，将风险转移给担保人；业主和承包商投保与工程项目有关的险种，将风险转移给保险公司。

（1）设定保护性合同条款

在三种转移途径中，利用合同的保护性条款来降低或规避某些风险的转移成本相对较低。工程担保和保险需要向被转移者支付一定的风险保障费用，而设置保护性条款的转移费用支出是隐性的，不必直接支付转移费用。所以，可以通过合理设置合同的保护性条款来转嫁风险的成本（包括损失发生后的处理成本和合同履行成本）。这里的合同履行成本是由于合同设置了保护性条款，使得合同的履行变得复杂，由此而增加的成本。

（2）工程担保

工程担保是将风险转移给第三方的重要途径，主要可分为信用担保和财产担保。信用担保是以个人信用担保债权的实现，即保证担保。保证担保按照担保的用途不同主要分为投标保证，履约保证和承包商要求业主提供的支付保证。而财产担保是以财产保证债权的实现，包括抵押担保、质押担保和留置担保。

（3）工程保险

工程保险是借助第三方来转移风险。同其他风险方式相比，工程保险转嫁风险的效率是比较高的。在国际上，工程项目投保工程保险非常普遍，并且建设项目业主还要求承包商也要投保，不过从国内的实际工程投保情况看，投保比率并不高。

但可以预见，随着建筑市场和保险市场的进一步发展，工程保险必将成为风险转移的主流方式。

投保工程保险的项目出险后，发生的合理的处理费用都计入应赔款中。因而，对于投保方而言，工程保险的风险转移成本主要是风险费用，属于显性的费用支出。工程保险可以分散的风险属性表现为可转移性和经济性，可转移性即风险可以通过投保转给保险公司（实际上是所有向保险公司投保的投保人），经济性是指选择某些保险标的的保险责任范围和保险金额等要素所提供的保障程度要与保费等支出要素权衡，保险支出和保险得利相当。工程保险可化解的风险范围很广，一般是在遵循保险法的前提下，由保险双方商定，最终以双方签订的保险合同所列保险项目和保险责任为准。

（4）建立工程项目风险准备金

风险准备金是从财务的角度为风险筹集备用资金，在计划（或合同价）中另外增加一笔风险预备费用。例如，在投标报价中，承包商经常根据工程技术、业主的资信、自然环境、合同等方面的风险程度，在报价中加上一笔不可预见风险费。风险准备金的多少是一项管理决策。从理论上说，风险准备金的数量应与风险损失期望值相当，即为风险发生所产生的损失与发生的可能性（概率）的乘积，计算公式为：

风险准备金＝风险损失×风险发生的概率

除了应考虑理论值的高低，还应考虑项目边界条件的状态。对承包商来说，确定报价中的不可预见风险费要考虑竞争者的数量、中标的可能性等影响因素。如果风险准备金定得过高，报价竞争力降低，中标的可能性就会降低。

本章小结

本章讲述了工程项目中存在的风险及其产生原因，介绍了工程项目风险识别、分析与评价的相关内容，论述了工程保险的概念、特点和基本功能等相关知识，以及工程项目风险处置的含义和工程项目风险处置方法。工程建设项目一般都须运用复杂的管理系统，其中必然隐含着各种各样的风险。因此，将风险管理理论应用到工程项目中来是十分必要的。

复习思考题

1. 什么是工程项目风险？工程项目风险的成因是什么？
2. 如何划分工程项目风险的等级？
3. 如何选择工程项目风险评价方法？
4. 试述工程项目风险管理的内容和具体过程。

第九章　重点行业领域风险管理

本章学习目标

1. 了解电力、石油、矿山、钢铁行业的风险管理情况。
2. 学习并掌握电力、石油、矿山、钢铁行业的风险管理对策和措施。

第一节　电力行业风险管理

作为关系国家能源安全和经济命脉的重要行业，电力行业在社会发展和经济建设中承担着重要使命和责任。电力行业由电源、电网，以及其他与电力工业相关的设计、施工、制造等企、事业单位组成。电源和电网企业是电力行业主要的组成部分，受巨灾影响比较大，同时也面临着许多风险。

一、电力行业主要风险

电力行业在建设和运营期间的主要风险有以下几个方面：

1. 自然灾害风险

自然灾害风险包括地震、暴风、暴雨、洪水、雷击、地面下沉下陷、冰冻灾害、滑坡、泥石流等。

2. 意外事故风险

电力行业可能遭受不可预料的，以及无法控制并造成损失的突发事件，主要有：火灾、爆炸、人身意外伤害风险等。

3. 建筑、安装工程项目风险

电力建筑工程项目繁多、复杂，存在的主要风险有土方坍塌、桩基损坏、钢筋混凝土质量缺陷及钢结构失稳等。在电力工程建设中，由于施工机具和脚手架大量使用，设备、材料吊装频繁，所以面临着各种风险，遭受损失的可能性较大。

4. 运输风险

大型电力设备（如锅炉汽包、变压器、汽轮机、发电机、水轮机等）及大型施工机具（如塔式起重机、履带式起重机）具有超重、超高、超宽的特点，一般通过水上或陆路运输到达工地。因运输路途长，在运输过程中极易受自然灾害或意外事故的影响，导致道路、桥梁及设备的损坏。

5. 技术风险

技术风险指由地质勘探、设计、施工技术不当带来的风险，主要包括地质勘探风险、设计风险及施工工艺风险等。

6. 工期延误风险

引起工期延误的主要风险因素有：建设单位资金不足、设计出现偏差、自然灾害事故、设备及材料供应不及时、施工企业技术力量薄弱、施工机具损坏、民事纠纷等。对电力企业带来的影响主要有：经济利益的巨大损失、工程建设费用增加、工程质量降低等。

7. 施工管理风险

施工管理风险主要有人员风险、分包转包风险、成本管理风险等。

8. 试车风险

为了保证正式运行的可靠性、准确性，机器设备在安装完毕后投入生产使用前，必须进行试车。安装工程试车期虽然不长，但是发生的损失占整个安装工程比例往往较大，故试车期通常被认为是风险相对集中的时期。

9. 设施、设备风险

电力设施、设备易发生机械电气事故与人为事故，使企业遭受重大损失。其主要风险因素有：离心力引起的断裂，设计、制造或安装错误风险，铸造和原材料缺陷，工人、技术人员操作失误、缺乏经验、技术不完善、疏忽、过失、恶意行为，超负荷、超电压、碰线、电弧、漏电、短路、大气放电、感应电及其他电气原因造成的事故。

10. 责任事故风险

责任事故风险是电力企业重点防范的风险之一。随着社会的发展、公众法律意识的增强，企业面临的法律责任风险也越来越大。企业因为侵权行为而不得不承担的法律责任将使企业遭受严重的损失。

11. 社会因素风险

社会因素风险主要有环境保护、盗窃、民众冲突、大面积传染病等。

12. 经营风险

电力行业在经营活动中存在电量、电价、利率、备品、燃煤供应量及价格等不确定因素，这些不确定因素影响电力企业的收益，给电力企业经营带来风险。

二、电力行业的风险管理状况与保险状况

1. 电力行业的风险管理状况

电力行业主要通过强化安全管理、应急预案管理、应用新技术新材料、集团化运作、风险转移等手段，来降低巨灾风险。

（1）通过强化安全管理提高防范巨灾风险能力

“安全第一，预防为主”是电力生产和建设的基本方针，这一方针贯穿于各级电力企业的生产过程。其特点是以事故经验总结为依据，制定可能发生事故的事前预防、事中处理、事后恢复等措施，确保电力生产的安全、稳定运行。

在选址、设计阶段遵循严格的安全目标；在建设、运营阶段严格执行安全技术措施和反事故技术措施计划（简称“两措”计划）。执行“两措”计划，从本质上正是基于风险管理的思想而提出的预防计划，例如，国家电网公司颁布的《十八项电网重大反事故措施》就是风险管理在电网安全生产管理中的具体应用；重视安全监督检查，春秋两个季节的安全大检查是电力行业经过几十年的实践形成的一种预防事故的方法，在活动形式和检查内容上基本形成了固定的模式；实行以行政正职为核心，建立企业、车间、班组三级安全网的安全责任制。

（2）通过应急预案宣传教育，增强应急管理能力

电力行业十分重视应急工作，认真制定突发事件应急预案，从组织机构与职责、预防预警、信息报送与新闻发布、应急处置、应急结束、应急保障、后期处置、演练与宣传、奖惩规定等方面做出明确规定，强调把安全管理工作关口前移，建立、健全预防预警机制，防止各类重大突发事件的发生；从组织措施、技术措施和保障措施上做好应急准备，保证应急处置的可操作性，防止各类重大突发事件的扩大。通过专题宣传、集中学习、举办讲座、开展竞赛、应急演练等形式，增强应急管理意识及能力，有效地降低风险。

（3）通过新技术、新材料的应用提高抗风险能力

电力行业非常重视应用新技术、新材料。新技术主要体现在设计、设备、施工、运行等方面，可以说电力行业在新技术的应用上是全方位的，如设计中的优

化、电力设备的更新换代、新型施工技术、无人值守变电站、远程操作、微型计算机继电保护等。设计的材料主要包括制造材料、导电材料、半导体材料、绝缘材料等。例如，将高强度合金钢用于线路铁塔以减小铁塔尺寸，可提高铁塔的抗应力。

（4）通过集团化运作促进灾后抢修重建

集团化运作的核心是要构建起一套能够充分发挥集团整体优势，产权清晰、权责明确、协调运转的管理体制和运作机制。电力行业十分重视集团化运作，强化社会责任意识，不仅要承担起优化配置能源、保障国家能源安全等重要的经济责任和政治责任，还要承担起重要的社会责任。

（5）运用保险工具进行风险转移

保险是电力行业建立风险防范机制的有效途径之一，是企业进行风险管理的重要手段，并且在风险管理方面发挥越来越重要的作用。

目前，电力行业资产大多投保商业保险，将风险转移给保险公司，减少因风险损失的发生而导致的财务困境，增强企业抵御风险的能力。

2. 电力行业的保险状况

对于洪水、台风、雨雪、冰冻灾害等巨灾风险，电力行业通过保险的方式进行转移，取得了一定的成效，主要表现在以下几个方面。

（1）重视巨灾风险的转移工作

电力行业大多聘请专业的保险经纪人作为风险管理顾问。作为专业的风险管理专家，保险经纪人依据其保险、电力、工程、经济、管理等方面的综合知识，全面、科学分析、评估电力行业所面临的风险情况，为电力行业提供专业化的防灾防损建议，设计有针对性的保险方案，监控各种风险的变化情况，保证了风险损失能够得到及时、准确、合理的补偿。

（2）投保率相对较高，保障较全面

电力行业资产的风险多采取保险的方式进行转移。与其他行业相比，目前电力行业投保率相对较高，如 2007 年度国家电网公司投保资产超过为 10 000 亿元，投保覆盖比例接近 80%。电力行业资产保险保障范围涵盖了洪水、台风、雨雪、冰冻等自然灾害，保障面从工程施工阶段、试车阶段到运营阶段，涉及建安工程类、企业财产类、责任类等多个险种。

（3）索赔能力增强，索赔流程较规范

电力行业在保险经纪人长期的协助配合下，索赔意识提高，索赔能力增强。多年来，电力行业培养、锻炼出一批专业保险工作人员，形成了较为完善的索赔流程。风险事故发生后，电力行业能迅速启动索赔的各项工作，现场查勘、资料准备、理赔谈判等环节工作全面、及时开展，以便抢修、恢复重建资金能尽快到位。

（4）电力保险方案、保险条款较完善

电力行业在风险的保险转移过程中积累了大量的经验。在不断地总结、修正中，保险方案、保险条款日趋完善，许多针对电力系统的扩展条款、特别约定已在正常的投保工作中得到应用，使得电力行业的保障更全面、更具有针对性。

三、电力行业风险管理存在的问题和建议

1. 电力行业风险管理存在的问题

电力行业在风险管理上存在一些问题，主要有以下几个方面。

（1）电网投入建设不足

电力行业在电力发展上一直存在着注重外延发展和发电能力建设的指导思想，使得我国电网投资滞后于电源投资。由于对电网投资不够重视，电网之间的连接相当薄弱，抗风险能力较差。

（2）电力结构需要进一步优化

长期以来，我国的电网规划在很大程度上沿用着“电源先导、电网送出”的思维定式，重心是围绕电源来做的，即电网规划和建设是以电源规划为依据，以建设和运行费用最小为目标，作为与电源相配套的“送出工程”“配套工程”来安排的，一般情况下以“送得出”“落得下”为基本目标。自20世纪80年代以来，在开发能源基地和运力紧张等大背景下，电力系统又提出了“变输煤为输电”的观点，并在此后我国电力规划设计上产生了深远的影响，以电源基地送出为重点的长距离、大容量送出工程在电网规划中更加得到强化。然而，电力行业对规划、建设合理的电网结构，特别是规划建设合理的受端系统明显重视不够，投入不足。

（3）电网设计、建设标准亟待提高

我国现行的相关设计规程、规范滞后于电网发展的需要。例如：我国电网架空输电线路现行设计标准规程为行业标准DL/T5092—1999《110—500千伏架空送电线路设计技术规程》及DL/T436—2005《高压直流架空送电线路技术导则》，这两个标准主要是按照轻冰区考虑的（导线覆冰20毫米以上为重冰区），而我国至今没有重冰区、中冰区交、直流线路设计规程的国家标准。

（4）缺乏行业防灾减灾组织结构和社会应急协调机制

面对巨灾，尽管政府部门、电力企业、保险公司、保险中介机构分别建立有巨灾的应急机制，但是缺少相互配合、互相支持、统一领导的全社会应对巨灾协调应急预案。防灾减灾机构分散于各企业中，电力行业没有统一的防灾减灾组织结构。

(5) 损失补偿不足

长期以来，由于受计划经济体制的影响，我国电力行业在巨灾发生后的救灾及恢复重建费用主要由行业自身及国家和地方民政部门负担，保险手段的使用非常有限。

此外，电力行业在巨灾风险保险保障方面还存在一些问题，例如：对小概率事件重视程度不够；缺少针对电力行业的保险产品，并且保险责任及补偿标准无法充分满足电力企业风险转嫁的要求；费率水平与保险保障不匹配；缺乏系统的行业性保险定损理赔标准。

2. 电力行业风险管理建议

针对电力行业风险管理存在的问题，提出以下建议：

(1) 建立防灾减灾组织机构，完善社会应急协调机制。

(2) 借鉴国外建立保险基金的做法，集中行业力量，发挥集团化优势，探索建立电力行业保险基金；开发针对电力行业的保险产品；为减少保险双方争议，提高理赔效率，制定电力行业定损理算标准。

(3) 强化和优化电力规划及布局，电力规划，包括电源、电网乃至煤、运的优化配置，以及区域大电网、重要城市电网和分布式电源的有机协调。

(4) 提高风险较大的部分电网的设计标准，强化主要通道建设，并加强应对电力行业风险相关新技术的研究和应用。

(5) 电力行业要加强宣传教育，普及防灾减灾知识及灾害保险知识，提高各级人员的风险意识，将风险管理融入企业全面风险管理。

第二节　石油行业风险管理

作为高危险性行业，石油行业面临着各种重大损失风险。中国是自然灾害频发的国家，中国的石油行业面临着各种重大自然灾害的风险。同时，石油行业具有火灾、爆炸、毒性大等高危险性特点，石油企业生产装置密集、资产集中，一旦发生重大事故则损失巨大。因此，其风险管理至关重要。

多年来，以中国石油、中国石化、中国海洋石油三大石油集团公司为首的中国石油行业，建立了自己的风险控制和重大事故应急救援体系，很好地控制和减少了重大事故造成的损失。但近年来，一些重大损失事件的不断发生，不仅使石油行业遭受巨大经济损失，同时由非自然因素导致的重大事故造成了恶劣的社会影响，给以风险控制和风险自留为主的中国石油企业的风险管理带来了巨大的挑战。如何在风险控制的基础上稳妥实现重大损失风险的转移和分散，合理自留风险，努力健全风险分散机制，已成为中国石油行业风险管理关注的重点。

一、石油行业主要风险

重大损失风险的发生往往是由于自然因素或非自然因素导致偶发事件出现的结果。石油行业重大损失风险主要分为重大自然灾害风险、重大安全事故风险和环境责任风险三大类。

1. 重大自然灾害风险

中国石油企业分布在全国各地，由于各地气候多变，地质情况不一，所以遭受重大自然灾害风险的问题比较突出。我国将自然灾害分为七大类：雨涝、冰雹、寒潮和冰冻灾害等气象灾害；海啸、赤潮、风暴潮等海洋灾害；洪水灾害；崩塌、滑坡、泥石流、地面塌陷等地质灾害；地震灾害；农作物灾害；森林生物灾害和森林火灾。

2. 重大安全事故风险

石油行业的原料、成品、半成品、中间体和杂质等，很多都是易燃、易爆品；很多物质还含硫酸等腐蚀性物质。在生产和存储过程中极易由人为原因、设备等非自然原因引起火灾、爆炸、化学品泄漏、放射性污染、环境污染等重大损失事故。按照造成事故后果的大小，石油行业事故可分为一般事故、重大事故和特大事故三个级别。按照事故发生的原因，石油行业重大事故又可划分为重大火灾事故、重大交通事故、重大生产事故、重大设备事故和重大人员伤亡事故。

3. 环境责任风险

环境责任风险指企业在生产运行期间或建设项目在建设期间，发生了突发性事件或事故（包括人为破坏和自然灾害），引起有毒有害、易燃易爆等物质泄漏，或突发事件产生的有毒有害物质周围人员的人身安全及周围环境造成影响所应承担的责任风险。

石油行业的原料和产品中有毒、有害物质较多且多数易挥发，因而在发生物品泄漏或其他事故时，往往给周围的环境造成污染和破坏。

二、石油行业的风险管理状况与保险状况

1. 石油行业的风险管理状况

我国的风险管理起步较晚，石油企业对重大损失风险管理还处于摸索阶段。目前，石油行业重大损失风险管理往往采用风险控制、风险转移和风险自留的应对方

式。中海油和中石化以安保基金的形式进行风险自留与风险转移的风险应对处理，中海油以自保公司的方式进行风险自留与风险转移的处理，这三大石油公司的风险管理工作主要由安全部门、财务部门协调进行。安全部门主要负责危险、危害因素的识别与控制，防止安全事故的发生，组织事故救援与疏散；财务部门主要负责风险事件的保险转移。对于重大损失风险更多地采取风险自留，很少采用分散和转移风险措施。因此，一旦发生重大灾害风险，企业将难以承担。

（1）中石油和中石化设立安全生产保证基金，实行企业内部财产保险。安全生产保障基金的保障范围主要是下游固定资产和存货两个方面，这是因为炼油化工和油品销售工作场地具有易燃易爆的生产特性。企业除对中小型事故损失及能够承担的重大损失部分进行风险自留外，还对一些不可保的重大损失风险，如地震、洪水等，采取安保基金来自留风险。但随着近年来国内重大灾害事故的不断发生，中石油和中石化开始逐渐采取安保基金和商业保险相结合的方式来转移重大损失风险。

（2）中海油以自保公司的方式进行风险自留与风险转移。2001 年，中海油总公司的两家海外全资子公司共同投资并在我国香港注册成立自保公司，由总公司财务部下设的保险处统一管理公司的保险安排，集中投保，集中运作，综合控制风险和成本。通过成立具有独立法人地位的专业自保公司，采取独立经营或委托经营等不同方式，对母公司一定范围内的风险进行保险或成立专门的保障基金来应对风险。自保公司的主要职能是风险自留、再保险（风险转移）、保险基金运作和责任理赔。专业自保公司可以自留所有的重大损失风险，也可以把一部分风险通过再保险转移给其他再保险公司。我国专业自保公司才刚刚起步，受到企业风险管理意识及财务实力等诸多因素的制约，还需要中国石油企业在实际重大损失风险管理的过程中不断地总结。

面对近几年来石油企业不断发生重大损失带来的不利影响，石油行业不仅需要加强企业的风险控制水平，而且需要积极实施有效的事故应急救援。为预防和阻止重大事故或灾害，中国石油企业建立了应急救援体系。中石化集团公司坚持“安全第一，预防为主”“全员动手，综合治理”的安全生产方针，制定了应急救援有关方案，包括：中石化安监函〔2003〕11 号文“关于报送《中国石化集团公司暨股份公司化学事故应急救援预案（草案）》的函件”；中国石化安监函〔2004〕12 号文《关于编制突发事件应急预案的通知》等。中石油集团公司制定了《中国石油天然气集团公司应对突发重大事件（事故）管理办法》。

2. 石油行业的保险状况

保险业有资金实力大、技术背景强、机构人员多等优点，可以运用自身在重大损失风险管理方面的经验，通过积极促进和参与，推动石油行业的重大损失风险管理工作的快速发展。经过几十年的发展和积累，中国保险业在风险管理技术、核保、核赔、定价等方面的技术优势为重大风险管理提供了较好的技术保障。

目前，商业保险仍是石油行业开展和实施重大损失风险分散和转移的主要途径。石油企业购买的直接保险，能使企业在国内保险市场分散重大损失风险，并通过再保险的安排来使企业的风险在世界范围内分散和转移，增加了企业灾后损失补偿的安全性。

三、石油行业风险管理存在的问题和建议

1. 中国石油行业中的大部分企业应对重大损失风险都采取风险自留和商业保险相结合的风险管理策略。但随着自留资产的增加和集中，石油企业资产的脆弱性也在加强，尤其是近年来一些重大灾难事件的发生，给石油行业带来巨大的损失和冲击。灾害事件表明，必须依靠保险业在内的社会力量，建立和完善中国重大损失风险的保险制度，才能更好地应对重大损失风险。目前，我国还没有建立起重大损失风险的保险机制。对此，可以借鉴国外建立巨灾保险制度的经验。国外一些成功案例表明，必须建立以政府倡导与市场运作相结合的重大损失保险制度，由企业购买重大损失保险，政府提供一定补贴，多家保险公司共同承保，并通过国内、外再保险市场分散风险。

2. 随着我国石油行业的快速发展，环境污染事件频发，由于善后处理机制不完善，企业应承担的赔偿和恢复环境责任往往没有落实，特别是一些污染事故中的受害者得不到及时赔偿，引发了许多社会矛盾。石油行业正面临着巨大的环境责任风险。在国外，为了更好地转移环境责任风险，以美国为首的工业发达国家开发了环境责任保险并建立了环境责任保险制度，不仅起到分散环境风险、保护第三人环境利益、减少政府环境压力的作用，而且强化了保险公司对事业、企业保护环境、预防环境损害的监督管理。然而，在我国尚未全面建立实质意义上的环境责任保险制度，仅在公众责任险略有涉及。另外，以中海油、中石化为首的大型石油企业对环境责任保险表现冷淡，宁愿自留风险，而一些小的石油企业又没有能力投保，这使得中国的环境责任保险进展缓慢。为更好地进行石油行业的风险管理，在推进环境责任保险过程中，一方面需要保险行业的积极参与及石油行业的积极配合，另一方面需要国家法律环境的完善和政府相关政策的支持。

3. 针对目前石油行业重大损失风险现状，石油企业要时刻坚持“安全第一、预防为主”的方针，不断完善 HSE 管理体系。加强风险分析和隐患跟踪管理，加强对风险的基础研究工作，探寻石油行业重大损失风险发生和变化的规律，科学估算风险对企业可能造成的损失程度，加大对风险管理各环节的资源投入，提高自身的风险管理水平。面对重大损失风险要求，石油企业要做到：提高从业人员素质，树立风险意识，建立风险文化，推进企业全面风险管理工作的进程；加强以保险管理为核心的风险分散和转移机制；进一步完善应急救援体系。

第三节　矿山行业风险管理

我国矿山种类繁多，具有分布广、数量多、规模小、安全基础薄弱的特点，由于技术、管理及效益等因素的影响，我国矿山行业的安全及风险管理形势相当严峻。

矿山又分非煤矿山和煤矿两大类。非煤矿山是指开采金属矿石、放射性矿石，以及作为石油化工原料、建筑材料、辅助原料、耐火材料及其他非金属矿物（煤炭除外）的矿山。非煤矿山虽无煤矿瓦斯灾害的风险，但在其他方面与煤矿无本质区别。

一、矿山行业主要风险

矿山行业面临的风险复杂，种类众多。按照风险的成因类型，大致可分为地质灾害风险、有毒有害气体风险、矿山操作风险、职业疾病风险和市场风险。

1. 地质灾害风险

矿山地质灾害是指由于人类采矿生产活动而引发的一种破坏地质环境、危及生命财产安全，并带来重大经济损失和人员伤亡的灾害，是自然灾害的重要组成部分，也是引发矿山巨灾风险的重要部分。我国矿山开采过程中引发的地质灾害十分严重，种类繁多，常见的有采空区塌陷、崩塌、滑坡、泥石流、水土流失等。

2. 有毒有害气体风险

正常的地面空气进入矿井以后，与井下生产过程中产生的各种有毒有害物质混合，形成了矿内污浊空气。矿内污浊空气对井下作业人员生命安全危害极大，并可能造成人员伤亡等重大事故，是矿山主要的环境风险之一。常见的有毒有害气体包括（主要针对煤矿）：一氧化碳、氮氧化物、二氧化硫、硫化氢、氨气、氢气和瓦斯等。《煤矿安全规程》对常见有害气体的安全标准做了规定，见表 9—1。

表 9—1　　　　煤矿井下空气中有害气体的安全浓度标准

有害气体名称	符号	最高允许浓度（%）
一氧化碳	CO	0.002 4
二氧化氮	NO_2	0.000 25
二氧化硫	SO_2	0.005
硫化氢	H_2S	0.000 66
氨	NH_3	0.004

3. 矿山操作风险

在矿山操作过程中，存在的主要风险有：物体打击风险、高处坠落风险、矿山火灾风险（可分为地面火灾和井下火灾）、爆破伤害风险、中毒窒息风险、用电安全风险、机械伤害风险、车辆伤害风险。

4. 职业疾病风险

目前，世界上 70%的尘肺病患者都在我国，我国矿山尘肺病死亡的人数已超过因工死亡的人数。随着矿山开采深度的增加，深凹露天矿的大气污染等综合性危害引人注目，防尘与防毒工作都极为重要。此外，矿山大型、高效、大功率设备的使用，再加上井下工作空间狭小的特点，使得矿山的噪声污染非常严重。

5. 市场风险

市场风险主要包括海外投资风险、价格风险（商品价格下跌带来的风险）及需求风险（矿山产品因市场需求下降带来的风险）。

二、矿山行业的风险管理状况与保险状况

1. 矿山行业的风险管理状况

我国矿山行业已经把安全生产列为企业的头等要务来抓，通过强制学习、约束管理、宣传教育，把安全意识传递给每位员工。通过持续努力，安全生产、防范风险的观念已经逐渐形成，由原先的被动接受转变为主动预防。另外，在国家节能减排政策，建设资源节约型、环境友好型社会的大环境下，在监管部门的严格要求下，矿山企业的社会责任感较过去明显增强，表现为加大了环境保护的投入力度，提高了环保技术和设备的研发能力。

我国国有大中型矿山企业一般都建立了健全的安全管理机构和安全管理制度，形成了完善的安全管理体系，专职安全管理部门和人员的作用和地位也在不断加强，在推进现代安全管理技术方面取得了长足的进步。例如，有的矿山开展危险源

辨识与评价活动，将危险源管理纳入安全生产管理；有的矿山开展标准化管理工作等。

2. 矿山行业的保险状况

作为风险管理工具，保险在矿山行业发挥了重要的作用：

（1）经济补偿功能。企业若发生重大的安全损失事故，保险业可通过筹集保险资金帮助企业事后救援和善后处理。

（2）风险管理职能。保险业可为企业提供风险管理建议，进行安全监督检查，帮助企业开展事故预防工作；采用差别和浮动费率机制，加强安全防范；保险业可拿出部分资金作为预防费用，改善矿山安全生产状况；开展事故调查工作，监督矿山企业做好安全生产。

企业可以根据不同的矿山发展阶段选择不同的风险转移工具，以便更好地降低企业的风险。在企业矿山建设期间，针对矿业工作探索性强、风险大的特点，可选择工程保险、施工机具与设备保险、矿山建设工程质量保险和建设工程保证保险等险种。在矿山运营期间可选择财产损失保险、雇主责任保险、公众责任险、运输保险、人员意外保险等。此外，还可以考虑的保险有出口信用保险、海外投资保险、国内贸易信用保险等。

三、矿山行业风险管理存在的问题和建议

1. 矿山行业风险管理存在的问题

（1）小矿山企业管理水平比较低。相对于安全生产保障程度较高的大中型矿山企业，数量众多的小矿山企业基础薄弱，管理水平不高。据相关资料统计，80%左右的伤亡事故发生在小矿山企业，主要原因有：绝大多数小矿山企业集约化程度低，经济效益差；设计不正规，工艺落后，机械化水平低，安全化程度低；管理制度不健全，缺乏管理机构和人员，员工安全素质偏低等。总之，在小矿山企业中，人的不安全行为、物的不安全状态、管理的缺陷和不良的作业环境等许多要素同时存在，致使企业易发生伤亡事故。

（2）我国矿山法规建设滞后、监管体制不健全、监管不到位。

（3）商业保险没有在矿山行业充分发挥应有的风险补偿、管理作用。由于人身意外伤害险等矿山险种差别费率档次划分较少，没有按照不同行业的特点和事故发生的概率确定费率，这造成大型矿山企业风险管理能力强、投保商业险意愿不足，而中小型矿山企业风险大、保险公司不愿承保的尴尬境地。现行制度下，投保对象主要集中在国有企业，而安全生产工作相对薄弱的中小型矿山企业，特别是乡镇企

业、民营企业覆盖率较低。

2. 矿山行业风险管理的建议

国际上有许多成熟的安全管理模式，可以加以借鉴来提高我国矿山安全管理水平。例如：国际劳工局总结的“安全检查模式”，把安全检查分为收集情况、对超标违章进行评估、报告检查结果及改进措施三个步骤，这有助于查找事故隐患；德国建立在法制基础上的安全管理模式，德国政府有“劳动保护法规”，调查和事故处理的依据是国家的法律和行业的标准、规定，职工的安全管理建立在法制基础上，大大提高了安全监察的力度；美国企业实行“安全第一”的安全管理模式，要求雇员永远将安全放在第一位，安全业绩是被雇佣的条件之一等。此外，在矿山行业保险问题上，如今通过强制经营者投保商业雇主责任保险，保护事故受害者的利益，已成为国际上的通用做法，我国也可以考虑实施强制保险这一措施。

在矿山企业的风险管理工作上，应该在以下方面进行加强：

(1) 矿山企业应该持续推进安全标准化工作。加强安全监管，强化企业安全基础管理，规范考评标准和考核程序，将标准化最低考评等级作为取得安全生产许可证的基本条件。

(2) 建立政府介入机制、开发责任保险的风险管理功能。借鉴国外成功经验，政府可以采用一些强制性政策，选择部分有代表性地区先行试点运行，委托商业保险公司利用商业保险运行机制，根据政府部门所确定的矿山企业安全级别，采取浮动费率的形式收取保险费，提高矿山行业的风险保障能力。同时，保险公司也应积极开发专门针对矿山企业的雇主责任保险产品，设计保障范围更广、保额及费率更加灵活多样的雇主责任保险条款。

(3) 充分发挥保险公司和保险经纪机构在矿山行业风险管理中的作用。在企业投保过程中，保险公司不仅是提供保险产品，而且还要帮助矿山企业建立一个事前风险防范体制，这样保险公司不仅可帮助企业降低企业出险的概率，进而减少后期保险公司的理赔支出，而且企业风险发生概率的减少还有助于降低经营中的损失控制成本，节约企业资源，使企业得到更多的保障。此外，企业应该重视保险经纪公司的作用，作为第三方具有专业化、技术性强优势的保险经纪公司既可帮助企业设计最优的保险方案，也可为企业选择合适的保险公司。

(4) 加强培训、教育工作，加大安全费用和环境保护投入力度。据统计，人的不安全行为造成的事故占事故总量的80%以上，而不安全行为的发生又与企业员工的不安全意识、安全生产技能水平不高密切相关，所以企业应加强对员工的培训教育，使员工树立“我要安全”的思想并具备安全技能。

(5) 推进矿山行业建设全面的风险管理体系是风险管理发展的必然趋势。全面风险管理的实施能够全方位保障企业运营安全，特别是能从整体上全方位提升矿山企业的安全管理水平。

第四节　钢铁行业风险管理

钢铁行业作为国家经济发展的重要基础产业，在我国工业现代化进程中发挥着不可替代的作用。但同时，在钢铁生产过程中，高温、高压作业多，炉窑、塔器、管道与大型机械纵横交错，存在各种危险因素，属于高风险、高能耗、环境污染严重的行业。而且，钢铁企业资产较集中，作业环境差，易燃、易爆、有毒、物质多，意外事故导致的直接损失和间接损失非常巨大。钢铁行业在生产运营中面临的风险具有风险管控难度大、风险类型复杂多样、责任风险突出三大特征。因此，钢铁行业的风险管理任务艰巨，应高度重视生产运营中面临的风险，在积极防范行业共性风险的基础上，发现本企业特有的、潜在的风险，采取有效措施予以规避或转移，以保证企业的稳定生产运营。

一、钢铁行业主要风险

1. 自然灾害风险

中国钢铁企业分布点多、面广、地域跨度大，而且露天设施较多，且规模大。因此，钢铁行业遭受自然灾害的风险比较大，其中，雷击是钢铁行业比较突出的自然灾害类型之一。雷电放电时能产生高达数万伏甚至数十万伏的冲击电压，毁坏电力系统的电气线路和设备，雷电的静电感应、电磁感应等均可能成为火灾爆炸事故的点火源，使被雷击物体遭受严重破坏或造成爆炸。需特别注意，雷击是钢铁企业供电系统、通信系统面临的最主要的风险之一，必须严格安置避雷设施，并定期检测，防患于未然。

2. 意外事故风险

(1) 爆炸风险

爆炸是钢铁企业面临的首要风险类型之一。钢铁冶金行业生产中所采用的原料、生产的中间产品及一些动力、能源厂的产品多数具有易燃、易爆的特性，如炼铁、炼钢、焦化产生的煤气、润滑油等。发生爆炸频率较高的生产部门主要有高炉、转炉、油库、煤气站、锅炉房等。由于钢铁企业资产密度高，生产高度连续化，一旦发生爆炸，就会产生巨大的破坏力。

（2）火灾风险

随着企业生产规模的不断扩大，生产装置日益大型化，火灾风险也呈同步增大的趋势。钢铁行业发生火灾的原因很多，据有关部门统计，60%以上的火灾事故是由电气原因引起的。火灾引起的财产损失通常都比较大。因此，安全管理应以火灾作为风险防范的重点对象。

（3）工艺设备故障风险

机器设备故障引发的财产与利润损失是企业在生产过程中最常发生的风险事故。尤其对于钢铁行业，其生产工艺复杂，设备种类繁多，对设备管理的要求较高。一旦设备系统发生事故，会给企业造成较大的损失。

（4）能源供应中断风险

钢铁行业的生产具有高度的连续性，对于能源的依赖程度非常高，如，电、汽、水、风等。一旦因自然灾害或意外事故导致能源供应中断，可能造成生产中断、重新组织生产、利润损失等各种间接损失。

（5）人为操作风险

在生产设备的操作、检修、保养等各个环节，人的因素起着决定性作用，由于人为操作失误导致的事故，在各种事故中占有很大的比例。

3. 生产工艺系统风险

钢铁行业生产工艺系统的主要风险有：采矿系统风险、选矿系统风险、焦化生产系统风险、烧结生产系统风险、高炉炼铁系统风险、炼钢系统风险、轧钢系统风险、运输风险等。

4. 其他风险

（1）雇主责任风险

生产作业人员的人身伤害是企业产生雇主责任的首要原因。例如，在钢铁冶炼加工过程中，易发生操作人员煤气中毒、氩（氮）气窒息、钢（铁）水烫伤、电击、物体打击、高温辐射、噪声等人身伤害。

（2）公众责任风险

一是环境责任风险，钢铁工业的生产过程对环境污染严重，可能会对企业周围的土地、城镇造成大面积污染，给人民生命财产造成损失；二是意外事故责任风险，企业在生产过程中如果发生火灾、爆炸、电击或机车伤害等意外事故，可能会对周边居民或进入厂区的外来人员造成人身伤害或财产损失。

（3）原料、辅料、设备零部件供应中断风险

（4）产品质量风险和产品责任风险

二、钢铁行业的风险管理状况与保险现状

1. 钢铁行业的风险管理状况

我国对于钢铁企业风险管理的研究开始于20世纪80年代，但是目前我国大部分钢铁企业还缺乏对风险管理的认识，也没有建立专门的风险管理机构。由于我国钢铁行业生产发展模式比较固定，多年来一直延续计划经济体制时代的管理模式，因此，尚未形成完整的全面风险管理制度和体系。然而，要提高企业的核心竞争力，钢铁行业必须彻底改革钢铁行业风险管理方式，建立适用于钢铁行业的科学、完善的风险管理制度，以期合理、有效地把企业面临的各种风险尽可能地控制和转移。

国有资产监督管理委员会于2006年6月发布的《中央企业全面风险管理指引》中指出：全面风险管理是指企业围绕总体经营目标，通过在企业管理的各个环节和经营过程中执行风险管理的基本流程，培育良好的风险管理文化，建立、健全全面风险管理体系，包括风险管理策略、风险理财措施、风险管理的组织职能体系、风险管理信息系统和内部控制系统，从而为实现风险管理的总体目标提供合理保证的过程和方法。近些年来，国家有关部门相继出台了一系列的政策、法规和指导方针，引导钢铁企业按照行业自身特点来建立全面风险管理制度。例如：国资委发布的《关于2009年中央企业开展全面风险管理工作有关事项的通知》，要求中央企业应把全面风险管理工作摆在日常经营管理的重要位置，并逐步探索适合本企业的全面风险管理工作机制。

2. 钢铁行业的保险状况

钢铁行业属于高风险、高能耗、环境污染严重的行业。钢铁工业特殊的行业属性决定了钢铁企业在日常生产经营过程中会不可避免地面临众多钢铁企业共有的系统性风险；同时，每个钢铁企业自身生产运营的特点不同，因此还存在着许多个性化风险。

保险是一种处理纯粹风险的主要的风险融资工具，也是现代企业最常用的转移风险的手段。从经济的角度来看，保险是一种分摊意外事故损失的财务安排。企业通过保险这种有效的财务安排，可以把未来可能受到的损失固定下来，在出现重大损失后可以获得及时的理赔，保证企业可以有足够的资金恢复生产。国内外的经验表明，商业保险与安全生产工作相结合，是解决事故预防、灾害处置、利益保障等安全生产问题的有效机制，是钢铁企业风险管理的重要手段之一。钢铁企业常见的投保险种有企业财产险、机器损坏险、各种责任保险、货物运输险和机动车辆保险

等。运用保险保障手段来转移钢铁企业的部分风险得到了企业的普遍认可，同时也提高了企业防范各类风险事故的积极性。

三、钢铁行业风险管理存在的问题和建议

1. 钢铁行业风险管理存在的问题

国内钢铁企业，尤其是国有大、中型钢铁企业，经过多年的发展，在设备引进、技术改造等方面有了巨大的进步，但是在有效管理企业运营的各种风险方面存在着观念、意识、管理手段和资金投入等方面的不足。

(1) 企业风险管理意识不强

钢铁行业除面临自然灾害风险、意外事故风险和各类责任风险之外，还要面对来自国家的产业政策变化、宏观经济发展变化、市场价格变动、铁矿石资源供给等各种外部风险。风险并不可怕，可怕的是对风险既不了解，又不重视。从《中国钢铁企业风险管理调查分析》中可以看出，国内钢铁企业对面临的风险有所警惕，但对面临什么样的风险、如何应对风险却疏于研究，而且在建立全面风险管理系统方面依然有许多工作要做。

(2) 风险管理手段单一

在我国钢铁企业中，国有大中型钢铁企业的管理者往往是技术人员出身，虽然熟知生产工艺流程，但大多缺乏现代企业管理经验，企业缺少具有现代企业管理经验的职业经理人；企业风险管理体系多数还在沿用过去企业自身长期积累的经验，风险管理手段单一，很难适应时代要求，除了普遍应用的安全管理和财务行政管理，没有充分重视引入商业保险来构建完整的风险管理体系。特别是在重大投资项目风险管理制度方面，尚未形成科学、有效的防范体制。

(3) 风险管理投入不足

钢铁行业扩大产能和技术改造任务急迫，新建项目多，资金需求大，很多企业从节约成本的短期目标出发，不愿投入资金加强风险管理，致使钢铁企业在风险管理工作上的人员与经费都严重不足，具体表现在：①在企业财产保险（包括财产险和机损险）和各种责任保险方面投保不足，造成企业在财产损失和公众责任方面的风险难以掌控；②企业在人身保险方面（如员工意外伤害、健康、商业养老）的投保严重不足，员工的保险福利待遇偏低，难以吸引人才，在与其他企业，尤其是外资企业人才争夺中明显处于劣势，这足以影响到企业的发展；③一些企业对风险管理机构设置和人员配备重视不够，没有专人或专门机构管理保险，企业负责保险工作的有关人员往往由财务部门员工兼任。由各部门分散投保，缺乏统筹规划，保险

的随意性很大，无法系统、合理地利用保险转嫁企业风险；④由于每次投保的规模小，不能获得集团统保的规模优势，以合理地降低保险成本，造成企业对于保险保障难以达到预期效果。

2. 钢铁行业风险管理的建议

国外许多大型钢铁企业在风险管理方面起步早，经验丰富，效果明显，我国钢铁行业可以借鉴、学习国外钢铁企业在风险管理方面的成功经验，给我国钢铁行业应对风险和提升风险管理水平带来启发。例如，与我国宝钢合作的日本新日铁公司，其在风险管理方面就有较多独到的见解和成功的应用案例。面对 1973 年爆发的石油危机，新日铁公司通过技术改造降低了生产成本，同时还提高了劳动生产率；为稳定原材料的供应，新日铁公司采取的主要措施包括：在海外联合大型铁矿石供应商合作开矿、入股大型铁矿石供应商、与铁矿石供应商联合运输以降低运输成本、铁合金及矿石开发和利用方面的技术交流等。

钢铁企业全面风险管理时代已经来临。金融危机给中国钢铁企业带来严重的冲击，但同时也给钢铁企业提升经营管理能力带来机遇。国家一系列政策、法规的出台表明，我国钢铁行业必须积极调整发展策略，建立符合我国钢铁工业实际情况的、完善的风险管理机制，应对金融危机对整个行业带来的冲击。提高钢铁企业风险管理水平，应该重视的工作主要有：

(1) 确立钢铁企业风险管理体系的总目标。

(2) 全面评估企业面临的内部和外部风险。

(3) 制定风险管理策略，主要解决三方面的问题：

1) 确定企业的风险偏好；

2) 确定企业的风险承受能力；

3) 确定风险管理有效性的标准。

(4) 建立风险管理解决方案。此方案对所有的重大风险都要有具体的管理目标和管控方案，包括风险管理机构、风险管理流程、管理手段和应对措施等。

(5) 风险管理体系的监管和改进。确定了风险管理解决方案之后，随着对策的实施和各种影响因素的变化，企业风险管理部门需要跟踪监测，对风险管理效果进行动态评估，不断对方案进行修正和调整，以达到最佳的管理效果。

(6) 完善保险管理。不同的钢铁企业，因其管理方式、生产工艺、装备水平、产品结构和所处地域等方面的不同，其风险特点和发生风险的概率也不相同。保险市场上格式化的保单不能为钢铁企业提供有针对性的、合理、完善的保障，这就需要保险经纪人在了解企业风险特点的基础上，发现并挖掘保险需要，为企业量身定做保险方案。

（7）加强企业的风险管理创新。如今，越来越多的企业决策者和管理者已经意识到，风险管理是企业核心竞争力和管理优势的重要体现。同时，由于市场的全球化趋势，我国钢铁企业风险管理的焦点将转向全球化风险管理。这就要求钢铁企业必须在风险管理方面不断创新，构建稳固的风险管理基础和高效、合理的组织机构，运用先进的风险管理手段来应对可能发生的风险。

本章小结

本章分别重点介绍了电力行业、石油行业、矿山行业，以及钢铁行业面临的主要风险，阐述了这些行业的风险管理现状，分析了这些行业在风险管理过程中存在的问题并提出了建设性的意见和建议。风险管理理论的应用有助于我国电力、石油等重点行业有效应对各类风险，是各行业能够健康、快速发展的有力保障。

复习思考题

1. 针对我国目前电力行业存在的风险，你有哪些建议？
2. 石油行业主要风险有哪些？如何规避？
3. 我国矿山行业风险管理存在哪些问题？
4. 试述我国钢铁行业的风险管理状况。

附录1

风险管理—原则和指导方针

ISO 31000

1 范围

本国际标准提供了风险管理的原则和通用性指南。

本国际标准可用于任何公共、私有或公有企业、协会，团体或个体。因此，本国际标准不针对任何特定行业或部门。

注：为方便起见，本国际标准涉及的所有不同的用户以通用术语“组织”称谓。

本国际标准可用于整个组织的生命周期及广泛的活动，包括战略和决策、运营、过程、职能、项目、产品、服务和资产。

本国际标准可以应用于任何类型的风险，无论其性质及是否有积极或消极的后果。

尽管本国际标准提供了风险管理的通用性指南，但不意针对组织促进风险管理的统一性。风险管理计划和框架的设计和实施需要考虑到特定组织的不同需、特定目标，状况、结构、运营、过程、职能、项目、产品、服务或资产以及展开的具体实践。

意在运用本国际标准来协调现有和将来标准的风险管理过程。本标准提供了一个支持其他标准处理特定风险和行业风险的通用方法，而不是取代这些标准。

本国际标准不意针对认证意图。

2 术语和定义

下列术语和定义适用本标准。

2.1 风险 risk

不确定性对目标的影响。

注 1：影响是与期待的偏差——积极和/或消极。

注 2：目标可以有不同方面（如财务、健康安全，以及环境目标），可以体现在不同的层次（如战略、组织范围、项目、产品和过程）。

注 3：风险通常以潜在事件（2.19）和后果（2.20），或它们的组合来描述。

注 4：风险通常以事件（包括环境的变化）后果和发生可能性（2.21）的组合来表达。

注 5：不确定性是指，与事件和其后果或可能性的理解或知识相关的信息的缺陷的状态，或不完整。

2.2 风险管理 risk management

针对风险指挥和控制组织的协调活动。

2.3 风险管理框架 risk management framework

提供在组织内设计、实施、监测（2.28）、评审和持续改进风险管理（2.2）的基本原则和组织安排的要素集合。

注 1：基本原则包括管理风险的方针、目标、指令和承诺。

注 2：组织安排包括计划、关系、责任、资源、过程和活动。

注 3：风险管理框架被嵌入到组织的整个战略和运营的方针和实践中。

2.4 风险管理方针 risk management policy

一个组织对风险管理的意图和方向的陈述。

2.5 风险态度 risk attitude

组织评价、最终追踪、保留、消除或规避风险的方法。

2.6 风险管理计划 risk management plan

在风险管理框架内规定用于风险管理的方法、管理要素、资源的方案。

注 1：管理要素一般包括程序、惯例、职责分配、活动顺序和时间安排。

注 2：风险管理计划可应用于特定的产品、过程和项目、组织的部分或整体。

2.7 风险所有者 risk owner

具有风险管理权限和责任的个人或实体。

2.8 风险管理过程 risk management process

管理方针、程序和惯例对沟通、协商、确定状况，以及识别、分析、评价、处理、监测和评审风险活动的系统应用。

2.9 确定状况 establishing the context

界定外部和内部参数，以便在管理风险和设置风险管理方针的范围及风险准则时，予以考虑。

2.10 外部状况 external context

组织寻求实现其目标的外部环境。

注：外部环境可包括：

——文化、社会、政治、法律法规、财政金融、技术、经济、自然和竞争环境，无论国际、国家、区域或地方；

——对组织目标具有影响的主要驱动和趋势；

——与外部利益相关方的关系和其感受和价值观。

2.11 内部状况 internal context

组织寻求实现其目标的外部环境。

注：内部状况可包括：

——治理、组织结构、作用和责任；

——方针、目标，以及实现它们的战略；

——以资源和知识来理解的能力（如资本、时间、人员、过程、系统和技术）；

——信息系统、信息流和决策过程（正式和非正式的）；

——与内部利益相关方的关系，以及他们的感受和价值观；

——组织的文化；

——标准、指南和组织采用的模式；

——合同关系的形式和范围。

2.12 沟通和协商 communication and consultation

组织针对风险管理，提供、共享或获取信息，与利益相关方进行对话的持续和反复的过程。

注1：信息涉及风险管理的存在、性质、形式、可能性、严重程度、评定、可接受性、处理。

注2：协商是组织与它的利益相关方，在做出决策或确定某一问题的方向前，针对问题双向有事实依据的沟通的过程。协商是：

——通过影响力而非权力对决策施加影响；

——作为决策的输入，而非加入决策。

2.13 利益相关方 stakeholder

可以影响、被影响，或者觉得自己会被决策或活动影响的个人或组织。

注：决策者可以是利益相关者。

2.14 风险评价 risk assessment

风险识别（2.15）、风险分析（2.21）和风险评定（2.24）的整个过程。

2.15 风险识别 risk identification

发现、认识、描述风险的过程。

注 1：风险识别包括风险源（2.16）、事件（2.17）、它们的起因及潜在后果的确定。

注 2：风险识别会涉及历史数据、技术分析、有事实依据的和专家的观点，以及利益相关方的需求。

2.16 风险源 risk source

单独地或以结合的形式具有产生风险的内在可能性的因素。

注：一个风险源可以是有形的或者无形的。

2.17 事件 event

特殊系列环境的产生或变化。

注 1：一个事件可以是一个或多个事变，会有多种原因。

注 2：事件可以由一些不发生的事情构成。

注 3：事件有时被称作“事件（incident）”或“事故（accident）”。

注 4：没有后果的事件可以被称作“near miss”“incident”“near hit”“close call”。

2.18 后果 consequence

事件对目标的影响结果。

注 1：一个事件可以产生一系列的后果。

注 2：后果可以是确定或不确定的，以及对目标具有积极或消极的影响。

注 3：后果可以被定性或定量地表述。

注 4：初步的后果通过连锁效应可以逐步升级。

2.19 可能性 likelihood

某事发生的机会。

注 1：在风险管理术语学中，“可能性”是指事情发生的机会，不论是明确的、测量的，还是客观或主观地、定性或定量地确定的，以及一般性或精确地描述（如在一定时段内的可能性和频率）。

注2：英文“likelihood”在一些语言中没有直接对应的等同词，而同义词“probability”经常被使用。然而，在英文中，“probability”通常被狭义地理解为数学术语。因此，在风险管理术语学中，“likelihood”以它在许多非英语国家语言中的“probability”所具有的同样的广泛理解来使用。

2.20 **风险状况** risk profile

任何系列风险（2.1）的描述。

注：该系列风险可包含与整个组织、组织的部分或者其他特定部分相关联的风险。

2.21 **风险分析** risk analysis

理解风险（2.1）的性质和确定风险程度（2.23）的过程。

注1：风险分析为风险评定和风险处理决策提供了基础。

注2：风险分析包括风险估测。

2.22 **风险准则** risk criteria

评价风险重要性的依据。

注1：. 风险准则基于组织的目标和内外部状况。

注2：风险准则可出自于标准、法律、方针和其他要求。

2.23 **风险程度** risk level

以后果和可能性的组合表达的风险的量或组合结果。

2.24 **风险评定** risk evaluation

将风险分析的结果与风险准则进行比较，以确定风险和（或）其量是否可接受或可容许。

注：风险评定有助于有关风险处理的决策。

2.25 **风险处理** risk treatment

修正风险的过程。

注1：风险处理可包括：

——通过决定不启动或停止产生风险的活动而避免风险；

——为了追求机会采取或增加风险；

——消除风险源；

——改变可能性；

——改变后果；

——与其他方面共同分担风险（包括合同、风险融资）；

——通过有事实依据的决策保留风险。

注2：对消极后果的风险处理有时可以称为“风险减缓（risk mitigation）”“风险消除（risk eliminate）”“风险预防（risk prevention）”和“风险减小（risk reduction）”。

注3：风险处理可以产生新的风险或修正已存在的风险。

2.26 控制措施 control

修正风险的措施。

注1：控制措施包括任何过程、方针、手段、惯例或其他修正风险的措施。

注2：控制措施可能不总是产生预期或设想的修正效果。

2.27 残留风险 residual risk

风险处理后余留下的风险。

注1：残留风险可包括未识别的风险。

注2：残留风险也可被认作“保留的风险（retain risk）”。

2.28 监测 monitoring

不断检查、监督、严格观察或确定状态，以识别所要求或期待的绩效水平的变化。

注：监测可应用于风险管理框架、风险管理过程、风险或控制措施。

2.29 评审 review

为达到所建立的目标，确定有关事务的适宜性、充分性和有效性所采取的活动。

注：评审可应用于风险管理框架、风险管理过程、风险或控制措施。

3 原则

为了风险管理有效，组织宜在各个层次遵循以下原则。

a）风险管理创造和保护价值

风险管理有助于目标明确的实现和绩效的改进，例如，在人员的健康安全、治安、法律符合性、公众接受性、环境保护、产品质量、项目管理、运营效率、治理和声誉方面。

b）风险管理是整合在所有组织过程中的部分

风险管理不是与组织的主要活动和过程分开的孤立活动。风险管理是管理职责的部分和整合在所有组织过程中的部分，包括战略规划、所有项目、变更管理过程。

c）风险管理支持决策

风险管理可以帮助决策者做出明智的选择、优先的措施和辨别行动方向。

d）风险管理明晰解决不确定问题

风险管理明确地阐述不确定性、不确定性的性质，以及如何加以解决。

e）风险管理具备系统、结构化和及时性

系统、及时和结构化的风险管理方法有助于提高效率和取得一致、可衡量和可靠的结果。

f）风险管理基于最可用的信息

风险管理过程的输入基于信息源，如历史数据、经验、利益相关方的反馈、观察、预测和专家判断。然而，决策者宜告诫自身和考虑，数据或所使用模型的局限性，或者专家之间分歧的可能性。

g）风险管理是量体裁衣的

风险管理是与组织的外部和内部状况及风险状况相匹配的。

h）风险管理考虑人文因素

风险管理认识到可以促进或阻碍组织目标实现的内部和外部人员的能力、观念和意图。

i）风险管理是透明和包容的

利益相关方，尤其是组织各层面的决策者适当、及时的参与，确保了风险管理保持相关和先进性。参与过程也允许利益相关方适当地发表意见，并将其观点考虑到风险准则的确定中。

j）风险管理是动态、迭代和应对变化的

风险管理持续察觉和响应变化。由于外部和内部事件发生，状况和知识在改变，风险的监测和评审在进行，新的风险出现，一些风险在改变，而另一些风险消失了。

k）风险管理实现组织的持续改进

组织宜制定和实施战略，协同组织的其他方面共同改进风险管理的成熟度。

4 框架

4.1 总则

风险管理的成功取决于提供将风险管理嵌入整个组织所有层次的基础和安排的管理框架的有效性。框架有助于通过在组织不同层次和特定状况内应用风险管理过程，有效地管理风险。框架确保从风险管理过程取得的风险信息充分地被报告，以及作为决策和所有相关组织层次责任的基础。

本条款描述了风险管理框架的必要要素和其以迭代的方式相互作用的方法，如图 1 所示。

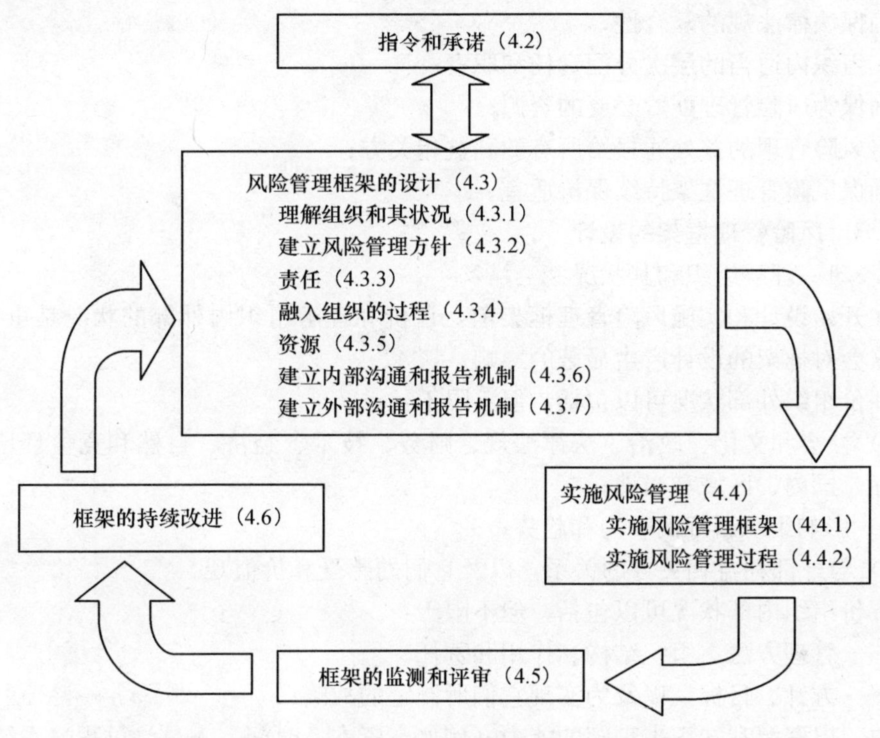

图 1　风险管理框架要素间的相互关系

本框架目的不是规定一个管理体系，而是有助于组织将风险管理整合到它的整个管理体系中。因此，组织宜使框架的要素适用于其特定的需求。

如果组织现存的管理实践和过程包含风险管理要素，或者如果组织已经针对特定的风险或状况采纳了一个正式的风险管理过程，那么对原有的这些实践和过程宜针对本标准进行评审和评价，包括附录 A 中包含的附加内容，以确定它们的充分性和有效性。

4.2　指令和承诺

风险管理的引入和确保它的持续有效需要组织管理着强有力和持续的承诺，以及为实现承诺在所有层次战略的和严密的策划。管理者宜：

确定和签署风险管理方针；

确保组织的文化和风险管理方针一致；

确定与组织绩效参数一致的风险管理绩效参数；

使风险管理目标与组织的目标和战略一致；

确保法律法规的复合性；

在组织内适当的层次分配责任和职责；

确保为风险管理配置必要的资源；

将风险管理的益处通报给所有的利益相关方；

确保风险管理框架持续保持适宜。

4.3 风险管理框架的设计

4.3.1 理解组织和其状况

在开始设计和实施风险管理框架前，评价和理解组织内外部的状况是重要的，因为这会对框架的设计产生显著的影响。

评价组织外部状况可以包括，但不限于：

a）社会和文化、政治、法律法规、财务、技术、经济、自然和竞争环境，无论国际、国内、区域和当地；

b）影响组织目标的动力和趋势；

c）与外部利益相关方的关系，以及它们的感受和价值观。

评价组织内部状况可以包括，但不限于：

——管理方法、组织结构、作用和责任；

——方针、目标，以及为实现它们所制定的战略；

——以资源和知识来理解的能力（例如，资本、时间、人员、过程、系统和技术）；

——信息系统、信息流和决策过程（正式和非正式的）；

——与内部利益相关方的关系，以及它们的感受和价值观；

——组织的文化；

——被组织采用的标准、指南和模型；

——合同关系的形式和范围。

4.3.2 建立风险管理方针

风险管理方针宜清楚阐明组织风险管理的目标和承诺，特别要针对：

——组织管理风险的基本原理；

——组织目标和方针与风险管理方针的联系；

——管理风险的责任和职责；

——处理利益冲突的方法；
——提供有助于管理风险必要资源的承诺；
——风险管理绩效测量和报告的方法；
——对定期评审和改进风险管理方针和框架，以及对事件和环境变化做出响应的承诺。

风险管理方针宜适当地沟通。

4.3.3　责任

组织宜确保具备管理风险的责任、权限和适当的能力，包括实施和保持风险管理过程和确保任何控制措施的充分性、有效性和效率。这可通过如下途径来实现：

——确定有责任和权利管理风险的风险拥有者；
——确定负责建立、实施和保持风险管理框架的人员；
——确定组织所有层次人员的风险管理过程的其他职责；
——建立绩效测量和内部、外部报告和逐级报告过程；
——确保确定的合适程度。

4.3.4　整合到组织的过程

风险管理宜益相关、有效和有效率的方式嵌入到所有组织的实践和过程中。风险管理过程宜变成组织过程的部分，而不是分离的。特别是，风险管理宜嵌入方针制定、商业和战略策划、评审和变更管理过程中。

宜具备一个组织的广泛风险管理计划以确保风险管理方针的实施和将风险管理嵌入全部组织的实践和过程中。风险管理计划可以整合到组织其他的计划中，如战略计划。

4.3.5　资源

组织宜为风险管理配置适当的资源。

对如下方面宜予以考虑：

——人员、技能、经验和能力；
——对于风险管理过程的每步骤所需的资源；
——用于管理风险的组织过程、方法和工具；
——形成文件的过程和程序；
——管理体系的信息和知识；
——培训方案。

4.3.6　建立内部沟通和报告机制

组织宜建立内部沟通和报告机制，用于支持和促进风险的责任和归属。这些机制宜确保：

——风险管理框架的关键要素和任何后续的更改被适当地沟通；

——对框架和其有效性及结果在内部充分地予以报告；

——风险管理的相关信息在适当的层次和时间予以获得；

——与内部利益相关方的协商过程被予以提供。

适当时，这些机制宜包括基于多源头强化风险信息的过程，以及可能需要考虑信息的敏感性。

4.3.7 建立外部沟通和报告机制

组织宜制定和实施一个关于如何与外部利益相关方沟通的计划。包括：

——吸引适当的外部利益相关方的关注和确保有效的信息交流；

——对外报告法律法规和管理要求的遵守情况；

——对沟通和协商进行报告和反馈；

——运用沟通来建立组织的信心；

——向利益相关方沟通紧急或突发事件。

适当时，这些机制宜包括基于多源头强化风险信息的过程，以及可能需要考虑信息的敏感性。

4.4 实施风险管理

4.4.1 实施管理风险的框架

在实施组织的管理风险的框架时，组织宜：

——确定实施框架的适当时间安排和策略；

——将风险管理方针和过程应用到组织的过程；

——遵守法律法规要求；

——确保决策，包括目标的制定和设立，与风险管理过程输出结果一致；

——举行信息和培训会议；

——与利益相关方进行沟通和协商以确保其风险管理框架保持正确。

4.4.2 实施风险管理过程

风险管理宜通过确保将第五章描述的风险管理过程通过风险管理计划作为组织实践和过程的一部分应用到组织相关职能和层次。

4.5 框架的监测和评审

为了确保风险管理有效和持续改进组织的绩效，组织宜：

——针对适当定期评审的参数测量风险管理绩效；

——定期测量风险管理计划的进展和偏离；

——基于组织的内部和外部状况，定期评审风险管理框架、方针和计划是否仍然适宜；

——报告风险、风险管理计划的进展和风险管理方针如何较好地执行；

——评审风险管理框架的有效性。

4.6 框架的持续改进

基于监测和评审结果，宜做出如何可以改进风险管理框架、方针和计划的决策。这些决策宜致使组织的风险管理和风险管理文化的改进。

5 过程

5.1 总则

风险管理过程宜是：

——整合到管理中的一部分；

——嵌入文化和实践之中；

——针对组织的经营过程制作。

它由 5.2 到 5.6 描述的活动组成。风险管理过程如图 2 所示。

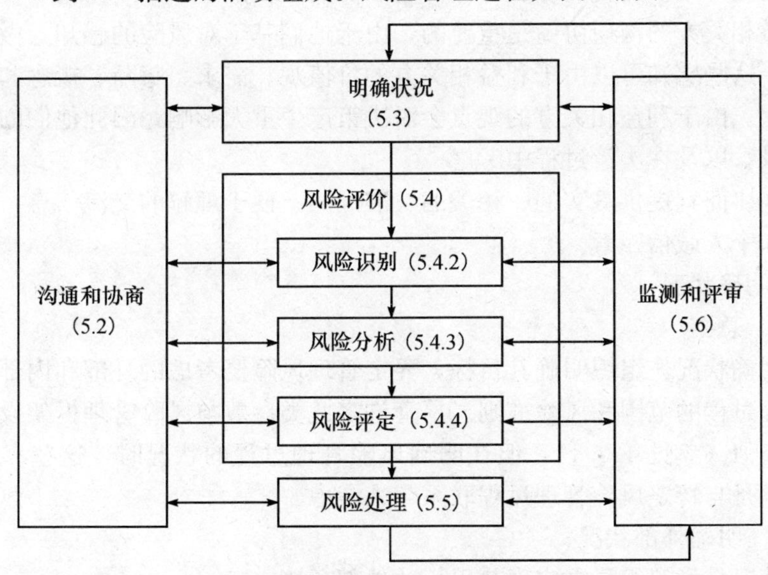

图 2 风险管理过程

5.2 沟通和协商

与内、外部利益相关方沟通和协商宜在风险管理过程所有阶段进行。

因此，沟通和协商计划宜在早期制定。该计划宜针对与风险本身、风险成因、风险后果（如果掌握）以及处理风险措施相关的问题。为确保实施风险管理过程的职责明确，以及利益相关方理解决策的基础和特定措施需求的原因，宜采取有效的外部和内部沟通和协商。

协商团队方法可以：

——适当地帮助明确状况；

——确保利益相关方的利益被理解和考虑；

——帮助确保风险充分地被识别；

——将不同领域的专业知识一并用于分析风险；

——确保在界定风险准则和评定风险时，不同的观点被恰当地考虑：

——确保认同和支持处理计划；

——加强在风险管理过程中的变更管理；

——制定一个恰当的内部和外部沟通和协商计划。

与利益相关方的沟通协商是重要的，由于他们基于对风险的感知，做出了对风险的判断。这些感知可以由于利益相关方的价值观、需求、臆断、概念和关注点的不同而变化。由于利益相关方的观点会对决策产生重大影响，因此他们的感知以被识别、记录，以及在决策过程中考虑。

沟通和协商宜提供真实的、相关的、准确的、便于理解的交流信息，同时宜考虑到保密和个人诚信因素。

5.3 明确状况

5.3.1 总则

通过明确状况，组织明确其目标，界定管理风险要考虑的外部和内部参数，确定风险管理过程的范围和风险准则。尽管许多此类参数与风险管理框架设计时所考虑的参数类似（参见 4.3.1），但在明确风险管理过程的状况时，这些参数需要细致地，特别是与特定风险管理过程联系起来考虑。

5.3.2 明确外部状况

外部状况是指组织寻求实现其目标的外部环境。

为了确保在建立风险准则时，目标和外部利益相关方的关注点被予以考虑，理解外部状况是重要的。它基于组织宽泛的状况，但具备法律法规要求的具体细节、利益相关方的观点、风险管理过程范围风险的其他因素。

外部状况可以包括，但不局限于：

——社会、文化、政治、法律法规、金融、技术、经济、自然和竞争环境，无论国际、国内、区域，还是本地的；

——影响组织目标的主要动力和趋势；

——与外部利益相关方的关系，外部利益相关方的观点和价值观。

5.3.3 明确内部状况

内部状况是指组织寻求实现其目标的内部环境。

风险管理过程宜与组织的文化、过程、结构和战略相一致。内部状况是组织内能够影响管理风险方法的方面。内部状况宜明确，因为：

a）风险管理是在组织的目标状况下进行；

b）具体项目、过程或活动的目标和准则，宜依据组织的整体目标予以考虑；

c）一些组织未能意识到实现它们战略、项目或经营目标的机会，这影响了持续的组织承诺、信誉、诚信和价值观。

理解内部状况是必要的，这可包括，但不仅限于：

——治理、组织结构、作用和责任；

——方针、目标，为实现方针和目标制定的战略；

——基于资源和知识理解的能力（如：资金、时间、人员、过程、系统和技术）；

——与内部利益相关方的关系，内部利益相关方的观点和价值观；

——组织的文化；

——信息系统、信息流和决策过程（正式与非正式）；

——组织所采用的标准、指南和模式；

——合同关系的形式与范围。

5.3.4 明确风险管理过程状况

宜确立组织活动的目标、策略、范围和参数，或风险管理过程应用到的组织的那些部分。风险管理宜充分考虑满足开展风险管理的资源需求。所需的资源、职责、权限和要保存的记录也宜予以规定。

风险管理过程的状况根据组织需求而变化。它可以包括，但不仅限于：

——确定风险管理活动的目标；

——确定风险管理过程的职责；

——确定所要开展的风险管理活动的范围以及深度、广度，包括具体的内涵和外延；

——以时间和地点，界定活动、过程、职能、项目、产品、服务或资产；

——界定组织特定项目、过程或活动与其他项目、过程或活动之间的关系；

——确定风险评价的方法；

——确定评价风险管理的绩效和有效性的方法；

——识别和规定所必须要做出的决策；

——确定所需的范围或框架性研究，它们的程度和目标，以及此种研究所需资源。

对这些和其他相关因素的关注，有助于确保所采用的风险管理方法适合于环境、组织，以及影响目标实现的风险。

5.3.5　确定风险准则

组织宜确定用于评定风险重要性的准则。该准则宜反映组织的价值观、目标和资源。一些准则可以服从或引用法律法规要求或组织签署的其他要求。风险准则宜与组织风险管理方针一致（见 4.3.2），在风险管理过程开始时予以确定，并予以持续评审。

当确定风险准则时，要考虑的因素宜包括如下：

——可以出现的致因和后果的性质和类别，以及如何予以测量；

——可能性如何确定；

——可能性和（或）后果的时间范围；

——风险程度如何确定；

——利益相关方的观点；

——风险可接受或可容许的程度；

——多种风险的组合是否予以考虑，如果是，如何考虑及哪种风险组合宜予以考虑。

5.4　风险评价

5.4.1　总则

风险评价是风险识别、风险分析和风险评定的总的过程。

注：ISO/IEC 31010 提供了风险评价技术指南。

5.4.2　风险识别

组织宜识别风险源、影响区域、事件（包括环境变化）以及致因和潜在后果。此步骤的目的是产生一个基于哪些可能产生、增强、阻碍、加快或推迟目标实现的事件的风险的综合表格。识别与不寻求机会相关的风险是重要的。综合识别是非常重要的，因为此阶段没有识别的风险将不会包含在进一步的分析中。

识别宜包括其源是否在组织的控制下的风险，即使风险源或致因可能不明显。风险识别宜包括考查特定后果直接影响，包括联锁和累积影响。也要考虑宽范围的后果，即使风险源或致因可能不明显。也要识别什么可能发生，考虑表明什么后果可以出现的可能致因和场景是必要的。所有重要的致因和后果宜予以考虑。

组织宜应用适合其目标、能力及所面临风险的风险识别工具和技术。在识别风险时，相关和最新的信息是重要的。这宜包括可能的适当背景信息。具有适当知识的人员宜参与到识别风险中。

5.4.3　风险分析

风险分析涉及开展风险的理解。风险分析为风险评定和确定风险是否需要处理以及最适合的风险处理策略和方法，提供了输入。风险分析也可以为必须做出选择及选择涉及不同类型和程度的风险的决策，提供输入。

风险分析包括考虑风险的致因和来源，以及所带来的正面和负面的后果及这些后果发生的可能性。影响后果的因素和可能性宜被识别。通过确定后果和其可能性，以及其他风险特性，来进行风险分析。一个事件可以有多种结果并可以影响多重目标。现存的控制措施和其效果和效率也宜被考虑在内。

后果和可能性的表述方式，以及它们组合确定风险程度的方式，宜反映风险类型、可获得的信息、以及运用风险评价输出的意图。这些全部都宜符合风险准则。考虑不同风险和其源的相互依赖也是重要的。

风险程度的确定和其前提和假设的敏感性的信心，宜在风险分析中予以考虑，并有效沟通给决策者以及适当的利益相关方。诸如专家间观点的分歧、不确定性、可用性、质量、数量、信息的持续相关性，或模型的局限性等因素，宜予以阐述和可以重点强调。

风险分析可以在不同程度的细节上进行，这取决于风险本身、分析目的、可用的信息、数据和来源。依据环境条件，分析可以定性的、半定量或定量的，也可以是组合的方式。

后果和其可能性可以通过模拟一个或一系列事件的结果，或由实验研究或可用数据推断确定。后果可基于有形和无形的影响表述。在某些情况下，一个以上的数值或描述，需要界定对于不同时间、地点、团体或状况的后果和其可能性。

5.4.4　风险评定

风险评价的目的是，基于风险分析的结果，帮助做出有关风险需要处理和处理实施优先的决策。

风险评定包括将分析过程中确定的风险程度与在明确状况时建立的风险准则进

行比较。基于这种比较，处理需求可予以考虑。

决策宜考虑更为宽泛风险含义，包括考虑风险获益组织外的团体对风险的容忍性。决策宜依据法律法规和其他要求做出。

在某些情况下，风险评定可导致对决策的进一步分析。风险评定也可导致，除了保持现存措施，不以任何方式处理风险的决策。通过组织的风险态度和已建立的风险准则，对此决策施加影响。

5.5 风险处理

5.5.1 总则

风险处理包括选择一种或几种修正风险的方案，以及实施那些方案。一旦实施了方案，处理提供或改进了控制措施。

风险处理包括了一个循环过程：

——评价风险处理；

——确定残留风险程度是否可容许；

——如果不可容许，产生新的风险处理；

——评价该处理的有效性。

风险处理方案不必互相排斥或适宜所有情况。方案可以包括以下内容：

a）通过决定不开展或停止产生风险的活动，来规避风险；

b）为寻求机会，接受或提高风险；

c）消除风险源；

d）改变可能性；

e）改变后果；

f）与另一方或多方共担风险（包括合约和风险融资）；

g）通过有事实依据的决策，保留风险。

5.5.2 选择风险处理方案

选择最合适的风险处理方案包括，针对以法律法规和诸如社会责任和自然环境保护的其他要求所获得的利益，平衡成本和实施的工作量。决策也宜考虑可以批准在经济层面上不合理的风险处理的风险，例如，严重的（高负面后果）但稀少（低可能性）的风险。

一些方案是可以单独或综合考虑或应用。组织一般可以从综合方案的采用获益。

当选择风险处理方案时，组织宜考虑利益相关方的价值观和观点，以及与他们沟通最适合的方法。如果风险处理方案可以影响组织别处的风险或与利益相关方关联的风险，这宜包含在决策中。尽管同样有效，有些风险处理可以比其他一些更让一些利益相关方接受。

风险处理计划宜清晰确定每个风险处理宜实施的优先顺序。

风险处理自身会引入风险。重要风险会是风险处理措施的故障或失效。监测需要成为风险处理计划的整合部分和给出措施持续有效的保证。

风险处理也可引入需要评价、处理、监测和评审的次级风险。宜将这些次级风险结合到与原始风险同样的处理计划中，而不是作为新的风险处理。两种风险的联系宜确定和保持。

5.5.3　准备和实施风险处理计划

风险处理计划的目的是将如何实施已选择的处理措施形成文件。将要实施的风险处理方案。处理计划中提供的信息宜包括：

——选择风险处理措施的原因，包括所期待获得的效益；

——负责改进和实施计划的人员；

——建议的措施；

——资源需求，包括紧急情况时；

——绩效测量和控制；

——汇报及监测要求；

——时间和日程安排。

处理计划宜组织管理过程整合并与适当的利益相关方讨论。

决策者和其他利益相关方宜意识到风险处理后残留风险的性质和程度。残留风险宜形成文件并进行监测、评审，适当时，进一步处理。

5.6　监测和评审

监测和评审都宜是风险管理过程的已计划的部分，包含常规检查或监督。可以定期或不定期。

监测和评审的职责宜明确界定。

组织的监测和评审过程宜包含风险管理过程的所有方面，目的是：

——确保控制措施在设计和运行上有效和有效率；

——获得进一步改进风险评价的信息；

——从事件（包括“near-miss”）、变化、趋势、成功和失败中分析和吸取教训；

——探测内外部状况的变化，包括风险准则的变化和会需要修正风险处理和优先的风险自身；

——识别出现的风险。

在实施风险处理计划的进程中需要绩效测量。可将结果融入组织整体绩效管理、测量和外部和内部报告活动中。

监测和评审的结果宜予以记录和在内外部适当地报告，也可用作风险管理框架评审的输入（见 4.5）。

5.7 记录风险管理过程

风险管理活动宜可追溯。在风险管理过程及整体过程中，记录提供了方法和工具改进的基础。

关于记录的建立的决定宜考虑：

——组织持续学习的需求；

——出于管理意图，重新使用信息益处；

——涉及建立和保持记录的成本和工作量；

——对记录的法律法规和运行需求；

——获取的方法、检索的难易和储存媒介；

——保存期限；

——信息的敏感性。

附录 2

风险管理　术语

GB/T 23694—2009/ISO/IEC Guide73：2002

1　范围

本标准规定了有关风险管理的术语和定义，可以用于制定或修订涉及风险管理内容的标准及其他方面的通用文件。

本标准旨在推动用一致的方法描述风险管理活动和使用风险管理术语。

涉及安全方面的内容参见 GB/T 20000.4—2003

2　风险管理术语和定义的概述

风险管理术语和定义的关系如图 1 至图 3 所示。

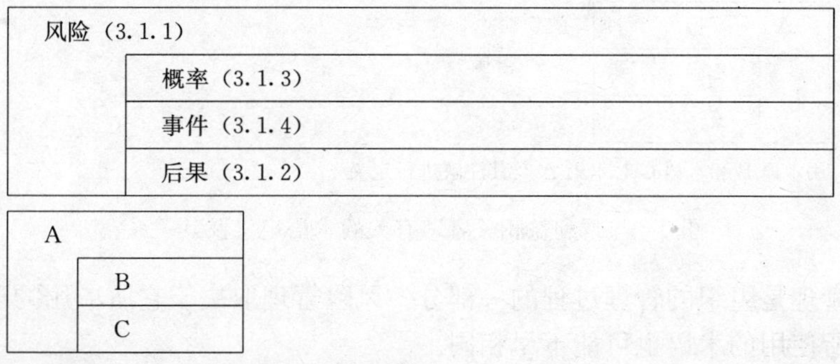

用术语 B 和术语 C 对术语及其注解进行定义

图 1　与“风险”有关的术语定义及其关系

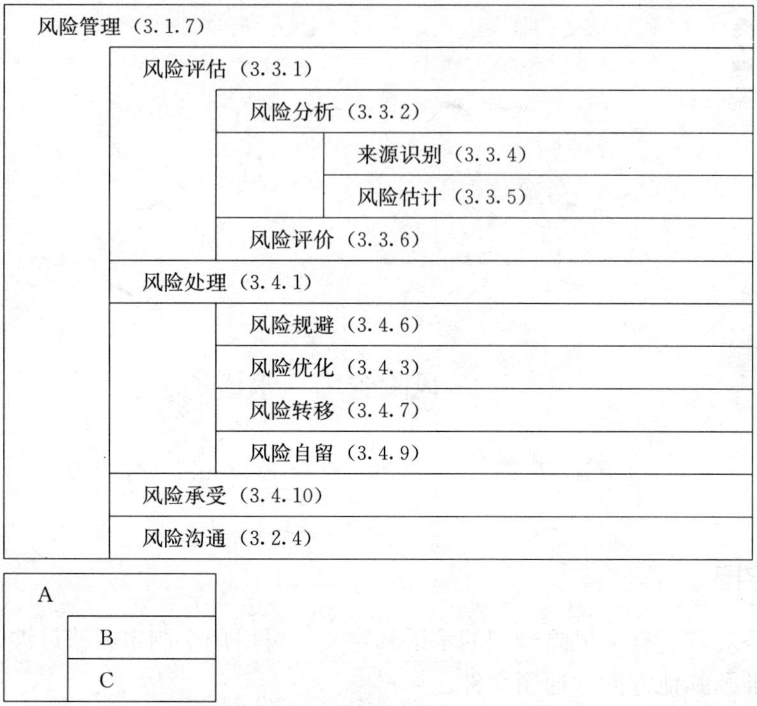

- 风险管理（3.1.7）
  - 风险评估（3.3.1）
    - 风险分析（3.3.2）
      - 来源识别（3.3.4）
      - 风险估计（3.3.5）
    - 风险评价（3.3.6）
  - 风险处理（3.4.1）
    - 风险规避（3.4.6）
    - 风险优化（3.4.3）
    - 风险转移（3.4.7）
    - 风险自留（3.4.9）
  - 风险承受（3.4.10）
  - 风险沟通（3.2.4）

- A
  - B
  - C

用术语 B 和术语 C 对术语 A 及其注解进行定义

图 2　与“风险管理”有关的术语定义及其关系

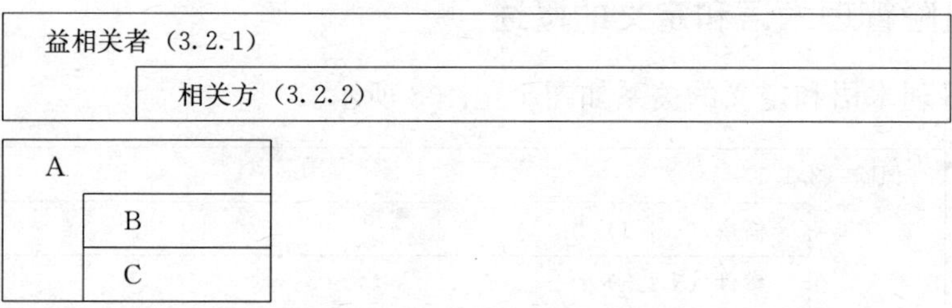

用术语 B 和术语 C 对术语 A 及其注解进行定义

图 3　与“利益相关者”有关的术语定义及其关系

风险管理是组织的管理过程的一部分。风险管理取决于它所应用的环境，在不同环境下所使用的术语也可能不尽相同。

在标准中使用与风险管理相关的术语时，确保这些术语的含义不会造成任何歧义或误解是非常重要的。由此，本标准为每一个术语可能存在的不同含义提供了一致的解释。

组织越来越多地利用风险管理过程来优化对潜在机会的管理。这一点不同于GB/T 20000.4—2003 中所解释的风险评估过程，该指南认为风险只会产生负面结果。然而，各类组织越来越认同广义的风险管理方法，因此，本标准力图涵盖风险的消极和积极两个方面。

本标准中的定义要比 GB/T 20000.4—2003 中的定义更为宽泛。对于所有与安全有关的问题，可用 GB/T20000.4—2003 中给出的定义。见附录 A

索引中给出了中文索引和英文索引。

注：当其他定义引用本标准中的术语时，要用黑体字标出，并标明出处。

3　术语和定义

3.1　基础术语

3.1.1　风险　risk

某一事件（3.1.4）所发生的概率（3.1.3）和其后果（3.1.2）的组合。

注 1：术语“风险”通常仅应用于至少有可能会发生负面结果的情况。

注 2：在某些情况下，风险起因于与预期的后果或事件偏离的可能性。

注 3：与安全有关的概念，参见 GB/T2000.4—2003。

3.1.2　后果　consequence

某一事件（3.1.4）的结果。

注 1：某一事件可能会产生不止一种的后果。

注 2：后果可能是正面的和负面的。然而，从安全方面来看，后果往往都是负面的。

注 3：后果可以定性或定量表述。

3.1.3　概率　probability

某一事件（3.1.4）发生的可能程度。

注 1：GB/T3358.1—1993 给出了一个关于“概率”的数学定义：度量某一随机事件发生可能性大小的实数，其值介于 0 与 1 之间。它可以用来指在一段相当长的时间内，某一事件将要发生的频率，或者这一事件发生的可信程度。对于高可信度来说，概率接近“1”。

注 2：在描述风险时，常用“频率”一词而不是用“概率”一词。

注 3：有关可能性的程度可以用不同等级来表示：

——极不可能/不太可能/可能/很可能/几乎确定；

——难以置信/不可能/可能性极少/偶尔/有可能/经常。

3.1.4 事件 event

特定情况的发生。

注1：事件可能是确定的，也可能是不确定的。

注2：事件可能是单一的，也可能是系列的。

注3：对于给定时间内事件发生的概率可以估算出来。

3.1.5 来源 source

可能会导致一定后果（3.1.2）的事项或活动。

注：在安全问题上，来源就是某种危险（源）。（参见附录A和GB/T20000.4—2003）

3.1.6 风险准则 risk criteria

评价风险（3.1.1）严重性的依据。

注：风险准则包括相关的成本及利益，法律法规要求，社会经济及环境因素，利益相关者的态度，优先次序和在评估过程中的其他要素。

3.1.7 风险管理 risk management

指导和控制某一组织与风险（3.1.1）相关问题的协调活动。

注：风险管理通常包括风险评估、风险处理、风险承受和风险沟通。

3.1.8 风险管理体系 risk management style

注1：管理体系要素可以包括战略规划、决策以及处理风险的其他过程。

注2：风险管理体系体现了组织的文化。

3.2 受风险影响的组织及个人的相关术语

3.2.1 利益相关者 stakeholder

可以影响风险（3.1.1）、受到风险影响或自认为会受到风险影响的任何个人、团体或组织。

注1：决策者也是利益相关者之一。

注2：术语“利益相关者”包括GB/T19000—2008中定义的“相关方”。

3.2.2 相关方 interested party

与组织的业绩或成就有利益关系的个人或团体。

示例：顾客、所有者、员工、供方、银行、工会、合作伙伴，或社会。

注：一个团体可由一个组织或其一部分或多个组织构成。（GB/T19000—2008，定义3.3.7）

3.2.3 风险感知 risk perception

利益相关者（3.2.1）根据其价值观或利害关系看待风险（3.1.1）的方式。

注 1：风险感知取决于利益相关者的需要、关注点及知识。

注 2：风险感知可能不同于客观数据。

3.2.4 风险沟通 risk communication

决策者和其他利益相关者（3.2.1）之间交换或分享关于风险（3.1.1）的信息。

注：这些信息可能是风险的存在情况、自然特性、形态、概率、严重程度、可接受程度、处理措施及风险的其他方面。

3.3 与风险评估相关的术语

3.3.1 风险评估 risk assessment

包括风险分析（3.3.2）和风险评价（3.3.6）在内的全部过程。

注：此术语在 GB/T20000.4—2003 中为“风险评定”

3.3.2 风险分析 risk analysis

系统地运用相关信息来确认风险的来源（3.1.5），并对风险（3.3.1）进行估计。

注 1：风险分析为风险评价、风险处理和风险承受提供了一个基础。

注 2：信息可以包括历史数据、理论分析、基于可靠信息的见解以及利益相关者的关注。

注 3：有关安全方面的问题参见 GB/T20000.4—2003

3.3.3 风险识别 risk identification

发现、列举和描述风险（3.3.1）要素的过程。

注 1：要素可以包括来源或危险（源）、事件、后果和概率。

注 2：风险识别也可以反映出利益相关者关注的问题。

3.3.4 来源识别 source identification

发现、列举和描述风险来源（3.1.5）的过程。

注：在安全问题上，来源识别叫作危险（源）识别。（参见 GB/T20000.4—2003）

3.3.5 风险估计 risk estimation

对风险（3.3.1）的概率（3.1.3）及后果（3.1.2）进行赋值的过程。

注：风险估计可以考虑成本、收益、利益相关者的利害关系，以及其他各种用于风险评价的因素。

3.3.6 风险评价 risk evaluation

将估计后的风险（3.1.1）与给定的风险准则（3.1.6）对比，来决定风险严重性的过程。

注1：风险评价有助于做出接受还是处理某一个风险的决策。

注2：关于安全方面的风险评价参见GB/T20000.4—2003。

3.4 与风险处理和风险控制相关的术语

3.4.1 风险处理 risk treatment

选择及实施风险（3.1.1）应对措施的过程。

注1：术语“风险处理”有时指应对措施本身。

注2：风险处理措施包括规避、优化、转移或保留风险。

3.4.2 风险控制 risk control

实施风险管理（3.1.7）决策的行为。

注：风险控制可能包括监测、再评价和执行决策。

3.4.3 风险优化 risk optimization

将与风险（3.3.1）有关的消极后果（3.1.2）及其发生概率（3.1.3）最小化，同时将积极后果及其发生概率最大化的问题。

注1：在安全问题上，风险优化主要关注于降低风险。

注2：风险优化取决于风险准则，其中包括成本和法律法规要求。

注3：要适当考虑由风险控制带来的风险。

3.4.4 风险降低 risk reduction

减少风险（3.1.1）的消极后果（3.1.2），降低其发生概率（3.1.3）或二者兼有的行为。

3.4.5 风险减缓 mitigation

对某一特定事件（3.1.4）的消极后果（3.1.2）进行限制的行为。

3.4.6 风险规避 risk avoidance

决定不陷入风险，或者从风险状态中撤离的行为。

注：这个决定可能是以风险评价的结果为依据的。

3.4.7 风险转移 risk transfer

与其他组织共同承担风险（3.1.1）损失，共享风险收益的行为。

注1：法律法规可能对某一特定风险的转移进行限制、禁止或强制执行。

注2：风险转移可以通过保险或其他协议来实施。

注3：风险转移可能会引发新的风险，也可能会改变现有的风险。

注4：重新安排风险来源不属于风险转移。

3.4.8　风险融资　risk financing

为实施风险管理（3.4.1）及其他相关活动的费用提供资金的活动。

注：在某些行业中，风险融资特指对风险造成的财务后果提供资金。

3.4.9　风险自留　risk retention

接受某一特定风险（3.1.1）带来的损失或收益。

注 1：风险自留包括那些还没有得到识别的风险。

注 2：风险自留不包括运用保险或其他方法进行的风险转移的处理。

注 3：对风险的接受程度和对风险准则的依赖程度可能会有变化。

3.4.10　风险承受　risk acceptance

接受某一风险（3.1.1）的决定。

注：风险承受取决于风险准则。

3.4.11　剩余风险　residual risk

风险处理（3.4.1）后还存在的风险（3.1.1）。

注 1：有关安全问题的条款，参见 GB/T20000.4—2003。

注 2：此术语在 GB/T20000.4—2003 中为“残余风险”。

附录 A
（规范性附录）
GB/T 20000.4—2003 中的术语及释义

以下术语和释义适用于风险管理相关的安全问题。

对于每一个术语，在引用时，其在 GB/T 20000.4—2003 中的原始编号都用圆括号加以标明。

A.2（3.1）安全　safety

免除了不可接受的风险的状态。

注：改写自 GB/T 20000.1—2002 的定义 2.2.5。

A.2（3.2）风险　risk

对伤害的一种综合衡量，包括伤害发生的概率和伤害的严重程度。

A.3（3.3）伤害　harm

对物质的损伤，或对人体健康、财产或环境的损害。

A.4（3.4）伤害事件　harmful event

危险情况造成了伤害的结果。

A. 5（3. 5）危险（源） hazard、

可能导致伤害的潜在根源。

注：术语“危险（源）”可按产生伤害的来源或可预料的伤害性质来划分（例如：触电危险、碾压危险、切割危险、中毒危险、着火危险、漏水危险等）。

A. 6（3. 6）危险情况 hazardous situation

人员、财产或环境暴露于危险中的情形。

A. 7（3. 7）可容许风险 tolerable risk

按当今的社会价值取向在一定范围内可以接受的风险。

A. 8（3. 8）防护措施 protective measure

降低风险的方法。

注：防护措施包括固有的安全设计，防护装置、个人防护装备、使用和安装信息以及培训等。

A. 9（3. 9）残余风险 resideual risk

在实施防护措施后还存在的风险。

A. 10（3. 10）风险分析 risk analysis

系统地运用现有信息确定危险（源）和估计风险的过程。

A. 11（3. 11）风险评价 risk evaluation

根据风险分析的结果确定实现可容许风险的过程。

A. 12（3. 12）风险评定 risk assessment

包含风险分析的风险评价的全过程。

A. 13（3. 13）预期的使用 intended use

根据供方提供的信息对产品、过程或服务的使用。

A. 14（3. 14）可合理预见的误用 reasonably foreseeable misuse

未按供方的规定对产品、过程或服务的使用。但这种结果是由很容易预见的人为活动引起的。

附录3

风险管理　原则与实施指南

GB24353—2009

1　范围

本标准提供了风险管理的原则和通用的实施指南。

本标准适用于各种类型和规模的组织，适用于组织的生命周期及其各阶段，也适用于组织的各种活动，包括流程管理、职能行为、项目管理以及与产品、服务、资产、运作和决策等有关的各项活动。

本标准提供实施风险管理的通用指南，但风险管理的具体实施取决于组织的实际需要和具体实践。

2　规范性引用文件

下列文件中的条款通过本标准的引用而成为本标准的条款。凡是注日期的引用文件，其随后所有的修改单（不包括勘误的内容）或修订版均不适用于本标准，然而鼓励根据本标准达成协议的各方研究是否可使用这些文件的最新版本。凡是不注日期的引用文件，其最新版本适用于本标准。

GB/T 23694　风险管理　术语

3　术语和定义

GB/T 23694 确立的术语和定义适用于本标准。

4 风险管理原则

为有效管理风险，组织在实施风险管理时，可遵循下列原则：

a）控制损失，创造价值

以控制损失、创造价值为目标的风险管理，有助于组织实现目标，取得具体可见的成绩和改善各方面的业绩，包括人员健康和安全、合规经营、信用程度、社会认可、环境保护、财务绩效、产品质量、运营效率和公司治理等方面。

融入组织管理过程

风险管理不是独立于组织主要活动和各项管理过程的单独的活动，而是组织管理过程不可或缺的重要组成部分。

b）支持决策过程

组织的所有决策都应考虑风险和风险管理。风险管理旨在将风险控制在组织可接受的范围内，有助于判断风险应对是否充分、有效，有助于决定行动优先顺序并选择可行的行动方案，从而帮助决策者做出合理的决策。

c）应用系统的、结构化的方法

系统的、结构化的方法有助于风险管理效率的提升，并产生一致、可比、可靠的结果。

d）以信息为基础

风险管理过程要以有效的信息为基础。这些信息可通过经验、反馈、观察、预测和专家判断等多种渠道获取，但使用时要考虑数据、模型和专家意见的局限性。

e）环境依赖

风险管理取决于组织所处的内部和外部环境以及组织所承担的风险。需要特别指出的是风险管理受人文因素的影响。

f）广泛参与、充分沟通

组织的利益相关者之间的沟通，尤其是决策者在风险管理中适当、及时的参与，有助于保证风险管理的针对性和有效性。

利益相关者的广泛参与有助于其观点在风险管理过程中得到体现，其利益诉求在决定组织的风险偏好时得到充分考虑。利益相关者的广泛参与要建立在对其权利和责任明确认可的基础上。

利益相关者之间需要进行持续、双向和及时的沟通，尤其是在重大风险事件和风险管理有效性等方面需要及时沟通。

g）持续改进

风险管理是适应环境变化的动态过程，其各步骤之间形成一个信息反馈的闭环。随着内部和外部事件的发生、组织环境和知识的改变以及监督和检查的执行，有些风险可能会发生变化，一些新的风险可能会出现，另一些风险则可能消失。因此，组织应持续不断地对各种变化保持敏感并做出恰当反应。组织通过绩效测量、检查和调整等手段，使风险管理得到持续改进。

5 风险管理过程

5.1 概述

风险管理过程是组织管理的有机组成部分，嵌入在组织文化和实践当中，贯穿于组织的经验过程。风险管理过程由 5.2 到 5.5 所描述的活动组成，即明确环境信息、风险评估、风险应对、监督和检查，如图 1 所示。其中，风险评估包括风险识别、风险分析和风险评价等三个步骤。

沟通和记录，应贯穿于风险管理过程的各项活动中，5.6 将对其进行详细说明。

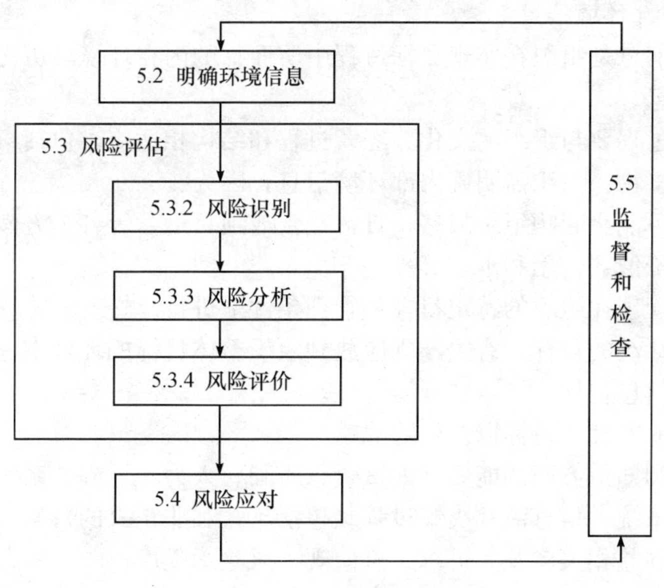

图 1　风险管理过程

5.2 明确环境信息

5.2.1　概述

通过明确环境信息。组织可明确其风险管理的目标，确定与组织相关的内部和外部参数，并设定风险管理的范围和有关风险准则。

5.2.2 外部环境信息

外部环境信息是组织在实现目标过程中所面临的外界环境的历史、现在和未来的各种相关信息。

为保证在制定风险准则时能充分考虑外部利益相关者的目标和关注点，组织需要了解外部环境信息。外部环境信息以组织所处的整体环境为基础，包括法律和监管要求、利益相关者的诉求和与具体风险管理过程相关的其他方面的信息等。

外部环境信息包括但不限于：

——国际、国内、地区及当地的政治、经济、文化、法律、法规、技术、金融以及自然环境和竞争环境；

——影响组织目标实现的外部关键因素及其历史和变化趋势；

——外部利益相关者及其诉求、价值观、风险承受度；

——外部利益相关者与组织的关系等。

5.2.3 内部环境信息

内部环境信息是组织在实现目标过程中所面临的内在环境的历史、现在和未来的各种相关信息。

风险管理过程要与组织的文化、经营过程和结构相适应，包括组织内影响其风险管理的任何事物，组织需明确内部环境信息，因为：

——风险可能会影响组织战略、日常经营或项目运营等各个方面，从而进一步会影响组织的价值、信用和承诺等；

——风险管理在组织的特定目标和管理条件下进行；

——具体活动的目标和有关准则应放到组织整体目标的环境中考虑。

内部环境信息包括：

——组织的方针、目标以及经营战略；

——资源和知识方面的能力（如资金、时间、人力、过程、系统和技术）；

——信息系统、信息流和决策过程（包括正式和非正式的）；

——内部利益相关者及其诉求、价值观、风险承受度；

——采用的标准和模型；

——组织结构（包括治理结构、任务和责任等）、管理过程和措施；

——与风险管理实施过程有关的环境信息等。

其中，风险管理过程的环境信息根据组织的需要而改变，它包括但不限于：

——所开展的风险管理工作的范围和目标，以及所需要的资源；

——风险管理过程的职责；

——应执行的风险管理活动的深度和广度；

——风险管理活动与组织其他活动之间的关系；

——风险评估的方法和使用的数据；

——风险管理绩效的评价方法；

——需要制定的决策；

——风险准则等。

5.2.4　确定风险准则

风险准则是组织用于评价风险重要程度的标准。因此，风险准则需体现组织的风险承受度，应反映组织的价值观、目标和资源。有些风险准则直接或间接反映了法律和法规要求或其他需要组织遵循的要求。风险准则应当与组织的风险管理方针一致。具体的风险准则应尽可能在风险管理过程开始时制定，并持续不断地检查和完善。

确定风险准则时要考虑以下因素：

——可能发生的后果的性质、类型以及后果的度量；

——可能性的度量；

——可能性和后果的时限；

——风险的度量方法；

——风险等级的确定；

——利益相关者可接受的风险或可容许的风险等级；

——多种风险的组合的影响。

通过对以上因素及其他相关因素的关注，将有助于保证组织所采用的风险管理方法适合于组织现状及其所面临的风险。

5.3　风险评估

5.3.1　概述

风险评估包括风险识别、风险分析和风险评价三个步骤。

5.3.2　风险识别

风险识别时通过识别风险源、影响范围、事件及其原因和潜在的后果等，生成一个全面的风险列表。识别风险不仅要考虑有关事件可能带来的损失，也要考虑其中蕴含的机会。

进行风险识别时要掌握相关和最新的信息，必要时，需包括适用的背景信息。

除了识别可能发生的风险事件外，还要考虑其可能的原因和可能导致的后果，包括所有重要的原因和后果。不论风险事件的风险源是否在组织的控制之下，或其原因是否已知，都应对其进行识别。此外，要关注已经发生的风险事件，特别是新近发生的风险事件。

识别风险需要所有相关人员的参与。组织所采用的风险识别工具和技术应当适合于其目标、能力及其所处环境。

5.3.3　风险分析

风险分析是根据风险类型、获得的信息和风险评估结果的使用目的，对识别出的风险进行定性和定量的分析，为风险评价和风险应对提供支持。风险分析要考虑导致风险的原因和风险源、风险事件的正面和负面的后果及其发生的可能性、影响后果和可能性的因素、不同风险及其风险源的相互关系以及风险的其他特性，还要考虑现有的管理措施及其效果和效率。

在风险分析中，应考虑组织的风险承受度及其对前提和假设的敏感性，并适时与决策者和其他利益相关者有效地沟通。另外，还要考虑可能存在的专家观点中的分歧及数据和模型的局限性。

根据风险分析的目的、获得的信息数据和资源，风险分析可以是定型的、半定量的、定量的或以上方法的组合。一般情况下，首先采用定性分析，初步了解风险等级和揭示主要风险，适当时，进行更具体和定量的风险分析。

后果和可能性可通过专家意见确定，或通过对事件或事件组合的结果建模确定，也可通过对实验研究或可获得的数据的推导确定。对后果的描述可表达为有形或无形的影响。在某些情况下，可能需要多个指标来确切描述不同时间、地点、类别或情形的后果。

5.3.4　风险评价

风险评价是将风险分析的结果与组织的风险准则比较，或者在各种风险的分析结果之间进行比较，确定风险等级，以便做出风险应对的决策。如果该风险是新识别的风险，则应当制定相应的风险准则，以便评价该风险。

风险评价的结果应满足风险应对的需要，否则，应做进一步分析。有时，根据已经制定的风险准则，风险评价使组织做出维持现有的风险应对措施，不采取其他新的措施的决定。

5.4　风险应对

5.4.1　概述

风险应对是选择并执行一种或多种改变风险的措施，包括该店风险事件发生的可能性或后果的措施。风险应对决策应当考虑各种环境信息，包括内部和外部利益相关者的风险承受度，以及法律、法规和其他方面的要求等。

风险应对措施的制订和评估可能是一个递进的过程。对于风险应对措施，应评估其剩余风险是否可以承受。如果剩余风险不可承受，应调整或制定新的风险应对措施，并评估新的风险应对措施的效果，直到剩余风险可以承受。执行风险应对措施会引起组织风险的改变，需要跟踪、监督风险应对的效果和组织的有关环境信息，并对变化的风险进行评估，必要时重新制订风险应对措施。

可能的风险应对措施之间不一定互相排斥。一个风险应对措施也不一定在所有条件下都适合。风险应对措施可包括下列各项：

——决定停止或退出可能导致风险的活动以规避风险；

——增加风险或承担新的风险以寻求机会；

——消除具有负面影响的风险源；

——改变风险事件发生的可能性的大小及其分布的性质；

——改变风险事件发生的可能后果；

——转移风险；

——分担风险；

——保留风险等。

5.4.2　选择风险应对措施

选择适当的风险应对措施时需考虑很多方面，比如：

——法律、法规、社会责任和环境保护等方面的要求；

——风险应对措施的实施成本与收益（有些风险可能需要组织考虑采用经济上看起来不合理的风险应对决策，例如可能带来严重的负面后果但发生可能性低的风险事件）；

——选择几种应对措施，将其单独或组合使用；

——利益相关者的诉求和价值观、对风险的认知和承受度以及对某一些风险应对措施的偏好。

风险应对措施在实施过程中可能会失灵或无效。因此，要把监督作为风险应对措施的实施计划的有机组成部分，以保证应对措施持续有效。

风险应对措施可能引起次生风险，对次生风险也需要评估、应对、监督和检查。在原有的风险应对计划中要加入这些次生风险的内容，而不应将其作为新风险而独立对待。为此需要识别并检查原有风险与次生风险之间的联系。当风险应对措施影响到组织内其他领域的风险或影响到其他利益相关者时，要评估这些影响，并与有关利益相关者沟通，必要时调整风险应对措施。

决策者和其他利益相关者应当清楚再采取风险应对措施后的剩余风险的性质和程度。

5.4.3 制定风险应对计划

在选择了风险应对措施之后，需要制定相应的风险应对计划。风险应对计划中应当包括以下信息：

——预期的收益：

——绩效指标及其考核办法；

——风险管理责任人及实施风险应对措施的人员安排；

——风险应对措施涉及的具体业务和管理活动；

——选择多种可能的风险应对措施时，实施风险应对措施的优先次序；

——报告和监督、检查的要求；

——与适当的利益相关者的沟通安排；

——资源需求，包括应急机制的资源需求；

——执行时间表等。

风险应对计划要与组织的管理过程整合。

5.5 监督和检查

组织应明确界定监督和检查的责任。

监督和检查可能包括：

——监测事件，分析变化及其趋势并从中吸取教训；

——发现内部和外部环境信息的变化，包括风险本身的变化、可能导致的风险应对措施及其实施优先次序的改变；

——监督并记录风险应对措施实施后的剩余风险，以便在适当时做进一步处理；

——适用时，对照风险应对计划，检查工作进度与计划的偏差，保证风险应对措施的设计和执行有效；

——报告关于风险、风险应对计划的进度和风险管理方针的遵循情况；

——实施风险管理绩效评估。

风险管理绩效评估应被纳入到组织的绩效管理以及组织对内、对外的报告体系中。

监督和检查活动包括常规检查、监控已知的风险、定期或不定期检查。定期或不定期检查都应被列入风险应对计划。

适当时，监督和检查的结果应当有记录并对内或对外报告。

5.6 沟通和记录

5.6.1 沟通

组织在风险管理过程的每一个阶段都应当与内部和外部利益相关者有效沟通，以保证实施风险管理的责任人和利益相关者能够理解组织风险管理决策的依据，以及需要采取某些行动的原因。

由于利益相关者的价值观、诉求、假设、认知和关注点不同，其风险偏好也不同，并可能对决策有重要影响。因此，组织在决策过程中应当与利益相关者进行充分沟通，识别并记录利益相关者的风险偏好。

5.6.2 记录

在风险管理过程中，记录是实施和改进整个风险管理过程的基础。

建立记录应当考虑以下方面：

——出于管理的目的而重复使用信息的需要；

——进一步分析风险和调整风险应对措施的需要；

——风险管理活动的可追溯要求；

——沟通的需要；

——法律、法规和操作上对记录的需要；

——组织本身持续学习的需要；

——建立和维护记录所需的成本和工作量；

——获取信息的方法、读取信息的容易程度和储存媒介；

——记录保留期限；

——信息的敏感性。

6 风险管理的实施

6.1 概述

组织实施风险管理过程（见第 5 章）需要一个风险管理体系，包括相关方针、组织结构、工作程序、资源配置、信息沟通机制以及相关的技术手段等基础设施，以便将风险管理嵌入到组织的各个层次和活动之中。通过在组织的不同层次和特定环境内实施风险管理过程，风险管理体系帮助组织有效地管理风险。组织的风险管理体系可能由在各层次和特定环境内实施风险管理过程的子体系构成，如内部控制体系等。风险管理体系应当保证风险管理过程中的风险信息的充分沟通，并且在相关的组织层次范围内作为决策和问责的依据使用。组织要在检查的基础上，做出如何改进风险管理体系、方针和风险应对计划的决策，从而引导组织的风险管理和风险管理文化的改进。

风险管理体系的要素主要包括：

——风险管理方针；

——适当的制度和程序，使风险管理嵌入到组织的所有活动和过程中；

——与组织结构相关的职责，及相关的与组织的绩效指标一致的风险管理绩效指标；

——资源分配；

——与所有利益相关者沟通风险管理的机制；

——技术手段、方法、工具等。

6.2　风险管理方针

风险管理方针应明确下列事项：

——组织的风险管理理念；

——组织的最高管理者对风险管理的承诺；

——组织的风险管理目标；

——组织的风险管理偏好；

——风险管理方针与组织的目标及其他方针之间的关系；

——风险管理的职责分配；

——管理风险的程序和方法；

——风险管理的资源配置；

——测量和报告风险管理绩效的方式；

——建立风险管理体系的计划；

——持续改进的承诺。

组织应就风险管理方针同内部和外部利益相关者进行充分沟通。

6.3　风险管理工作程序

组织应当设计适当的制度和行为规范，建立风险管理工作程序，特别是整个组织层面的风险管理计划，以保证风险管理嵌入到组织的所有活动和过程之中，尤其是组织的战略规划、运营过程以及变革管理之中。

6.4　风险管理相关组织结构

组织可通过以下方法保证风险管理的责任认定和授权，从而能够执行风险管理过程，并保证风险管理的充分性和有效性：

——明确风险管理体系的制定、实施和维护人员的职责；

——明确执行风险应对措施、维护风险管理体系和报告相关风险信息人员的职责；

——建立批准、授权制度；

——建立绩效测量及相应的合适的奖励、惩罚制度；

——建立对内对外的报告机制等。

6.5 风险管理资源配置

组织需根据风险管理计划制定可行的方法，为风险管理分配适当的资源。具体要考虑下列各项：

——人员、技术、经验和能力；

——风险管理过程每一阶段所需要的资金及各种资源；

——数据记录的过程和程序步骤；

——信息和知识管理系统。

6.6 沟通和报告机制

6.6.1 内部沟通和报告机制

组织要建立内部沟通和报告机制，以保证：

——风险管理体系的关键组成部分及其调整得到适当的沟通；

——在组织内部充分报告风险应对计划实施的效果和效率；

——在适当的层次和时间提供风险管理的相关信息；

——建立与内部利益相关者协商的程序。

内部沟通和报告机制还包括在考虑到组织敏感程度的基础上，适当整合从各内部渠道得到的风险信息的程序。

6.6.2 外部沟通和报告机制

组织需建立与外部利益相关者沟通的机制，这种机制应当保证：

——组织的对外报告符合法律、法规和公司治理要求；

——组织与外部利益相关者保持有效的信息沟通；

——在外部利益相关者中建立对组织的信心；

——在发生突发事件、危机和紧急状况时与利益相关者沟通；

——为组织提供外部利益相关者的报告和反馈。

附录4

风险管理　风险评估技术

GB/T 27921—2011

1　范围

本标准规定了风险评估技术的选择和应用指南。

本标准并未涉及风险评估的所有技术，标准中未予介绍的技术并不意味着其无效。

本标准适用于指导组织选择合适的风险评估技术，一般性的风险管理标准，以及各种类型和规模的组织。

本标准涉及安全方面的内容参见 GB/T 20000.4—2003。

2　规范性引用文件

下列文件对于本文件的应用是必不可少的。凡是注日期的引用文件，仅注日期的版本适用于本文件。凡是不注日期的引用文件，其最新版本（包括所有的修改单）适用于本文件。

GB/T 23694—2009 风险管理术语（ISO/IEC Guide 73：2002）

GB/T 24353—2009 风险管理原则与实施指南

3　术语和定义

GB/T 23694—2009 中界定的术语和定义适用于本文件。

4 风险评估概念

4.1 目的和作用

风险评估旨在为有效的风险应对提供基于证据的信息和分析。

风险评估的主要作用包括：

——认识风险及其对目标的潜在影响；

——为决策者提供相关信息；

——增进对风险的理解，以利于风险应对策略的正确选择；

——识别那些导致风险的主要因素，以及系统和组织的薄弱环节；

——沟通风险和不确定性；

——有助于建立优先顺序；

——帮助确定风险是否可接受；

——有助于通过事后调查来进行事故预防；

——选择风险应对的不同方式；

——满足监管要求。

4.2 风险评估和风险管理过程

4.2.1 概述

本标准所指的风险评估是在 GB/T 24353—2009 所描述的风险管理过程内展开的。GB/T 24353—2009 中界定的风险管理过程包含以下要素：明确环境信息；风险评估（包括风险识别、风险分析与风险评价）；风险应对；监督和检查；沟通和记录。

在风险管理过程中，风险评估并非一项独立的活动，必须与风险管理过程的其他组成部分有效衔接。进行风险评估时尤其应该清楚以下事项：

——组织所处环境和组织目标；

——组织可容许风险的范围及类型，以及如何应对不可接受的风险；

——风险评估的方法和技术，及其对风险管理过程的促进作用；

——实施风险评估的义务、责任及权利；

——可用于风险评估的资源；

——如何进行风险评估的报告及检查；

——风险评估活动如何融入组织日常运行中。

4.2.2 明确环境信息

通过明确环境信息，组织可明确其风险管理的目标，确定与组织相关的内部和外部参数，并设定风险管理的范围和有关风险准则。

风险准则是组织用于评价风险重要程度的标准。因此，风险准则需体现组织的风险承受度，应反映组织的价值观、目标和资源。组织应根据所处环境和自身情况，合理确定本组织的风险准则。

在进行具体的风险评估活动时，明确环境信息需包括界定内外部环境、风险管理环境并确定风险准则。在此过程中，应确定风险评估目标及风险评估程序。

4.2.3　风险评估

风险评估包括风险识别、风险分析和风险评价 3 个步骤。

风险评估活动适用于组织的各个层级，评估范围可涵盖项目、单个活动或具体事项等。但是在不同情境中，所使用的评估工具和技术可能会有差异。

风险评估有助于决策者对风险及其原因，后果和发生可能性有更充分的理解。这可以为以下决策提供信息：

——是否应该开展某些活动；

——如何充分利用时机；

——是否需要应对风险；

——风险应对策略的选择；

——确定风险应对策略的优先顺序；

——选择最适合的风险应对策略，将风险的不利影响控制在可以接受的水平。

4.2.4　风险应对

风险应对是在完成风险评估之后，选择并执行一种或多种改变风险的措施，包括改变风险事件发生的可能性和/或后果。

风险应对是一个递进的循环过程，实施风险应对措施后，应依据风险准则，重新评估新的风险水平是否可以承受，从而确定是否需要进一步采取应对措施。

4.2.5　监督和检查

作为风险管理过程的组成部分，应定期对风险与控制进行监督和检查，以确认：

——有关风险的假定仍然有效；

——风险评估所依据的假定，包括内外部环境，仍然有效；

——正在实现预期结果；

——风险评估的结果符合实际经验；

——风险评估技术被正确使用；

——风险应对是有效的。

组织应确定监督和检查工作的责任。

4.2.6 沟通和记录

成功的风险评估依赖于与利益相关方的有效沟通与协商。

利益相关方参与风险管理过程将有助于：

——沟通计划的制定；

——合理地界定内外部环境；

——确保利益相关方的利益得到充分理解和考虑；

——汇集不同领域的专业知识以识别和分析风险；

——确保风险评价过程中不同的观点也能得到适当考虑；

——确保风险得到充分识别；

——确保风险应对计划得到认可和支持。

利益相关方应当设法促进风险评估与组织其他管理活动的有效融合，例如变革管理、项目和计划管理以及财务管理等。

5 风险评估过程

5.1 概述

通过风险评估，决策者及有关各方可以更深刻地理解那些可能影响组织目标实现的风险，以及现有风险控制措施的充分性和有效性，为确定最合适的风险应对方法奠定基础。风险评估的结果可作为组织决策过程的输入。

风险评估是由风险识别、风险分析和风险评价构成的一个完整过程（见图 1)。风险评估活动内嵌于风险管理过程中，与其他风险管理活动紧密融合并互相推动。

考虑到不同类型的风险差异较大，因此风险评估通常涉及多学科方法的综合应用。风险评估活动的开展形式，不仅依赖于风险管理过程的背景，还取决于所使用的风险评估技术与方法。

5.2 风险识别

风险识别是发现、列举和描述风险要素的过程。

风险识别的目的是确定可能影响系统或组织目标得以实现的事件或情况。一旦风险得以识别，组织应对现有的控制措施（诸如设计特征、人员、过程和系统等）进行识别。

风险识别过程包括对风险源、风险事件及其原因和潜在后果的识别。

风险识别方法可能包括：

——基于证据的方法，例如检查表法以及对历史数据的评审；

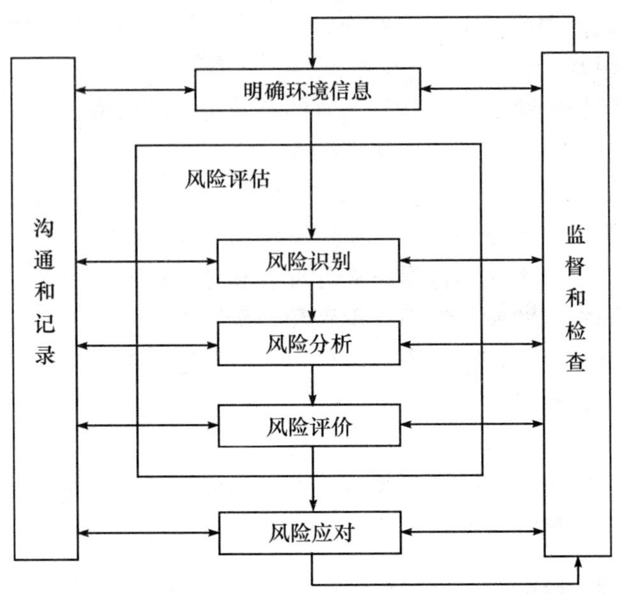

图 1　风险评估对风险管理过程的推动作用

——系统性的团队方法，例如一个专家团队遵循系统化的过程，通过一套结构化的提示或问题来识别风险；

——归纳推理技术，例如危险与可操作性分析方法（Hazard and operability study，HAZOP）等。

组织可利用各种支持性的技术来提高风险识别的准确性和完整性，包括头脑风暴法和德尔菲法等。

无论实际采用哪种技术，关键是在整个风险识别过程中要认识到人为因素和组织因素的重要性。因此，偏离预期的人为及组织因素也应被纳入风险识别的过程中。

5.3　风险分析

5.3.1　概述

风险分析是要增进对风险的理解。它为风险评价、决定风险是否需要应对以及最适当的应对策略和方法提供信息支持。

风险分析需要考虑导致风险的原因和风险源、风险事件的正面和负面的后果及其发生的可能性、影响后果和可能性的因素、不同风险及其风险源的相互关系以及风险的其他特性，还要考虑控制措施是否存在及其有效性。附录 B 提供了一些常用的风险分析方法。对于复杂的应用可能需要多种方法同时使用。

为确定风险等级，风险分析通常包括对风险的潜在后果范围和发生可能性的估计，该后果可能源于一个事件、情景或状况。然而，在某些情况下，如后果很不重要，或发生的可能性极小，这时单项参数的估计可能就足以进行决策。

在某些情况下，风险可能是一系列事件叠加产生的结果，或者由一些难以识别的特定事件所诱发。在这种情况下，风险评估的重点是分析系统各组成部分的重要性和薄弱环节，检查并确定相应的防护和补救措施。

用于风险分析的方法可以是定性的、半定量的、定量的或以上方法的组合。风险分析所需的详细程度取决于特定的用途、可获得的可靠数据，以及组织决策的需求。

定性的风险分析可通过重要性等级来确定风险后果、可能性和风险等级，如“高”“中”“低”3 个重要性程度。可以将后果和可能性两者结合起来，并对照定性的风险准则来评价风险等级的结果。

半定量法可利用数字评级量表来测度风险的后果和发生可能性，并运用公式将二者结合起来，确定风险等级。量表的刻度可以是线性的，或者是对数的，或其他形式。

定量分析可估计出风险后果及其发生可能性的实际数值，并产生风险等级的数值。由于相关信息不够全面、缺乏数据、人为因素影响等，或是因为定量分析难以开展或没有必要，全面的定量分析未必都是可行的或值得的。在此情况下，由具有专业知识和经验的专家对风险进行半定量或者定性的分析可能已经足够有效。

如果是定性分析，那么应该对使用的术语和概念进行清晰的说明，并记录所有风险准则的设定基础。

即使已实现全面的定量分析，还应注意到，此时计算获得的风险等级值是估计值，应谨慎地确保其精确度不会与所使用的原始数据及分析方法的精确度存在偏差。

风险等级应当用与风险类型最为匹配的术语表达，以利于进一步的风险评价。在某些情况下，风险等级可以通过风险后果的可能性分布来表述。

5.3.2 控制措施评估

风险的等级水平不仅取决于风险本身，还与现有风险控制措施的充分性和有效性密切相关。

在进行控制措施评估时，需要解决的问题包括：

——对于一个具体的风险，现有的控制措施是什么？

——这些控制措施是否足以应对风险，是否可以将风险控制在可接受范围之内?

——在实际中，控制措施是否在以预定方式正常运行，当需要时，能否证明这些控制措施是有效的?

对于特定的控制措施或一套相关控制措施的有效性水平，可以进行定性、半定量或定量的表述。但在大多数情况下，难以保证高度的精确性。然而，表述和记录测量风险控制效果的有效性是有价值的。

因为在改进现有控制措施以及实施不同的风险应对措施时，这些信息有助于决策者进行比较和判断。

5.3.3　后果分析

通过假设特定事件、情况或环境已经出现，后果分析可确定风险影响的性质和类型。某个事件可能会产生一系列不同严重程度的影响，也可能影响到一系列目标和不同利益相关方。在明确环境信息时，就应当确定所需要分析的后果的类型和受影响的利益相关方。

后果分析的形式较为灵活，可以是对后果的简单描述，也可能是制定详细的数量模型等。

影响可能是轻微后果高概率，或严重后果低概率，或某些中间状况。在某些情况下，应关注具有潜在严重后果的风险，因为这些风险往往是管理者最关心的。在其他情况下，同时分析具有严重后果和轻微后果的风险可能是重要的。例如，频繁而轻微的问题可能具有很大的累积或长期效应。另外，处理这两类截然不同的风险的应对措施往往有很大的区别，因此分别分析这两类风险是必要的。

后果分析应包括：

——考虑应对后果的现有控制措施，并关注可能影响后果的相关因素；

——将风险后果与最初目标联系起来；

——对马上出现的后果和那些经过一段时间后可能出现的后果两种情况要同等重视；

——不能忽视次要后果，例如那些影响相关系统、活动、设备或组织的次要后果。

5.3.4　可能性分析

通常主要使用三种方法来估计可能性。这些方法可单独或组合使用，包括：

a）利用相关历史数据来识别那些过去发生的事件或情况，借此推断出它们在未来发生的可能性。所使用的数据应当与正在分析的系统、设备、组织或活动的类型有关。如果某些事件过去的发频率很低，则任何可能性的估计都是不确定的。这一点尤其适用于从未发生的事件、情况或环境，人们无法推测其将来是否会发生。

b）利用故障树和事件树等技术来预测可能性。当历史数据无法获取或不够充分时，有必要通过分析系统、活动、设备或组织及其相关的失效或成功状况来推断风险发生的可能性。

c）系统化和结构化地利用专家观点来估计可能性。专家判断应利用一切现有的相关信息，包括历史的、特定系统的、具体组织的、实验及设计等方面的信息。获得专家判断的正式方法众多，常用的方法包括德尔菲法和层次分析法等。

5.3.5　初步分析

应对风险进行全面的筛选，以识别出最重大的风险或把不太重要和次要的风险排除，便于进一步的分析，由此确保组织资源能集中于应对最严重的风险。进行筛选时，应注意不要漏掉发生频率低但有重大累积效应的风险。

以上筛选活动应在明确环境信息时所确定的风险准则基础上进行。依据初步分析的结果，组织可能采取以下某个行动方案：

——无须进一步评估，立即进行风险应对；

——搁置暂不需应对的不重要风险；

——继续进行更细致的风险评估。

应记录最初的假定及结果。

5.3.6　不确定性及敏感性

在风险分析过程中经常会涉及相当多的不确定性。认识这些不确定性对于有效地解释和沟通风险分析结果是必要的，这些不确定性与在风险识别和风险分析时所使用的数据、方法及模型有关。不确定性分析包括明确风险分析结果的方差或不准确性，它们可能来自于用于确定结果的参数和假设的共同偏差。

与不确定性分析密切相关的是敏感性分析。敏感性分析是确定某个参数输入的变化对风险等级的影响。这项分析可用来识别哪些数据是对结果影响较大的，从而更如确保其精确性。

应尽可能充分阐述风险分析的完整性及准确度。如有可能，应识别不确定性的起因．并阐述所使用数据、方法及模型的不确定性。敏感的参数及其敏感性程度应予以说明。

5.4　风险评价

风险评价包括将风险分析的结果与预先设定的风险准则相比较，或者在各种风险的分析结果之间进行比较，确定风险的等级。

风险评价利用风险分析过程中所获得的对风险的认识，对未来的行动进行决策。道德、法律、财务以及包括风险感知在内的其他因素，也是决策的参考信息。

决策包括：

——某个风险是否需要应对；

——风险的应对优先次序；

——是否应开展某项应对活动；

——应该采取哪种途径。

在明确环境信息时，需要做出的决策的性质以及决策所依据的准则都已得到确定。但是在风险评价阶段，需要对以上问题进行更深入的分析，毕竟此时对于已识别的具体风险有更为全面的了解。如果该风险是新识别的风险，则应当制定相应的风险准则，以便评价该风险。

最简单的风险评价结果，是仅将风险分为两种：需要应对与无须应对的。这样的方式无疑简单易行，但是其结果通常难以反映出风险估计时的不确定性，而且两类风险界限的准确界定也绝非易事。

是否以及如何应对风险的决策，也可能取决于承担风险的成本与收益以及实施应对措施的成本与收益。

依据风险的可容许程度，可以将风险划分为如下 3 个区域；

——不可接受区域。在该区域内无论相关活动可以带来什么收益，风险等级都是无法承受的，必须不惜代价进行风险应对；

——中间区域。对该区域内风险的应对需要考虑实施应对措施的成本与收益，并权衡机遇与潜在后果；

——广泛可接受区域。该区域中的风险等级微不足道，或者风险很小，无需采取任何风险应对措施。

安全工程领域的“最低合理可行”或 ALARP（As Low As Reasonably Practicable）准则即遵循了这一风险分级方式。在中间区域（或称 ALARP 区域）中，对于较低的风险可以直接进行应对措施的成本收益分析：如果增加安全的投入对安全效益的贡献不大，则可认为风险是可容许的；对于其中较高的风险，则需进一步实施应对措施，以使风险尽量向广泛可接受区域靠拢，直至风险降低的成本与获得的安全收益完全不成比例。

风险评价的结果应满足风险应对的需要，否则，应做进一步分析。

5.5 文件的归档

风险评估的过程和结果都应进行记录。风险应以可理解的术语来表达，同时风险等级的单位也应得到清晰表述。

风险评估记录文件的内容将取决于评估工作的目标及范围。除非进行很简单的评估，否则，记录文件需包括：

——目标及范围；

——系统相关部分的说明及它们的功能；

——组织的内外部环境描述以及被评估对象与内外环境的关联情况；

——所使用的风险准则及其合理性；

——局限性、假定及假设的合理性；

——评估方法；

——风险识别的结果；

——数据的来源与校验；

——风险分析的结果及评价；

——敏感性及不确定性分析；

——关键的假定和其他需要加以监测的因素；

——结果的讨论；

——结论和建议；

——参考资料。

如果需要风险评估来支持一个连续的风险管理过程，那么对于风险评估的记录工作应在系统、组织、设备或活动的整个生命周期内持续进行。如果出现重要的新信息或者环境发生变化，应根据管理的需要对风险评估进行更新。

5.6 风险评估的监督和检查

风险评估过程强调环境因素和其他因素，这些因素可能会随时间变化，并且可能使风险评估改变或失效。应当识别出这些因素进行持续的监督和检查，以便在必要时更新风险评估的信息。

应当识别和收集为改进风险评估而监测的数据。还应当监测和记录风险控制措施的效果，以便为风险分析提供数据。应当明确证据、文件的建立和检查的责任。

6 风险评估技术的选择

6.1 概述

选择合适的风险评估技术和方法，有助于组织及时高效地获取准确的评估结果。在具体实践中，风险评估的复杂及详细程度千差万别。风险评估的形式及结果应与组织的自身情况适合。

6.2 技术的选择

6.2.1 概述

一般来说，合适的技术应具备以下特征：

——适应组织的相关情况；

——得出的结果应加深对风险性质及如何应对风险的认识；

——应能按可追溯、可重复及可验证的方式使用。

应从相关性及适用性角度说明选择技术的原因。在综合不同研究的结果时，所采用的技术及结果应是可比较的。

一旦决定进行风险评估并且确定了风险评估的目标和范围，那么就可以依据如下因素，选择一种或多种评估技术：

——风险评估的目标，这对于使用的方法有直接影响；

——决策者的需要：某些情况下做出有效的决策需要充分的评估细节，而某些情况下可能只需要对总体情况进行大致了解；

——所分析风险的类型及范围；

——后果的潜在严重程度；

——专业知识、人员以及所需资源的程度；

——信息和数据的可获得性；

——修改/更新风险评估的必要性：一些评估结果可能在将来需要修改或更新。在这方面，某些方法比其他方法更易于调整；

——法律法规及合同要求等。

只要满足评估的目标和范围，简单方法应优先于复杂方法被采用。

此外，其他几类因素对风险评估技术选择的影响也值得关注，例如资源的可获得性、现有数据和信息中不确定性的性质和程度，以及在应用方面的复杂性。

6.2.2 资源的可获得性

可能影响风险评估技术选择的资源和能力包括：

——风险评估团队的技能、经验及能力；

——信息及数据的可获得性；

——时间和组织内其他资源的限制；

——需要外部资源时的可用预算。

6.2.3 不确定性的性质和程度

组织内外部环境中常常存在着不确定性。可获得的信息和数据并不总是可以对未来的预测提供可靠的基础。不确定性可能产生于信息的质量、数量和完整性，例如较差的数据质量或缺乏基本的、可靠的数据；某些风险可能缺少历史数据；数据收集的方式的有效性；或者是不同利益相关方会对现有数据做出不同的解释。进行风险评估的人员应理解不确定性的类型及性质，同时认识到风险评估结果可靠性的重大意义，并向决策者说明这些情况。

6.2.4 复杂性

风险自身经常具有复杂性的特征。例如，在复杂的系统中进行风险评估时，应对其系统总体进行评估，而不是孤立地对待系统中的每个部分，并忽视各部分之间的相互关系。在某些情况下，对某一风险采取应对措施可能会对其他活动产生影响。需要认识后果之间的相互影响和风险之间的相互依赖关系，以确保在管理一个风险时，不会导致在其他地方产生另一个不可容忍的风险。理解组织中单个或多个风险组合的复杂性，对于选择适当的风险评估技术和方法至关重要。

6.3 风险评估在生命周期各阶段的应用

许多活动、项目和产品被认为具有生命周期，从最初的概念和定义、实现到最终的完结。风险评估可以应用于生命周期的所有阶段，而且通常以不同的详细程度被应用多次，以便为每一阶段需做出的决策提供帮助。

生命周期各阶段对风险评估有不同的需求，并需要不同的评估技术。例如，在概念和定义阶段，当识别一个机会时，可以使用风险评估来决定是继续还是放弃。在有多个方案可供选择时，风险评估可以用于评价替代方案，帮助确定哪种方案能够提供最好的风险平衡。

在设计和开发阶段，风险评估有助于：

——保证系统风险是可接受的；

——精细化设计过程；

——成本的有效性研究；

——识别在后续阶段可能出现的风险。

在生命周期的其他阶段，可以用风险评估提供必要的信息，以便为正常情况和紧急情况制定程序。

6.4 风险评估技术的类型

为了更清晰地理解各类风险评估技术的特点，可以依据多种方式对这些技术方法进行分类。附录 A 按适用阶段和影响因素，对常用的风险评估技术进行了分类比较。

在附录 B 中，对这些常用的风险评估技术和方法展开了进一步的详述介绍，为组织如何在特定情况下选择合适的风险评估技术提供参考，复杂情况下可能需要同时采用多种评估技术和方法。

附录 A
(资料性附录)
风险评估技术的比较

A.1 适用阶段

本附录描述了各类评估技术如何应用到风险评估过程的每一个阶段。风险评估过程如下所示：

——风险识别；

——风险分析：后果分析；

——风险分析：对发生可能性的定性、半定量或定量分析；

——风险分析：评估现有控制措施的有效性；

——风险分析：风险等级的估计；

——风险评价。

对于风险评估的每一阶段，各类技术的适用性被描述为非常适用、通用或者不适用（参见表 A.1）。

表 A.1 技术在风险评估各阶段的适用性

工具及技术	风险评估过程					见附录 B
	风险识别	风险分析			风险评价	
		后果	可能性	风险等级		
头脑风暴法	SA[1]	A[2]	A	A	A	B.1
结构化/半结构化访谈	SA	A	A	A	A	B.2
德尔菲法	SA	A	A	A	A	B.3
情景分析	SA	SA	A	A	A	B.4
检查表	SA	NA[3]	NA	NA	NA	B.5
预先危险分析	SA	NA	NA	NA	NA	B.6
失效模式和效应分析	SA	NA	NA	NA	NA	B.7
危险与可操作性分析	SA	SA	NA	NA	SA	B.8
危害分析与关键控制点	SA	SA	NA	NA	SA	B.9

续表

工具及技术	风险评估过程					见附录 B
	风险识别	风险分析			风险评价	
		后果	可能性	风险等级		
结构化假设分析（SWIFT）	SA	SA	SA	SA	SA	B. 10
风险矩阵	SA	SA	SA	SA	A	B. 11
人因可靠性分析	SA	SA	SA	SA	A	B. 12
以可靠性为中心的维修	SA	SA	SA	SA	SA	B. 13
压力测试	SA	A	A	A	A	B. 14
保护层分析法	SA	NA	NA	NA	NA	B. 15
业务影响分析	A	SA	A	A	A	B. 16
潜在通路分析	A	NA	NA	NA	NA	B. 17
风险指数	A	SA	SA	A	SA	B. 18
故障树分析	NA	A	A	A	A	B. 19
事件树分析	NA	SA	SA	A	NA	B. 20
因果分析	A	SA	NA	A	A	B. 21
根原因分析	A	NA	SA	SA	NA	B. 22
决策树分析	NA	SA	SA	A	A	B. 23
蝶形图法（Bow-tie）	NA	A	SA	SA	A	B. 24
层次分析法（AHP）	NA	SA	SA	SA	SA	B. 25
在险值法（VaR）	NA	SA	SA	SA	SA	B. 26
均值—方差模型	NA	A	A	A	SA	B. 27
资本资产定价模型	NA	NA	NA	NA	SA	B. 28
FN 曲线	A	SA	SA	A	SA	B. 29
马尔可夫分析法	A	NA	SA	NA	NA	B. 30
蒙特卡罗模拟法	NA	SA	SA	SA	SA	B. 31
贝叶斯分析	NA	NA	SA	NA	SA	B. 32

注 1：SA 表示非常适用；

注 2：A 表示适用；

注 3：NA 表示不适用。

A.2 影响因素

影响风险评估技术选择的因素有多种。在实践过程中，以下因素更应引起关注：

——所需资源的程度，主要涉及时间、专业知识水平、数据需求或评估成本等；

——不确定性的性质及程度；

——问题和所需分析方法的复杂性；

——方法是否可以提供定量结果。

基于以上方面，对各类风险评估技术特征的描述如表 A.2 所示。其中用高、中、低来表示每一种技术与影响因素的联系。

表 A.2　　风险评估技术的特征

风险评估方法及技术	说明	影响因素			能否提供定量结果
		资源与能力	不确定性的性质与程度	复杂性	
头脑风暴法及结构化访谈	一种收集各种观点及评价并将其在团队内进行评级的方法。头脑风暴法可由提示、一对一以及一对多的访谈技术所激发。	低	低	低	否
德尔菲法	一种综合各类专家观点并促其一致的方法，这些观点有利于支持风险源及影响的识别、可能性与后果分析以及风险评价。需要独立分析和专家投票。	中	中	中	否
情景分析	在想象和推测的基础上，对可能发生的未来情景加以描述。可以通过正式或非正式的、定性或定量的手段进行情景分析。	中	高	中	否
检查表	一种简单的风险识别技术，提供了一系列典型的需要考虑的不确定性因素。使用者可参照以前的风险清单、规定或标准。	低	低	低	否
预先危险分析(PHA)	PHA 是一种简单的归纳分析方法，其目标是识别风险以及可能危害特定活动、设备或系统的危险性情况及事项。	低	高	中	否

续表

风险评估方法及技术	说明	影响因素			能否提供定量结果
		资源与能力	不确定性的性质与程度	复杂性	
失效模式和效应分析（FMEA）	FMEA 是一种识别失效模式、机制及其影响的技术。 有几类 FMEA：设计（或产品）FMEA，用于部件及产品；系统 FMEA；过程 FMEA，用于加工及组装过程；还有服务 FMEA 及软件 FMEA。	中	中	中	是
危险与可操作性分析（HAZOP）	HAZOP 是一种综合性的风险识别过程，用于明确可能偏离预期绩效的偏差，并可评估偏离的危害度。它使用一种基于引导词的系统。	中	高	高	否
危害分析与关键控制点（HACCP）	HACCP 是一种系统的、前瞻性及预防性的技术，通过测量并监控那些应处于规定限值内的具体特征来确保产品质量、可靠性以及过程的安全性。	中	中	中	否
结构化假设分析（SWIFT）	一种激发团队识别风险的技术，通常在引导式研讨班上使用，并可用于风险分析及评价。	中	中	任何	否
风险矩阵	风险矩阵（Risk Matrix）是一种将后果分级与风险可能性相结合的方式。	中	中	中	是
人因可靠性分析	人因可靠性分析（HRA）主要关注系统绩效中人为因素的作用，可用于评价人为错误对系统的影响。	中	中	中	是
以可靠性为中心的维修	以可靠性为中心的维修（RCM）是一种基于可靠性分析方法实现维修策略优化的技术，其目标是在满足安全性、环境技术要求和使用工作要求的同时，获得产品的最小维修资源消耗。通过这项工作，用户可以找出系统组成中对系统性能影响最大的零部件及其维修工作方式。	中	中	中	是

续表

风险评估方法及技术	说明	影响因素			能否提供定量结果
		资源与能力	不确定性的性质与程度	复杂性	
压力测试	压力测试是指在极端情景下（最不利的情形下），评估系统运行的有效性，发现问题，制定改进措施的方法。	中	中	中	是
保护层分析法	保护层分析，也被称作障碍分析，它可以对控制及其效果进行评价。	中	中	中	是
业务影响分析	分析重要风险影响组织运营的方式，同时明确如何对这些风险进行管理。	中	中	中	否
潜在通路分析	潜在分析（SA）是一种用于识别设计错误的技术。潜在通路是指能够导致出现非期望的功能或抑制期望功能的状态，这些不良状态的特点具有随意性，在最严格的标准化系统检查中也不一定检测到。	中	中	中	否
风险指数	风险指数可以提供一种有效的划分风险等级的工具。	中	低	中	是
故障树分析	始于不良事项（顶事件）的分析并确定该事件可能发生的所有方式，并以逻辑树形图的形式进行展示。在建立起故障树后，就应考虑如何减轻或消除潜在的风险源。	高	高	中	是
事件树分析	运用归纳推理方法将各类初始事件的可能性转化成可能发生的结果。	中	中	中	是
因果分析	综合运用故障树分析和事件树分析，并允许时间延误。初始事件的原因和后果都要予以考虑。	高	中	高	是
根原因分析	对发生的单项损失进行分析，以理解造成损失的原因以及如何改进系统或过程以避免未来出现类似的损失。分析应考虑发生损失时可使用的风险控制方法以及怎样改进风险控制方法。	中	低	中	否

续表

风险评估方法及技术	说明	影响因素			能否提供定量结果
		资源与能力	不确定性的性质与程度	复杂性	
决策树分析	对于决策问题的细节提供了一种清楚的图解说明。	高	中	中	是
蝶形图法（Bow-tie）	一种简单的图形描述方式，分析了风险从危险发展到后果的各类路径，并可审核风险控制措施。可将其视为分析事项起因（由蝶形图的结代表）的故障树和分析后果的事件树这两种方法的结合体。	中	高	中	是
层次分析法（AHP）	定性与定量分析相结合，适合于多目标、多层次、多因素的复杂系统的决策。	中	任何	任何	是
在险值法（VaR）	基于统计分析基础上的风险度量技术，可有效描述资产组合的整体市场风险状况。	中	低	高	是
均值一方差模型	将收益和风险相平衡，可应用于投资和资产组合选择。	中	低	中	是
资本资产定价模型	清晰地阐明了资本市场中风险与收益的关系。	高	低	高	是
FN 曲线	FN 曲线通过区域块来表示风险，并可进行风险比较，可用于系统或过程设计以及现有系统的管理。	高	中	中	是
马尔可夫分析法	马尔可夫分析通常用于对那些存在多种状态（包括各种降级使用状态）的可维修复杂系统进行分析。	高	低	高	是
蒙特卡罗模拟法	蒙特卡罗模拟用于确定系统内的综合变化，该变化产生于多个输入数据的变化，其中每个输入数据都有确定的分布，而且输入数据与输出结果有着明确的关系。该方法能用于那些可将不同输入数据之间相互作用计算确定的具体模型。根据输入数据所代表的不确定性的特征，输入数据可以基于各种分布类型。风险评估中常用的是三角或贝塔分布。	高	低	高	是

续表

风险评估方法及技术	说明	影响因素			能否提供定量结果
		资源与能力	不确定性的性质与程度	复杂性	
贝叶斯分析	贝叶斯分析是一种统计程序，利用先验分布数据来评估结果的可能性，其推断的准确程度依赖于先验分布的准确性。贝叶斯信念网通过捕捉那些能产生一定结果的各种输入数据之间的概率关系来对原因及效果进行模拟。	高	低	高	是

附录 B
(资料性附录)
风险评估技术

B.1 头脑风暴法

B.1.1 概述

头脑风暴法（Brainstorming）是指激励一群知识渊博的人员畅所欲言，以发现潜在的失效模式及相关危害、风险、决策准则及/或应对办法。“头脑风暴法”这个术语经常用来泛指任何形式的小组讨论。然而，真正的头脑风暴法包括一系列旨在确保人们的想象力因小组内其他成员的观点和言论而得到激发的专门技术。

在此类技术中，有效的引导非常重要，其中包括：在开始阶段创造自由讨论的氛围；会议期间对讨论进程进行有效控制和调节，使讨论不断进入新的阶段；筛选和捕捉讨论中产生的新设想和新议题。

B.1.2 用途

头脑风暴法可以与其他风险评估方法一起使用，也可以单独使用来激发风险管理过程任何阶段的想象力。头脑风暴法可以用作旨在发现问题的高层次讨论，也可以用作更细致的评审或是特殊问题的细节讨论。

B.1.3 输入

召集一个熟悉被评估的组织、系统、过程或应用的专家团队。

B. 1. 4 过程

头脑风暴法可以是正式的，也可以是非正式的。正式的头脑风暴法组织化程度很高，其中参与人员需要提前进行充分准备，而且会议的目的和结果都很明确，有具体的方法来评价讨论思路。非正式的头脑风暴法则组织化程度较低，通常针对性更强。

在一个正式的过程中，应至少包括以下环节：

——讨论会之前，主持人准备好与讨论内容相关的一系列问题及思考提示。

——确定讨论会的目标并解释规则。

——引导员首先介绍一系列想法，然后大家探讨各种观点，尽量多发现问题。此时无须讨论是否应该将某些事情记在清单上或是某句话究竟是什么意思，因为这样做会妨碍思绪的自由流动。

一切输入都要接受，不要对任何观点加以批评；同时，小组思路快速推进，使这些观点激发出大家的横向思维。

——当某一方向的思想已经充分挖掘或是讨论偏离主题过远，那么引导员可以引导与会人员进入新的方向。其目的在于收集尽可能多的不同观点，以便进行后续分析。

B. 1. 5 输出

输出取决于该结果所应用的风险管理过程的阶段。例如，在识别阶段，该技术的输出可能是识别出的风险及当前控制措施的清单。

B. 1. 6 优点及局限

头脑风暴法的优点包括：

——激发了想象力，有助于发现新的风险和全新的解决方案；

——让主要的利益相关方参与其中，有助于进行全面沟通；

——速度较快并易于开展。

局限包括：

——参与者可能缺乏必要的技术及知识，无法提出有效的建议；

——由于头脑风暴法相对松散，因此较难保证过程及结果的全面性；

——可能会出现特殊的小组状况，导致某些有重要观点的人保持沉默而其他人成为讨论的主角。

B.2 结构化/半结构化访谈

B.2.1 概述

在结构化访谈（Structured interviews）中，访谈者会依据事先准备好的提纲向访谈对象提问一系列准备好的问题，从而获取访谈对象对某问题的看法。半结构化访谈（Semi-structured interviews）与结构化访谈类似，但是可以进行更自由的对话，以探讨可能出现的问题。

B.2.2 用途

如果人们很难聚在一起参加头脑风暴讨论会，或者小组内难以进行自由的讨论活动时，结构化和半结构化访谈就是一种有用的方法。该方法主要用于识别风险或是评估现有风险控制措施的效果，是为利益相关方提供数据来进行风险评估的有效方式，并且适用于某个项目或过程的任何阶段。

B.2.3 输入

输入数据包括：

——明确访谈目标；

——从利益相关方中挑选出被访谈者；

——准备问题清单。

B.2.4 过程

设计相关的访谈提纲以指导访谈者的访谈工作。问题应该是明确而简单的，利于访谈对象理解。也要准备可能的后续问题，用来补充说明该问题。为了保证访谈质量，问题最好只涉及一个方面的事务。

接着，将问题提交给访谈对象。在寻求问题的解答时，问题应该是开放式的，应注意不要“诱导”被访谈者。

考虑答复时应具有一定灵活性，以便有机会使访谈对象尽可能地表达其真实观点。

B.2.5 输出

输出结果是利益相关方对于作为访谈主题的问题所形成的看法。

B.2.6 优点及局限

结构化访谈的优点如下：

——结构化访谈可以使人们有时间专门考虑某个问题；

——通过一对一的沟通可以使双方有更多机会对某个问题进行深入思考；

——与只有小部分人员参与的头脑风暴法相比，结构化访谈可以让更多的利益相关方参与其中。

局限如下：

——通过这种方式获得各种观点所花费的时间较多；

——访谈对象的观点可能会存有偏见，因其没有通过小组讨论加以消除；

——无法实现头脑风暴法的一大特征——激发想象力。

B.3 德尔菲法

B.3.1 概述

德尔菲法（Delphi）是依据一套系统的程序在一组专家中取得可靠共识的技术。尽管该术语经常用来泛指任何形式的头脑风暴法，但是在形成之初，德尔菲法的根本特征是专家单独、匿名表达各自的观点。即在讨论过程中，团队成员之间不得互相讨论，只能与调查人员沟通。通过让团队成员填写问卷，集结意见，整理并共享，周而复始，最终获取共识。

B.3.2 用途

无论是否需要专家的共识，德尔菲法可以用于风险管理过程或系统生命周期的任何阶段。

B.3.3 输入

达成共识所需的一系列资源。

B.3.4 过程

使用半结构化问卷对一组专家进行提问。专家无须会面，保证其观点具有独立性。

具体步骤如下：

——组建专家团队，可能是一个或多个专家组；

——编制第一轮问卷调查表；

——将问卷调查表发给每位专家组成员，要求定期返回；

——对第一轮答复的信息进行分析、对比和汇总，并再次下发给专家组成员；让专家比较自己同他人的不同意见，修改或完善自己的意见和判断；在此过程中，只给出各种意见，但并不提供发表意见的专家姓名；

——专家组成员重新做出答复；

——循环以上过程，直到达成共识。

B.3.5 输出

逐渐对现有事项达成共识。

B.3.6 优点及局限

德尔菲法的优点包括：

——由于观点是匿名的，因此成员更有可能表达出那些不受欢迎的看法；

——所有观点都获得相同的重视，以避免某一权威占主导地位和话语权的问题；

——便于展开，成员不必一次聚集在某个地方。

局限包括：

——这是一项费力、耗时的工作；

——参与者需要进行清晰的书面表达。

B.4 情景分析

B.4.1 概述

情景分析（Scenario analysis）是指通过假设、预测、模拟等手段，对未来可能发生的各种情景以及各种情景可能产生的影响进行分析的方法。换句话说，情景分析法是类似“如果—怎样”的分析方法。未来总是不确定的，而情景分析使我们能够“预见”将来，对未来的不确定性有一个直观的认识。尽管情景分析法无法预测未来各类情景发生的可能性，但可以促使组织考虑哪些情景可能发生（诸如最佳情景、最差情景及期望情景），并且有助于组织提前对未来可能出现的情景进行准备。

B.4.2 用途

情景分析可用来帮助决策并规划未来战略，也可以用来分析现有的活动。它在风险评估过程的三个步骤中都可以发挥作用。

情景分析可用来预计威胁和机会可能发生的方式，并且适用于各类风险包括长期及短期风险的分析，在周期较短及数据充分的情况下，可以从现有情景中推断出可能出现的情景。对于周期较长或数据不充分的情况，情景分析的有效性型依赖于合乎情理的想象力。

如果积极后果和消极后果的分布存在比较大的差异，情景分析的应用效果会更为显著。

B.4.3 输入

情景分析的必要前提是要构建一支专家团队，其成员了解相关变化的特征（例如，可能的技术进步），同时需要具备丰富的想象力，可以有效预见未来发展。同时，掌握现有变化的文献和数据也很必要。

B. 4. 4 过程

情景分析的结构可以是正式的，也可以是非正式的。

在建立起团队和相关沟通渠道，同时确定了需要处理的问题和事件的背景之后，下一步就是识别可能出现变化的性质。这就要求研究人员对未来发展趋势及趋势变化的可能时机进行分析。

需要分析的变化可能包括：

——外部情况的变化（例如技术变化）；

——不久将要做出的决定，而这些决定可能会产生各种不同的后果；

——利益相关方的需求以及需求可能的变化；

——宏观环境的变化（如政府监管及人口构成等），有些变化是必然的，而有些是不确定的。

有时，某种变化可能归因于另一个风险带来的结果。例如，气候变化的风险正在造成与食物链有关的消费需求发生变化，这样会改变哪些食品的出口会盈利以及哪些食品可能在当地生产。

局部及宏观因素或趋势可以按重要性和不确定性进行列举并排序。应特别关注那些最重要、最不确定的因素。可以绘制出关键因素或趋势的图形，以显示那些情景可以进行开发的区域。

建议使用一系列的情景，关注每个情景参数的合理变化。为每个情景编写一个“故事”，讲述你如何从此时此地转向主题情景。这些故事可以包括那些能为情景带来附加值的合理细节。

现在，这些情景可以用来测试或评估最初的问题。这项测试需要考虑到任何重要但可预测的因素，然后通过“假定分析”分析组织现行策略在这种新情景中的“成功”概率。当对每个情景的问题或建议进行评估时，显然需要进行修正，以使其更为全面地反映现状。当情景正在发生变化时，可以找出一些能够表明变化的先行指标，监测先行指标并做出反应，可以为改变计划好的战略提供机会。

由于情景只是可能出现的未来经过界定的“片段”，因此关键是要确定某个特定结果（情景）发生的可能性。例如，对于最佳情景、最差情景以及预期情景，应努力描述或说明每个情景发生的可能性。

B. 4. 5 输出

识别并描述未来可能发生的各类情景及发展趋势，并针对各类情景制定相应的应对措施。

B.4.6 优点及局限

尽管每个决策人员都希望情报人员能够预测出唯一准确的结果，但由于当前环境的复杂性，更需要情景分析法对几种可能发生的情况进行预测，并针对每种情景进行提前准备，这样更具客观性。

但是，与这种优点相关的缺点是，在存在较大不确定性的情况下，有些情景可能不够现实。如果将情景分析作为一种决策工具，其危险在于所用情景可能缺乏充分的基础，数据可能具有随机性，同时可能无法发现那些将来可能出现、但目前看起来不切实际的结果。

B.5 检查表法

B.5.1 概述

检查表（Check-lists）是一个危险、风险或控制故障的清单，而这些清单通常是凭经验（要么是根据以前的风险评估结果，要么是因为过去的故障）进行编制组。按此表进行检查，以“是/否”进行回答。

B.5.2 用途

检查表法可用来识别潜在危险、风险或者评估控制效果，适用于产品、过程或系统的生命周期的任何阶段。它们可以作为其他风险评估技术的组成部分进行使用。

B.5.3 输入

有关某个问题的事先信息及专业知识，例如可以选择或编制一个相关的、最好是经过验证的检查表。

B.5.4 过程

具体步骤如下：

——组成检查表编制组，确定活动范围；

——依据有关标准、规范、法律条款及过去经验，选择设计一个能充分涵盖整个范围的检查表；

——使用检查表的人员或团队应熟悉过程或系统的各个因素，同时审查检查表上的项目是否有缺失；

——按此表对系统进行检查。

B.5.5 输出

输出结果取决于应用该结果的风险管理过程的阶段。例如，输出结构可以是一个控制措施评估清单或是风险清单。

B.5.6 优点及局限

检查表的优点包括：

——简单明了，非专业人士也可以使用；

——如果编制精良，可将各种专业知识纳入到便于使用的系统中；

——有助于确保常见问题不会被遗漏。

局限包括：

——只可以进行定性分析；

——可能会限制风险识别过程中的想象力；

——鼓励“在方框内画钩”的习惯；

——往往基于已观察到的情况，不利于发现以往没有被观察到的问题。

B.6 预先危险分析（PHA）

B.6.1 概述

预先危险分析（Primary hazard analysis，简称 PHA）是一种简单易行的归纳分析法，其目标是识别危险以及可能给特定活动、设备或系统带来损害的危险情况及事项。

B.6.2 用途

这是一种在项目设计和开发初期最常用的方法。因为当时有关设计细节或操作程序的信息很少，所以这种方法经常成为进一步研究工作的前奏，同时也为系统设计规范提供必要信息。在分析现有系统，从而将需要进一步分析的危险和风险进行排序时，或是现实环境使更全面的技术无法使用时，这种方法会发挥更大的作用。

B.6.3 输入

输入包括：

——被评估系统的信息；

——可获得的与系统设计有关的细节。

B.6.4 过程

通过考虑如下因素来编制危险、一般性危险情况及风险的清单：

——使用或生产的材料及其反应性；

——使用的设备；

——运行环境；

——布局；

——系统组成要素之间的分界面等。

对不良事项结果及其可能性可进行定性分析，以识别那些需要进一步评估的风险。

若需要，在设计、建造和验收阶段都应展开预先危险分析，以探测新的危险并予以更正。获得的结果可以使用诸如表格和树状图之类的不同形式进行表示。

B.6.5 输出

输出包括：

——危险及风险清单。

——包括接受、建议控制、设计规范或更详细评估的请求等多种形式的建议。

B.6.6 优点及局限

PHA 的优点包括：

——在信息有限时可以使用；

——可以在系统生命周期的初期考虑风险。

局限包括：

——只能提供初步信息，其不够全面也无法提供有关风险及最佳风险预防措施方面的详细信息。

B.7 失效模式和效应分析（FMEA）

B.7.1 概述

失效模式和效应分析（Failure mode and effect analysis，简称 FMEA）是用来识别组件或系统是否达到设计意图的方法，广泛用于风险分析和风险评价中。FMEA 是一种归纳方法，其特点是从元件的故障开始逐级分析其原因、影响及应采取的应对措施，通过分析系统内部各个组件的失效模式并推断其对于整个系统的影响，考虑如何才能避免或减小损失。

FMEA 用于识别：

——系统各部分所有潜在的失效模式；

——这些故障对系统的影响；

——故障原因；

——如何避免故障及/或减弱故障对系统的影响。

失效模式、效应和危害度分析（Failure mode and effect and criticality analysis，简称 FMECA）拓展了 FMEA 的使用范围。根据其重要性和危害程度，FMECA 可对每种被识别的失效模式进行排序。如将 FMEA 和 FMECA 联合使用，其应用范围更为广泛。

FMEA 分析通常是定性或半定量的，在可以获得实际故障率数据的情况下也可以定量化。

B.7.2 用途

FMEA 方法大多用于实体系统中的组件故障，但是也可以用来识别人为失效模式及影响。该方法有几种应用：用于部件、产品的设计（或产品）FMEA；用于系统的系统 FMEA；用于制造和组装过程的过程 FMEA，服务 FMEA 和软件 FMEA。

FMEA/FMECA 可以在系统的设计、制造或运行过程中使用。然而，为了提高可靠性，改进在设计阶段更容易实施。FMEA/FMECA 也适用于过程和程序。例如，它被用来识别潜在医疗保健系统中的错误和维修程序中的失败。FMEA 及 FMECA 可以为其他分析技术，例如定性及定量的故障树分析提供输入数据。

FMEA/FMECA 可用来：

——协助挑选具有高可靠性的替代性设计方案；

——确保所有的失效模式及其对运行的影响得到分析；

——列出潜在的故障并识别其影响的严重性；

——为测试及维修工作的规划提供依据；

——为定量的可靠性及可用性分析提供依据。

B.7.3 输入数据

FMEA 及 FMECA 需要有关系统组件的充分信息，以便对各组件出现故障的方式进行详细分析。

信息可能包括：

——正在分析的系统及系统组件的构成图，操作过程步骤的流程图；

——了解过程中每一步或系统组成部分的功能；

——可能影响运行的过程及环境参数的详细信息；

——对特定故障结果的了解；

——有关故障的历史信息，包括现有的故障率数据。

B.7.4 过程

FMEA 的步骤包括：

——确定分析对象；

——组建研究团队；

——将系统分成组件或步骤，确认：

- 各部分出现明显故障的方式是什么？

• 造成这些失效模式的具体机制？

• 故障可能产生的影响？

• 失败是无害的还是有破坏性的？

• 故障如何检测？

——确定故障补偿设计中的固有规定。

对于 FMECA，研究团队需接着根据故障结果的严重性，将每个识别出的失效模式进行分类。可以通过几种方法完成。常用方法包括：

——模式危险度指数；

——风险等级；

——风险优先数（The risk priority numher）。

模式危险度是对所考虑的失效模式将导致整个系统发生故障的概率测量，其定义为故障影响率、失效率、系统操作时间三者的乘积。此定义经常应用于设备故障，其中每个术语可以定量地确定，而且失效模式都有同样的后果。

风险等级可通过故障模式后果与失效概率的组合获得。风险等级方法可应用于不同失效模式产生的不同后果，并且能够应用于设备系统或过程。风险等级可以定性地、半定量地或定量地表达。

风险优先数是一种半定量的危害度测量方法，其将故障后果、可能性和发现问题的能力（如果故障很难发现，则认为其优先级较高）进行等级赋值（通常在 1 到 10 之间）并相乘来获得危险度。这个方法经常用于质量保证的应用实践中。

一旦确定失效模式和机制，就可以界定和实施针对更重大失效模式的纠正措施。

失效模式报告记录的内容包括：

——所分析系统的详细说明；

——开展分析的方式；

——分析中的假设；

——数据来源；

——结果，包括完成的工作表；

——危害度（如果完成的话）以及界定危害度的方法；

——有关进一步分析、设计变更或者计划纳入测试计划的特征等方面的建议。

在完成了上述行动之后，可通过新一轮 FMEA 重新评估系统。

B.7.5 输出结果

FMEA 的主要输出结果是失效模式、失效机制及其对各组件或者系统或过程步骤影响的清单（可能包括故障可能性的信息），也可以提供有关故障原因及其对整个系统影响方面的信息。FMECA 的输出包括对于系统失效的可能性、失效模式导致的风险等级、风险等级和“探测到”的失效模式的组合等方面的重要性进行排序。

如果使用合适的故障率资料和定量后果，FMECA 可以输出定量结果。

B.7.6 优点及局限

FMEA 与 FMECA 的优点包括：

——广泛适用于人力、设备和系统失效模式，以及硬件、软件和程序；

——识别组件失效模式及其原因和对系统的影响，同时用可读性较强的形式表现出来；

——通过在设计初期发现问题，从而避免了开支较大的设备改造；

——识别单点失效模式以及对冗余或安全系统的需要；

——通过突出计划测试的关键特征，为开发测试计划提供输入数据。

局限包括：

——只能识别单个失效模式，无法同时识别多个失效模式；

——除非得到充分控制并集中充分精力，否则研究工作较为耗时，且开支较大；

——对于复杂的多层系统来说，这项工作可能艰难枯燥。

B.8 危险与可操作性分析（HAZOP）

B.8.1 概述

HAZOP 即危险与可操作性分析（Hazard and operability study），是一种对规划或现有产品、过程、程序或体系的结构化及系统分析技术。该技术被广泛应用于识别人员、设备、环境及/或组织目标所面临的风险。分析团队应尽量提供解决方案，以消除风险。

HAZOP 过程是一种基于危险和可操作性研究的定性技术，它对设计、过程、程序或系统等各个步骤中是否能实现设计意图或运行条件的方式提出质疑。该方法通常由一支多专业团队通过多次会议进行。

HAZOP 与 FMEA 类似，都用于识别过程、系统或程序的失效模式、失效原因及后果。其不同之处在于 HAZOP 团队通过考虑当前结果与预测的结果之间的偏差以及所处环境条件等来分析可能的原因和失效模式，而 FMEA 则先确定失效模式，然后才开始。

B.8.2 用途

HAZOP 技术最初被应用于化学工艺系统的风险评估中。目前该技术目前已拓展到其他类型的系统及复杂的操作中，包括机械及电子系统、程序、软件系统，甚至包括组织变更及法律合同设计及评审。

HAZOP 过程可以处理由于设计、部件、计划程序和人为活动的缺陷所造成的各种形式的对设计意图的偏离。这种方法也广泛地用于软件设计评审中。当用于关键安全仪器控制及计算机系统时，该方法称作 CHAZOP（控制危险及可操作性分析或计算机危险及可操作性分析）。

HAZOP 分析通常在设计阶段开展，因为此时设计仍可进行调整。但是，随着设计的详细发展，可以对每个阶段用不同的导语分阶段进行。HAZOP 分析也可以在操作阶段进行，但是，该阶段的变更可能需要较大成本。

B.8.3 输入

HAZOP 分析的主要输入数据是有关计划审批的系统，过程或程序，以及设计意图与效果说明书的现有信息。输入数据可能包括说明书、工艺流程图、逻辑图、布局图、历史数据、操作及维修程序，以及紧急情况响应程序等。对于非硬件系统来说，HAZOP 的输入数据可以是描述所分析的系统或程序的功能和因素的任何文件。例如，输入数据可以是组织图或角色说明、合同草案甚至程序草案。

B.8.4 过程

HAZOP 依据设计图纸、流程说明、操作程序等对系统各组成部分进行审查，检查是否存在偏离预期效果的偏差、潜在原因以及偏差可能造成的结果。通过使用合适的引导词，对于系统、过程或程序的各个部分对关键参数变化的反应方式进行系统性分析，就可以实现上述目标。可以使用针对某个特殊系统、过程或程序的引导词，也可以使用能涵盖各类偏差的通用词。表 B.1 举例说明了技术系统常用的引导词。类似的导语如“过早”“过迟”“过多”“过少”“过长”“过短”“错误方向”“错误目的”“错误行动”可以用来标明人为错误的模式。

HAZOP 分析的一般步骤包括：

——确定研究目标及范围；

——成立多专业人员组成的团队开展 HAZOP 分析；

——建立一系列关键的引导词；

——收集必要的文件。

在研究团队的引导式研讨班上：

——将系统、过程或程序划分成更小的单元/子系统/过程，以进行具体的审核；

——约定各单元/子系统/过程的设计意图，然后对于各元件依次使用引导词，以描述那些会产生不良结果的可能偏差；

——如果发现不良结果，讨论可能的原因及结果，同时就处理方式提出建议，从而减少或消除影响；

——将时论内容记录在案，同时约定用于处理被识别风险的具体行动。

表 B.1　　HAZOP 引导词的例子

术语	定义
“无”或“不”（none）	计划结果根本没有实现或是计划条件缺失
过高（more）	输出结果或运行状况的量值增长
过低（less）	输出结果或运行状况的量值减少
伴随（as well as）	在完成既定要求的同时有多余事件发生
部分（part of）	部分达到设计要求
相逆（reverse）	出现与设计要求完全相反的事件
异常（other than）	出现和设计意图不相通的事件
兼容性（compatibility）	材料、环境等的兼容性能

注：引导词适用于下列参数：材料或过程的物理特征；温度、速度等物理条件；系统或设计组件的规定目的（例如，信息转化）；运行方面。

B.8.5　输出

对于每个评审点的项目，做好 HAZOP 会议的会议记录。这包括：使用的引导词、偏差、可能的原因、处理所发现问题的行动以及行动负责人。

对于任何无法纠正的偏差，需要对偏差造成的风险进行评估。

B.8.6　优点及局限

HAZOP 的优点包括：

——为系统、彻底地分析系统、过程或程序提供了有效的方法；

——涉及多专业团队，可处理复杂问题；

——形成了解决方案和风险应对行动方案；

——有机会对人为错误的原因及结果进行清晰的分析。

局限包括：

——耗时，成本较高；

——对文件或系统/过程以及程序规范的要求较高；

——主要重视的是找到解决方案，而不是质疑基本假设；

——讨论可能会集中在设计细节上，而不是在更宽泛或外部问题上；

——受制于设计（草案）及设计意图，以及传递给团队的范围及目标；

——过程对设计人员的专业知识要求较高，专业人员在寻找设计问题的过程中很难保证完全客观。

B.9 危害分析与关键控制点法（HACCP）

B.9.1 概述

危害分析与关键控制点法（Hazard analysis and critical control points，简称HACCP）作为一种科学的、系统的方法，应用在从初级生产至最终消费过程中，为识别过程中各相关部分的风险并采取必要的控制措施提供了一个分析框架，以避免可能出现的危险，维护产品的质量可靠性和安全性。HACCP 其重点在于预防而不是依赖于对最终产品的测试。

B.9.2 用途

20 世纪 60 年代，美国宇航局最早开展了 HACCP，其本意是为了保证太空计划的食品质量。目前，该方法已被广泛应用于食品产业中，在食品生产过程的各个环节识别并采取适当的控制措施防止来自物理、化学或生物污染物带来的风险。HACCP 也被用于医药生产和医疗器械方面的危害识别、评价和控制方面。目前，HACCP 正逐渐从一种管理手段和方法演变为一种管理模式或者管理体系。

B.9.3 输入

应用 HACCP 方法，需要了解产品的生产过程流程，以及一切可能影响到产品质量、安全性或可靠性的危险因素的信息。

B.9.4 过程

HACCP 包括以下 7 项原则。

——进行危害分析，识别潜在危害及已有预防性措施；

——确定关键控制点（CCP）；

——确定关键限值，例如每个 CCP 必须在具体的参数范围内运行，这样才能保证危险得到控制；

——建立一个系统以监测关键控制点的控制情况；

——在监测结果表明某特定关键控制点失控时，确定应采取的纠正行动；

——建立审核程序；

——对于每一步都要实施记录和归档程序。

B.9.5 输出

归档记录包括危害分析工作表及 HACCP 计划。

危害分析工作表包含下列内容：

——某个步骤中可能引入、控制或加剧的危害；

——危险是否会带来严重的风险（通过经验、数据及文献等综合因素对结果和可能性进行分析）；

——对严重性做出判断；

——各种危险可能的预防措施；

——该步骤能否使用监控或控制措施（例如，它是 CCP 吗）。

HACCP 计划说明了后续程序，以确保对具体设计、产品、过程或程序的控制。这项计划包括一个涵盖所有 CCP 并针对各 CCP 的清单：

——预防措施的关键限值；

——监控及继续控制活动（包括开展监控活动的内容、方式及时机以及监控人员）；

——如果发现与关键限值存在偏差，需要采取的纠正行动；

——核实及记录活动。

B. 9. 6 优点及局限

HACCP 的优点包括：

——结构化的过程提供了质量控制以及识别和降低风险的归档证据；

——重点关注流程中预防危险和控制风险的方法及位置的可行性；

——鼓励在整个过程中进行风险控制，而不是依靠最终的产品检验；

——有能力识别由于人为行为带来的危险以及如何在引入点或随后对这些危险进行控制。

局限包括：

——HACCP 要求识别危险、界定它们代表的风险并认识它们作为输入数据的意义，也需要确定相应的控制措施。完成这些工作是为了确定 HACCP 过程中具体的临界控制点及控制参数。同时，还需要其他工具才能实现这个目标。

——如果等到控制参数超过了规定的限值时才采取行动，可能已经错过最佳控制时机。

B. 10 结构化假设分析（SWIFT）

B. 10. 1 概述

最初，结构化假设分析（Structure “What if”，简称 SWIFT）是作为比 HAZOP 更简单的替代性方法推出的。它是一种系统的、团队合作式的研究方法，利用了引导员在讨论会上运用的一系列“提示”词或短语来激发参与者识别风险。

引导员和团队使用标准的“假定分析”式短语以及提示词，来调查正常程序和行为的偏差对某个系统、设备组件、组织或程序产生影响的方式。通常，与 HAZOP 相比，SWIFT 用于某个系统的更多层面，同时细节要求较低。

B. 10. 2　用途

SWIFT 的设计初衷是针对化学及石化工厂的危险进行研究。目前该技术现在广泛地用于各种系统、设备组件、程序及组织的风险评估活动中，可用来分析变化的后果以及新产生的风险。

B. 10. 3　输入

在开始进行研究之前，必须对系统、设备组件、程序及/或变化进行严格界定。引导员应通过访谈以及对文件、计划和图纸的全面分析建立内外部背景。一般来说，研究涉及的项目、情况或系统应划分成节点或关键要素以便于开展分析过程，而这在 HAZOP 的界定层面中很少涉及。

另一个关键输入，是收集整理经过认真挑选的研究团队的专业知识和经验。其中，所有利益相关方的观点都要得到反映，如果可能的话，应当将其与拥有类似项目经验或情况经历的人员的观点统筹考虑。

B. 10. 4　过程

一般过程如下所示：

a）在开展研究之前，引导员应准备一份相关的词语或短语提示单。该清单可以基于一系列标准的词语或短语，也可以是为便于对危险或风险进行综合分析而形成的词语或短语。

b）讨论并约定项目、系统、变化或情况的内外部背景以及研究范围。

c）引导员要求参与者提出并讨论：

- 已知的风险和危险；
- 以往的经历和事件；
- 已知和现有的控制及质量措施；
- 监管要求和限制措施。

d）使用“假定分析”这样的短语及提示词或主题以形成问题，达到引导讨论的目的。计划使用的“假定分析”短语包括“要是……怎么办……”“如果……会发生……”“某人或某事会……”以及“有人或有事曾经……”。其目的是激发研究团队探讨潜在的情景及其原因和后果以及影响。

e）总结风险，同时团队分析现有的控制措施。

f）与团队确认风险及其原因，后果和预期控制的描述，并进行记录。

g）分析控制措施是否充分有效。如果未达到满意的效果，团队应继续界定应采取的控制措施。

h）在本次讨论中，提出更多的“假定分析”问题，以识别更多的风险。

i）引导员利用提示单来监督讨论并建议团队讨论其他问题和情景。

j）通常要使用定量或半定量风险评估方法来将行动进行等级划分，以确定行动优先级。一般来说，在使用这种风险评估方法时，要考虑现有的控制措施及其效果。

B. 10. 5 输出

输出结果是一个风险列表，记录了针对不同等级风险的行动或任务。这些任务可构成一个风险应对计划的基础。

B. 10. 6 优点及局限

SWIFT 的优点包括：

——广泛用于各种形式的物理设备或系统、情况或环境、组织或活动；

——对团队的准备工作要求较低；

——速度较快，同时重大危险及风险在讨论会上可以很快暴露出来；

——通过这项以“系统为导向”的研究，参与者可以分析系统对偏差的反应，而不只是分析组件故障的后果；

——可用来识别过程及系统改进的机会，通常可用来识别促进成功可能性的活动；

——使那些参与现有控制和进一步风险应对行动的人员参与到讨论会中，这样可以增强其责任感；

——可轻松地建立起风险登记表和风险应对计划。

局限包括：

——要求经验丰富、能力较强、工作效率高的引导员；

——需要精心的准备，这样才不会浪费讨论会团队的时间；

——如果讨论团队缺乏足够经验或是提示系统不够全面，那么有些风险或危险可能就无法识别；

——可能无法揭示那些复杂、详细或相关的原因。

B. 11 风险矩阵

B. 11. 1 概述

风险矩阵（Risk matrix）是用于识别风险和对其进行优先排序的有效工具。

风险矩阵可以直观地显现组织风险的分布情况，有助于管理者确定风险管理的关键控制点和风险应对方案。一旦组织的风险被识别以后，就可以依据其对组织目标的影响程度和发生的可能性等维度来绘制风险矩阵。

B.11.2 用途

风险矩阵通常作为一种筛查工具用来对风险进行排序，根据其在矩阵中所处的区域，确定哪些风险需要更细致的分析，或是应首先处理哪些风险。

风险矩阵也可以用于帮助在全组织内沟通对风险等级的共同理解。设定风险等级的方法和赋予他们的决策规则应当与组织的风险偏好一致。

B.11.3 输入

需要输入的数据为风险发生的可能性与后果严重程度的评估结果。

对风险发生可能性的高低、后果严重程度的评估有定性、定量等方法。定性方法是直接用文字描述风险发生可能性的高低、后果严重程度，如“极低”“低”“中等”“高”“极高”等。定量方法是对风险发生可能性的高低、后果严重程度用具有实际意义的数量描述，如对风险发生可能性的高低用概率来表示，对后果严重程度用损失金额来表示。等级标度可以为任何数量的点。最常见的是有 3、4 或 5 个点的等级，但各点定义应尽量避免含混不清。如表 B.2 和表 B.3 分别列出了某公司对风险发生可能性和对目标的影响程度的定性、定量评估标准及其相互对应关系，供实际操作中参考。

表 B.2 风险发生可能性的评价标准

定量方法一	评分	1	2	3	4	5
定量方法二	一定时期发生的概率	10%以下	10%～30%	30%～70%	70%～90%	90%以上
定性方法	文字描述一	极低	低	中等	高	极高
	文字描述二	一般情况下不会发生	极少情况下才发生	某些情况下发生	较多情况下发生	常常会发生
	文字描述三	今后 10 年内发生的可能少于 1 次	今后 5～10 年内可能发生 1 次	今后 2～5 年内可能发生 1 次	今后 1 年内可能发生 1 次	今后 1 年内至少发生 1 次

表 B.3　　风险对目标影响程度的评价标准

<table>
<tr><td rowspan="8">适用于所有行业</td><td>定量方法一</td><td>评分</td><td>1</td><td>2</td><td>3</td><td>4</td><td>5</td></tr>
<tr><td>定量方法二</td><td>企业财务损失占税前利润的百分比</td><td>1%以下</td><td>1%～5%</td><td>6%～10%</td><td>11%～20%</td><td>20%以上</td></tr>
<tr><td rowspan="6">定性方法</td><td>文字描述一</td><td>极轻微的</td><td>轻微的</td><td>中等的</td><td>重大的</td><td>灾难性的</td></tr>
<tr><td>文字描述二</td><td>极低</td><td>低</td><td>中等</td><td>高</td><td>极高</td></tr>
<tr><td>日常运行</td><td>不受影响</td><td>轻度影响（造成轻微的人身伤害，情况立刻受到控制）</td><td>中度影响（造成一定人身伤害，需要医疗救援，需要外部支持才能控制情形）</td><td>严重影响（企业失去一些业务能力，造成严重人身伤害，情况失控，但无致命影响）</td><td>重大影响（重大业务失误，造成重大人身伤亡，情况失控，给企业致命影响）</td></tr>
<tr><td>财物损失</td><td>较低的财物损失</td><td>轻微的财物损失</td><td>中等的财物损失</td><td>重大的财物损失</td><td>极大的财物损失</td></tr>
<tr><td>企业声誉</td><td>负面消息在企业内部流传，企业声誉没有受损</td><td>负面消息在当地局部流传，企业声誉轻微损害</td><td>负面消息在某区域流传，企业声誉中等损害</td><td>负面消息在全国各地流传，对企业声誉造成重大损害</td><td>监管机构进行调查，公众关注，对企业声誉造成无法弥补的损害</td></tr>
</table>

B.11.4　过程

对风险发生可能性的高低和后果严重程度进行定性或定量评估后，依据评估结果绘制风险图谱。绘制矩阵时，一个坐标轴表示结果等级，另一个坐标轴表示可能性等级。

图 B.1 为一个风险矩阵示例，该矩阵带有 6 点结果等级和 5 点可能性等级。

矩阵定义的风险等级与组织的决策规则和风险偏好紧密相关，例如管理层关注度或应对所需的反应时间。

B.11.5　输出

输出结果是对各类风险的等级划分或是确定了重要性水平的、经分级的风险清单。

可能性等级							
	E	Ⅳ	Ⅲ	Ⅱ	Ⅰ	Ⅰ	Ⅰ
	D	Ⅳ	Ⅲ	Ⅲ	Ⅱ	Ⅰ	Ⅰ
	C	Ⅴ	Ⅳ	Ⅲ	Ⅱ	Ⅱ	Ⅰ
	B	Ⅴ	Ⅳ	Ⅲ	Ⅲ	Ⅱ	Ⅰ
	A	Ⅴ	Ⅴ	Ⅳ	Ⅲ	Ⅱ	Ⅱ
		1	2	3	4	5	6
		结果等级					

图 B.1　风险矩阵示例

B.11.6　优点及局限

风险矩阵的优点包括：

——方法简单，易于使用；

——显示直观，可将风险很快划分为不同的重要性水平。

局限包括：

——必须设计出适合具体情况的矩阵，因此，很难有一个适用于组织各相关环境的通用系统；

——很难清晰地界定等级；

——该方法的主观色彩较强，不同决策者之间的等级划分结果会有明显的差别；

——无法对风险进行累计叠加（例如，人们无法将一定频率的低风险界定为中级风险）。

B.12　人因可靠性分析（HRA）

B.12.1　概述

人因可靠性分析（Human reliahility analysis. 简称 HRA）关注的是人围对系统绩效的影响，可以用来评估人为错误对系统的影响，很多过程都有可能出现人为错误，尤其是当操作人员可用的决策时间较短时。问题最终发展到严重地步的可能性或许不大，但是有时，人的行为是唯一能避免故障最终演变成事故的手段。

HRA 的重要性在各种事故中都得到了证明。在这起事故中，人由于错误导致了一系列灾难性的事项。有些事故向人们敲响警钟，不要一味进行那些只注重系统软硬件的风险评估。它们证明了忽视人为错误这种诱因发生的可能性是多么危险的事情。

B. 12. 2　用途

HRA 可进行定性或定量使用。如果定性使用，HRA 可识别潜在的人为错误及其原因，降低人为错误发生的可能性；如果定量使用，HRA 可以为 FTA（故障树）或其他技术的人为故障提供基础数据。

B. 12. 3　输入

HRA 分析方法的输入包括：

——明确人们必须完成的任务的信息；

——实际发生及有可能发生的各类错误的经验；

——有关人为错误及其量化的专业知识。

B. 12. 4　过程

HRA 过程如下所示：

——问题界定：计划调查/评估过程中有哪种类型的人为参与?

——任务分析：如何执行任务？为了协助任务的执行，需要哪类帮助?

——人为错误分析：任务执行失败的原因？可能出现什么错误？怎样补救错误?

——表示：怎样将这些错误或任务执行故障与其他硬件、软件或环境事项整合起来，从而对整个系统故障的概率进行计算?

——筛查：有不需要细致量化的错误或任务吗?

——量化：人为错误和故障发生的可能性?

——影响程度评估：哪些错误或任务是最重要的？例如，哪些错误或任务最为危害系统可靠性?

——减少错误：如何提高人因可靠性?

——记录：有关 HRA 的哪些详情应记录在案?

在实践中，HRA 会分步骤进行，尽管某些部分（例如任务分析及错误识别）有时会与其他部分同步进行。

图 B. 2 给出了过程示意。

B. 12. 5　输出

输出包括：

——可能会发生的错误清单以及减少损失的方法（最好通过系统的重新设计）

——错误模式、错误类型、原因及结果；

——错误所造成风险的定性或定量评估。

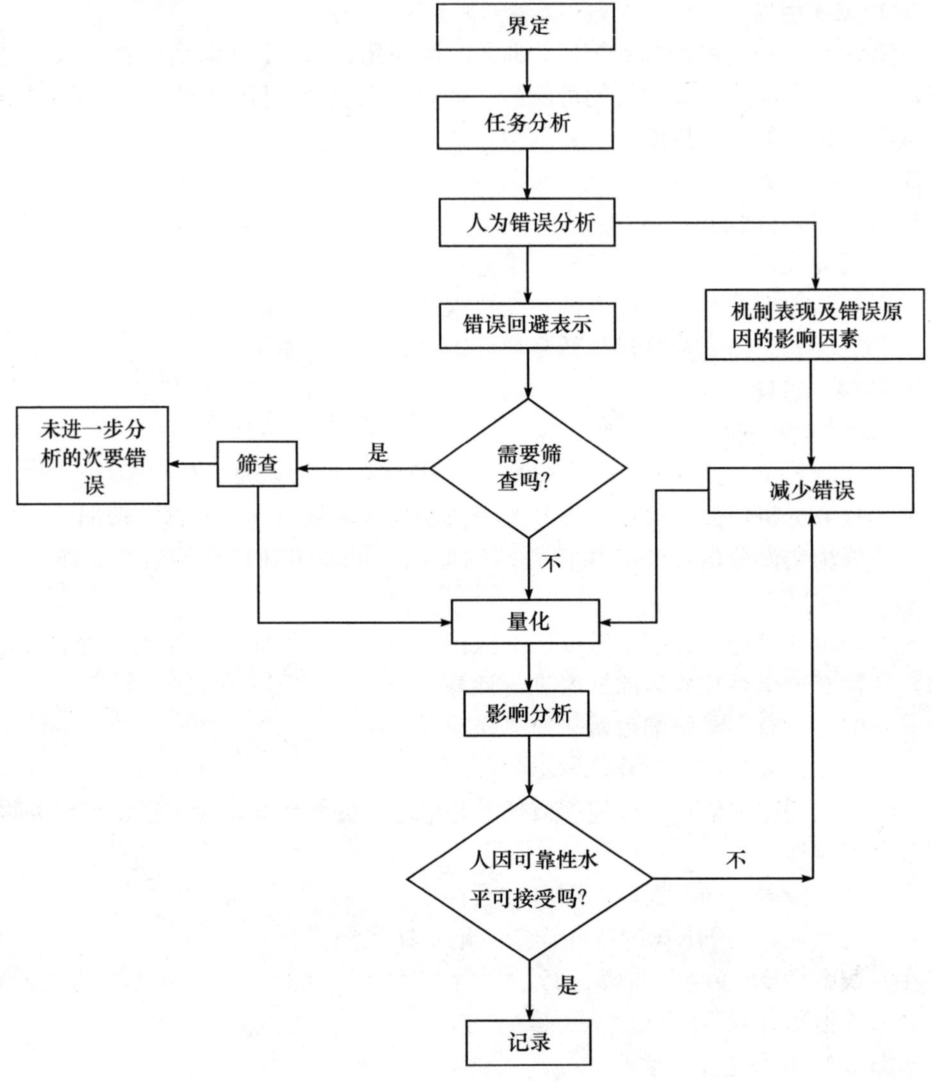

图 B.2　人因可靠性分析

B.12.6　优点及局限

HRA 的优点包括：

——HRA 提供了一种正式机制，将人为错误置于系统相关风险的分析中；

——对人为错误的正式分析有利于降低错误所致故障的可能性。

局限包括：

——人的复杂性及多变性导致很难确定那些简单的失效模式及概率；

——很多人为活动缺乏简单的通过/失败模式。HRA 较难处理由于质量或决策不当造成的局部故障或失效。

B. 13 以可靠性为中心的维修

B. 13. 1 概述

以可靠性为中心的维修（Reliability centered maintenance，简称 RCM）是一种识别并确定故障管理策略的方法，目的是高效、有效地实现各类设备必要的安全性、可用性及运行经济性。

现在，RCM 已成为广泛用于各行业内并经过验证而被普遍接受的方法。

RCM 提供了一种决策过程，可以根据设备的安全、运行及经济结果，识别出设备适用且有效的预防性维修要求和退出机制。结束这个过程后，最终可以对执行维修任务或采取其他操作的必要性做出判断。关于使用和应用 RCM 的详细说明可参考 IEC 60300－3－11。

B. 13. 2 用途

一切任务都离不开人员及环境安全，也离不开关注的运行及经济问题。但是，应该注意的是，考虑的标准将取决于产品的性质及其应用。例如，生产过程在经济上应具有可行性，并且可能对严格的环境因素比较敏感。防护设备则首先应该保证正常运行，而在安全、经济及环境标准方面可能不够严格。通过重点分析故障可能产生严重的安全、环境、经济或运行影响的方面，有利于获得最大的成效。

RCM 用来确保可维护性，主要用于设计和开发阶段，然后在运行和维修阶段实施。

B. 13. 3 输入

成功地运用 RCM，需要了解设备和结构、运行环境和相关系统、子系统及设备可能的故障以及故障的结果。

B. 13. 4 过程

RCM 项目的基本步骤如下所示：

——启动和规划；

——功能故障分析；

——任务挑选；

——实施；

——不断完善。

RCM与风险密切相关，因为它采用的就是风险评估的基本步骤。RCM与风险评估与失效模式、效应和危害度分析（FMECA）有着相似的类型。

在某些情况下，通过执行维修任务可以消除潜在的故障或是降低其频率及/或结果，而风险识别关注的正是这种情况。这些工作可以通过识别必要的功能及性能标准以及妨碍功能实现的设备和组件故障得以实现。

RCM的风险分析包括估算无须维修状态下各故障的频率。通过界定失败效果来获得结果。综合故障频率和危险度的风险矩阵有利于对风险进行分级。

随后，通过选择各失效模式适用的故障管理策略来进行风险评价。

整个RCM过程应做好大量的记录工作，以供将来参考和检查之用。故障及维修相关数据的采集有助于监督结果并实施改进措施。

B. 13. 5　输出

维修任务的界定，如状况监控、计划性恢复、计划性替换、故障查找或非预防性维修。这项分析可能带来的其他行动包括重新设计、调整运行或维修程序，或者额外培训。执行任务的时间间隔以及必要的资源都要得到确认。

B. 14　压力测试

B. 14. 1　概述

压力测试是指在极端情景下（例如最不利的情形），评估系统运行的有效性，及时发现问题和制定改进措施，目的是防止出现重大损失事件。

B. 14. 2　用途

压力测试广泛应用于各行业的风险评估中，尤其常见于金融、软件等行业。

B. 14. 3　输入

所需输入数据是：

——界定分析对象；

——召集相关专业人员；

——设想、模拟或试验可能出现的极端情形。

B. 14. 4　过程

压力测试的具体操作步骤如下：

——针对某一风险管理模型或内控流程，假设可能会发生哪些极端情景。极端情景是指在非正常情况下，发生概率很小，而一旦发生，后果十分严重的事情。假设极端情景时，不仅要考虑本企业或同类企业出现过的历史教训，还要考虑以往不曾出现但将来可能会出现的情形。

——评估极端情景发生时，该风险管理模型或内控流程是否有效，并分析对目标可能造成的损失。

——制定相应措施，进一步修改和完善风险管理模型或内控流程。

以信用风险管理为例。如：某银行拥有一批信用记录良好的客户，该类客户除非发生极端情景，一般不会违约。在日常交易中，该银行只需遵循常规的风险管理策略和内控流程即可。如采用压力测试方法，则设想该批客户在极端情景（如其财产毁于地震、火灾、被盗）下可能会出现违约事故。由此分析一旦出现类似情形，银行可能遭受何种类型和程度的损失。

实施压力测试，一般需要借助敏感性分析、情景分析、头脑风暴法等工具辅助进行。

B. 14. 5 输出

对潜在风险因素的认识和预防风险的措施建议。

B. 14. 6 优点及局限

压力测试的优点包括；

——关注非正常情况下的风险情形，是普通风险评估方法的有益补充；

——考虑不同风险之间的相互关系；

——加强对极端情形与潜在危机的认识，预防重大风险的发生。

压力测试不能取代一般的风险管理工具，频繁的进行压力测试并不能解决组织日常的风险管理问题。此外，压力测试的效果取决于使用者是否可以构造合理、清晰、全面的情景。

B. 15 保护层分析（LOPA）

B. 15. 1 概述

作为一种半定量方法，保护层分析法（Layer proivction analysis. 简称 LOPA）可估算与不期望事件或危险情景相关的风险，并且将其与风险容许界限比较，以确定现有的控制措施是否合适。

B. 15. 2 用途

LOPA 典型的应用是在执行了 PHA 之后，以 PHA 的信息为基础进一步考虑安全设计问题。

LOPA 可以定性使用，用来简单分析现有的危害防护措施。LOPA 也可以半定量使用，在应用完 HAZOP 或 PHA 之后进行更为严格的检查。

通过分析各防护措施产生的风险预防效力，LOPA 也可以用来对资源进行合理配置。

B. 15. 3　**输入**

LOPA 的输入包括：

——有关风险的基本信息；

——有关现有或建议控制措施的信息；

——原因事件概率、保护层故障、结果措施及可容许风险定义；

——初始原因概率、保护层故障、结果措施及可容许风险定义。

B. 15. 4　**过程**

LOPA 可以通过专家团队运用下列程序进行实施：

——识别不良结果的初始原因并查找有关其概率和结果的数据；

——选择一个因果对；

——识别现有的保护层，同时对它们的效力进行分析；

——识别独立保护层（保护层未必都是 IPL）；

——估计每个独立保护层失效的概率；

——保护层的综合影响应与风险承受度进行比较，以确定是否需要进一步的保护。

独立保护层（lndependent protection layers，简称 IPL）是一种设备、系统或行动，其能避免某个情景演变成不良结果，并独立于初因事项或任何其他保护层。

IPL 包括：

——设计特点；

——实体保护装置；

——联锁及停机系统；

——临界报警与人工干预；

——事件后实物保护；

——应急反应系统（程序与检查不是 IPL）。

B. 15. 5　**输出**

可给出需要进一步采取的控制措施，以及这些控制措施在降低风险方面效果的建议。

B. 15. 6　**优点及局限**

LOPA 的优点包括：

——与故障树或其他定量风险分析方法相比，它需要更少的时间和资源，但是比定性的主观判断更为严格；

——它有助于识别并将资源集中在最关键的保护层上；

——它识别了那些缺乏充分安全措施的运行、系统及过程；

——它关注最严重的结果。

局限包括：

——LOPA 每次只能分析一个因果对和一个情景，并没有涉及风险或控制措施之间的相互影响；

——量化的风险可能没有考虑到普通模式的失效；

——LOPA 并不适用于很复杂的情景，例如有，很多因果对的情景，或有多种结果影响不同利益相关方的情景。

B. 16　业务影响分析（BIA）

B. 16. 1　概述

业务影响分析（Business impact analysis，简称 BIA），也称作业务影响评估，旨在分析干扰性风险因素对组织运营的影响方式，同时识别组织是否具备必要的风险管理能力。

具体来说，BIA 可就以下问题达成一致认识：

——识别组织的关键经营过程及其临界状态、职能、相关资源，以及系统组件之间的关键依存关系；

——干扰性事项对组织重要经营目标的实现会产生怎样的影响；

——如何应对干扰因素的影响，以及如何使组织恢复到约定运行水平。

B. 16. 2　用途

BIA 方法可用来确定干扰性因素的危害性以及过程和相关资源（人员、设备、信息技术）的恢复时间以确保目标的持续实现。而且，BIA 有助于确定过程、内外部各方以及供应链接口处之间的相互关系。

B. 16. 3　输入数据

输入包括：

——承担分析并制定计划的小组；

——关于目标、环境及运行和组织的相互依存关系的信息；

——有关组织活动及运行的详情，包括运行过程、辅助资源、与其他组织的关系、外包安排以及利益相关方；

——关键过程的失败造成的财务及运行结果；

——事先准备的调查问卷表；

——组织相关部门的受访者及/或计划联系的利益相关方的名单等。

B.16.4 过程

通过使用调查问卷表、访谈、结构化讨论会或综合运用上述三种方法，可以开展 BIA 活动，识别关键过程，分析这些过程失败可能产生的影响，确定必要的恢复时间范围及辅助资源。

关键步骤包括：

——根据脆弱性分析（Vulnerability assessment），确认组织的关键过程和输出结果；

——确定在干扰规定的时期内对被识别的关键过程造成的财务及/或运行影响；

——识别关键利益相关方之间的相互依存关系。这可能包括通过供应链说明相互依存关系的性质；

——确定现有资源及干扰过后继续以最低容许水平运行所需的基本资源；

——确定目前使用或计划开发的替代性工作区域和程序。如果在干扰过程中资源或能力无法获得或不够充分，那么可能就要开发替代性的工作区域和程序；

——根据被识别的结果以及职能部门的关键成功因素，确定各过程的最大可容忍故障时间（Maximum acceptable outage time，简称 MAO），MAO 代表组织所能容忍的能力损失的最大时间段；

——确定任何特定装备或信息技术的目标恢复时间（the recovery time objective，简称 RTO），RTO 代表组织期望能够恢复运行能力的所需时间；

——确认关键过程的现期准备水平。这可能包括评估过程中的冗余能力（例如备用设备）或替代供应商的存在情况。

B.16.5 输出结果

输出结果包括：

——关键过程及相关依存关系的优先性清单；

——因关键过程失败而带来的财务及运行过程影响的记录；

——用于被识别的关键过程的辅助资源；

——关键过程的故障时间范围以及相关职能的恢复时间范围。

B.16.6 优点及局限

BIA 的优点包括：

——对关键过程的认识，使组织有能力继续实现其既定目标；

——对资源的认识；

——有机会重新界定组织的运行过程，以增强组织的灵活性。

局限包括：

——那些参与完成调查问卷或讨论会的参与人员可能缺乏某些知识；

——小组气氛可能会影响到关键过程的全面分析；

——对恢复要求有简单化或过于乐观的期望；

——难以获得组织运行及活动的足够的认识水平。

B. 17 潜在通路分析（SCA）

B. 17. 1 概述

潜在通路分析（Sneak circuit analysis，简称 SCA）是一种用于识别系统设计错误的方法。潜在状态不是因部件故障产生的，而是一种可能会抑制预期功能或引起不良事项的潜在硬件、软件或集成的状态。这些状况的特点是具有随意性，在最严格的标准化系统检查中也很难检测出来。潜在状态可能会引起运行不当、系统可用性缺失、程序延时或者甚至造成人员伤亡。

B. 17. 2 用途

在 20 世纪 60 年代后期，潜在通路分析为美国航空航天局（NASA）所开发，用以核实产品设计的完整性及功能实现。潜在通路分析是一种发现非故意电路路径的有效工具，有利于设计出将各功能独立处理的解决方案。随着技术进步，潜在通路分析的工具也一定在发展，潜在分析（Sneak Analysis）是用来描述潜在通路分析扩大范围的术语。潜在分析涵盖并超出了潜在通路分析的范畴。潜在分析可以使用任何技术来确定软硬件问题。潜在分析工具可以将几种分析工具例如故障树、失效模式和效应分析（FMEA）、可靠性估计（Reliability estimates）等整合到一项分析中，从而节省时间和项目成本。

B. 17. 3 输入

潜在分析是一种独特的设计过程，因为它利用不同的工具（如网络树、网络森林、提示语和问题等，帮助分析者发现潜在状态）来发现具体的问题。网络树和森林是对实际系统进行的拓扑分组。每个网络树代表一种次级功能并显示了可能影响次级功能输出的所有输入数据。将那些促成特定系统输出的网络树结合起来就能建构森林。一个合适的网络森林可以说明系统输出所有相关的输入数据。

B. 17. 4 过程

开展潜在分析的基本步骤包括：

——数据准备；

——网络树的建构；
——网络路径的评估；
——最终建议与报告。

B. 17. 5 输出

潜在通路是系统内的意外路径或逻辑流。在特定状况下，意外路径或逻辑流会诱发不良功能或抑制预期功能。路径可能包括硬件、软件、操作人员行为以及这些因素的综合。潜在通路并不是硬件故障的结果，而是因设计疏忽而嵌入系统、通过编码进入软件程序，或者由于人为错误引发的潜在状况。四类潜在状况包括：

——潜在路径：电流、能量或逻辑顺序沿着非预计方向流动的意外路径；
——潜在时序：以意外或相互冲突的顺序发生的事项；
——潜在表述：对系统运行状况含混不清或错误的显示，可能会使系统或操作人员采取不当行为；
——潜在标识：对系统功能进行不正确或不准确的命名，例如，系统输入数据、控制措施及显示总线，可能会造成操作人员对系统的不当操作。

B. 17. 6 优点及局限

SCA 的优点包括：

——潜在分析有利于分析人员识别设计错误；
——与 HAZOP（危险与可操作性分析）一起使用时会有最佳效果；
——非常有利于处理那些有多重情况的系统，例如配料车间和半配料车间。

局限包括：

——将其应用于电路、加工厂、机械设备或软件时，分析过程会有所不同；
——使用效果依赖于是否可以建立起正确的网络树。

B. 18 风险指数

B. 18. 1 概述

风险指数（Risk indices）是对风险的半定量测评，是利用顺序尺度的记分法得出的估算值。风险指数可以用来对使用相似准则的一系列风险进行比较。尽管是风险评估的组成部分，风险指数主要用于风险分析。尽管可以获得量化的结果，但风险指数本质上还是一种对风险进行分级和比较的定性方法，使用数字完全是为了便于操作。

B. 18. 2 用途

如果充分理解系统，可以用指数对与活动相关的不同风险分级。指数允许将影响风险等级的一系列因素整合为单一的风险等级数字。

风险指数可作为一种范围划定工具用于各种类型的风险，以根据风险水平划分风险。这可以确定哪些风险需要更深层次的分析以及可能进行定量评估。

B. 18. 3 **输入**

输入数据来源于对系统的分析或者对背景的宽泛描述，这就要求很好地了解风险的各种来源、可能的路径以及可能影响到的方面。像故障树分析、事件树分析和一般的决策分析工具都可以用来支持风险指数的开发。

由于顺序尺度的选择在一定程度上具有任意性，因此，需要充分的数据来确认指数。

B. 18. 4 **过程**

第一步是理解并描述系统。一旦系统得到确认，就要对各组件确定得分，再将这些得分结合起来，以提供综合指数。例如，在环境背景中，来源、途径及接收方将被打分。在有些情况下，每个来源可能会有多种路径和接收方。根据考虑系统客观现状的计划将单个得分进行综合。关键是，系统各部分的得分（来源、途径及接收方）应在内部保持一致，同时保持其正确关系．对风险要素（例如，概率、暴露及后果）或是增加风险的因素打分。

可以设计合适的指数模型对各因素的得分进行加、减、乘/或除的运算。通过将得分相加来考虑累积效果（例如，将不同路径的得分相加）。严格地讲，将数学公式用于顺序得分是无效的，因此，一旦打分系统得以建立，必须将该模型用于已知系统，以便确认其有效性。确定指数是一种迭代方法，在分析师人员得到满意的确认结果之前，可以尝试几种不同的系统以将得分进行综合。

B. 18. 5 **输出**

输出结果是与特定来源有关的一系列数字（综合指数），并可以与为其他来源开发的指数或是按相同方式建模的一系列数字进行比较。

B. 18. 6 **优点及局限**

风险指数的优点包括：

——风险指数可以提供一种有效的划分风险等级的工具；

——可以让影响风险等级的多种因素整合到对风险等级的分析中。

局限包括：

——如果过程（模式）及其输出结果未得到很好确认，那么可能使结果毫无意义。输出结果是风险值这一点可能会被误解和误用，例如在随后的成本效益分析中。

——在很多使用风险指数的情况下，缺乏一个基准模型来确定风险因素的单个尺度是线性的、对数的还是某个其他形式，也没有固定的模型可以确定如何将各因素综合起来。在这些情况下，评级本身是不可靠的，对实际数据进行确认就显得尤其重要。

B.19 故障树分析（FTA）

B.19.1 概述

故障树（Fault tree analysis，简称 FTA）是用来识别和分析造成特定不良事件（称作顶事件）的可能因素的技术。造成故障的原因因素可通过归纳法进行识别，也可以将特定事故与各层原因之间用逻辑门符号连接起来并用树形图进行表示。树形图描述了原因因素及其与重大事件的逻辑关系。

故障树中识别的因素可以是与硬件故障、人为错误或其他引起不良事项的相关事项。

B.19.2 用途

故障树可以用来对故障（顶事件）的潜在原因及途径进行定性分析，也可以在掌握原因事项概率的相关数据之后，定量计算重大事件的发生概率。图 B.3 是一个 FTA 的应用示例。

故障树可以在系统的设计阶段使用，以识别故障的潜在原因并在不同的设计方案中进行选择；也可以在运行阶段使用，以识别重大故障发生的方式和导致重大事件的各类路径的相对重要性；故障树还可以用来分析已出现的故障，以便通过图形来显示不同事项如何共同作用造成故障。

B.19.3 输入

对于定性分析，需要了解系统及故障原因、系统失效的方式；对于定量分析，需要了解故障树中各基本事件的故障率或者失效的可能性。

B.19.4 过程

建构故障树的步骤包括：

——界定分析对象系统和需要分析的各对象事件（顶事件）；

——从顶事件入手，识别造成顶事件的直接原因或失效模式；

——调查原因事件，对每个原因/失效模式进行分析，以识别造成故障的原因（设备故障、人员失误以及环境不良因素等）；

——分步骤地识别不良的系统操作方式，沿着系统自上而下地分析，直到进一步分析不会产生任何成效为止，处于分析中系统最低水平的事项及原因因素称作基

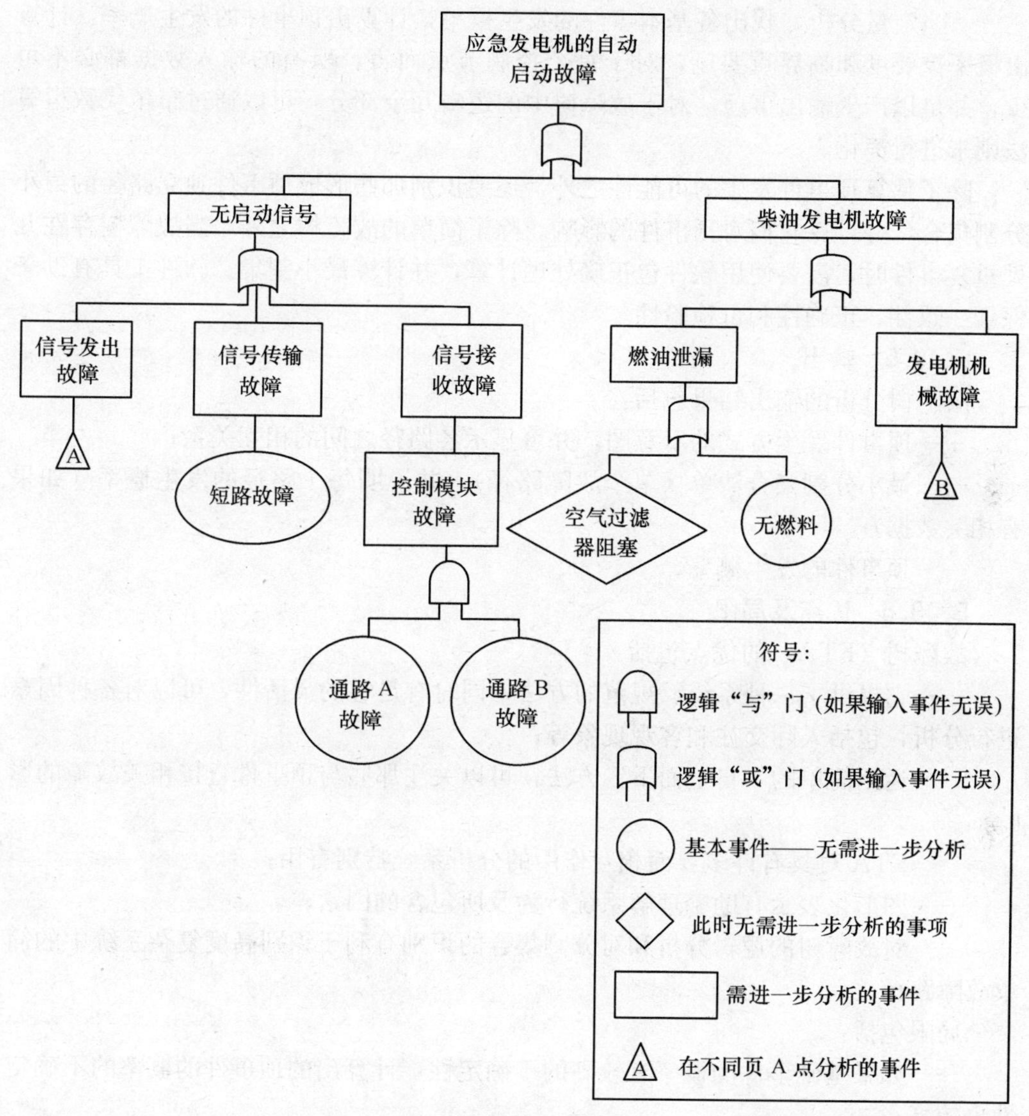

图 B.3　FTA示例

本事件；

——定性分析，按故障树结构进行简化，求出最小割集和最小径集，确定各基本事件的结构重要度；

——定量分析，找出各基本事件的发生概率，计算出顶事件的发生概率，计算出概率重要度和临界重要度，对于每个控制节点而言，所有的输入数据都必不可少，并足以产生输出事项。对于故障树中的逻辑冗余部分，可以通过布尔代数运算法则来进行简化。

除了估算顶事件发生的可能性之外，还要识别那些形成顶事件独立路径的最小分割集合，并计算它们对顶事件的影响。除了简单的故障树之外，当故障树存在几处重复事件时，需要使用软件包正确处理计算，并计算最小割集。软件工具有助于保证一致性、正确性和可检验性。

B. 19. 5　输出

故障树分析的输出结果包括：

——顶事件发生方式的示意图，并可显示各路径之间的相互关系；

——最小分割集合清单（单个故障路径），并说明每个路径的发生概率（如果有相关数据）；

——顶事件的发生概率。

B. 19. 6　优点及局限

故障树（FTA）的优点包括：

——它提供了一种系统、规范的方法，同时有足够的灵活性，可以对各种因素进行分析，包括人际交往和客观现象等；

——运用简单的“自上而下”方法，可以关注那些与顶事件直接相关故障的影响；

——FTA对具有许多界面相互作用的分析系统特别有用；

——图形化表示有助于理解系统行为及所包含的因素；

——对故障树的逻辑分析和对分割集合的识别有利于识别高度复杂系统中的简单故障路径。

局限包括：

——如果基础事件的概率有较高的不确定性，计算出的顶事件的概率的不确定性也较高；

——有时很难确定顶事件的所有重要途径是否都包括在内；

——故障树是一个静态模型，无法处理时序上的相互关系；

——故障树只能处理二进制状态（有故障/无故障）；

——虽然定性故障树可以包括人为错误，但是一般来说，各种程度或性质的人为错误引起的故障无法包括在内；

——分析人员必须非常熟悉对象系统，具有丰富的实践经验。

B. 20 事件树分析（ETA）

B. 20. 1 概述

事件树分析（Event tree analysis，简称 ETA）着眼于事故的起因，即初因事件。事件树从事件的起始状态出发，按照一定的顺序，分析初因事件可能导致的各种序列的结果，从而定性或定量地评价系统的特性。由于在该方法中事件的序列是以树图的形式表示，故称事件树。

图 B. 4 显示了一个事件树的简单示例。

初因事件	发生火灾	洒水系统工作	火警激活	结果	频率(每年)
爆炸 10^{-2} 每年	是 0.8	是 0.99	是 0.999	有报警的可控火灾	7.9×10^{-3}
			否 0.001	无报警的可控火灾	7.9×10^{-6}
		否 0.01	是 0.999	有报警的未控制火灾	8.0×10^{-5}
			否 0.001	无报警的未控制火灾	8.0×10^{-8}
	否 0.2			无火灾	2.0×10^{-3}

图 B. 4 事件树示例

ETA 具有散开的树形结构，考虑到其他系统、功能或障碍，ETA 能够反映出引起初因事件加剧或缓解的事件。

B. 20. 2 用途

ETA 分析适用于多环节事件或多重保护系统的风险分析和评价，既可用于定性分析，也可用于定量分析。

ETA 可以用于产品或过程生命周期的任何阶段。它可以进行定性使用，有利于群体对初始事件之后可能出现的情景进行集思广益，同时就各种处理方法、障碍或旨在缓解不良结果的控制手段对结果的影响方式提出各种看法。

定量分析有利于分析控制措施的可接受性。这种分析大都用于拥有多项安全措施的失效模式。

ETA 法是从决策树（Decision tree）逐渐演化而来的，用于对可能带来损失或收益的初因事件建立模型。但是，在追求最佳收益路径的情况下，更经常地使用决策树（Decision tree）建立模型。

B. 20. 3　输入

输入包括：

——相关初始事项清单；

——关于应对、障碍和控制及其失效概率的信息；

——了解最初故障加剧的过程。

B. 20. 4　过程

事件树首先要挑选初始事件．初始事件可能是粉尘爆炸或是停电这样的事项。那些旨在缓解结果的现有功能或系统应按时序列出。用一条线来代表每个功能或系统的成功或失败。每条线都应带有一定的失效概率，同时通过专家判断或故障树分析的方法来估算这种条件概率。这样，初始事件的不同途径就得以建模。

注意，事件树的可能性是一种有条件的可能性，例如启动洒水功能的可能性并不是正常状况下测试得到的可能性，而是爆炸引起火灾状况下的可能性。

事件树的每条路径代表着该路径内各种事项发生的可能性。鉴于各种事项都是独立的，结果的概率可用单个条件概率与初因事项频率的乘积来表示。

B. 20. 5　输出

ETA 的输出结果包括：

——对潜在问题进行定性描述，并将这些问题视为包括初始事件，同时能产生各类问题的综合事件；

——对各类事件的发生频率或概率以及事件的发生序列、各类事件的相对重要性的估算；

——降低风险的建议措施清单；

——建议措施效果的定量评价。

B. 20. 6　优点及局限

ETA 的优点包括：

——ETA 用简单图示方法给出初因事项之后的全部潜在情景；

——它能说明时机、依赖性，以及在故障树模型中很烦琐的多米诺效应。

——它清晰地体现了事件的发展顺序，而使用故障树是不可能表现的。

局限包括：

——为了将 ETA 作为综合评估的组成部分，一切潜在的初因事项都要进行识别。这可能需要使用其他分析方法（如 HAZOP，PHA），但总是有可能错过一些重要的初因事项；

——事件树只分析了某个系统的成功及故障状况，很难将延迟成功或恢复事项纳入其中；

——任何路径都取决于路径上以前分支点处发生的事项，因此要分析各可能路径上众多从属因素。

然而，人们可能会忽视某些从属因素，例如通用组件、公用系统以及操作人员等。如果不认真处理这些从属因素，就会导致风险评估过于乐观。

B. 21　因果分析

B. 21. 1　概述

因果分析（Cause and consequence analysis，简称 CCA）综合了故障树分析和事件树分析。它开始于关键事件，同时通过结合“是/否”逻辑来分析结果，可识别出所有相关的原因和潜在结果，包括故障可能发生的条件，或者旨在减轻初始事件后果的系统失效。因果分析可应用于产品或系统生命周期的任何阶段；可以定性使用，也可用作定量分析。

最初，因果分析是作为关键安全系统的可靠性工具而开发出来的，可以让人们更全面地认识系统故障。类似于故障树分析（见附录 B. 19），它用来表示造成关键事件的故障逻辑，但是，通过对时序故障的分析，它比故障树的功能更强大。这种方法可以将时间滞延因素纳入到结果分析中，而这在事件树分析（见附录 B. 20）中是办不到的。

B. 21. 2　用途

因果分析方法可分析某个系统在关键事件之后可能的各种路径。如果进行量化，该方法可估算出某个关键事件过后各种不同结果发生的概率。由于因果图中的每个序列是子故障树的结合，因此因果分析可作为一种建立大故障树的工具。

B. 21. 3　输入

与系统及其失效模式和故障情景相关的各类数据。

B.21.4 过程

图 B.5 说明了典型的因果分析过程。

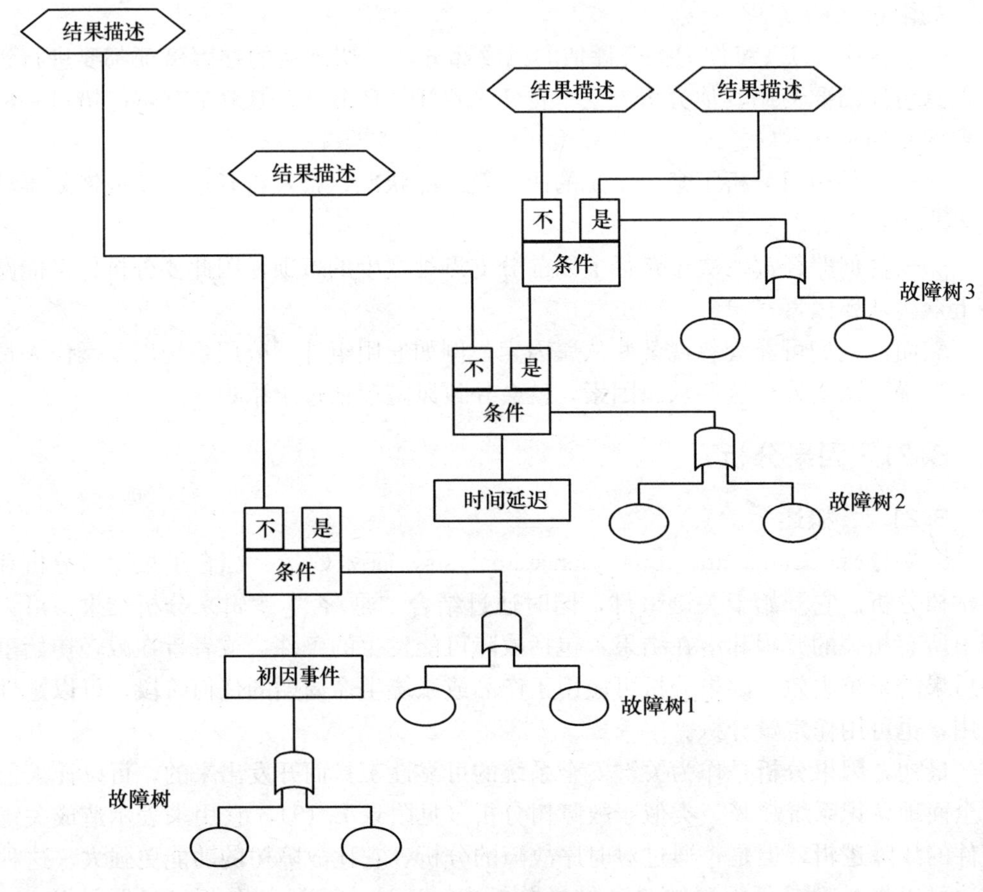

图 B.5 因果分析示例

进行因果分析的步骤包括：

——识别关键事件（或初因事件）（类似于故障树的顶事件及事件树的初因事件）；

——绘制并验证关键事件的故障树；

——确定需考虑条件的顺序。这应该是一种逻辑顺序，例如它们发生的时序；

——建构不同条件下的结果路径。这一点类似于事件树，但事件树路径的划分被表示为贴有适用特定条件的栏；

——如果各条件栏的故障为独立故障，则可以计算各故障的发生概率。要做到这一点，首先是确定条件栏内每个输出结果的概率（如果可以的话，使用相关的故障树）。通过将各次序条件的概率相乘，就可以得出产生特定结果的任一次序的概率，该次序条件结束于上述特定结果。如果一个以上的次序最终有相同的结果，那么各次序的概率应相加。如果某个序列中各条件的故障存在依存关系（例如，停电会造成多个条件出现故障），那么必须在计算前分析依存关系。

B.21.5 输出

因果分析的结果可用图形表示，对系统故障的原因进行图形表示既可说明原因，也可说明结果。通过对引起关键事件特定条件发生的概率进行分析，我们就可以估算出各潜在结果发生的概率。

B.21.6 优点及局限

因果分析的优点相当于事件树及故障树的综合优点。而且，由于其可以分析随时间发展变化的事项，因果分析克服了那两种技术的局限，提供了系统的全面视角。

局限是该方法的建构过程要比故障树和事件树更为复杂，同时在定量过程中必须处理依存关系。

B.22 根原因分析（RCA）

B.22.1 概述

为了避免重大损失的再次发生，对重大损失进行的分析通常称作根原因分析（Root cause analysis，简称 RCA）或者损失分析（Loss analysis）。RCA 试图识别事故的根本或最初原因，而不是仅仅处理非常明显的表面“症状”。

B.22.2 用途

RCA 适用于各种环境，拥有广泛的使用范围：

——安全型 RCA 用于事故调查和职业健康及安全；

——故障分析 RCA 用于与可靠性及维修有关的技术系统；

——生产型 RCA 用于工业制造的质量控制领域；

——过程型 RCA 关注的是经营过程；

——作为上述领域的综合体，系统型 RCA 主要用于处理复杂系统的变革管理、风险管理及系统分析。

B.22.3 输入

RCA 的基本输入数据是指从故障或损失中搜集的证据。分析中也可以考虑其他类似故障的数据。

其他输入数据可以是为了测试具体假设而得出的结果。

B.22.4 过程

识别出 RCA 的需求之后，应指定一群专家开展分析并提出建议。专家的类型主要取决于分析故障时所需的具体专业知识。

虽然可以使用不同的方法进行分析，但开展 RCA 的基本步骤是相似的，包括以下方面：

——组建团队；

——确定 RCA 的范围及目标；

——搜集有关故障或损失的数据及证据；

——开展结构化分析，以确定根本原因；

——找出解决方案并提出建议；

——执行建议；

——核实所执行建议的成效。

结构化分析方法可以包括下列某一种方法：

——5-why 法，即反复询问"为什么?"，以剥离原因层及次原因层；

——失效模式和效应分析；

——故障树分析；

——鱼骨图（鱼刺图）；

——帕累托分析；

——根原因图。

对可能原因评价经常开始于明显的客观原因，然后是人为的原因，最后是潜在的管理或基本原因。

相关各方必须对识别出的事故原因进行控制或消除，以便使纠正行为取得效果并富有价值。

B.22.5 输出

RCA 的输出结果包括：

——记录收集的数据及证据；

——分析假设；

——归纳有关最有可能造成故障或损失的原因；

——纠正行为的建议。

B.22.6 优点及局限

RCA 的优点包括：

——让合适专家在团队环境下工作；

——结构化分析；

——分析各种可能的假设；

——记录结果；

——需要提出最终的建议。

局限性包括：

——未必有所需的专家；

——关键证据可能在故障中被毁或在清理中被删除；

——团队可能没有足够的时间或资源来充分评估情况；

——可能无法充分执行建议。

B.23 决策树分析

B.23.1 概述

考虑到不确定性结果，决策树（Decision tree）以序列方式表示决策的选择和结果，并用树形图的形式进行表示。类似于事件树，决策树开始于初因事项或是最初决策，考虑随后可能发生的事项及可能做出的决策，它需要对不同路径和结果进行分析。

B.23.2 用途

决策树可用于项目风险管理和其他环境中，以便在不确定的情况下选择最佳的行动步骤。图形显示也有助于决策依据的快速沟通。

B.23.3 输入

包含各个决策点的项目计划、各决策的可能结果、可能影响决策的偶然事件的信息。

B.23.4 过程

决策树开始于最初决策，随着决策的继续，在各个决策点上，不同的事项会发生，通过估算各事项发生的可能性以及相应的成本或收益，使用者可选择最佳决策路径。

B.23.5 输出

输出包括：

——显示可以采取不同选择的风险逻辑分析；

——每一个可能路径的预期值计算结果。

B. 23. 6　**优点及局限**

决策树分析的优点包括：

——对于决策问题的细节提供了一种清楚的图解说明；

——能够计算到达一种情形的最优路径。

局限包括：

——大的决策树可能过于复杂，不容易与其他人交流；

——为了能够用树形图表示，可能有过于简化背景环境的倾向。

B. 24　蝶形图分析

B. 24. 1　概述

蝶形图分析（Bow tie analysis）是一种简单的图解形式，用来描述并分析某个风险从原因到结果的路径。该方法可被视为分析事项起因（由蝶形图的结代表）的故障树和分析事项结果的事件树这两种方法的统一体。但是，蝶形图的关注重点是在风险形成路径上存在哪些预防措施及其实际效果。在建构蝶形图时，首先要从故障树和事件树入手，但是，这种图形大都在头脑风暴式的讨论会上直接绘制出来。

B. 24. 2　用途

蝶形图分析被用来显示风险的一系列可能的原因和后果。如果人们更重视的是确保每个故障路径都有一个障碍或控制，那么就可以使用蝶形图分析。当导致故障的路径清晰而独立时，蝶形图分析就非常有用。

与故障树及事件树相比，蝶形图通常更易于理解，因此，在使用更复杂的技术才能完成分析的情况下，它会成为一种有用的沟通工具。

B. 24. 3　输入

对于风险的原因和结果以及可能预防风险的障碍及控制措施的认识。

B. 24. 4　过程

蝶形图的实施步骤如下：

——识别需要分析的具体风险，并将其作为蝶形图的中心结；

——列出造成结果的原因；

——识别由风险源到事故的传导机制；

——在蝶形图左手侧的每个原因与结果之间画线，识别那些可能造成风险升级的因素并将这些因素纳入图表中；

——如果某些因素可有效控制风险原因的升级，用条形框列出这些“控制措施”；

——在蝶形图右侧，识别风险不同的潜在结果，并以风险为中心向各潜在结果处绘制出放射状线条；

——如果某些因素可有效控制风险结果的升级，用条形框列出这些“控制措施”；

——支持控制的管理职能（如培训和检查）应表示在蝶形图中，并与各自对应的控制措施相联系。

在路径独立、结果的可能性已知的情况下．可以对蝶形图进行一定程度的量化，同时可以估算出控制效果的具体数字。然而，在很多情况下，路径和障碍并不独立，控制措施可能是程序性的，因此结果并不清晰。更合适的做法是运用 FTA 及 ETA 进行定量分析。

B. 24. 5　**输出**

输出结果是一个简单的图表，说明了主要的故障路径以及预防或减缓不良结果或者刺激及促进期望结果的现有障碍。一个蝶形图实例如图 B. 6 所示。

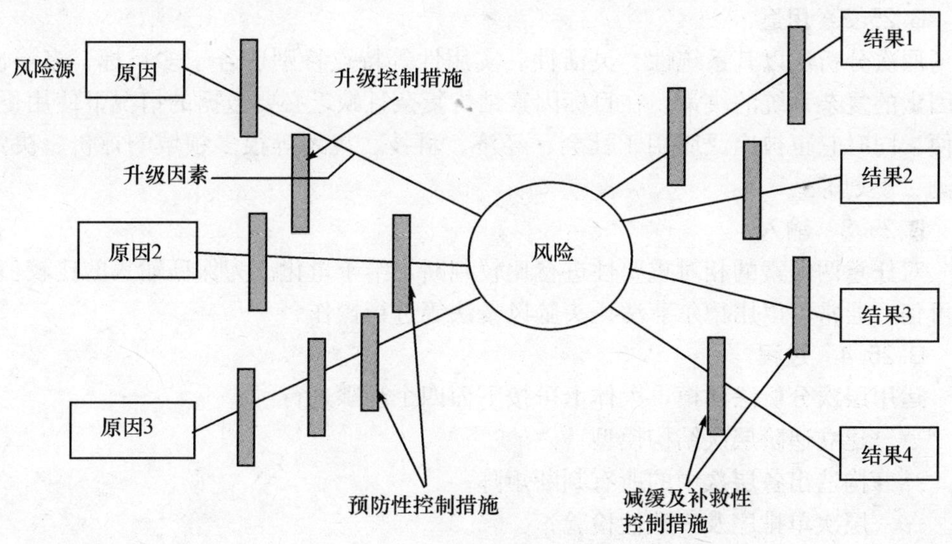

图 B. 6　不良结果的蝶形图

B. 24. 6　**优点及局限**

蝶形图分析的优点：

——用图形清晰表示问题，便于理解；

——关注的是为了到达预防及减缓目的而确定的障碍及其效力；

——可用于期望结果；

——使用时不需要较高的专业知识水平。

局限包括：

——无法描述当多种原因同时发生并产生结果时的情形（例如，故障树中有“闸”这个概念来描述蝶形图的右手侧）；

——可能会过于简化复杂情况，尤其是在试图量化的时候。

B. 25 层次分析法

B. 25. 1 概述

在进行社会、经济以及科学领域问题的系统分析中，常常面临由相互关联、相互制约的众多因素构成的复杂而往往缺少定量数据的系统。层次分析法（Analytic hierarchy process，简称 AHP）为这类问题的决策和排序提供了一种新的、简洁而实用的建模方法，它特别适用于那些难于完全定量分析的问题。

B. 25. 2 用途

层次分析法以其系统性、灵活性、实用性等特点特别适合于多目标、多层次、多因素的复杂系统的决策，在目标因素结构复杂且缺乏必要数据的情况下使用更为方便，同时它也被广泛应用于社会、经济、科技、规划等很多领域的评价、决策、预测、规划等。

B. 25. 3 输入

对任意两因素的相对重要性进行比较判断，给予量化。为保证输入的比较值真实可信，通常可以用德尔菲法、头脑风暴法等进行操作。

B. 25. 4 过程

运用层次分析法建模，大体上可按下面四个步骤进行：

——建立递阶层次结构模型；

——构造出各层次中的所有判断矩阵；

——层次单排序及一致性检验；

——层次总排序及一致性检验。

其中后二个步骤在整个过程中需要逐层地进行。

B. 25. 5 输出

各种方案相对于总目标的重要排序。

B.25.6 优点及局限

AHP法较好地体现了系统工程学定性与定量分析相结合的思想。在决策过程中，决策者直接参与决策过程，并且其定性思维过程被数学化、模型化，而且还有助于保持思维过程的一致性。

层次分析法的局限性，主要表现在：

——很大程度上依赖于人们的经验，主观因素的影响很大，它至多只能排除思维过程中的严重非一致性，却无法排除决策者个人可能存在的严重片面性；

——比较、判断过程较为粗糙，不能用于精度要求较高的决策问题。

B.26 在险值法（VaR）

B.26.1 概述

在过去的几年里，一些银行和监管部门普遍地运用在险值法（Value at Risk，简称VaR）衡量风险。

在险值法又被称为“风险价值”或“在险价值”，是指在一定的置信水平下，某一金融资产（或证券组合）在未来特定的一段时间内的最大可能损失。与传统风险度量手段不同，VaR完全是基于统计分析基础上的风险度量技术，它的产生是JP摩根公司用来计算市场风险的产物，随后逐步被引入信用风险管理领域。目前，VaR已成为国外大多数金融机构广泛采用的衡量金融风险大小的方法。

在实际工作中，对于VaR的计算和分析可以使用多种计量模型，如参数法、历史模拟法和蒙特卡罗模拟法。参数法是VaR计算中最为常用的方法。以下以参数法为例介绍该方法的大致特点。

B.26.2 用途

利用VaR法可以比较全面地描述和评估风险。许多风险度量方法，只能用来度量一类资产的风险或一类特定的风险，而VaR法不依赖个别风险的特性或受资产种类的限制，具有整体性。因其适用于各种风险，所以VaR法可提供一个基准单位，用来比较不同的风险。比如，企业可以用VaR法统一度量其面临的市场风险、信用风险等。另外，VaR法可以对企业管理层的资源配置和投资决策起到参考作用，如衡量公司各产品业绩、调整交易员的收益行为、实施风险限额和头寸控制等。

VaR法也可以应用于投资组合之中，投资者可以通过成分VaR来判断投资组合中哪笔交易对投资组合的风险暴露起到了对冲效果，从而优先把新投资投向该交易。在险值的概念还可以用来衡量诸如企业现金流和盈利的风险。这就是所谓的现金流在险值和收益在险值。

B. 26. 3　输入

使用参数法计算 VaR 仅需要将市价、当前头寸面临的风险和风险数据三种数据相结合，因此比较易于操作。

B. 26. 4　过程

参数法利用资产组合的价值函数与市场因子间的近似关系、市场因子的统计分布（方差一协方差矩阵）简化 VaR 计算。

参数法的主要计算步骤包括：

——列出各种风险因素；

——对投资组合中所有金融工具的线性风险进行映射；

——汇总不同金融工具的风险；

——估计风险因子的协方差矩阵；

——计算总体投资组合风险。

由于在使用参数法时，一般假定资产收益率服从正态分布，这对于股票、债券、商品等基础资产以及外汇远期等线性衍生产品而言是恰当的，但对期权等非线性衍生品而言，由于它们的收益分布是非正态的，即使假设标的资产收益率正态分布，经过非线性收益形态转换后，仍有巨大的偏移。因此，该方法仅适用于线性资产和线性衍生品。

VaR 基本模型见式（B. 1）：

$$VaR = E(\omega) - \omega^* \tag{B. 1}$$

式中：

$E(\omega)$ ——资产组合的预期价值；

ω——资产组合的期末价值；

ω^*——置信水平 a 下投资组合的最低期末价值。

又设

$$\omega = \omega_0(1 + R) \tag{B. 2}$$

式中：

ω_0——持有期初资产组合价值；

R——设定持有期内（通常一年）资产组合的收益率。

$$\omega^* = \omega_0(1 + R^*) \tag{B. 3}$$

式中：

R^*——资产组合在置信水平 a 下的最低收益率。

根据数学期望值的基本性质，将式（B. 2）、式（B. 3）代入式（B. 1），有

$$VaR = \omega_0 [E(R) - R^*] \tag{B.4}$$

式（B.4）即为该资产组合的 VaR 值，根据式（B.4），如果能求出置信水平 a 下的 R^*，即可求出该资产组合的 VaR 值。

在估计 VaR 值时，置信区间和时间段的选取依赖于我们的管理需要和风险本身的特性。例如，商业银行通常采用 95％或 99％的置信区间，国际银行业监管机构的巴塞尔协议则规定商业银行应使用 99％的置信区间和 10 天的时间段。

B.26.5 输出

VaR 法可以给出特定持有期内、一定置信水平下资产组合面临的最大损失，有效描述资产组合的整体市场风险状况。

B.26.6 优点及局限

VaR 法的优点包括：

——过程简单，结果简洁，非专业背景的投资者和管理者也可以通过 VaR 值对风险进行评判；

——可以事前计算风险，不像以往风险管理的方法都是在事后衡量风险大小；

——不仅能计算单个金融工具的风险，还能计算由多个金融工具组成的投资组合风险。

局限包括：

——过分依赖统计数据和模型，当统计数据不足时难以支持可信赖的 VaR 模型，比如一次性投资决策的数据；

——VaR 方法衡量的主要是市场风险，如单纯依靠 VaR 方法，可能会忽视其他风险；

——VaR 值表明的是一定置信度内的最大损失，但并不能排除高于 VaR 的损失发生的可能性；

——VaR 值描述的是正常的市场条件下的情景。在极端情景下，VaR 可能就会失去作用。因此，在使用 VaR 值时，要结合其他的方法去进一步考虑这些极端的情形，例如使用情景分析和压力测试的分析方法。

B.27 均值一方差模型

B.27.1 概述

均值一方差模型（Mean-Variance Model）是组合投资理论研究和实际应用的基础，由美国经济学家马柯维茨（Markowitz）提出，因此又称为 Markowitz 模型。证券及其他风险资产的投资者们面对着两个核心问题；即预期收益与风险，他们期望尽可能高的收益率和尽可能低的不确定性。如何测定组合投资的风险与收益，并平衡这两项指标进行资产分配，是市场投资者迫切需要解决的问题。均值一方差模型即可用于这一场合。从所有可能的证券组合中选择一个最优的组合，使收益和风险这两个相互制约的目标达到最佳平衡。对于给定的收益水平，利用该模型可以求出方差意义下最小风险的组合。

均值一方差模型揭示了“资产的期望收益由其自身的风险的大小来决定”这一重要结论，即资产（单个资产和组合资产）由其风险大小来定价，单个资产价格由其方差或标准差来决定，组合资产价格由其协方差来决定。

B. 27. 2 用途

该方法常用于实际的证券投资和资产组合决策。

B. 27. 3 输入

预期收益率及各项目的风险概率信息。

B. 27. 4 过程

均值一方差模型如下所示。

目标函数：$\min \sigma^2(R_p)=\sum\sum x_i x_j cov(R_i, R_j)$，其中 $R_p=\sum x_i R_i$

限制条件：$\sum x_i=1$

$x_i \geqslant 0, i=1, 2, \cdots, n$

其中 R_p 为组合收益，R_i 为第 i 只股票的收益，x_i、x_j 为证券 i、j 的投资比例，σ^2（R_p）为组合投资方差（组合总风险），cov（R_i，R_j）为两个证券之间的协方差。

上式表明，在限制条件下如何使组合风险 σ^2（R_p）最小，可通过拉格朗日目标函数求得。其经济学意义是，投资者可预先确定一个期望收益，通过上式可确定投资者在每个投资项目（如股票）上的投资比例（项目资金分配），使其总投资风险最小。不同的期望收益就有不同的最小方差组合，这就构成了最小方差集合。

B. 27. 5 输出

在给定收益率下的最小风险组合或预定风险下的最大收益组合。

B. 27. 6 优点及局限

均值一方差模型通过数理方法描绘出了资产组合选择的最基本、最完整的框架，具有开创性，是目前投资理论和投资实践的主流方法。

该模型的局限在于没有考虑到收益的非正态分布，而多数实证研究表明证券收益率不一定服从正态分布；另一方面该方法计算复杂，特别是运用于多个项目的投资组合问题时，这种计算量更为庞大。

B. 28　资本资产定价模型

B. 28. 1　概述

资本资产定价模型（Capital asset pricing model，简称 CAPM），是在投资组合理论和资本市场理论基础上形成发展起来的，主要研究证券市场中资产的预期收益率与风险资产之间的关系，以及均衡价格是如何形成的。该模型运用一般均衡模型刻画所有投资者的集体行为，揭示在均衡情况下证券风险与收益之间关系的经济本质。目前，资本资产定价模型被公认为是金融市场现代价格理论的主干，使丰富的金融统计数据可以得到系统而有效的利用。此模型亦被广泛用于实证研究并因而成为不同领域中决策的重要基础。

该理论的前提假设包括以下几点：市场是均衡的，并不存在摩擦；市场参与者都是理性的；不存在交易费用；税收不影响资产的选择和交易；投资总风险可以用方差或标准差表示，系统风险可用 β 系数表示；非系统性风险可通过多元化投资分散掉，不发挥作用，只有系统性风险发挥作用。

B. 28. 2　用途

CAPM 理论广泛应用于投资决策及公司理财领域，一般用于评估已经上市的不同证券价格的合理性；帮助确定准备上市证券的价格；能够估计各种宏观和宏观经济变化对证券价格的影响。

B. 28. 3　输入

输入数据主要包括预期回报率和无风险利率等相关信息，以及当前市场背景的宽泛描述。

B. 28. 4　过程

资本资产定价理论认为，一项投资所要求的必要报酬率取决于以下 3 个因素：

a）无风险报酬率，即将国债投资（或银行存款）视为无风险投资；

b）市场平均报酬率，即整个市场的平均报酬率，如果一项投资所承担的风险与市场平均风险程度相同，该项报酬率与整个市场平均报酬率相同；

c）投资组合的系统风险系数即 β 系数，是某一投资组合的风险程度与市场证券组合的风险程度之比。

CAPM 见式（B. 5）：

$$E(R_i)=R_f+(R_m-R_f)\beta_i \tag{B. 5}$$

E（R_i）表示投资组合 i 的期望收益率，R_f 是无风险资产的报酬率，R_m 是市场均衡组合的报酬率，β 是投资组合 i 的 β 系数。β 越大，系统性风险越高，要求的报酬率越高；反之，β 越小，要求的报酬率越低。

CAPM 是通过比较一项资本投资的回报率与投资于整个股票市场的回报率，来衡量该投资的风险贴水。如果该资产是股票，其 β 通常可以用统计数据估算出来。但当资产是一家新工厂时，确立 β 比较困难。许多公司因此利用公司的资本成本作为正常的贴现率，公司资本成本是公司股票的预期回报率（取决于该股票的 β 和它偿付债务的利息率的加权平均数）。只要有关的资本投资对整个公司是有代表性的，这一方法可以使用。

B. 28. 5　输出

CAPM 模型说明了单个证券投资组合的期望受益率与相对风险程度间的关系。

B. 28. 6　优点及局限

CAPM 模型是金融是市场价格理论的经典模型，作为第一个不确定性条件下的资产定价的均衡模型，具有重大的历史意义。由于股票等资本资产未来收益的不确定性，CAPM 的实质是讨论资本风险与收益的关系。该模型合理简明地表达了这一关系，即：高风险伴随着高收益。

CAPM 模型由于其严格的理论假设和对现实环境的高度抽象，影响和限制了其应用范围和效果。

B. 29　FN 曲线

B. 29. 1　概述

FN 曲线（FN Curves）表示的是人群中有 N 个或更多的人受到影响的累积频率（F）。FN 曲线最初用于核电站的风险评价中，其采用死亡人数 N 与事故发生频率 F 之间关系的图形来表示，目前广泛用于社会风险接受准则的制定。在大多数情况下，它们指的是出现一定数量伤亡出现的频率。

B. 29. 2　用途

FN 曲线可用于系统或过程设计，或是用于现有系统的管理。

FN 曲线是表示风险分析结果的一种手段。很多风险都具有轻微结果高概率或是严重后果低概率的特点，FN 曲线用区域块来表示风险，而不是用表示后果和概率组成的单点表示风险。FN 曲线可用来比较风险，例如将风险与 FN 曲线规定的标准相比，或是将风险与历史数据相比，或是与决策准则相比。

B. 29. 3　输入

所需输入数据是：

——特定时期内成套的可能性/后果对；

——定量风险分析的数据结果，估算出一定数量伤亡的可能性；

——历史记录及定量风险分析中得出的数据。

B. 29. 4 过程

将现有数据绘制在图形上，以伤亡人数（一定程度的伤害，例如死亡）作为横坐标，以事故发生频率作为纵坐标。由于数值范围大，两个轴通常都离不开对数比例尺。

FN 曲线可以使用过去损失的"真实"数字进行统计上建构，或者通过模拟模型进行计算。使用的数据及假定意味着这两类 FN 曲线可以传递出不同的信息，需单独用于不同目的。一般来说，理论 FN 曲线对于系统设计非常有用，而统计 FN 曲线对现有的特定系统的管理非常有用。

两种归纳法可能会很耗时，因此，将两种方法综合运用较为常见。接着，实证数据将形成已准确掌握的伤亡人数（在规定时间范围内已知事故/事项中发生的伤亡人数），以及通过外插法或内插法提供其他观点的定量风险分析。对于低频率事故的分析工作，需要收集较长时间跨度范围内的数据。

B. 29. 5 输出

可与现有风险决策准则进行比较的一个风险区域。

B. 29. 6 优点及局限

FN 曲线是一种有效描述风险信息的手段，能以便于理解的形式来表示频率及后果信息。管理人员和系统设计师可通过 FN 曲线，更有效地做出风险及安全水平方面的决策。

FN 曲线适用于具有充分数据且背景类似的情况下的风险比较。

FN 曲线的局限性是，它们无法说明影响范围或事项结果，而只能说明受影响人数，并且无法识别引发伤害发生的方式。FN 曲线并不是风险评估方法，而是一种表示风险评估结果的方法。作为一种表示风险评估结果的明确方法，它们需要那些熟练的分析师进行准备，经常很难为专家以外的人士所理解和使用。

B. 30 马尔可夫分析

B. 30. 1 概述

如果事物每次状态的转移只与互相接引的前一状态有关，而与过去的状态无关，则称这种无后效性的状态转移过程为马尔可夫过程。具备这种时间离散、状态可数的无后效随机过程称为马尔可夫链。

马尔可夫分析（Markov analysis）通常用来分析那些存在时序关系的各类状况的发生概率。该方法可用于生产现场危险状态、市场变化情况的预测，但是不适于系统的中长期预测。通过运用更高层次的马尔可夫链，这种方法可拓展到更复杂的系统中。类似于 Petri 网分析，马尔可夫分析也能监督并观察系统状态，但是两者存在差异，因为前者能同时处于多重状态下。

马尔可夫分析是一项定量技术，可以是不连续的（利用状态间变化的概率）或者连续的（利用各状态的变化率）。虽然马尔可夫分析可以手工计算进行，但是当前其更依存于计算机程序。

B. 30. 2　用途

马尔可夫分析技术可用于各种系统结构（无论是否需要维修），包括：

——串联系统中相互独立的部件；

——并联系统中相互独立的部件；

——负荷分载系统；

——备用系统，包括发生转换故障的情况；

——降级系统。

马尔可夫分析技术也可以用于计算设备可用度，包括考虑需要维修的备件。

B. 30. 3　输入

马尔可夫分析的关键输入数据如下所示：

——系统、子系统或组件可能处于的各种状况的清单，例如，全运行、部分运行（降级状况）以及故障状况等；

——状态的可能转移。倒如，如果是汽车轮胎故障，那就要考虑备胎的状况，还要考虑检查频率；

——某种状况到另一种状况的变化率，通常由不连续事项之间的变化概率来表示，或者连续事项的故障率（A）及/或维修率（μ）来表示。

B. 30. 4　过程

马尔可夫分析技术主要围绕“状态”这个概念（例如，现有状态及故障状态）以及基于常概率的状态间的转移。随机转移概率矩阵可用来描述状态间的转移，以便计算各种输出结果。

为了说明马尔可夫分析技术，不妨分析一种仅存在于三种状态的复杂系统。功能、降级和故障将分别界定为状态 S1、状态 S2 以及状态 S3。每天，系统都会存在于这三种状态中的某一种。表 B. 4 说明了系统明天处于状态 Si 的概率（i 可以是 1、2 或 3）。

表 B.4　　马尔可夫矩阵

		今天状态		
		S1	S2	S3
明天状态	S1	0.95	0.3	0.2
	S2	0.04	0.65	0.6
	S3	0.01	0.05	0.2

该概率阵称作马尔可夫矩阵，或是转移矩阵。注意，每栏数值之和是 1，因为它们是每种情况一切可能结果的总和。

这个系统可以用马尔可夫图来表示，见图 B.7。其中，圆圈代表状态，箭头代表相应概率的转移。

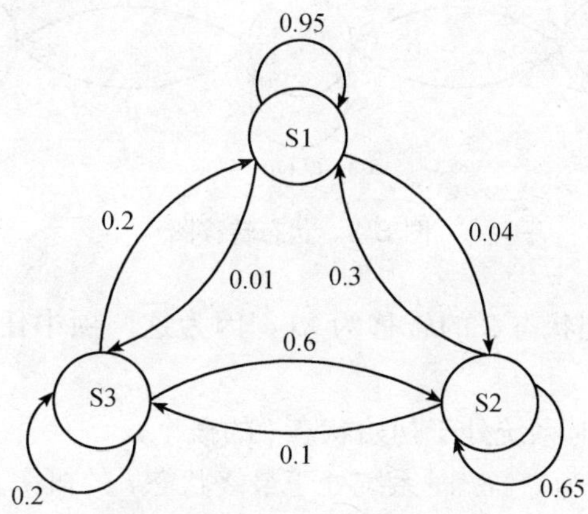

图 B.7　系统马尔可夫图

从某个状态返回自身的箭头通常并不绘出，但是为了完整性也显示在图 B.7 所示的例子中。

P_i 代表系统处于状态 i（i 可以是 1、2 或 3）的概率，那么需要解决的联立方程包括：

$$P_1 = 0.95P_1 + 0.30P_2 + 0.20P_3 \tag{B.6}$$

$$P_2 = 0.04P_1 + 0.65P_2 + 0.60P_3 \tag{B.7}$$

$$P_3 = 0.01P_1 + 0.05P_2 + 0.20P_3 \tag{B.8}$$

这 3 个方程并非独立的，无法解出 3 个未知数。因此，下列方程必须使用，而上述方程中有一个方程可以弃用。

$$1=P_1+P_2+P_3 \tag{B.9}$$

状态 1、2 和 3 的答案分别是 0.85、0.13 和 0.02。该系统只在 85%的时间里能充分发挥功效，13%的时间内处于降级状态，而 2%的时间存在故障。

再来考虑平行运行的两个组件。其中，系统要发挥功能，其中一组件必须正常运行。这些组件可能是正常或故障的，系统的可用性依赖于组件的整体状态。

状态可以视为：

状态 1：两个项目能发挥正常功能；

状态 2：一个项目已出现故障并正在进行维修，而另一个项目运行正常；

状态 3：两个项目都已出现故障且都在进行维修。

如果假设各项的故障率为 λ，维修率为 μ，那么状态转移图如图 B. 8 所示。

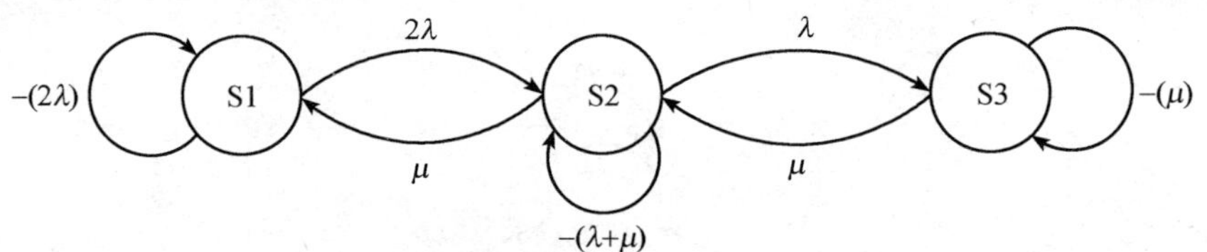

图 B. 8 状态转移图

注意，从状态 1 到状态 2 的转移为 2λ，因为这两项中任一项的故障都会使系统进入状态 2。

设定 P（t）为 t 时系统处于初始状态 i 的概率；

设定 Pi（$t+\delta t$）为 $t+\delta t$ 时系统处于最终状态 i 的概率。

转移概率矩阵就变成表 B. 5 的结果。

表 B. 5　　最终马尔可夫矩阵

		最初状态		
		P_1（t）	P_2（t）	P_3（t）
最终状态	P_1（$t+\delta t$）	-2λ	μ	0
	P_2（$t+\delta t$）	2λ	$-(\lambda+\mu)$	μ
	P_3（$t+\delta t$）	0	λ	$-\mu$

值得关注的是，如果无法从状态 1 转移到状态 3 或是由状态 3 转移到状态 1，那么就会出现零值。而且，在规定比率时，各栏总和为零。

联立方程变为：

$$dP_1/dt = -2\lambda P_1(t) + \mu P_2(t) \quad (B.10)$$

$$dP_2/dt = 2\lambda P_1(t) + [-(\lambda+\mu)]P_2(t) + \mu P_3(t) \quad (B.11)$$

$$dP_3/dt = \lambda P_2(t) + (-)\mu P_3(t) \quad (B.12)$$

为了简单起见，我们假设所需的可用度为稳定状态可用度。

当 δt 趋向无限时，dP_i/dt 出会趋于零，方程式的求解会变得更容易。

B.30.5 输出

马尔可夫分析的输出结果是处于各种状态下的各种概率，因此，可以估算出故障概率及/或可用度（系统的关键组件之一）。

B.30.6 优点及局限

马尔可夫分析的优点是能够计算出系统未来处于各状态的概率。

马尔可夫分析的局限包括：

——假设状态变化的概率是固定的；

——所有事项在统计上具有独立性因此未来状态独立于一切过去的状态，除非两个状态紧密相接；

——需要了解状态变化的各种概率；

——有关矩阵运算的知识；

——计算结果很难与非技术人员进行沟通。

B.31 蒙特卡罗模拟分析（Monte Carlo simulation）

B.31.1 概述

蒙特卡罗模拟方法（Monte Carlo simulation）又称随机模拟法，广泛用于计算各种领域的风险，是预测和估算失事概率常用的方法之一。该方法的主要思路是：按照概率定义，某事件发生的概率可以用大量试验中该事件发生的频率估算。因此，可以先对影响其失事概率的随机变量进行大量随机抽样，获得各变量的随机数，然后将这些抽样值一组组地代入功能函数式，确定系统失效与否，统计失效次数，并计算出失效次数与总抽样次数的比值，此值即为所求的失事概率。蒙特卡罗法就是依靠上述思路求解系统失效概率的，该方法处理手段是计算机模拟与仿真。

B.31.2 用途

蒙特卡罗模拟通常用来评估各种可能结果的分布及值的频率，例如成本、周期、吞吐量、需求及类似的定量指标，其应用范围包括财务预测、投资效益、项目成本及进度预测、业务过程中断、人员需求等领域的风险评估。

蒙特卡罗模拟法可以用于两种不同用途：

——传统解析模型的不确定性的分布；

——解析技术不能解决问题时进行概率计算。

B. 31. 3　输入

进行蒙特卡罗模拟分析时，需要构建一个可以很好地描述系统特性的模型。模型中各变量的输入数据需要依据其分布随机产生。为此，均匀分布、三角分布、正态分布和对数正态分布经常被使用。

B. 31. 4　过程

过程如下：

——确定尽可能准确代表所研究系统特性的模型或算法；

——用随机数将模型运行多次，产生模型（系统模拟）输出。模型以方程式的形式提供输入参数与输出之间的关系；

——在每一种情况下，计算机以不同的输入运行模型多次并产生多种输出。这些输出可以用传统的统计方法进行处理，以提供均值、方差和置信区间等信息。

下面给出一个模拟例子。两组设备平行运行，而系统的正常运行只需要一个设备即可。第一个项目的可靠性为 0.9，而另一个项目的可靠性为 0.8。现求整个系统的可靠性。

可以构建如表 B.6 所示的电子表格。

表 B.6　　模拟数据

模拟数	项目 1		项目 2		系统
	随机数	功能状态	随机数	功能状态	
1	0.577 243	是	0.059 355	是	1
2	0.746 909	是	0.311 324	是	1
3	0.541 728	是	0.919 765	否	1
4	0.423 274	是	0.643 514	是	1
5	0.917 776	否	0.539 349	是	1
6	0.994 043	否	0.972 506	否	0
7	0.082 574	是	0.950 241	否	1
8	0.661 418	是	0.919 868	否	1
9	0.213 376	是	0.367 555	是	1
10	0.565 657	是	0.119 215	是	1

随机数生成器生成了 0 到 1 之间的数字，用来与各项的概率进行比较，以便确

定系统是否正常运行。仅凭 10 次运行，0.9 这个结果不会成为准确的结果。常见的方法是在计算器内建模，当模拟程度达到了所需精度时，再比较总结果。在这个例子中，经过 20 000 次迭代，我们就得出了 0.979 9 这个结果。上述模型可以通过多种方式进行拓展。例如：

——通过拓展模型本身（例如，只有在首项出现故障的情况下，才考虑第二项）；

——当概率无法准确确定时，通过改变某个变量的固定概率拓展（三角分布是个很好的例子）；

——使用故障率外加一个随机函数生成器去推导出故障时间（指数分布、Weibull 分布或其他合适的分布）并建立维修时间；

B. 31. 5 输出

输出结果可能是单个数值，例如上例确定的单个数值；它也可能是表述为概率或频率分布的结果。

一般来说，蒙特卡罗模拟可用来评估可能出现的结果的整体分布，或是以下分布的关键测评；

——期望结果出现的概率；

——在某个置信概率下的结果值。

对输入数据与输出结果之间关系的分析可以说明目前正发挥作用的因素的相对重要性，同时可识别那些旨在减少结果不确定性的工作的有用目标。

B. 31. 6 优点及局限

蒙特卡罗模拟的优点包括：

——从原则上讲，该方法适用于任何类型分布的输入变量；

——模型便于开发，并可根据需要进行拓展；

——实际产生的任何影响或关系都可以进行表示，包括微妙的影响，例如条件依赖；

——敏感性分析可以用于识别较强及较弱的影响；

——模型便于理解，因为输入数据与输出结果之间的关系是透明的；

——提供了一个结果准确性的衡量；

——软件便于获取且成本较低，

局限包括：

——结果准确性取决于可执行的模拟次数（随着计算机运行速度的加快，这一限制越来越小）；

——依赖于能够代表参数不确定性的有效分布；

——大型复杂的模型可能对建模者具有挑战性，很难使利益相关方参与到该过程中；

——由于抽样效率的限制，该方法对于组织最为关注的严重后果/低概率的风险事件预测效力不足。

B. 32　贝叶斯统计及贝叶斯网络

B. 32. 1　概述

贝叶斯统计学是由英国学者贝叶斯提出的一种系统的统计推断方法。其前提是任何已知信息（先验）可以与随后的测量数据（后验）相结合，在此基础上去推断事件的概率。贝叶斯理论的基本表达式见式（B. 13）：

$$P(A|B)=\{P(A)P(B|A)\}/\sum_{\mathrm{i}}P(B|E_{\mathrm{i}})P(E_{\mathrm{i}}) \quad \text{(B. 13)}$$

式中：

事件 X 的概率表示为 P（X）；

在事件 Y 发生的情况下，X 的条件概率表示为 P（X | Y）

E_{i}代表第 i 个事项。

式（B. 13）的最简化形式为式（B. 14）：

$$P(A|B)=\{P(A)P(B|A)\}/P(B) \quad \text{(B. 14)}$$

与传统统计理论不同的是，贝叶斯统计并未假定所有的分布参数为固定的，而是设定这些参数是随机变量。如果将贝叶斯概率视为某个人对某个事项的信任程度，那么贝叶斯概率就更易于理解了。相比之下，古典概率取决于客观证据。由于贝叶斯方法是基于对概率的主观解释，因此它为决策思维和建立贝叶斯网络（信念网、信念网络及贝叶斯网络）提供了现成的依据。

贝叶斯网络是基于概率推理的数学模型，它是基于概率推理的图形化网络，使用图形模式来表示一系列变量及其概率关系。网络中节点表示随机变量的，节点间的结有向边代表了节点间的互相关系，这里母节点是一个直接影响另一个（子节点）的变量，用条件概率进行表达关系强度，没有父节点的用先验概率进行信息表达。贝叶斯网络对于解决复杂系统中不确定性和关联性引起的故障有较大优势，由此在多个领域中获得广泛应用。

B. 32. 2　用途

近年来，归功于目前越来越多现成的软件计算工具，贝叶斯理论及贝叶斯网络的运用非常普及。贝叶斯网已用于各种领域；医学诊断、图像仿真、基因学、语音识别、经济学、外层空间探索，以及今天使用的强大的网络搜索引擎。对于任何需要利用结构关系和数据来了解未知变量的领域，它们都被证明行之有效。贝叶斯网可以用来认识因果关系，以便了解问题域并预测干预措施的结果。

B. 32. 3　**输入**

其输入数据接近蒙特卡罗模拟的输入数据。每个贝叶斯网络应采取的步骤如下所示：

——界定系统变量；

——界定变量间的因果联系；

——确定条件及先验变量；

——增加证据；

——进行信念更新；

——获取后验信念。

B. 32. 4　**过程**

分析下列贝叶斯网络（见图 B. 9）

借助于确定的先验概率，计算结 C、结 D 的条件概率，见表 B. 7—表 B. 9。其中 Y 表示正值，N 表示负值。

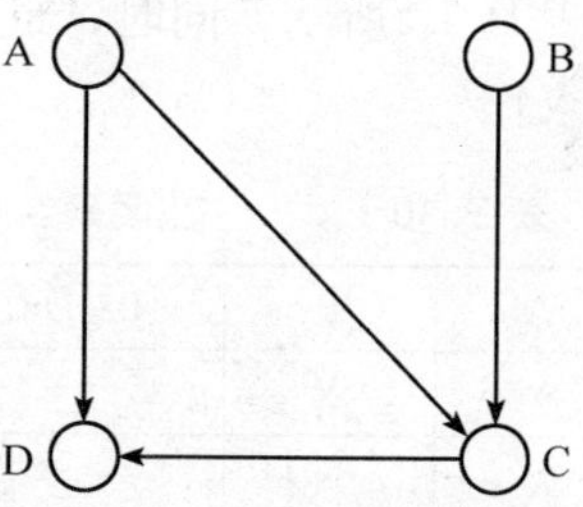

图 B. 9　贝叶斯网络样图

表 B. 7　　**结 A 与结 B 的先验概率**

P（A=Y）	P（A=N）	P（B=Y）	P（B=N）
0. 9	0. 1	0. 6	0. 4

表 B. 8　　**在明确结 A 与结 B 的情况下，结 C 的条件概率**

A	B	P（C=Y）	P（C=N）
Y	Y	0. 5	0. 5
Y	N	0. 9	0. 1
N	Y	0. 2	0. 8
N	N	0. 7	0. 3

表 B.9　　在明确结 A 与结 B 的情况下，结 D 的条件概率

A	C	P（D=Y）	P（D=N）
Y	Y	0.6	0.4
Y	N	1.0	0.0
N	Y	0.2	0.8
N	N	0.6	0.4

为了确定 P（A | $D=N$，$C=Y$）的后验概率，首先要计算出 P（A，B | $D=N$，$C=Y$）。

使用贝叶斯规则，可以确定 P（D | A，C）P（C | A，B）P（A）P（B），如表 B.10 所示。同时，最后一栏表示正态概率，其和为上列得出的 1（结果四舍五入）。

表 B.10　　在明确结 C 与结 D 的情况下，结 A 与结 B 的后验概率

A	B	P（D | A，C）P（C | A，B）P（A）P（B）	P（A，B | D=N，C=Y）
Y	Y	0.4×0.5×0.9×0.6=0.110	0.4
Y	N	0.4×0.9×0.9×0.4=0.130	0.48
N	Y	0.8×0.2×0.1×0.6=0.010	0.04
N	N	0.8×0.7×0.1×0.4=0.022	0.08

要得出 P（A | D=N，C=Y），B 的所有值必须求和。

表 B.11 表明，P（$A=N$）的先验概率已由 0.1 增加到后验的 0.12，此变化较小。同理，通过计算可以得知，P（$B=N/D=N$，$C=Y$）已由 0.4 增加到 0.56，这个变化更明显。

表 B.11　　在明确结 D 与 C 的情况下，结 A 的后验概率

P（A=Y | D=N，C+Y）	P（A=N | D=N，C=Y）
0.88	0.12

B.32.5　输出

贝叶斯方法与传统统计方法有着相同的应用范围，并会产生大量的输出结果，例如得出点估算结果的数据分析以及置信区间。贝叶斯方法最近颇为流行，而这与可以产生后验分布的贝叶斯网络密不可分。图形结果提供了一种便于理解的模式，可以轻松修正数据来分析参数的相关性及敏感性。

B. 32. 6 优点及局限

贝叶斯统计及贝叶斯网络的优点包括：

——仅需有关先验的知识；

——推导式证明易于理解；

——确应考虑贝叶斯规则；

——它提供了一种利用客观信念解决问题的机制。

局限包括：

——对于复杂系统，确定贝叶斯网中所有节点之间的相互作用是相当困难的；

——贝叶斯方法需要众多的条件概率知识，这通常需要专家判断提供。软件工具只能基于这些假定来提供答案。

附录5

中央企业全面风险管理指引

（国务院国有资产监督管理委员会文件，国资发改革［2006］108号）

第一章　总　　则

第一条　为指导国务院国有资产监督管理委员会（以下简称国资委）履行出资人职责的企业（以下简称中央企业）开展全面风险管理工作，增强企业竞争力，提高投资回报，促进企业持续、健康、稳定发展，根据《中华人民共和国公司法》《企业国有资产监督管理暂行条例》等法律法规，制定本指引。

第二条　中央企业根据自身实际情况贯彻执行本指引。中央企业中的国有独资公司董事会负责督导本指引的实施：国有控股企业由国资委和国资委提名的董事通过股东（大）会和董事会按照法定程序负责督导本指引的实施。

第三条　本指引所称企业风险，指未来的不确定性对企业实现其经营目标的影响。企业风险一般可分为战略风险、财务风险、市场风险、运营风险、法律风险等：也可以能否为企业带来盈利等机会为标志，将风险分为纯粹风险（只有带来损失一种可能性）和机会风险（带来损失和盈利的可能性并存）。

第四条　本指引所称全面风险管理，指企业围绕总体经营目标，通过在企业管理的各个环节和经营过程中执行风险管理的基本流程，培育良好的风险管理文化，建立健全全面风险管理体系，包括风险管理策略、风险理财措施、风险管理的组织职能体系、风险管理信息系统和内部控制系统，从而为实现风险管理的总体目标提供合理保证的过程和方法。

第五条 本指引所称风险管理基本流程包括以下主要工作：

（一）收集风险管理初始信息；

（二）进行风险评估；

（三）制定风险管理策略；

（四）提出和实施风险管理解决方案；

（五）风险管理的监督与改进。

第六条 本指引所称内部控制系统，指围绕风险管理策略目标，针对企业战略、规划、产品研发、投融资、市场运营、财务、内部审计、法律事务、人力资源、采购、加工制造、销售、物流、质量、安全生产、环境保护等各项业务管理及其重要业务流程，通过执行风险管理基本流程，制定并执行的规章制度、程序和措施。

第七条 企业开展全面风险管理要努力实现以下风险管理总体目标：

（一）确保将风险控制在与总体目标相适应并可承受的范围内；

（二）确保内外部，尤其是企业与股东之间实现真实、可靠的信息沟通，包括编制和提供真实、可靠的财务报告；

（三）确保遵守有关法律法规；

（四）确保企业有关规章制度和为实现经营目标而采取重大措施的贯彻执行，保障经营管理的有效性，提高经营活动的效率和效果，降低实现经营目标的不确定性；

（五）确保企业建立针对各项重大风险发生后的危机处理计划，保护企业不因灾害性风险或人为失误而遭受重大损失。

第八条 企业开展全面风险管理工作，应注重防范和控制风险可能给企业造成损失和危害，也应把机会风险视为企业的特殊资源，通过对其管理，为企业创造价值，促进经营目标的实现。

第九条 企业应本着从实际出发，务求实效的原则，以对重大风险、重大事件（指重大风险发生后的事实）的管理和重要流程的内部控制为重点，积极开展全面风险管理工作。具备条件的企业应全面推进，尽快建立全面风险管理体系：其他企业应制定开展全面风险管理的总体规划，分步实施，可先选择发展战略、投资收购、财务报告、内部审计、衍生产品交易、法律事务、安全生产、应收账款管理等一项或多项业务开展风险管理工作，建立单项或多项内部控制子系统。通过积累经验，培养人才，逐步建立健全全面风险管理体系。

第十条 企业开展全面风险管理工作应与其他管理工作紧密结合，把风险管理的各项要求融入企业管理和业务流程中。具备条件的企业可建立风险管理三道防线，即各有关职能部门和业务单位为第一道防线：风险管理职能部门和董事会下设的风险管理委员会为第二道防线：内部审计部门和董事会下设的审计委员会为第三道防线。

第二章 风险管理初始信息

第十一条 实施全面风险管理，企业应广泛、持续不断地收集与本企业风险和风险管理相关的内部、外部初始信息，包括历史数据和未来预测。应把收集初始信息的职责分工落实到各有关职能部门和业务单位。

第十二条 在战略风险方面，企业应广泛收集国内外企业战略风险失控导致企业蒙受损失的案例，并至少收集与本企业相关的以下重要信息：

（一）国内外宏观经济政策以及经济运行情况、本行业状况、国家产业政策；

（二）科技进步、技术创新的有关内容；

（三）市场对本企业产品或服务的需求；

（四）与企业战略合作伙伴的关系，未来寻求战略合作伙伴的可能性；

（五）本企业主要客户、供应商及竞争对手的有关情况；

（六）与主要竞争对手相比，本企业实力与差距；

（七）本企业发展战略和规划、投融资计划、年度经营目标、经营战略，以及编制这些战略、规划、计划、目标的有关依据；

（八）本企业对外投融资流程中曾发生或易发生错误的业务流程或环节。

第十三条 在财务风险方面，企业应广泛收集国内外企业财务风险失控导致危机的案例，并至少收集本企业的以下重要信息（其中有行业平均指标或先进指标的，也应尽可能收集）：

（一）负债，或有负债、负债率、偿债能力；

（二）现金流、应收账款及其占销售收入的比重、资金周转率；

（三）产品存货及其占销售成本的比重、应付账款及其占购货额的比重；

（四）制造成本和管理费用、财务费用、营业费用；

（五）盈利能力；

（六）成本核算、资金结算和现金管理业务中曾发生或易发生错误的业务流程或环节；

（七）与本企业相关的行业会计政策、会计估算、与国际会计制度的差异与调节（如退休金、递延税项等）等信息。

第十四条 在市场风险方面，企业应广泛收集国内外企业忽视市场风险、缺乏应对措施导致企业蒙受损失的案例，并至少收集与本企业相关的以下重要信息：

（一）产品或服务的价格及供需变化；

（二）能源、原材料、配件等物资供应的充足性、稳定性和价格变化；

（三）主要客户、主要供应商的信用情况；

（四）税收政策和利率、汇率、股票价格指数的变化；

（五）潜在竞争者、竞争者及其主要产品、替代品情况。

第十五条 在运营风险方面，企业应至少收集与本企业、本行业相关的以下信息：

（一）产品结构、新产品研发；

（二）新市场开发，市场营销策略，包括产品或服务定价与销售渠道，市场营销环境状况等；

（三）企业组织效能、管理现状、企业文化，高、中层管理人员和重要业务流程中专业人员的知识结构、专业经验；

（四）期货等衍生产品业务中曾发生或易发生失误的流程和环节；

（五）质量、安全、环保、信息安全等管理中曾发生或易发生失误的业务流程或环节；

（六）因企业内、外部人员的道德风险致使企业遭受损失或业务控制系统失灵；

（七）给企业造成损失的自然灾害以及除上述有关情形之外的其他纯粹风险；

（八）对现有业务流程和信息系统操作运行情况的监管、运行评价及持续改进能力；

（九）企业风险管理的现状和能力。

第十六条 在法律风险方面，企业应广泛收集国内外企业忽视法律法规风险、缺乏应对措施导致企业蒙受损失的案例，并至少收集与本企业相关的以下信息：

（一）国内外与本企业相关的政治、法律环境；

（二）影响企业的新法律法规和政策；

（三）员工道德操守的遵从性；

（四）本企业签订的重大协议和有关贸易合同；

（五）本企业发生重大法律纠纷案件的情况；

（六）企业和竞争对手的知识产权情况。

第十七条 企业对收集的初始信息应进行必要的筛选、提炼、对比、分类、组合，以便进行风险评估。

第三章 风险评估

第十八条 企业应对收集的风险管理初始信息和企业各项业务管理及其重要业务流程进行风险评估。风险评估包括风险辨识、风险分析、风险评价三个步骤。

第十九条 风险评估应由企业组织有关职能部门和业务单位实施，也可聘请有资质、信誉好、风险管理专业能力强的中介机构协助实施。

第二十条 风险辨识是指查找企业各业务单元、各项重要经营活动及其重要业务流程中有无风险，有哪些风险。风险分析是对辨识出的风险及其特征进行明确的定义描述，分析和描述风险发生可能性的高低、风险发生的条件。风险评价是评估风险对企业实现目标的影响程度、风险的价值等。

第二十一条 进行风险辨识、分析、评价，应将定性与定量方法相结合。定性方法可采用问卷调查、集体讨论、专家咨询、情景分析、政策分析、行业标杆比较、管理层访谈、由专人主持的工作访谈和调查研究等。定量方法可采用统计推论（如集中趋势法）、计算机模拟（如蒙特卡罗分析法）、失效模式与影响分析、事件树分析等。

第二十二条 进行风险定量评估时，应统一制定各风险的度量单位和风险度量模型，并通过测试等方法，确保评估系统的假设前提、参数、数据来源和定量评估程序的合理性和准确性。要根据环境的变化，定期对假设前提和参数进行复核和修改，并将定量评估系统的估算结果与实际效果对比，据此对有关参数进行调整和改进。

第二十三条 风险分析应包括风险之间的关系分析，以便发现各风险之间的自然对冲、风险事件发生的正负相关性等组合效应，从风险策略上对风险进行统一集中管理。

第二十四条 企业在评估多项风险时，应根据对风险发生可能性的高低和对目标的影响程度的评估，绘制风险坐标图，对各项风险进行比较，初步确定对各项风险的管理优先顺序和策略。

第二十五条 企业应对风险管理信息实行动态管理，定期或不定期实施风险辨识、分析、评价，以便对新的风险和原有风险的变化重新评估。

第四章　风险管理策略

第二十六条　本指引所称风险管理策略，指企业根据自身条件和外部环境，围绕企业发展战略，确定风险偏好、风险承受度、风险管理有效性标准，选择风险承担、风险规避、风险转移、风险转换、风险对冲、风险补偿、风险控制等适合的风险管理工具的总体策略，并确定风险管理所需人力和财力资源的配置原则。

第二十七条　一般情况下，对战略、财务、运营和法律风险，可采取风险承担、风险规避、风险转换、风险控制等方法。对能够通过保险、期货、对冲等金融手段进行理财的风险，可以采用风险转移、风险对冲、风险补偿等方法。

第二十八条　企业应根据不同业务特点统一确定风险偏好和风险承受度，即企业愿意承担哪些风险，明确风险的最低限度和不能超过的最高限度，并据此确定风险的预警线及相应采取的对策。确定风险偏好和风险承受度，要正确认识和把握风险与收益的平衡，防止和纠正忽视风险，片面追求收益而不讲条件、范围，认为风险越大、收益越高的观念和做法：同时，也要防止单纯为规避风险而放弃发展机遇。

第二十九条　企业应根据风险与收益相平衡的原则以及各风险在风险坐标图上的位置，进一步确定风险管理的优选顺序，明确风险管理成本的资金预算和控制风险的组织体系、人力资源、应对措施等总体安排。

第三十条　企业应定期总结和分析已制定的风险管理策略的有效性和合理性，结合实际不断修订和完善。其中，应重点检查依据风险偏好、风险承受度和风险控制预警线实施的结果是否有效，并提出定性或定量的有效性标准。

第五章　风险管理解决方案

第三十一条　企业应根据风险管理策略，针对各类风险或每一项重大风险制定风险管理解决方案。方案一般应包括风险解决的具体目标，所需的组织领导，所涉及的管理及业务流程，所需的条件、手段等资源，风险事件发生前、中、后所采取的具体应对措施以及风险管理工具（如：关键风险指标管理、损失事件管理等）。

第三十二条　企业制定风险管理解决的外包方案，应注重成本与收益的平衡、外包工作的质量、自身商业秘密的保护以及防止自身对风险解决外包产生依赖性风险等，并制定相应的预防和控制措施。

第三十三条 企业制定风险解决的内控方案，应满足合规的要求，坚持经营战略与风险策略一致、风险控制与运营效率及效果相平衡的原则，针对重大风险所涉及的各管理及业务流程，制定涵盖各个环节的全流程控制措施：对其他风险所涉及的业务流程，要把关键环节作为控制点，采取相应的控制措施。

第三十四条 企业制定内控措施，一般至少包括以下内容：

（一）建立内控岗位授权制度。对内控所涉及的各岗位明确规定授权的对象、条件、范围和额度等，任何组织和个人不得超越授权做出风险性决定；

（二）建立内控报告制度。明确规定报告人与接受报告人，报告的时间、内容、频率、传递路线、负责处理报告的部门和人员等；

（三）建立内控批准制度。对内控所涉及的重要事项，明确规定批准的程序、条件、范围和额度、必备文件以及有权批准的部门和人员及其相应责任；

（四）建立内控责任制度。按照权利、义务和责任相统一的原则，明确规定各有关部门和业务单位、岗位、人员应负的责任和奖惩制度；

（五）建立内控审计检查制度。结合内控的有关要求、方法、标准与流程，明确规定审计检查的对象、内容、方式和负责审计检查的部门等；

（六）建立内控考核评价制度。具备条件的企业应把各业务单位风险管理执行情况与绩效薪酬挂钩；

（七）建立重大风险预警制度。对重大风险进行持续不断的监测，及时发布预警信息，制定应急预案，并根据情况变化调整控制措施；

（八）建立健全以总法律顾问制度为核心的企业法律顾问制度。大力加强企业法律风险防范机制建设，形成由企业决策层主导、企业总法律顾问牵头、企业法律顾问提供业务保障、全体员工共同参与的法律风险责任体系。完善企业重大法律纠纷案件的备案管理制度；

（九）建立重要岗位权力制衡制度，明确规定不相容职责的分离。主要包括：授权批准、业务经办、会计记录、财产保管和稽核检查等职责。对内控所涉及的重要岗位可设置一岗双人、双职、双责，相互制约：明确该岗位的上级部门或人员对其应采取的监督措施和应负的监督责任：将该岗位作为内部审计的重点等。

第三十五条 企业应当按照各有关部门和业务单位的职责分工，认真组织实施风险管理解决方案，确保各项措施落实到位。

第六章　风险管理的监督与改进

第三十六条　企业应以重大风险、重大事件和重大决策、重要管理及业务流程为重点，对风险管理初始信息、风险评估、风险管理策略、关键控制活动及风险管理解决方案的实施情况进行监督，采用压力测试、返回测试、穿行测试以及风险控制自我评估等方法对风险管理的有效性进行检验，根据变化情况和存在的缺陷及时加以改进。

第三十七条　企业应建立贯穿于整个风险管理基本流程，连接各上下级、各部门和业务单位的风险管理信息沟通渠道，确保信息沟通的及时、准确、完整，为风险管理监督与改进奠定基础。

第三十八条　企业各有关部门和业务单位应定期对风险管理工作进行自查和检验，及时发现缺陷并改进，其检查、检验报告应及时报送企业风险管理职能部门。

第三十九条　企业风险管理职能部门应定期对各部门和业务单位风险管理工作实施情况和有效性进行检查和检验，要根据本指引第三十条要求对风险管理策略进行评估，对跨部门和业务单位的风险管理解决方案进行评价，提出调整或改进建议，出具评价和建议报告，及时报送企业总经理或其委托分管风险管理工作的高级管理人员。

第四十条　企业内部审计部门应至少每年一次对包括风险管理职能部门在内的各有关部门和业务单位能否按照有关规定开展风险管理工作及其工作效果进行监督评价，监督评价报告应直接报送董事会或董事会下设的风险管理委员会和审计委员会。此项工作也可结合年度审计、任期审计或专项审计工作一并开展。

第四十一条　企业可聘请有资质、信誉好、风险管理专业能力强的中介机构对企业全面风险管理工作进行评价，出具风险管理评估和建议专项报告。报告一般应包括以下几方面的实施情况、存在缺陷和改进建议：

（一）风险管理基本流程与风险管理策略；

（二）企业重大风险、重大事件和重要管理及业务流程的风险管理及内部控制系统的建设；

（三）风险管理组织体系与信息系统；

（四）全面风险管理总体目标。

第七章　风险管理组织体系

第四十二条　企业应建立健全风险管理组织体系，主要包括规范的公司法人治理结构，风险管理职能部门、内部审计部门和法律事务部门以及其他有关职能部门、业务单位的组织领导机构及其职责。

第四十三条　企业应建立健全规范的公司法人治理结构，股东（大）会（对于国有独资公司或国有独资企业，即指国资委，下同）、董事会、监事会、经理层依法履行职责，形成高效运转、有效制衡的监督约束机制。

第四十四条　国有独资公司和国有控股公司应建立外部董事、独立董事制度，外部董事、独立董事人数应超过董事会全部成员的半数，以保证董事会能够在重大决策、重大风险管理等方面做出独立于经理层的判断和选择。

第四十五条　董事会就全面风险管理工作的有效性对股东（大）会负责。董事会在全面风险管理方面主要履行以下职责：

（一）审议并向股东（大）会提交企业全面风险管理年度工作报告；

（二）确定企业风险管理总体目标、风险偏好、风险承受度，批准风险管理策略和重大风险管理解决方案；

（三）了解和掌握企业面临的各项重大风险及其风险管理现状，做出有效控制风险的决策；

（四）批准重大决策、重大风险、重大事件和重要业务流程的判断标准或判断机制；

（五）批准重大决策的风险评估报告；

（六）批准内部审计部门提交的风险管理监督评价审计报告；

（七）批准风险管理组织机构设置及其职责方案；

（八）批准风险管理措施，纠正和处理任何组织或个人超越风险管理制度做出的风险性决定的行为；

（九）督导企业风险管理文化的培育；

（十）全面风险管理其他重大事项。

第四十六条　具备条件的企业，董事会可下设风险管理委员会。该委员会的召集人应由不兼任总经理的董事长担任；董事长兼任总经理的，召集人应由外部董事或独立董事担任。该委员会成员中需有熟悉企业重要管理及业务流程的董事，以及具备风险管理监管知识或经验、具有一定法律知识的董事。

第四十七条 风险管理委员会对董事会负责，主要履行以下职责：

（一）提交全面风险管理年度报告；

（二）审议风险管理策略和重大风险管理解决方案；

（三）审议重大决策、重大风险、重大事件和重要业务流程的判断标准或判断机制，以及重大决策的风险评估报告；

（四）审议内部审计部门提交的风险管理监督评价审计综合报告；

（五）审议风险管理组织机构设置及其职责方案；

（六）办理董事会授权的有关全面风险管理的其他事项。

第四十八条 企业总经理对全面风险管理工作的有效性向董事会负责。总经理或总经理委托的高级管理人员，负责主持全面风险管理的日常工作，负责组织拟订企业风险管理组织机构设置及其职责方案。

第四十九条 企业应设立专职部门或确定相关职能部门履行全面风险管理的职责。该部门对总经理或其委托的高级管理人员负责，主要履行以下职责：

（一）研究提出全面风险管理工作报告；

（二）研究提出跨职能部门的重大决策、重大风险、重大事件和重要业务流程的判断标准或判断机制；

（三）研究提出跨职能部门的重大决策风险评估报告；

（四）研究提出风险管理策略和跨职能部门的重大风险管理解决方案，并负责该方案的组织实施和对该风险的日常监控；

（五）负责对全面风险管理有效性评估，研究提出全面风险管理的改进方案；

（六）负责组织建立风险管理信息系统；

（七）负责组织协调全面风险管理日常工作；

（八）负责指导、监督有关职能部门、各业务单位以及全资、控股子企业开展全面风险管理工作；

（九）办理风险管理其他有关工作。

第五十条 企业应在董事会下设立审计委员会，企业内部审计部门对审计委员会负责。审计委员会和内部审计部门的职责应符合《中央企业内部审计管理暂行办法》（国资委令第 8 号）的有关规定。内部审计部门在风险管理方面，主要负责研究提出全面风险管理监督评价体系，制定监督评价相关制度，开展监督与评价，出具监督评价审计报告。

第五十一条 企业其他职能部门及各业务单位在全面风险管理工作中，应接受风险管理职能部门和内部审计部门的组织、协调、指导和监督，主要履行以下职责：

（一）执行风险管理基本流程；

（二）研究提出本职能部门或业务单位重大决策、重大风险、重大事件和重要业务流程的判断标准或判断机制；

（三）研究提出本职能部门或业务单位的重大决策风险评估报告；

（四）做好本职能部门或业务单位建立风险管理信息系统的工作；

（五）做好培育风险管理文化的有关工作；

（六）建立健全本职能部门或业务单位的风险管理内部控制子系统；

（七）办理风险管理其他有关工作。

第五十二条 企业应通过法定程序，指导和监督其全资、控股子企业建立与企业相适应或符合全资、控股子企业自身特点、能有效发挥作用的风险管理组织体系。

第八章 风险管理信息系统

第五十三条 企业应将信息技术应用于风险管理的各项工作，建立涵盖风险管理基本流程和内部控制系统各环节的风险管理信息系统，包括信息的采集、存储、加工、分析、测试、传递、报告、披露等。

第五十四条 企业应采取措施确保向风险管理信息系统输入的业务数据和风险量化值的一致性、准确性、及时性、可用性和完整性。对输入信息系统的数据，未经批准，不得更改。

第五十五条 风险管理信息系统应能够进行对各种风险的计量和定量分析。定量测试：能够实时反映风险矩阵和排序频谱、重大风险和重要业务流程的监控状态：能够对超过风险预警上限的重大风险实施信息报警：能够满足风险管理内部信息报告制度和企业对外信息披露管理制度的要求。

第五十六条 风险管理信息系统应实现信息在各职能部门、业务单位之间的集成与共享，既能满足单项业务风险管理的要求，也能满足企业整体和跨职能部门、业务单位的风险管理综合要求。

第五十七条 企业应确保风险管理信息系统的稳定运行和安全，并根据实际需要不断进行改进、完善或更新。

第五十八条 已建立或基本建立企业管理信息系统的企业，应补充、调整、更新已有的管理流程和管理程序，建立完善的风险管理信息系统：尚未建立企业管理信息系统的，应将风险管理与企业各项管理业务流程、管理软件统一规划、统一设计、统一实施、同步运行。

第九章　风险管理文化

第五十九条　企业应注重建立具有风险意识的企业文化，促进企业风险管理水平、员工风险管理素质的提升，保障企业风险管理目标的实现。

第六十条　风险管理文化建设应融入企业文化建设全过程。大力培育和塑造良好的风险管理文化，树立正确的风险管理理念，增强员工风险管理意识，将风险管理意识转化为员工的共同认识和自觉行动，促进企业建立系统、规范、高效的风险管理机制。

第六十一条　企业应在内部各个层面营造风险管理文化氛围。董事会应高度重视风险管理文化的培育，总经理负责培育风险管理文化的日常工作。董事和高级管理人员应在培育风险管理文化中起表率作用。重要管理及业务流程和风险控制点的管理人员和业务操作人员应成为培育风险管理文化的骨干。

第六十二条　企业应大力加强员工法律素质教育，制定员工道德诚信准则，形成人人讲道德诚信、合法合规经营的风险管理文化。对于不遵守国家法律法规和企业规章制度、弄虚作假、徇私舞弊等违法及违反道德诚信准则的行为，企业应严肃查处。

第六十三条　企业全体员工尤其是各级管理人员和业务操作人员应通过多种形式，努力传播企业风险管理文化，牢固树立风险无处不在、风险无时不在、严格防控纯粹风险、审慎处置机会风险、岗位风险管理责任重大等意识和理念。

第六十四条　风险管理文化建设应与薪酬制度和人事制度相结合，有利于增强各级管理人员特别是高级管理人员风险意识，防止盲目扩张、片面追求业绩、忽视风险等行为的发生。

第六十五条　企业应建立重要管理及业务流程、风险控制点的管理人员和业务操作人员岗前风险管理培训制度。采取多种途经和形式，加强对风险管理理念、知识、流程、管控核心内容的培训，培养风险管理人才，培育风险管理文化。

第十章　附　　则

第六十六条　中央企业中未设立董事会的国有独资企业，由经理办公会议代行本指引中有关董事会的职责，总经理对本指引的贯彻执行负责。

第六十七条　本指引在中央企业投资、财务报告、衍生产品交易等方面的风险管理配套文件另行下发。

第六十八条 本指引的《附录》对本指引所涉及的有关技术方法和专业术语进行了说明。

第六十九条 本指引由国务院国有资产监督管理委员会负责解释。

第七十条 本指引自印发之日起施行。

附录 A 风险管理常用技术方法简介

一、风险坐标图

风险坐标图是把风险发生可能性的高低、风险发生后对目标的影响程度，作为两个维度绘制在同一个平面上（即绘制成直角坐标系）。对风险发生可能性的高低、风险对目标影响程度的评估有定性、定量等方法。定性方法是直接用文字描述风险发生可能性的高低、风险对目标的影响程度，如“极低”“低”“中等”“高”“极高”等。定量方法是对风险发生可能性的高低、风险对目标影响程度用具有实际意义的数量描述，如对风险发生可能性的高低用概率来表示，对目标影响程度用损失金额来表示。

表 1 列出某公司对风险发生可能性的定性、定量评估标准及其相互对应关系，供实际操作中参考。

表 1　　某公司对风险定量和定性评估

定量方法一	评分	1	2	3	4	5
定量方法二	一定时期发生的概率	10%以下	10%—30%	30%—70%	70%—90%	90%以上
定性方法	文字描述一	极低	低	中等	高	极高
	文字描述二	一般情况下不会发生	极少情况下才发生	某些情况下发生	较多情况下发生	常常会发生
	文字描述三	今后 10 年内发生的可能少于 1 次	今后 5～10 年内可能发生 1 次	今后 2～5 年内可能发生 1 次	今后 1 年内可能发生 1 次	今后 1 年内至少发生 1 次

表 2 列出某公司关于风险发生后对目标影响程度的定性、定量评估标准及其相互对应关系，供实际操作中参考。

表 2　　某公司在风险发生后对目标影响程度的评估

<table>
<tr><td rowspan="9">适用于所有行业</td><td>定量方法一</td><td colspan="2">评分</td><td>1</td><td>2</td><td>3</td><td>4</td><td>5</td></tr>
<tr><td>定量方法二</td><td colspan="2">企业财务损失占税前利润的百分比</td><td>1%以下</td><td>1%～5%</td><td>6%～10%</td><td>11%～20%</td><td>20%以上</td></tr>
<tr><td rowspan="5">定性方法</td><td colspan="2">文字描述一</td><td>极轻微的</td><td>轻微的</td><td>中等的</td><td>重大的</td><td>灾难性的</td></tr>
<tr><td colspan="2">文字描述二</td><td>极低</td><td>低</td><td>中等</td><td>高</td><td>极高</td></tr>
<tr><td rowspan="3">文字描述三</td><td>企业日常运行</td><td>不受影响</td><td>轻度影响（造成轻微的人身伤害，情况立刻受到控制）</td><td>中度影响（造成一定人身伤害，需要医疗救援，情况需要外部支持才能得到控制）</td><td>严重影响（企业失去一些业务能力，造成严重人身伤害，情况失控，但无致命影响）</td><td>重大影响（重大业务失误，造成重大人身伤亡，情况失控，给企业致命影响）</td></tr>
<tr><td>财务损失</td><td>较低的财务损失</td><td>轻微的财务损失</td><td>中等的财务损失</td><td>重大的财务损失</td><td>极大的财务损失</td></tr>
<tr><td>企业声誉</td><td>负面消息在企业内部流传，企业声誉没有受损</td><td>负面消息在当地局部流传，对企业声誉造成轻微损害</td><td>负面消息在某区域流传，对企业声誉造成中等损害</td><td>负面消息在全国各地流传，对企业声誉造成重大损害</td><td>负面消息流传世界各地，政府或监管机构进行调查，引起公众关注，对企业声誉造成无法弥补的损害</td></tr>
</table>

续表

适用于开采业、制造业	定性与定量结合	安全	短暂影响职工或公民的健康	严重影响一位职工或公民健康	严重影响多位职工或公民健康	导致一位职工或公民死亡	引致多位职工或公民死亡
		营运	—对营运影响微弱 —在时间、人力或成本方面不超出预算1%	—对营运影响轻微 —受到监管者责难 —在时间、人力或成本方面超出预算1%~5%	—减慢营业运作 —受到法规惩罚或被罚款等 —在时间、人力或成本方面超出预算6%~10%	—无法达到部分营运目标或关键业绩指标 —受到监管者的限制 —在时间、人力或成本方面超出预算11%~20%	—无法达到所有的营运目标或关键业绩指标 —违规操作使业务受到中止 —时间、人力或成本方面超出预算20%
		环境	—对环境或社会造成短暂的影响 —可不采取行动	—对环境或社会造成一定的影响 —应通知政府有关部门	—对环境造成中等影响 —需一定时间才能恢复 —出现个别投诉事件 —应执行一定程度的补救措施	—造成主要环境损害 —需要相当长的时间来恢复 —大规模的公众投诉 —应执行重大的补救措施	—无法弥补的灾难性环境损害 —激起公众的愤怒 —潜在的大规模的公众法律投诉

对风险发生可能性的高低和风险对目标影响程度进行定性或定量评估后，依据评估结果绘制风险坐标图。如：某公司对9项风险进行了定性评估，风险①发生的可能性为“低”，风险发生后对目标的影响程度为“极低”；……；风险⑨发生的可能性为“极低”，对目标的影响程度为“高”，则绘制风险坐标图如下（见图1）：

如某公司对7项风险进行定量评估，其中：风险①发生的可能性为83%，发生后对企业造成的损失为2 100万元；风险②发生的可能性为40%，发生后对企业造成的损失为3 800万元；……；而风险⑦发生的可能性在55%到62%之间，发生后对企业造成的损失在7 500万元到9 100万元之间，在风险坐标图上用一个区域来表示，则绘制风险坐标图如下（见图 2）：

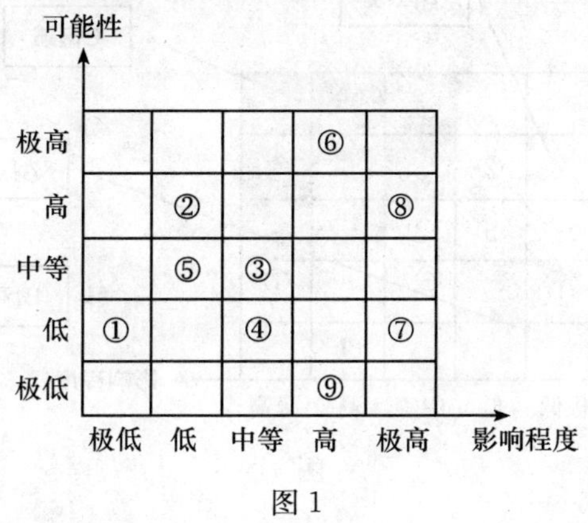

图 1

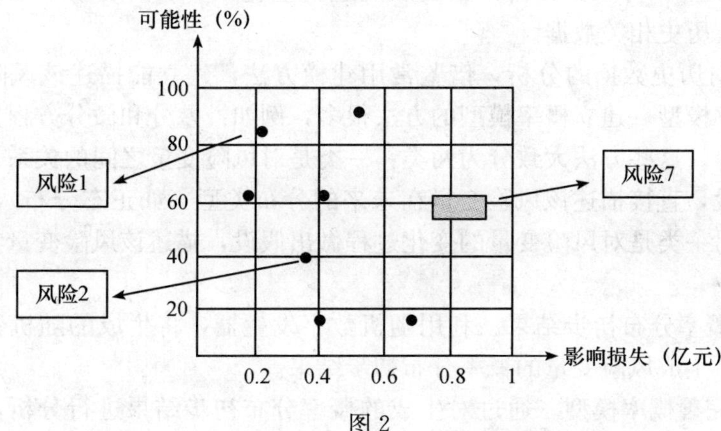

图 2

绘制风险坐标图的目的在于对多项风险进行直观的比较，从而确定各风险管理的优先顺序和策略。如：某公司绘制了如下风险坐标图，并将该图划分为 A、B、C 三个区域，公司决定承担 A 区域中的各项风险且不再增加控制措施：严格控制 B 区域中的各项风险且专门补充制定各项控制措施：确保规避和转移 C 区域中的各项风险且优先安排实施各项防范措施。

二、蒙特卡罗方法

蒙特卡罗方法是一种随机模拟数学方法。该方法用来分析评估风险发生可能性、风险的成因、风险造成的损失或带来的机会等变量在未来变化的概率分布。具体操作步骤如下（见图 3）：

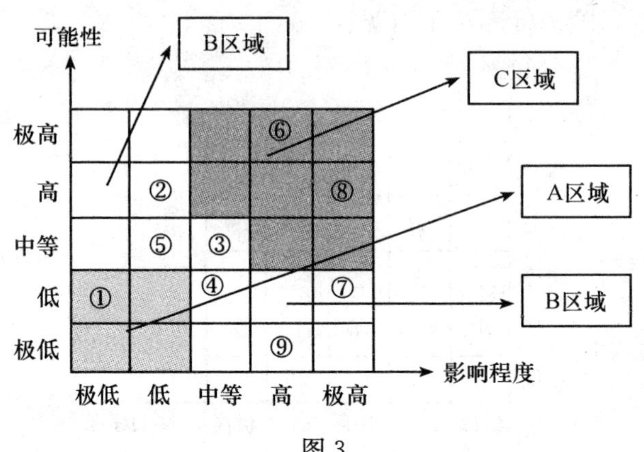

图 3

1. 量化风险。将需要分析评估的风险进行量化，明确其度量单位，得到风险变量，并收集历史相关数据。

2. 根据对历史数据的分析，借鉴常用建模方法，建立能描述该风险变量在未来变化的概率模型。建立概率模型的方法很多，例如：差分和微分方程方法，插值和拟合方法等。这些方法大致分为两类：一类是对风险变量之间的关系及其未来的情况做出假设，直接描述该风险变量在未来的分布类型（如正态分布），并确定其分布参数：另一类是对风险变量的变化过程做出假设，描述该风险变量在未来的分布类型。

3. 计算概率分布初步结果。利用随机数字发生器，将生成的随机数字代入上述概率模型，生成风险变量的概率分布初步结果。

4. 修正完善概率模型。通过对生成的概率分布初步结果进行分析，用实验数据验证模型的正确性，并在实践中不断修正和完善模型。

5. 利用该模型分析评估风险情况。

正态分布是蒙特卡罗风险方法中使用最广泛的一类模型。通常情况下，如果一个变量受很多相互独立的随机因素的影响，而其中每一个因素的影响都很小，则该变量服从正态分布。在自然界和社会中大量的变量都满足正态分布。描述正态分布需要两个特征值：均值和标准差。其密度函数和分布函数的一般形式如下：

密度函数：$\varphi(x)=\dfrac{1}{\sigma\sqrt{2\pi}}e^{-\frac{(x-\mu)2}{2\sigma2}}$，$-\infty<x<+\infty$

分布函数：$\Phi(x)=P(X\leqslant x)=\int_{-\infty}^{x}\dfrac{1}{\sigma\sqrt{2\pi}}e^{-\frac{(t-\mu)2}{2\sigma2}}\mathrm{d}t$，$-\infty<x<+\infty$

其中 μ 为均值，σ 为标准差。

由于蒙特卡罗方法依赖于模型的选择，因此，模型本身的选择对于蒙特卡罗方法计算结果的精度影响甚大。蒙特卡罗方法计算量很大，通常借助计算机完成。

三、关键风险指标管理

一项风险事件发生可能有多种成因，但关键成因往往只有几种。关键风险指标管理是对引起风险事件发生的关键成因指标进行管理的方法。具体操作步骤如下：

1. 分析风险成因，从中找出关键成因。

2. 将关键成因量化，确定其度量，分析确定导致风险事件发生（或极有可能发生）时该成因的具体数值。

3. 以该具体数值为基础，以发出风险预警信息为目的，加上或减去一定数值后形成新的数值，该数值即为关键风险指标。

4. 建立风险预警系统，即当关键成因数值达到关键风险指标时，发出风险预警信息。

5. 制定出现风险预警信息时应采取的风险控制措施。

6. 跟踪监测关键成因数值的变化，一旦出现预警，即实施风险控制措施。

以易燃易爆危险品储存容器泄漏引发爆炸的风险管理为例。容器泄漏的成因有：使用时间过长、日常维护不够、人为破坏、气候变化等因素，但容器使用时间过长是关键成因。如容器使用最高期限为50年，人们发现当使用时间超过45年后，则易发生泄漏。该“45年”即为关键风险指标。为此，制定使用时间超过“45年”后需采取的风险控制措施，一旦使用时间接近或达到“45年”时，发出预警信息，即采取相应措施。

该方法既可以管理单项风险的多个关键成因指标，也可以管理影响企业主要目标的多个主要风险。使用该方法，要求风险关键成因分析准确，且易量化、易统计、易跟踪监测。

四、压力测试

压力测试是指在极端情景下，分析评估风险管理模型或内控流程的有效性，发现问题，制定改进措施的方法，目的是防止出现重大损失事件。具体操作步骤如下：

1. 针对某一风险管理模型或内控流程，假设可能会发生哪些极端情景。极端情景是指在非正常情况下，发生概率很小，而一旦发生，后果十分严重的事情。假设极端情景时，不仅要考虑本企业或与本企业类似的其他企业出现过的历史教训，还要考虑历史上不曾出现，但将来可能会出现的事情。

2. 评估极端情景发生时，该风险管理模型或内控流程是否有效，并分析对目标可能造成的损失。

3. 制定相应措施，进一步修改和完善风险管理模型或内控流程。

以信用风险管理为例。如：一个企业已有一个信用很好的交易伙伴，该交易伙伴除发生极端情景，一般不会违约。因此，在日常交易中，该企业只需“常规的风险管理策略和内控流程”即可。采用压力测试方法，是假设该交易伙伴将来发生极端情景（如其财产毁于地震、火灾、被盗），被迫违约对该企业造成了重大损失。而该企业“常规的风险管理策略和内控流程”在极端情景下不能有效防止重大损失事件，为此，该企业采取了购买保险或相应衍生产品、开发多个交易伙伴等措施。

附录B 风险管理专业术语解释

1. 风险理财：利用金融手段管理风险的方法，包括：预提风险准备金、购买保险或使用专业自保公司、衍生产品交易以及风险融资等。

2. 情景分析：通过假设、预测、模拟等手段生成未来情景，并分析其对目标产生影响的方法，包括：历史情景重演法、预期法、因素分解法、随机模拟法等方法。

3. 集中趋势法：指根据随机变量的分布情况，计算出该变量分布的集中特性值（如均值、中数、众数等），从而预测未来情况的方法。它是数据推论方法的一种。

4. 失效模式与影响分析：通过辨识系统失去效用后的各种状况，分析其影响，并采取相应措施的方法。

5. 事件树分析：以树状图形方式分析风险事件间因果关系的方法。

6. 风险偏好：为了实现目标，企业在承担风险的种类、大小等方面的基本态度。

7. 风险承受度：企业愿意承担的风险限度，也是企业风险偏好的边界。

8. 风险对冲：通过承担多个风险，使相关风险能够互相抵消的方法。使用该方法，必须进行风险组合，而不是对单一风险进行规避、控制。如：资产组合、多种外币结算、战略上的分散经营、套期保值等。

9. 损失事件管理：对可能给企业造成重大损失的风险事件的事前、事中、事后管理的方法。损失包括企业的资金、声誉、技术、品牌、人才等。

10. 返回测试：将历史数据输入到风险管理模型或内控流程中，把结果与预测值对比，以检验其有效性的方法。

11. 穿行测试：在正常运行条件下，将初始数据输入内控流程，穿越全流程和所有关键环节，把运行结果与设计要求对比，以发现内控流程缺陷的方法。

参考文献

［1］刘新立. 风险管理. 北京：北京大学出版社，2006.

［2］王凯全. 风险管理与保险. 北京：机械工业出版社，2008.

［3］孙华山. 安全生产风险管理. 北京：化学工业出版社，2006.

［4］王周伟. 风险管理. 北京：机械工业出版社，2012.

［5］杜莹芬. 企业风险管理——理论·实务·案例. 北京：经济管理出版社，2012.

［6］卓志. 风险管理理论研究. 北京：中国金融出版社，2006.

［7］陈国华. 风险工程学. 北京：国防工业出版社，2007.

［8］王健康. 风险管理原理与实务操作. 北京：电子工业出版社，2008.

［9］风险评估专业人员职业培训教材编写组. 风险评估专业人员职业培训指南. 北京：人民日报出版社，2010.

［10］刘钧. 风险管理概论. 北京：清华大学出版社，2008.

［11］何文炯. 风险管理理论研究. 北京：中国财政经济出版社，2005.

［12］陈伟珂，黄艳敏. 工程风险与工程保险. 天津：天津大学出版社，2005.

［13］林义. 风险管理. 成都：西南财经大学出版社，1990.

［14］白思俊. 现代项目管理. 北京：机械工业出版社，2002.

［15］郭波. 项目风险管理. 北京：电子工业出版社，2008.

［16］宋明哲. 现代风险管理. 北京：中国纺织出版社，2003.

［17］许谨良. 风险管理（第四版）. 北京：中国金融出版社，20011.

［18］张宗坪. 全国注册会计师职业资格考试考点采分——公司战略与风险管理. 北京：中国人民大学出版社，2010.

［19］顾孟迪，雷鹏. 风险管理. 北京：清华大学出版社，2005.

［20］武艳，张晓锋，张静. 北京：清华大学出版社，2011.

[21] 吴定富. 中国风险管理报告（2009）. 北京：中国财政经济出版社，2009.

[22] 中国保监会保险教材组. 风险管理与保险. 北京：高等教育出版社，2007.

[23] 孙兴. 风险管理. 北京：经济管理出版社，2007.

[24] 高晓红，崔艳武. 国际风险管理标准化概述 [J]. 认证技术，2010.

[25] 陈志云. 风险管理基本术语解读 [J]. 认证技术，2010.

[26] 李素鹏. 风险管理在企业中的实践 [J]. 认证技术，2010.

[27] 佚名. 风险管理用于审核员能力评价过程的案例 [J]. 认证技术，2010.

[28] 王金德. 风险管理过程 [J]. 认证技术，2010.

[29] 王金德. 风险评估技术的选择 [J]. 认证技术，2011